ARGUMENTATION JURIDIQUE

D/2018/4910/57 ISBN : 978-2-8061-0435-9

Grand'Place, 29
B-1348 Louvain-la-Neuve

www.editions-academia.be

Jean-Paul SEGIHOBE BIGIRA

ARGUMENTATION JURIDIQUE

Préface de Raphaël NYABIRUNGU MWENE SONGA

academia
L'Harmattan

À tous les Segihobe partis, présents et à venir

AVERTISSEMENT

Ce livre reprend en grande partie et enrichit le cours de Logique et argumentation juridique que j'enseigne dans les universités congolaises depuis plusieurs années.

Le titre retenu suscitera à coup sûr des interrogations. Pour le justifier, je pars de l'acception selon laquelle tout ce qui est judiciaire est juridique, alors que l'inverse n'est pas nécessairement vrai. Sans préjudice des nuances à faire entre le juridique et le judiciaire, le titre de cet ouvrage a préféré utiliser l'expression qui a la plus grande extension (juridique), le judiciaire étant compris dans le juridique. Cependant, dans le corps du texte, le lecteur constatera un accent mis sur le judiciaire, certainement sous l'influence de ce que je suis appelé à faire de par ma profession d'Avocat.

Il n'a pas été facile de faire un choix des thèmes à traiter, cela explique l'abondance de la matière. En effet, écourter à l'excès expose au défaut d'inintelligibilité ; en tout cas, *en cherchant à être concis, on s'expose au risque d'être obscur, surtout à propos d'un sujet qui lui-même emprunte beaucoup aux arcanes ardus de la philosophie et de la logique, domaines souvent difficilement accessibles aux non-initiés. Je sollicite pour ce faire la clémence de ceux qui seraient enclins à juger, hâtivement sans doute, le livre trop abondant et technique.*

Au-delà du fait que cette étude est le produit d'un enseignement universitaire, les étudiants ne devraient pas être les seuls à trouver quelque intérêt, fussent-ils contraints à un exposé relativement complet et systématique du raisonnement en droit. Longtemps tenue pour un exercice ésotérique réservé à des philosophes, la logique juridique s'insinue aujourd'hui dans des secteurs de plus en plus nombreux des activités quotidiennes des juristes, même s'il en est encore beaucoup qui ne s'en sont pas rendu compte. Le droit reste caractérisé, dans plusieurs de ses articulations, par l'incohérence, le flou, la fragmentation et le manque de précision. À cause de son inévitable manque de précision, cette discipline est moins apte à former les esprits qu'à servir d'exercice pour les intelligences déjà formées. À nous d'en juger. L'imprécision est toujours là et les intelligences ne font pas défaut ; ce qui veut dire que le succès des « exercices » devrait être assuré. Le présent ouvrage contribue à cet apprentissage.

PRÉFACE

Lorsque mon jeune et cher Collègue Jean-Paul Segihobe Bigira m'a demandé de rédiger une préface pour son livre intitulé « *Argumentation juridique* », je n'ai exprimé aucune hésitation pour donner mon accord enthousiaste. Et contrairement à ce que l'on pourrait penser, ce n'est pas que j'aie eu des connaissances précises sur le sujet. C'est plutôt que j'y ai vu là une occasion de renouer avec ce que je n'aurais jamais dû abandonner, à savoir la philosophie du droit en tant qu'interrogation et explication des moyens et de la finalité du droit dans une société démocratique ou cheminant vers la démocratie. En d'autres termes, l'occasion était unique d'apprendre l'essentiel : les fondements du droit.

Et après avoir parcouru ce bel ouvrage, mon témoignage est sans équivoque : tout juriste devra être en mesure de renouveler le regard sur le droit et sur toutes les professions juridiques et, en conséquence, de renouveler sa pratique du droit, un droit qui s'interroge, un droit qui se met en cause, un droit toujours préoccupé par l'efficacité, voire l'efficience et, je mesure le risque de mon propos, un droit de résultat.

Les prémisses et donc les promesses de l'ouvrage sont posées dès l'introduction :

1) La foi dans le syllogisme juridique ;

2) La manipulation dialectique à déceler et à dénoncer ;

3) La logique juridique ou « l'étude de la logique en vigueur dans les raisonnements juridiques », à ne pas confondre avec « les modes de raisonnement purement formels, malgré les efforts remarqués de M. M. Ulrich Klug et Georges Kalinowski dans leurs ouvrages respectifs, sans perdre de vue que quel que soit le schéma formel que l'on voudrait emprunter, il demeure indispensable de faire procéder chaque fois leur application d'une argumentation concernant la volonté du législateur pour savoir si oui ou non celui-ci avait bien l'intention qu'on lui prête ».

On comprend dès lors aisément que, bien que l'argumentation juridique ait ses spécificités au regard de l'argumentation aristotélicienne, il ne saurait être question d'un divorce absolu et on a envie d'aller même loin en affirmant que la première n'aura de chances de persuasion que dans la mesure où elle se rapprochera le plus de la seconde, ses spécificités n'acquérant de légitimité que dans leur utilité sociale et dans leur aptitude à résoudre les problèmes et les conflits qui opposent les hommes vivant dans une société.

La lecture de l'ouvrage nous convainc du sens, des caractéristiques, des finalités et des différentes approches de l'argumentation, qui fait partie de la rhétorique mais sans pouvoir s'identifier ou s'opposer à elle, et encore moins divorcer avec elle.

Lorsque l'auteur écrit que « *L'argumentation* répond au besoin humain d'avoir raison », il nous épargne toutes les méandres de l'esprit quand celui-ci argumente pour convaincre, persuader ou délibérer, quand il construit le discours, quand, convaincu qu'au commencement était la parole, il choisit et recourt au verbe le plus approprié avec comme conséquences le trouble, la réjouissance, le désarçonnement ou l'ensorcellement de l'âme, pour emprunter les termes de Gorgias, si opportunément cité par l'auteur.

Il appert que l'argumentation juridique, dont la matière principale réside dans les arguments de droit et de fait, ne saurait s'y limiter sans s'affaiblir. Elle doit notamment, autant que possible, prendre en considération les valeurs et leur hiérarchie dans une société donnée. L'argumentation juridique a un domaine très vaste, quasi illimité, dans la mesure où, d'une part, aucune discipline juridique n'y échappe et d'autre part, aucune activité sociale n'échappe au droit, qu'il s'agisse de l'intervention du droit dans l'établissement et l'élaboration des normes juridiques, de l'application de celles-ci dans les résolutions des litiges ou, encore, de la dogmatique juridique prise à la fois dans son acception d'étude systématique d'un ordre juridique particulier et de celle de la doctrine. Il va sans dire que l'argumentation juridique est inséparable de l'interprétation du texte de droit avec ses courants variés, parmi lesquels la théorie herméneutique, l'approche logique et l'approche topique.

On lira avec intérêt les pages et les nuances consacrées aux connecteurs logiques de l'argumentation juridique, à moins que l'on ne soit un lecteur pressé ou peu intéressé par l'argumentation juridique, ce qui ne saurait être le cas d'un juriste qui comprend la nécessité de cette technique dans l'exercice de sa profession.

De même, parmi les outils de l'argumentation juridique, l'Auteur, dans son style inimitable, passe en revue les différents arguments à titre illustratif, car ne pouvant les épuiser tous : argument *a pari* (analogie), argument *a contrario, a fortiori*, argument de la règle de justice, le précédent, le principe de l'effet utile, argument d'opportunité, argument d'autorité, argument pragmatique, etc. Le raisonnement juridique, avec ses contours, à travers la logique judiciaire et les raisonnements juridiques non-normatifs, est développé avec une minutie exemplaire. Pendant la lecture des pages y consacrées, j'ai pu comprendre que la plupart de débats qui sont menés dans notre société sont *mal menés* parce que ceux qui y participent ont perdu de vue le syllogisme aristotélicien et, en conséquence, le syllogisme juridique, et à force de se passer de cette norme majeure, commettent des erreurs irréparables. Pas de débat sans la prémisse majeure, elle-même devant toujours être vérifiée, pas de débat sans la prémisse mineure soumise aux rigueurs de la règle applicable et de sa confrontation aux faits, pas de débat utile sans conclusion.

Le but de la préface d'un ouvrage n'étant pas de résumer celui-ci ou encore moins de le réécrire, je me contenterai de relever que le Professeur Jean-Paul Segihobe Bigira aborde d'autres thèmes importants en lien épistémologique avec l'argumentation. Je cite l'antinomie, la lacune, la preuve, la présomption et les fictions si nécessaires au droit, la qualification et la motivation des décisions judiciaires, les stratagèmes paralogiques et sophistiques. Il s'agit des thèmes dont nous pouvons dire, n'en déplaise à la modestie de l'auteur, qu'ils font de cet ouvrage, non seulement le premier de ce genre dans le monde juridique congolais, mais aussi le seul à nous faire comprendre qu'un droit n'est solide, praticable et utile que par la force et la qualité de l'argumentation.

Il s'agit d'un outil unique que le lecteur a entre ses mains et s'il est juriste, l'occasion lui est donnée de devenir grand par la lecture et la fréquentation assidue de cet excellent ouvrage.

Il ne me reste plus qu'à exprimer mes vœux de succès pour l'*Argumentation juridique*, de santé et de longévité pour l'Auteur, afin qu'il continue, pendant de longues années, de nourrir les intellectuels congolais de ses réflexions philosophiques et juridiques si admirables à tous égards.

Raphaël Nyabirungu mwene Songa

Professeur Émérite ***et Doyen honoraire de la Faculté de Droit de l'Université de Kinshasa***

INTRODUCTION

Lorsque, dans un discours célèbre devant la tribune des Nations Unies, le Président du Zaïre, Mobutu Sese Seko, affirme que « ce sont les pauvres des pays pauvres qui enrichissent les riches des pays riches », il s'agit d'un argument.

Dans sa requête en inconstitutionnalité de l'ordonnance n° 16/065 du 14 juillet 2016 portant organisation et fonctionnement des services du Conseiller Spécial du Chef de l'État en matière de bonne gouvernance et de lutte contre la corruption, le blanchiment des capitaux et le financement du terrorisme auprès de la Cour constitutionnelle de la RD Congo, Maître Dieudonné Kaluba note que : « premier moyen tiré de la violation des dispositions des articles 122 et 128 de la Constitution de la RDC, en ce que l'ordonnance querellée contrevient gravement aux règles fondamentales de la compétence d'attribution et du domaine réservé de la Loi. (…) » « *En confiant la compétence de faire mener et sanctionner toute personne pour les infractions visées, l'ordonnance critiquée a manifestement outrepassé cette frontière normative et, de ce fait, pèche cruellement par un vice d'incompétence (…) Tel qu'énoncé, ce Conseiller jouerait le rôle à la fois du ministre de la Justice officieux, puisqu'il pourrait donner "des injonctions officieuses" au ministère public pour faire des enquêtes et autres investigations, mais surtout il jouerait à coup sûr le rôle de ministère public, puisqu'en vertu de l'article 3 de la susdite ordonnance, toute personne ou service requis par lui est tenu de déférer à ses réquisitions* », nous avons affaire à une argumentation.

Le Professeur Ivon Mingashang montre dans sa thèse de doctorat portant sur *L'actualité de l'affaire de la Caroline en droit international public. La doctrine de la légitime défense préventive en procès* (ULB, 2007-2008), que « l'usage de la violence armée n'est plus l'apanage des seuls sujets de droit international. Les observateurs avisés constatent dorénavant que, des entités non étatiques, souvent "déterritorialisées », aux visées prédatrices ou eschatologiques et suradaptées au monde moderne, ont tout autant acquis des capacités spectaculaires d'attenter à l'intégrité territoriale d'un État donné. Plus que cela, elles sont également en mesure de disposer, ou le cas échéant, de fabriquer des armes de destruction massive, à l'instar des régimes accusés de les sponsoriser ou de les héberger. Les gouvernements, qui redoutent ainsi des actions susceptibles d'émaner desdites entités, témoignent de plus en plus d'inquiétudes au sujet de leur sécurité et de leurs intérêts à travers le monde. Mais entre-temps, il s'avère que le mécanisme institutionnel et structurel de régulation de l'ordre international ne semble pas encore parfaitement intégrer les diverses manifestations de leur *modus operandi*. Voilà pourquoi, il y en a qui tirent prétexte de cet état des choses pour justifier des opérations militaires, à titre purement préventif, dans les rapports réciproques entre sujets de droit des gens, en dépit des restrictions imposées dans le cadre du système de sécurité collective au lendemain de la Grande Guerre » (Mingashang, 2007-2008 : 2). Il tient un raisonnement composé de plusieurs arguments.

À propos du risque de banalisation du crime contre l'humanité, le Professeur Nyabirungu mwene Songa fait de la critique argumentée en soutenant dans ses écrits que : « à la lecture d'un certain nombre de jugements, il se dégage une tendance qui consiste à qualifier de crime contre l'humanité des comportements, certes criminels, mais dont l'exacte qualification devrait relever du droit commun. Cette tendance est surtout remarquée à l'occasion des événements où se commettent des infractions telles que le meurtre, le viol ou les violences sexuelles, à l'est de la RDC (…) ». Nous n'avons pas compris comment une expédition punitive et ciblée peut mériter une qualification de crime contre l'humanité. Sans devoir relever ici tous les éléments constitutifs du crime contre l'humanité, nous ne pouvons pas perdre de vue que celui-ci est réalisé lorsqu'un des actes énumérés à l'article 7, 1 du Statut de Rome est commis dans le cadre d'une attaque généralisée et systématique contre « une population civile quelconque, en application ou dans la poursuite de la politique d'un État ou d'une organisation ayant pour but une telle attaque ». Cela veut dire, poursuit Nyabirungu mwene Songa, que pour retenir le crime contre l'humanité, le juge doit s'assurer, entre autres éléments, qu'il existe une politique d'un État ou d'une organisation visant à attaquer la population civile. Il ne s'agit pas d'un élément accessoire ou facultatif, mais bien d'un élément constitutif. Dans l'affaire *Kibibi*, il fallait établir que les actes posés en l'espèce relevaient d'une politique de l'État congolais ou du Gouvernement congolais, déterminée ou définie dans un document officiel, une loi, un décret, un édit, une circulaire, un discours ou une pratique constante et avérée, d'attaquer systématiquement ou de manière généralisée telle population civile. Cela n'apparaît pas dans l'arrêt et, en tout état de cause, est difficile à concevoir ou à imaginer dans le cadre d'une expédition punitive par des militaires, en réaction au lynchage d'un des leurs. (…) Bref, la Cour a ignoré ou à tout le moins, n'a pas discuté et donc n'a pas établi un élément essentiel du crime contre l'humanité. Au risque de banaliser ce crime, le juge doit se limiter à l'application des dispositions du droit pénal commun, c'est-à-dire, retenir comme qualifications l'assassinat, le meurtre, l'arrestation arbitraire, la détention illégale, le viol, le pillage, etc. Banaliser le crime contre l'humanité est une atteinte aussi bien à la lettre qu'à l'esprit de la loi, bref, une violation du principe de la légalité » (Nyabirungu, 2013 : 187 et 188).

Un autre exemple de l'argumentation est tiré de l'affaire du *Mandat d'arrêt du 11 avril 2000 (République démocratique du Congo c. Belgique)* dite aussi affaire *Yerodia* (arrêt du 14 février 2002, *Recueil* CIJ, 2002) : le 17 octobre 2000, le Congo a déposé au Greffe une requête introductive d'instance dans laquelle il était demandé à la Cour « de dire que le Royaume de Belgique devra annuler le mandat d'arrêt international... décerné le 11 avril 2000 ». Le Congo y faisait valoir deux moyens distincts. Il soutenait en premier lieu que « *la compétence universelle que l'*État *belge s'attribue par l'article 7 de la loi en cause constituait une violation du principe selon lequel un* État *ne peut exercer son pouvoir sur le territoire d'un autre* État *et du principe de l'égalité souveraine entre tous les Membres de l'Organisation des Nations Unies, proclamé par l'article 2 paragraphe 1 de la Charte des Nations* Unies ». En deuxième lieu, il y affirmait que « *l'exclusion, qui découle de l'article 5... de la loi belge, de l'immunité du ministre des Afaires étrangères en exercice constituait une violation de l'immunité diplomatique du ministre des Affaires étrangères d'un* État *souverain, reconnue par la jurisprudence de la Cour et découlant de l'article 41, paragraphe 2, de la Convention de Vienne du 18 avril 1961 sur les relations diplomatiques* » (Distefano et Buzzini, 2005 : 906). Dans une autre argumentation, la Belgique dans cette affaire soulève une exception ainsi formulée : « Étant *donné que M. Yerodia Ndombasi n'est plus ni ministre des Affaires étrangères, ni ministre chargé d'une quelconque autre fonction au sein du Gouvernement, il n'y a plus de différend juridique entre les Parties au sens des déclarations facultatives d'acceptation de la juridiction de la Cour déposées par les Parties et La Cour n'est, en conséquence, pas compétente en l'instance* ». La Belgique ne conteste pas qu'un différend ait existé entre les Parties au moment où le Congo a déposé sa requête introductive d'instance, et que la Cour ait été correctement saisie par cette requête. Elle soutient toutefois que la question n'est pas de savoir si un différend juridique existait à l'époque, mais de savoir si un différend juridique existe présentement. La Belgique se réfère notamment à cet égard à l'affaire du *Cameroun septentrional*, dans laquelle la Cour avait jugé que « sa fonction... est de dire le droit, mais qu'elle ne peut rendre des arrêts qu'à l'occasion de cas concrets dans lesquels il existe, au moment du jugement, un litige réel impliquant un conflit d'intérêts juridiques entre les parties » (CIJ, Recueil, 1963, pp. 33-34), ainsi qu'aux affaires des *Essais nucléaires (Australie c. France)* et *(Nouvelle-Zélande c. France)*, dans lesquelles elle avait précisé ce qui suit : « La Cour, comme organe juridictionnel, a pour tâche de résoudre des différends existant entre États... Le différend dont la Cour a été saisie doit donc persister au moment où elle statue » (CIJ, Recueil, 1974, pp. 270-271, par. 55 ; p. 457, par. 58). La Belgique soutient que la fonction du ministre des Affaires étrangères exercée par M. Yerodia était au centre de la requête introductive d'instance du Congo. Or, souligne-t-elle, des changements sont intervenus dans les circonstances qui étaient au cœur même de l'affaire, puisqu'il a été mis fin aux fonctions de ministre des Affaires étrangères de M. Yerodia au mois de novembre 2000 et que, depuis le 15 avril 2001, celui-ci n'occupe plus aucune fonction au sein du Gouvernement du Congo. Selon la Belgique, bien qu'une différence de points de vue puisse subsister entre les Parties quant à l'étendue et au contenu des dispositions de droit international régissant les immunités d'un ministre des affaires étrangères, celle-ci revêt aujourd'hui davantage une portée abstraite qu'une portée concrète. Il en découle, de l'avis de la Belgique, que l'instance s'est désormais transformée en une tentative du Congo d'obtenir un avis consultatif de la Cour, qu'il ne s'agit plus d'un cas concret recouvrant un litige réel entre les Parties et que dès lors la Cour n'a pas compétence pour connaître de l'affaire » (Distefano et Buzzini, 2005 : 907). Avec un contre argument, le Congo rejette cette exception de la Belgique. Il soutient qu'« *il existe bien un différend juridique entre les Parties dans la mesure où il affirme que le mandat d'arrêt a été délivré en violation de l'immunité de son ministre des affaires étrangères, que ce mandat était illicite* ab initio *et que ce vice juridique persiste malgré les changements intervenus ultérieurement dans les fonctions exercées par l'intéressé, alors que la Belgique affirme que l'émission et la diffusion du mandat d'arrêt n'étaient pas contraires au droit international. Le fait que M. Yerodia n'exerce plus de fonctions officielles n'a nullement eu pour effet d'effacer le fait illicite et le dommage qui en découle, dommage dont le Congo continue à demander* réparation » (Distefano et Buzzini, 2005 : 908). Dans sa décision, la Cour internationale de Justice rappelle que, selon une jurisprudence constante, sa compétence doit s'apprécier au moment du dépôt de l'acte introductif d'instance. Ainsi, si elle est compétente à la date à laquelle une affaire lui est soumise, elle le demeure quels que soient les événements survenus ultérieurement. De tels événements peuvent éventuellement conduire à constater qu'une requête a été par la suite privée d'objet et à prononcer un non-lieu à statuer ; ils ne sauraient en revanche priver la Cour de sa compétence (voir *Nottebohm, exception préliminaire,* arrêt, CIJ, Recueil, 1953, p. 122 ; *Droit de passage sur territoire indien, exceptions préliminaires,* arrêt, CIJ, *Recueil*, 1957, p. 142 ; *Questions d'interprétation et d'application de la convention de Montréal de 1971 résultant de l'incident aérien de Lockerbie (Jamahiriya arabe libyenne c. Royaume-Uni), exceptions préliminaires,* arrêt, *CIJ,* Recueil, 1998, pp. 23-24, par. 38 ; et *Questions d'interprétation et d'application de la convention de Montréal de 1971 résultant de l'incident aérien de Lockerbie (Jamahiriya arabe libyenne c.* États-Unis *d'Amérique), exceptions préliminaires,* arrêt, *CIJ,* Recueil, 1998, p. 129, par. 37). La Cour continue son raisonnement de la sorte : « Le 17 octobre 2000, date à laquelle a été déposée la requête introductive d'instance du Congo, chacune des Parties se trouvait liée par une déclaration d'acceptation de la juridiction obligatoire de la Cour effectuée conformément à l'article 36 du Statut de la Cour : la Belgique par une déclaration du 17 juin 1958 et le Congo par une déclaration du 8 février 1989. Ces déclarations ne comportaient aucune réserve applicable au cas d'espèce. Par ailleurs, il n'est pas contesté par les Parties qu'un différend les opposait alors quant à la licéité au regard du droit international du mandat d'arrêt du 11 avril 2000 et quant aux conséquences à tirer d'une éventuelle illicéité de la Cour, à savoir "un désaccord sur un point de droit ou de fait, une contradiction, une opposition des thèses juridiques ou d'intérêts entre deux personnes", dans lequel "la réclamation de l'une des Parties se heurte à l'opposition manifeste de l'autre" (*Questions d'interprétation et d'application de la convention de Montréal de 1971 résultant de l'incident aérien de Lockerbie (Jamahiriya arabe libyenne c. Royaume-Uni), exceptions préliminaires*, arrêt, *CIJ*, Recueil, 1998, p. 17, par. 22 ; *Questions d'interprétation et d'application de la convention de Montréal de 1971 résultant de l'incident aérien de Lockerbie (Jamahiriya arabe libyenne c.* États-Unis *d'Amérique), exceptions préliminaires*, arrêt, *CIJ*, Recueil, 1998, pp. 122-123, par. 21). La Cour en conclut qu'au moment où elle a été saisie de l'affaire elle avait compétence pour en connaître. Elle est demeurée compétente pour ce faire. La première exception soulevée par la Belgique doit par suite être rejetée » (Distefano et Buzzini, 2005 : 908-909).

Les exemples que nous venons de donner montrent bien que la vie des hommes dans sa diversité offre permanemment les occasions pour faire valoir une opinion, objecter ou réfuter un point de vue émis dans une matière donnée. Cela est fait par des arguments, lesquels traduisent les sentiments et la foi de la personne qui argumente. C'est probablement ce qui fait que, de par sa nature, et lorsqu'il recourt aux instances judiciaires ou aux autorités publiques pour un problème qui le tient à cœur, l'homme éprouve le besoin de croire en la justice (Labigne, 2007 : 61).

Cette croyance en la justice a pour fondement la foi dans le syllogisme juridique auquel recourent les plaideurs lorsqu'ils argumentent et les juges lorsqu'ils motivent leurs décisions. Que ce soit dans les plaidoiries ou dans les décisions, force est de remarquer que leurs auteurs procèdent par construction ou déconstruction participant ainsi à la démonstration juridique. Celle-ci prend la forme d'un raisonnement syllogistique, dans lequel, ainsi que nous le montrerons largement, la majeure est constituée par le principe juridique applicable, la mineure par les circonstances de la cause, tandis que la conclusion est tirée du rapprochement des prémisses, à savoir la constatation que les éléments de la mineure se retrouvent dans la majeure.

Cependant, qu'on ne s'y trompe pas, la pratique judiciaire s'éloigne souvent de l'argumentation syllogistique dont nous venons de parler, pour verser dans la manipulation dialectique (Souris, 2011), utilisant, entre autres, l'émotion[1] ou la dialectique éristique[2]. Il reste important de disposer des moyens pour déceler et dénoncer les procédés de manipulation dialectique aux fins d'en limiter l'incidence, même si, devons-nous l'avouer surtout dans le domaine juridique, « être instruit des moyens qui assurent la victoire n'est pas encore la remporter » (Sun, 2000 : 24). Dans tous les cas, la logique sera mise à contribution pour chaque argument à émettre.

Cette étude sur l'argumentation juridique s'inscrit, à n'en point douter, dans le cadre de la logique juridique. Rappelons que le terme « logique » provient du substantif grec « λόγος » (parole, raison) et plus précisément de l'adjectif « λογικός » qu'on trouve pour la première fois dans le titre de l'ouvrage de Démocrite, à savoir περι τών λογικών ή κανών [Des (problèmes) logiques ou la règle] et qu'Aristote utilisait pour parler des vertus (dispositions) intellectuelles (αί λογικαί άρεταί). Par contre, le (Aristote) fondateur du Lycée n'appelait pas « logique » la science à laquelle il a donné naissance dans les écrits réunis par la suite sous le vocable d' « όργανον » (*Organon*). Jusqu'au XVIIe siècle on la nommait plutôt « dialectique ». C'est seulement à compter du siècle qui a vu la parution de *La logique de Port-Royal* (son véritable titre est *La logique ou l'art de penser* d'Arnaud et Nicole (1662) que l'emploi du nom « logique » s'universalise et devient constant (Voir G. Kalinowski, « Logique formelle », in *Dictionnaire encyclopédique de théorie et de sociologie du droit*, Paris, LGDJ, 1993, pp. 350-351).

Dans le cadre de ce livre, nous allons aborder l'étude de la logique en vigueur dans les raisonnements juridiques que nous appelons pour la commodité « logique juridique ». Celle-ci n'étant pas en concurrence avec la logique formelle, car

1 Plusieurs sens peuvent être donnés à ce concept. Nous reprenons pour notre compte celui donné par Garcon M., *Essai sur l'Éloquence judiciaire*, Mercure de France, 1941, p. 244 qui dit que : « Pour convaincre, on s'adresse à la logique, et, pour émouvoir, au sentiment. L'auditeur est convaincu lorsqu'il est fixé dans son opinion, il est ému lorsqu'on a excité son âme assez pour l'amener à prendre la décision qu'on veut. Cette excitation se tient par le plaisir ou la douleur, la crainte ou le désir, l'enthousiasme ou l'indignation ».

2 D'après Schopenhauer dans *L'art d'avoir toujours raison*, Mille et une nuits, 2000, pp. 7 et 8, « La dialectique éristique est l'art de disputer, et ce en telle sorte que l'on ait toujours raison, donc *per fas et nefas* (c'est-à-dire par tous les moyens possibles). On peut en effet avoir objectivement raison quant au débat lui-même tout en ayant tort aux yeux des personnes présentes, et parfois même à ses propres yeux. En effet, quand mon adversaire réfute ma preuve et que cela équivaut à réfuter mon affirmation elle-même, qui peut cependant être étayée par d'autres preuves – auquel cas, bien entendu, le rapport est inversé en ce qui concerne mon adversaire : il a raison bien qu'il ait objectivement tort. Donc, la vérité objective d'une proposition et la validité de celle-ci au plan de l'approbation des opposants et des auditeurs sont deux choses bien distinctes. (C'est à cette dernière que ça rapporte la dialectique).

si d'une part, aucun homme sensé ne doute de la validité du syllogisme ni d'aucun mode de raisonnement formellement correct, il n'est pas, d'autre part, de même, s'agissant du raisonnement juridique dont les prémisses ne sont ni évidentes ni indifférentes et où la conclusion est une décision qui opte pour l'une ou pour l'autre des thèses en présence.

Depuis l'Antiquité, on connaît des raisonnements utilisés dans l'interprétation et l'application des textes juridiques, tels que les arguments *a simili, a contrario, a fortiori*. Il est très facile de montrer que l'effort fourni par MM. Ulrich Klug et Georges Kalinowski dans leurs enseignements, auxquels nous nous référerons dans cette étude, tendant à dégager la structure formelle de ces arguments traditionnels de la pensée juridique n'a pu aboutir à en faire des modes de raisonnement purement formels. En effet, s'ils y étaient parvenus, alors ces modes de raisonnement seraient toujours valables et universellement applicables, ce qui est loin d'être le cas, car, par exemple, les arguments *a simili et a contrario*, appliqués à un même texte, conduisent à des conclusions diamétralement opposées. Et quand bien même l'on veut réduire ces arguments à des schémas purement formels, il est cependant indispensable de faire précéder chaque fois leur application d'une argumentation concernant la volonté du législateur pour savoir si oui ou non celui-ci avait bien l'intention qu'on lui prête.

Si par exemple, une législation soumet tous les jeunes gens d'un certain âge au service militaire obligatoire, on pourrait conclure par l'argument *a simili* que les jeunes filles y sont également soumises et par l'argument *a contrario* qu'elles en sont dispensées, par conséquent pour éviter cela, il faut chercher à savoir si le législateur a voulu exclure les jeunes du service militaire ou au contraire dans le texte légal l'expression « les jeunes gens » embrasse-t-elle également « les jeunes filles » ? La question de la recherche de la volonté du législateur fera l'objet d'un examen lorsque nous traiterons de la question de l'interprétation qui utilise le canal de l'argumentation. Ce même type de problème pourrait surgir lorsque, dans un testament, le *de cujus*, père de quatre filles et de trois garçons, a écrit que « tous mes biens immeubles reviendront à mes fils alors que mes biens meubles seront partagés entre mes frères et sœurs ». Par argument *a contrario* on penserait que les filles du *de cujus* ne sont pas concernées par le partage des biens immeubles, alors que par argument *a simili* on conclurait que ces filles sont également concernées considérant que l'expression « mes fils » renvoie à tous les enfants de l'auteur du testament, filles comme garçons.

Ainsi donc, les techniques réduisant ce type d'arguments (*a simili, a contrario, a fortiori*) à des schémas purement formels escamotent ce choix préalable, qui ne peut être justifié que grâce à une argumentation tout à fait étrangère à la logique formelle. Faut-il, pour autant, exclure de la logique l'étude des arguments, et spécialement de ceux qui ne se laissent pas réduire à des schémas purement formels ? La conséquence qui en résulterait immédiatement, c'est qu'on ne comprendrait rien à la logique de la controverse, car c'est dans les discussions et les controverses que l'on trouve les argumentations en sens divers qui ne peuvent qu'être étrangères à la logique formelle, étudiant les lois logiques, les raisonnements corrects, valables et contraignants, ne donnant lieu à aucun désaccord.

Disons-le, d'ores et déjà, le raisonnement juridique aura ses spécificités par rapport au raisonnement aristotélicien. Une certaine distance entre ces deux modes sera constatée ; par moment l'un pourrait aller avec l'autre, il arrivera souvent aussi que l'un ne procède pas comme l'autre.

Ce livre s'articule sur quatre parties, chacune avec plusieurs chapitres. La première partie porte sur l'argumentation et le droit. L'entrée en matière commencera par s'interroger sur le sens d'argumenter. Nous montrerons le rôle de l'argument, l'indispensable lien entre le droit et l'argumentation. Dans la deuxième partie, nous évoquerons les outils de l'argumentation juridique. Les connecteurs de l'argumentation ainsi que le raisonnement juridique constitueront les axes principaux de nos analyses. La troisième partie examinera plusieurs questions relatives à l'antinomie, à la lacune, à la preuve, à la présomption ainsi qu'à la fiction. L'occasion sera saisie pour mettre en exergue le type d'argumentation lorsque le juriste se retrouve face à une antinomie et à une lacune. La preuve, la présomption ainsi que la fiction étant des outils utilisés dans la construction ou la déconstruction du raisonnement en droit, retiendront notre attention ; il nous reviendra d'y consacrer une bonne partie de notre réflexion avec comme leitmotiv de montrer l'incontournabilité de la dimension argumentative dans le commerce juridique. Une fois ce décor planté, l'abord des décisions judiciaires, objet de la quatrième partie, résultant des qualifications et motivations ayant comme socle l'argumentation nous conduira à cadrer le discours sur la vérité judiciaire qu'il ne faut pas toujours confondre avec la vérité scientifique ou ontologique. Nous terminerons par attirer l'attention sur les vices qui peuvent entacher le raisonnement juridique à partir des stratagèmes paralogiques et sophistiques que peuvent mettre en place les différentes personnes qui utilisent le droit comme moyen et pas toujours et nécessairement comme fin.

PREMIÈRE PARTIE

L'ARGUMENTATION ET LE DROIT

Nous partirons, dans le premier chapitre, d'une question qui nous amènera à comprendre la portée sémantique de l'argumentation. Le deuxième chapitre mettra l'accent sur l'argument et les usages prévus et prévisibles en argumentation. Le troisième chapitre établira le lien entre le droit et l'argumentation.

CHAPITRE I

CE QU'ARGUMENTER VEUT SIGNIFIER

Ce chapitre va nous donner des esquisses sur le sens que revêt l'argumentation, ses caractéristiques, ses finalités et les différentes approches qu'elle peut mobiliser.

Section 1. **Sens et portée de l'argumentation**

Argumenter consiste à trouver les moyens pour provoquer une unicité de réponse, une adhésion à *sa* réponse auprès de l'interlocuteur. Comme nous le verrons, l'argumentation présente une spécificité indéniable bien que faisant partie de la rhétorique à laquelle il ne convient ni de l'identifier ni de l'opposer (Meyer, 2008 : 15-16).

S'agissant précisément de la rhétorique, plusieurs définitions ont été proposées. Les unes s'arrêtent à l'art de parler, aux marques argumentatives ou au style, à cet égard on parle du *logos* ; les autres, à l'intention de l'orateur, se focalisent à ce qu'il veut dire derrière ce qu'il dit ; on appelle cet aspect-là des choses l'*ethos*. D'autres définitions encore préfèrent évoquer la manipulation, le charme, l'envoûtement, le verbiage sans fond qui plaît et émeut ; c'est ce qu'on appelle le *pathos*.

Les conceptions de la rhétorique que l'on rencontre généralement mettent l'accent sur l'une ou l'autre de ces trois composantes, l'*ethos*, le *pathos*, ou le *logos*. Pourtant, note Michel Meyer, ces trois paramètres sont indissociables, ramenant ainsi la rhétorique à un rapport intersubjectif entre un locuteur, orateur (*ethos*) et un auditoire (*pathos*), via un ou du langage (*logos*) (Meyer, 2008 : 11 ; Ost et De Kerchove, 2002 : 422).

L'on comprendra dès lors que l'argumentation se présente comme le réceptacle du déploiement rhétorique. Définie habituellement comme une démarche discursive par laquelle une personne entend persuader un auditoire du bien-fondé de sa thèse et ce par l'emploi d'arguments (Martineau, 2012 : 5), l'argumentation reste un art mais également une technique exigeante. Ce qui la caractérise en propre est le raisonnement, lequel repose non seulement sur la forme mais également sur la conclusivité qui s'appuie sur les éléments matériels, le sujet traité. D'une part, c'est l'opposabilité de la thèse, son aspect problématique, qui fait que l'alternative s'incarne dans une opposition – dialectique – entre individus qui croient chacun en l'un des termes de l'alternative, mais bien sûr, pas le même. D'autre part, l'argumentation, visant à produire l'adhésion à une seule réponse, à persuader l'autre, permet que le problème de départ s'abolisse dans *la* réponse finale qui doit aussi répondre à la problématique de l'autre pour s'imposer à lui (Meyer, 2008 : 16).

Ainsi que nous l'indiquerons dans cet ouvrage, l'objectif du discours argumentatif consiste à propos d'un thème (un sujet) de soutenir une thèse (un point de vue, une opinion) qui réponde à une problématique. Il faut convaincre un adversaire, soit pour modifier son opinion ou son jugement, soit pour l'inciter à agir ou à ne pas agir.

Quelques exemples pour mieux faire comprendre ces notions :

Un thème est un sujet de discussion plus ou moins précis, délimité : 1° ainsi à propos du mariage, on pourrait évoquer les formes de mariage, le mariage des homosexuels, la polygamie, la polyandrie, le mariage et l'adoption, la question du mariage et de la stérilité, le mariage et le divorce, etc. ; 2° sur le détournement, on aborderait les formes de détournement, l'impact des détournements sur les finances publiques, le problème du détournement et de l'impunité, etc. ; 3° au sujet du tabac, les usages sociaux du tabac, les méfaits du tabac, tabac et drogue, tabac et addiction, etc. seront mis en relief.

Une problématique quant à elle est formulée sous forme d'une question à propos du thème : ainsi, à propos des thèmes ci-haut mentionnés, on trouvera certaines questions comme celle de savoir si la polyandrie est-elle légale ? Pourquoi l'homosexualité est-elle clandestine dans certains pays ? Faut-il divorcer pour cause de stérilité ? Le détournement est-il puni de la même manière dans tous les secteurs de la vie nationale ? Le tabac est-il dangereux ? Pourquoi les jeunes gens fument-ils ? Quels sont les usages du tabac ?, etc.

De son côté, **une thèse** est une réponse à cette problématique, une prise de position tranchée ou nuancée : oui, la polyandrie est illicite ; la polygamie n'est pas légale mais elle est tolérée ; non l'homosexualité n'est pas répréhensible c'est plutôt le mariage des homosexuels qui n'est pas encore reconnu ; non, le détournement commis par les hauts gradés de l'armée ou de la fonction publique n'est pas puni ; oui, fumer est dangereux… Fumer est dangereux, toutefois la quantité, le type de pratique et l'attachement au produit nuancent le pronostic, etc.

Comme on peut s'en rendre compte, argumenter, c'est donc définir la stratégie la plus efficace, la plus habile pour faire connaître sa position, sa thèse, la faire admettre à un lecteur, à un interlocuteur ou à un auditoire, ébranler des contradicteurs, faire douter un adversaire, faire basculer les indécis, contredire une thèse opposée, critiquer une position contraire ou éloignée, démontrer avec rigueur, ordre et progression, se mettre en valeur, servir une cause, un parti, une foi, marquer les esprits par des effets de logique, de présentation, de mise en perspective, des procédés oratoires, etc. Toutes ces finalités isolées ou combinées donnent naissance à une variété de formes et de tonalités qui rendent chaque tentative d'argumentation très originale et parfois difficile à discerner.

En d'autres mots, argumenter, c'est aussi montrer que son interlocuteur ne saurait à la fois accepter certaines propositions et refuser leurs conséquences, lesquelles appartiennent à la conjonction des prémisses.

Ainsi, une argumentation peut paraître lâche ou serrée, courte ou longue, formelle ou informelle, lourde ou subtile, produite avec une économie de moyens ou au contraire donner l'impression de pilonner, classique ou novatrice, un long siège ou un coup d'audace, simple ou à effets, sérieuse ou bouffonne, évidente ou ironique, directe ou indirecte, agressive ou complice, etc.

Section 2. **Caractéristiques et dimension téléologique de l'argumentation : convaincre, persuader, délibérer**

De par sa nature, l'argumentation revêt plusieurs caractéristiques. Elle est protéiforme, répondant fondamentalement au besoin humain d'avoir raison. Soit il s'agit de conforter notre opinion, de « frotter et limer notre cervelle contre celle d'autrui » (Montaigne), soit de propager nos propres convictions pour que la lumière ne soit pas « mise sous le boisseau ou sous le lit » (Évangile de Marc 4, 21). Pour ce faire, plusieurs stratégies sont entreprises. La plupart du temps, elles sont utilisées en même temps dans des proportions diverses car selon le mot de Pascal « le cœur a ses raisons que la raison ne connaît point » et que le destinataire doit être saisi dans l'unité et la totalité de son être.

Aussi, la dimension finalistique est-elle intrinsèque à l'argumentation. En principe, il n'y a pas d'argumentation gratuite. On vise toujours une fin. Argumenter, c'est vouloir convaincre, persuader, ou délibérer. Si argumenter consiste à soutenir ou à contester une opinion, cette tentative vise aussi dans le même temps à agir sur le destinataire en cherchant à le convaincre ou à le persuader. Argumenter, c'est donc justifier une opinion que l'on veut faire adopter, partager en tout ou partie. On cherche alors à **convaincre par l'usage de la raison** et à **persuader en faisant appel aux sentiments et à l'affectivité**. Argumenter, c'est aussi tenir compte de thèses différentes des nôtres, avec lesquelles nous allons entrer en discussion dans une délibération, solitaire (monologue délibératif) ou collective (dialogue). Ceci nous pousse à dégager certains traits spécifiques de l'argumentation.

1. *L'argumentation comme langage*

La démarche argumentative utilise un véhicule, le langage écrit ou parlé, sans lequel ses objectifs ne seraient pas atteints. Le langage est constitué d'un ensemble de symboles, de termes destinés par leur agencement à transmettre une idée (Douchy-Oudot, 2013 : 9). Il joue un rôle on ne peut plus capital et se trouve au cœur de l'argumentation à la fois comme matière et instrument d'intervention (Martineau, 2012 : 6). En fait, le discours argumentatif ne se réduit pas à une série d'opérations logiques et de processus de pensée. Il se construit à partir de la mise en œuvre des moyens qu'offre le langage au niveau des choix lexicaux qui comportent d'emblée une orientation argumentative, de l'énonciation, des enchaînements d'énoncés, des présuppositions et des sous-entendus (Amossy, 2006 : 31).

Ce langage utilisé devra toujours être une langue naturelle, une langue de tous les jours, et non une langue artificielle comme peut l'être l'algèbre dans les mathématiques, dont tous les termes ou symboles sont définis clairement sans qu'il puisse y avoir une quelconque ambiguïté de sens (Martineau, 2012 : 6).

Cependant, il importe d'indiquer que la langue naturelle qu'emploie l'argumentation peut être ambiguë, susceptible d'être comprise par les auditeurs en fonction de leurs propres préoccupations, de leur propre culture ou chargée par eux d'un autre sens que celui que l'argumentateur entendait y mettre. Il ne peut exister dans l'argumentation de certitudes quant à la compréhension absolue par l'auditoire du discours émis par l'argumentateur qui devra toujours tenir compte de ces risques de décalage, soit pour tenter de les réduire, soit de les dénoncer.

Revenant sur cet aspect, Jean Salmon attire notre attention en disant que bien qu'au départ le droit soit construit du langage naturel, ce dernier se retrouve remodelé pour répondre aux fins du droit. La technique juridique tend souvent à donner aux mots utilisés un sens particulier, différent du langage naturel. Ce qui explique l'utilité du dictionnaire juridique qui enregistre des variations diachroniques et synchroniques (Salmon, 2014 : 2).

Bien sûr qu'une nuance peut être apportée à ce sujet dans l'argumentation judiciaire où ces risques d'ambiguïté disparaissent lorsque l'avocat évoque des concepts de droit ou utilise des expressions juridiques dont la définition est clairement établie par la loi ou la jurisprudence. C'est d'ailleurs à juste titre ce que disent certains auteurs selon lesquels la langue employée par l'avocat est mixte, à la fois naturelle et technique (Bergel, 2003 : 209 et s).

Toutefois, l'on ne devrait pas perdre de vue que le droit est dépendant de la linguistique qui le véhicule parce que celle-ci doit permettre une juste perception par ceux auxquels elle s'adresse (Wagner, 2000 : 195). Le langage du droit est un mode de connaissance du droit. Le vocabulaire, les tournures de phrases permettent de caractériser la règle de droit. Mais plus le vocabulaire juridique sera spécifique, plus la connaissance de la règle de droit sera difficile (Douchy-Oudot, 2013 : 9). Le terme choisi peut, par son seul énoncé, traduire une notion ayant un sens juridique précis. Il emportera une série de conséquences juridiques, un ensemble de règles consécutives, conduisant à l'assimiler au concept juridique lui-même. Les situations concrètes de la vie de tous les jours doivent donc en droit faire l'objet d'une transcription. Le Professeur Mélina Douchy-Oudot nous donne l'exemple suivant : j'ai travaillé vingt ans à la ferme de mon père sans être rémunéré. Aujourd'hui, il est mort. Mes deux frères, qui n', prétendent vendre le domaine et partager en trois parts égales les biens de notre père. Est-ce qu'ils ont le droit ? Est-ce que je peux prétendre conserver la ferme ? Le juriste comprendra : le défunt a laissé trois descendants en ligne directe. L'un d'eux a travaillé sans percevoir de salaire à l'entreprise agricole, il a droit, en vertu de la loi, d'obtenir une créance de salaire différé qui devra être payée par la succession avant tout partage entre les héritiers. Par ailleurs, il peut exiger une attribution préférentielle du bien moyennant une soulte versée aux cohéritiers (*Ibidem* : 10). On s'aperçoit que la terminologie et la problématique juridiques recouvrent un ensemble de mots techniques conduisant à la situation juridique.

Le vocabulaire juridique a pour conséquence de situer un fait dans l'ordonnancement juridique et de prévoir les règles qui lui seront applicables. Il peut arriver que le législateur modifie non pas une règle de droit en entier, mais seulement un mot d'une disposition légale existante. Le droit français nous en donne une illustration : l'article 16-3, alinéa 1er du Code civil énonçait dans sa rédaction initiale : « *Il ne peut être porté atteinte à l'intégrité du corps humain qu'en cas de nécessité* ***thérapeutique*** *pour la personne* ». L'article 70 de la loi n° 99-641 du 27 juillet 1999 portant création d'une couverture maladie universelle a subsisté au terme « thérapeutique » celui de « médicale ». Désormais, l'article 16-3, alinéa 1er du Code civil indique « *il ne peut être porté atteinte à l'intégrité du corps humain qu'en cas de nécessité médicale pour la personne* » (Pedrot, 2008 : 157).

À l'inverse, le langage juridique peut parfois être volontairement indéterminé. Le but poursuivi est de laisser une plus grande latitude aux juges dans l'accomplissement de la fonction qui leur est dévolue. Certains auteurs estiment que le recours à des notions indéterminées, qu'on assimile au droit mou (Jean Carbonnier), est une forme de délégation normative. Le langage sera non seulement les mots utilisés, notions floues, à contenu variable, mais aussi le contexte de leur énonciation qui a une incidence directe sur le sens et le degré de l'indétermination, et donc sur le pouvoir du juge (Douchy-Oudot, 2013 : 11).

De tout ce qui vient d'être indiqué, il nous revient d'affirmer que le langage est un instrument de l'argumentation. On ne le dira jamais assez, bien argumenter nécessite de bien parler et/ou de bien écrire (parce que plus haut nous avons souligné que le langage est écrit et/ou oral). La rhétorique, caractéristique de l'argumentation, a toujours insisté sur les liens qui doivent exister entre l'argumentation, l'élocution (Souris, 2009 : 193 et s), la composition et l'action : les figures de mots, de style ou de pensée permettent en effet d'agrémenter un discours, de flatter le sens esthétique de l'auditoire, et, par voie de conséquence, de faciliter parfois la persuasion ou la conviction.

Il a été prouvé que la puissance de l'argumentation, son efficacité se trouve substantiellement dans le discours (Stroh, 2010 ; Amossy, 2006), dans le verbe. Reprenons pour notre compte cette citation de Gorgias, penseur grec célèbre de son temps, qui magnifie et montre l'importance du verbe : « *Le verbe est un grand souverain qui accomplit l'œuvre des dieux avec les corps les plus petits et les plus insignifiants. Il peut mettre fin à la peur et soulager le deuil, il peut mettre en joie et susciter une grande compassion (…) La force du verbe est à la tranquillité de l'âme ce que la prescription des remèdes est à l'état du corps. En effet, comme certains remèdes chassent du corps certaines humeurs, comme certains mettent fin à la maladie, d'autres à la vie, il en est de même avec les discours : les uns troublent, les autres réjouissent, les uns désarçonnent et ensorcellent l'âme par une persuasion mauvaise* » (Gorgias, cité par Stroh, 2010 : 11-12).

De toute façon, chez les anciens, notamment à Athènes et à Rome, l'art de bien utiliser le verbe, le discours avait reçu des lettres de noblesse dans la *Rhétorique* vantée par des sophistes et autres penseurs. Cependant elle fera l'objet de vives critiques dont celle d'Emmanuel Kant qui l'a considérée comme un « art de la ruse sournoise » par lequel un homme se sert d'un autre homme comme d'un moyen, au lieu de toujours respecter l'homme comme fin (Kant, cité par Stroh, 2010 : 13).

En somme, le langage dans toutes ses formes (orale, écrite, gestuelle) est un outil utile et nécessaire pour l'argumentation.

2. L'argumentation est toujours le fait d'une personne

C'est toujours une personne qui émet une argumentation. L'argumentateur ne peut pas se mettre entre parenthèses, il ne saura jamais disparaître derrière son message. Il s'y implique avec ses mots, ses qualités propres, ses tics, son passé, son histoire connus ou non de son auditoire. Par exemple en matière judiciaire, le choix de son avocat ne devrait pas être anodin. Le statut de spécialiste ou d'expert, renforce, au préalable, la portée de l'argumentation qui pourra être produite indépendamment du contenu du discours et quel qu'en soit le fondement (Martineau, 2012 : 6).

La personne auteur de l'argumentation peut évidemment être tout homme, mais en réalité il s'agit de tout l'homme qui argumente. Tout l'homme compris dans le sens que la personne est le fruit de son histoire, de son milieu, bien sûr de ses capacités avec ses expériences, certainement avec son expertise, et à cela y ajouter la combinaison de tout ce qu'il a rencontré dans ses voyages, études classiques ou formation continue, l'interaction avec d'autres cultures. Bref, tout ce qui doit être dit à son sujet.

Dans une affaire pour laquelle je comparaissais conjointement avec Maître M. L., au Tribunal de Paix de Kasangulu (Kongo Central/RDC), l'avocat de la partie adverse, cherchant à nous déstabiliser, a tenté de mettre en cause les capacités linguistiques et culturelles de mon Confrère. Il s'est adressé au Tribunal en ces termes : « *Monsieur le Président, nous sommes en matière coutumière, parlant des questions sensibles relatives au pouvoir coutumier. Les parties doivent maîtriser la tradition et coutume des Bakongo d'ici où votre auguste Tribunal est implanté. Maître M.L. qui est en face de nous ne sait même pas bien lire le Kikongo ; or le document qui a retracé l'installation de ma cliente comme Chef coutumier est écrit dans la langue locale. Maître M.L. est Mukongo de nom et ne connaît pas la culture ; il risque de vous induire en erreur* ; ***ce n'est pas la personne qu'il faut pour défendre les intérêts opposés à ceux de ma cliente*** **»**.

Il va sans dire que ces propos de notre contradicteur relevaient du sophisme. Mais en réalité, ce qui peut nous intéresse dans le cadre du point que nous traitons, est qu'il faut le souligner **la personne de l'argumentateur** (considérée dans tout son être, ses connaissances, son expérience, son intégration dans une culture donnée, sa notoriété, etc.) **reste essentielle**. C'est pour cela d'ailleurs qu'on ne choisit pas un Avocat au hasard. À cet égard, la question reste entière quant à la pratique des bureaux de consultation gratuite qui commettent, parfois de manière hasardeuse, des avocats *pro deo* dans certaines affaires qui s'avèrent complexes. C'est dans cet esprit qu'il faut comprendre les critères très sélectifs relatifs le recrutement d'un Juge à la Cour internationale de justice. Il faut que le candidat soit parmi les plus grands connaisseurs du droit international et se soit distingué par ses écrits, ses prestations et dotés de grandes qualités morales.

3. L'argumentation s'adresse toujours à un auditoire

L'auditoire se trouve être parmi les éléments essentiels de l'argumentation. Chaïm Perelman et Lucie Olbrechts-Tyteca le définissent comme « *l'ensemble de ceux sur lesquels l'orateur veut influencer par son argumentation* » (Perelman et Olbrechts-Tyteca, 2008 : 25). Il importe peu que le public soit composé d'un seul interlocuteur ou d'une assemblée nombreuse, qu'il soit délimité ou indéterminé, présent ou absent. Il peut s'agir d'un investisseur potentiel auquel on propose d'acheter des parts dans une entreprise, des représentants d'un parti politique ou encore du public aux contours flous auquel un écrivain destine son œuvre (Amossy, 2006 : 42). La notion d'auditoire est complexe et ne peut être traitée de manière substantielle dans le cadre limité de notre étude. Cependant, indiquons quelques-unes de ses spécificités.

A. Variabilité de l'auditoire

L'auditoire constitue une entité variable que le locuteur détermine lorsqu'il choisit pour cible de son entreprise de persuasion un individu, un groupe restreint ou un vaste public. En droit international par exemple, l'auditoire du juge n'est pas le même que celui de l'État. Ce dernier peut viser à convaincre d'autres États, son opinion publique, ou une partie de celle-ci (parlementaires), des organes internationaux détenteurs d'un pouvoir de décision, etc. (Salmon, 2014 : 132). Aussi, dans le cadre de l'argumentation judiciaire, l'auditoire de l'avocat est-il spécifique ; il est composé des juges, le plus souvent spécialisés, investis de la mission de rendre la justice, c'est-à-dire d'appliquer au corpus de faits qui leur sont soumis par les parties la norme juridique la plus adéquate. Hormis les cas de huis clos prévus par la loi, l'avocat s'exprime également devant un public composé de personnes venues assister à l'audience et ayant ou non des liens d'intérêt avec l'affaire débattue. Bien qu'il est demandé à ces personnes d'observer une attitude digne et de garder le respect dû à la justice, (ne pas) parler sans y avoir été invitées ou des donner des signes d'approbation ou de désapprobation, il arrive que ce public soit indiscipliné et qu'il manifeste ouvertement sa faveur à l'une ou l'autre des thèses en présence. Il appartient alors à l'avocat de savoir tirer parti de cette situation (Martineau, 2012 : 7).

Toujours dans le cadre de l'argumentation judiciaire, rappelons que l'auditoire du juge international est plus restreint. Selon qu'il s'agit de la matière contentieuse ou consultative, l'auditoire varie. Ainsi, dans l'activité contentieuse, l'auditoire est constitué par les parties au litige. Par contre, dans l'activité consultative, l'auditoire est constitué en principe par l'organisation internationale qui a demandé l'avis et, à travers elle, l'ensemble de ses États membres, notamment lorsqu'il s'agit de l'interprétation de la charte constitutive de l'organisation demanderesse ou de questions relatives à son activité ayant un caractère d'intérêt général (Salmon, 2014 : 133). Les exemples des avis consultatifs sont nombreux, dont ceux demandés par l'Assemblée générale de l'ONU : *Les conditions de l'admission d'un État comme membre des Nations Unies du 28 mai 1948* (CIJ, *Recueil*, 1947-1948, pp. 53 et s), Réparations des dommages subis au service des Nations Unies du 11 avril 1949 (CIJ, *Recueil*, 1949, pp. 174 et s.), *Réserves à la Convention pour la prévention et la répression du crime de génocide du 25 mai 1951* (CIJ, *Recueil*, 1951, pp. 15 et s.), *Certaines dépenses des Nations Unies du 20 juillet 1962* (CIJ, *Recueil*, 1962, pp. 151

et s.), *Sahara occidental du 16 octobre 1975* (CIJ, *Recueil*, 1975), *Interprétation de l'accord du 25 mars 1951 entre l'OMS et l'Égypte du 20 décembre 1980* (CIJ, *Recueil*, 1980), *Applicabilité de l'obligation d'arbitrage en vertu de la section 21 de l'accord du 26 juin 1947 relatif au siège de l'ONU du 26 avril 1988* (CIJ, *Recueil*, 1988), *Licéité de la menace ou de l'emploi d'armes nucléaires du 8 juillet 1996* (CIJ, *Recueil*, 1996), *Licéité de l'utilisation des armes nucléaires par un État lors d'un conflit armé du 8 juillet 1996* (CIJ, *Recueil*, 1996), *Conséquences juridiques de l'édification d'un mur dans le Territoire palestinien occupé du 9 juillet 2004* (CIJ, *Recueil*, 2004), etc.

En principe l'auditoire dans chacune de ses affaires est généralement l'ONU qui avait fait la demande de l'avis consultatif auprès de la Cour internationale de justice. À travers évidemment cette structure intergouvernementale, et selon le cas de l'avis sollicité, l'on devra considérer comme destinataires de la décision du juge international les États membres. Les doctrinaires intéressés aux questions touchant l'organisation et le fonctionnement de la structure internationale font également partie de l'auditoire dont est question.

B. Auditoires homogènes et composites

Pour Chaïm Perelman et Lucie Olbrechts-Tyteca, il arrive bien souvent que l'orateur ait à persuader un auditoire composite, réunissant des personnes différenciées par leur caractère, leurs attaches ou leurs fonctions. Il devra utiliser des arguments multiples pour gagner les divers éléments de son auditoire. C'est l'art de tenir compte, dans son argumentation, de cet auditoire composite qui caractérise le grand orateur. On pourrait trouver des échantillons de cet art en analysant les discours tenus devant les Parlements, où les éléments de l'auditoire composite sont facilement discernables (Perelman et Olbrechts-Tyteca, 2008 : 28).

Devant ces factions différentes et souvent antagonistes, il en ressort une opposition entre les auditoires qui, en apparence du moins, se donnent comme homogènes et ceux qui apparaissent comme composites ou hétérogènes (Amossy, 2006 : 52). En fait, on a un seul parlement mais plusieurs auditoires en son sein, selon que l'on est de la majorité au pouvoir ou de l'opposition ou encore au centre. Même au sein de la même tendance politique, il se pourrait qu'on y trouve encore plusieurs sensibilités contribuant à leur tour à la complexité de l'auditoire. En prenant la configuration politique congolaise (RDC) de la législature de 2011, on se rend compte que la majorité présidentielle est composée de plusieurs partis politiques et même des personnalités indépendantes autour du parti présidentiel (PPRD). Il s'agit d'un auditoire qui agit souvent en bloc uni pour exécuter par exemple un mot d'ordre qui vient de leur « autorité morale ». Il n'est cependant pas exclu que certains partis ou même des élus du parti présidentiel prennent leur liberté pour critiquer ou demander des explications complémentaires au mot d'ordre. D'autres encore cherchent à être ménagés différemment que certains de leurs collègues parce qu'ils représentent une sensibilité peu ordinaire.

On parlera d'un *auditoire homogène* lorsqu'il s'agit d'un public qui partage des valeurs, voire des objectifs, une vision du monde, une doctrine et un programme identiques. Et l'on peut dire qu'il est plus aisé pour l'orateur de persuader ceux qui pensent comme lui, qui communient aux mêmes valeurs que lui.

Un *auditoire est composite*, lorsqu'il est constitué de groupes différenciés, voire rivaux. Disons par ailleurs qu'une seule personne peut constituer un auditoire composite en ce qu'elle a en elle une dimension religieuse (le chrétien), familiale (le père), nationale (le patriote), sexuelle (l'homme), etc. (Amossy, 2006 : 53). L'orateur n'aura pas tâche facile pour convaincre pareil auditoire. Il lui faudra des stratégies, dont celle de sérier les groupes d'allocutaires auxquels le discours s'adresse et de concilier les prémisses et les évidences partagées que le discours utilise pour chacun des groupes (*Ibidem* : 59).

Il peut arriver qu'on puisse se retrouver devant une pluralité d'auditoires qui peuvent être en interaction. Parfois, il est des litiges si importants pour la société civile qu'ils sont fortement médiatisés (l'on peut penser en RD Congo au procès sur l'assassinat de Chebeya Bahizire, activiste des droits de l'homme tué en juin 2010, à celui du Colonel Mamadou Ndala assassiné également dans des conditions floues à Beni à l'Est de ce pays en janvier 2014, etc.). Dans ce cas de figure, l'argumentation devra être développée, non seulement devant l'auditoire naturel de l'avocat, à savoir les juges composant les cours ou tribunaux, mais aussi devant les journalistes qui suivent le dossier. Assurément, ces derniers, par définition, n'ont pas accès à tous les éléments du dossier et ne peuvent en avoir qu'une vue parcellaire ; de surcroît n'étant pas juristes, les subtilités d'une opération de qualification en matière pénale et/ou d'un raisonnement juridique qui s'appuie sur une analyse fine de la jurisprudence peuvent aller *a contrario* du préjugé naturel d'une opinion publique dont le journaliste n'est que le porte-parole et à laquelle il souhaite explicitement ou implicitement donner satisfaction. Comme l'indiquent plusieurs auteurs, dans ce cas, la préparation d'une argumentation persuasive passe par la recherche, l'appréhension et la mise à jour des valeurs, le cas échéant, des préjugés et/ou des grilles interprétatives propres à chacun des auditoires (Souris, 209 : 196 et s. ; Salmon, 2014 : 136 et s. ; Amossy, 2006 : 60 et s.). Une telle argumentation veillera surtout à sa cohérence interne, l'énoncé d'une thèse juridique devant être, par exemple, développée de telle façon qu'elle puisse être destinée à la fois aux magistrats et à l'opinion publique (Martineau, 2012 : 8).

C. Auditoire universel

La notion d'« auditoire universel » a été suffisamment étudiée par Chaïm Perelman dans plusieurs de ses réflexions, particulièrement dans le *Traité de l'argumentation* auquel nous nous référons abondamment dans cette étude. Depuis, plusieurs écrits et même des ouvrages entiers ont été consacrés à cette notion qui est loin de tarir les débats qu'elle implique particulièrement en philosophie du droit. Nous mentionnons de façon particulière l'ouvrage du Professeur George C. Christie, *L'auditoire universel dans l'argumentation juridique*, Bruxelles, Bruylant, 2005, *traduit* de l'anglais et présenté par Guy Haarscher.

Loin de nous la prétention de revenir en détail sur cette notion dans le cadre bien limité de notre livre. Essayons d'en comprendre certains contours par quelques extraits du livre de Parelman :

« *Nous croyons donc que les auditoires ne sont point indépendants ; que ce sont des auditoires concrets particuliers qui peuvent faire valoir une conception de l'auditoire universel qui leur est propre ; mais par contre, c'est l'auditoire universel non défini qui est invoqué pour juger de la conception de l'auditoire universel propre à tel auditoire concret... On peut dire que les auditoires se jugent les uns les autres* » (Perelman et Olbrechts-Tyteca, 2008 : 46).

« *(...) Ce qui suscite par-dessus tout l'intérêt, c'est une technique argumentative qui s'imposerait à tous les auditoires indifféremment ou, du moins, à tous les auditoires composés d'hommes compétents et raisonnables. La recherche d'une objectivité quelle que soit sa nature, correspond à cet idéel, à ce désir de transcender les particularités historiques ou locales de façon que les thèses défendues puissent être admises par tous* » (*Ibidem* : 34)

« *Une argumentation qui s'adresse à un auditoire universel doit convaincre le lecteur du caractère contraignant des raisons fournies, de leur évidence, de leur validité intemporelle et absolue, indépendante des contingences locales ou historiques* » (*Ibidem* : 41).

De ces citations, l'on pourrait déduire que l'auditoire universel est celui qui est composé de tous les hommes compétents et raisonnables, de toutes les cultures et de tous les temps. L'orateur doit pouvoir produire un discours qui puisse être accepté par tous les êtres de raison et qui transcende les particularités historiques et locales.

On notera un double mouvement qui semble animer cette notion (Haarscher, in Christie, 2005 : 10) : d'une part elle émerge indubitablement des auditoires particuliers, d'autre part elle possède une certaine indépendance par rapport à ces derniers, du moins sous la forme de « l'auditoire universel non défini ».

Pour Perelman, un auditoire particulier et concret, situé, propose une conception de l'auditoire universel, c'est-à-dire développe des arguments qui seraient selon ses membres susceptibles d'entraîner l'adhésion de tout interlocuteur de bonne foi, capable d'utiliser la raison (Perelman et Olbrechts-Tyteca, 2008 : 42).

Cette vision perelmanienne a été critiquée, reprochée de relever de l'utopie (Salmon, 2014 : 143), ce que lui-même admet par ailleurs (Perelman et Olbrechts-Tyteca, 2008 : 43) dans la mesure où chaque culture, chaque individu a sa propre conception de l'auditoire universel.

Pour peu qu'on ait compris que l'auditoire universel voudrait rassembler le plus possible, Jean Salmon s'est interrogé sur ce que pourrait justement être celui auquel la Cour internationale de Justice s'adresse. D'abord il note que la tentative de diversifier la composition géographique de cette Cour, conformément à l'article 9 de son Statut[3], est indicative d'un souci de représentation globale. Mais il ne s'empêche pas de s'interroger, à la suite des autres, si cet amalgame est de nature à constituer vraiment une culture juridique universelle (Salmon, 2014 : 143 ; Prott, 1978 : 339). Quoi qu'il en soit, poursuit Jean Salmon, il est incontestable que, chaque fois que la Cour passe du particulier au général, elle doit convaincre un auditoire plus étendu. Ceci se présente notamment lorsque la Cour aborde des questions d'intérêt général. Les prononcés sont abstraits sur l'existence ou le sens de règles de droit international, adoptés ou non dans des *obiter dicta*[4]*, affectant le contenu du droit international général* (Salmon, 2014 : 143). Et le Professeur belge n'hésite pas d'indiquer que l'auditoire universel de la Cour internationale de Justice est la communauté des États et il ajoute même la doctrine (*Ibidem* : 142).

En tout état de cause, sauf dans le cas de délibération pour soi-même, l'argumentation présuppose toujours une pluralité, qu'il s'agisse d'une dyade, à savoir deux individus, le premier exposant sa thèse au second, ou d'un groupe plus nombreux telle une assemblée, un public. On peut imaginer un ensemble de personnes concevant une argumentation destinée à un autre ensemble. Bref, l'argumentation est toujours un phénomène social. La question de l'auditoire universel ne pourrait donc pas échapper à la totalité de sa nature mais également à la particularité de

3 « Dans toute élection, les électeurs auront en vue que les personnes appelées à faire partie de la Cour, non seulement réunissent individuellement les conditions requises, mais assurent dans l'ensemble la représentation des grandes formes de civilisation et des principaux systèmes juridiques du monde ».

4 L'*obiter dictum* est une opinion émise par une juridiction et qui n'est pas essentielle à la motivation d'une décision adoptée par ladite juridiction. On oppose l'*obiter dictum* à la *ratio descidendi* qui est, pour sa part, le fondement de la décision, in Jean Salmon (dir), (2001), *Dictionnaire de droit international public*, Bruxelles, Bruylant, p. 762.

son contexte. Ce qui rejoint, dans une certaine mesure, les réticences émises quant à l'universalité que pourrait revêtir un auditoire d'après Perelman.

4. *L'argumentation vise à convaincre*

Convaincre, c'est amener quelqu'un, par raisonnement ou par preuves, à reconnaître la vérité, l'exactitude d'un fait ou sa nécessité (*Le Petit Larousse illustré*, 2006, p. 290). On s'appuie sur des éléments objectifs. Pour convaincre, celui qui argumente fait appel à la raison, aux facultés d'analyse et de raisonnement, à l'esprit critique du destinataire afin d'obtenir son adhésion, son accord après mûre réflexion. À cet égard, il le fait par la formulation d'une thèse. Il s'aide d'arguments, c'est-à-dire des **éléments de preuve** destinés à l'étayer ou à la réfuter.

Ces arguments, ainsi que nous le verrons, sont eux-mêmes illustrés par des exemples variés : tirés de l'expérience personnelle, de l'actualité, des lectures, des divers domaines de la connaissance : sciences, histoire, politique, jurisprudence, philosophie, etc. Cela peut passer par des références à d'autres penseurs ou écrivains (citation), à des anecdotes amusantes ou frappantes (paraboles), à la sagesse de certains peuples (proverbes), à des valeurs symboliques ou culturelles partagées (zoomorphisme, mythes), etc.[5]. Ils sont présentés de manière ordonnée dans le cadre d'un raisonnement (inductif, déductif, critique, dialectique, par analogie, par l'absurde…) sous forme de plan et d'une progression argumentative (le plus souvent selon la loi d'intérêt : du moins important au plus important) où ils sont souvent reliés entre eux par des connecteurs logiques qui jouent le rôle de balises ou de marqueurs ou encore de poteaux indicateurs (Goltzberg, 2013 a : 16 et s). Indiquons que les connecteurs les plus importants sont ceux qui soulignent la causalité, on peut citer également ceux qui ordonnent la présentation. Généralement, il est conseillé au plaideur, à l'orateur ou à celui qui présente son exposé (peut-être moins au juge) d'abuser de ces signaux pour capter l'attention de son auditoire ou du moins pour éviter de la perdre. Cela s'inscrit dans une stratégie argumentative : développer ou réfuter une thèse, concéder, débattre. Le schéma argumentatif peut varier : le plaideur ou le locuteur peut choisir de défendre sa propre thèse et de passer sous silence celle de ses adversaires dans une « splendide indifférence » (Salmon, 2014 : 203 et s) ; il peut aussi commencer par réfuter la thèse adverse ou, à l'inverse, il peut se montrer conciliant en acceptant quelques points (mineurs) de la thèse adverse afin de mieux disposer le destinataire à accepter la sienne. Tout dépend du rapport de forces réel ou supposé. Notons tout de même que le juge, appelé à confronter les thèses en présence, ne peut se permettre

5 http://www.études-littéraires.com/figures-de-style/ consulté le 27 mai 2018.

cette liberté. Son devoir s'articule dans la prise en compte pertinente des moyens avancés par les parties opposées.

5. L'argumentation vise à persuader

Quand le discours argumentatif fait appel aux **sentiments** ou aux **émotions** du destinataire, il cherche à persuader. Il s'agit pour l'argumentateur de jouer sur des valeurs et des repères culturels communs. En effet, une argumentation met en jeu, de manière explicite ou implicite, un système de pensée. L'argumentateur, s'il veut toucher son destinataire, doit s'efforcer de comprendre le **système de valeurs** de ceux auxquels il s'adresse. L'on peut même faire couler des larmes, demander à l'interlocuteur de se mettre à la place de la personne pour laquelle on veut faire accepter sa cause (par exemple une mère ou un père dont l'enfant a été égorgé, ou un homme a dont la femme a été violée puis tuée sous ses yeux, etc.).

Dans le cadre de la persuasion, la défense d'une thèse s'appuiera sur des principes universels ou du moins en principe partagés par la majorité : la Vérité, le droit au bonheur, l'équité, la sincérité…, ou sur les valeurs admises par un groupe social déterminé : l'honneur, le courage, la probité, le travail, le patriotisme, etc. Cette thèse s'appuie également sur des références culturelles communes qui font naître une complicité propice à l'adhésion : jeux de mots, traits d'esprit, allusions, etc. Le discours va se faire à la fois expressif et impressif, il va essayer de transmettre des émotions fortes, d'impressionner le destinataire pour agir sur lui. Celui qui argumente doit impliquer ses destinataires, leur faire considérer que sa thèse est aussi la leur, qu'ils partagent les mêmes combats et les mêmes intérêts. II est ainsi amené à utiliser souvent le « tu » ou le « vous », parfois le « nous » qui crée une communauté d'intérêts. Il prend ses interlocuteurs à témoin au moyen d'interrogations oratoires dont il n'attend pas de vraies réponses. Ces questions rhétoriques ou fausses questions sont simplement destinées à animer le discours et à varier le mode de l'affirmation.

Il est exigé à l'argumentateur de provoquer un phénomène d'identification à ses vues. L'adhésion recherchée est plus viscérale que réfléchie. Nous assistons alors à une modalisation forte[6]. Celui qui argumente s'implique fortement dans son discours (voir précédemment la caractéristique selon laquelle l'argumentation est le fait d'une personne), il amplifie ses jugements par le recours à des termes mélioratifs ou péjoratifs, à des adverbes d'intensité, à des images qui heurtent ou font rêver. Il spécule le plus souvent sur des réactions primaires : joie, peur, tristesse ou colère… Pour persuader son interlocuteur ou son auditoire, l'argumentateur va

6 http://www.études-littéraires.com/figures-de-style/ modalisation.pht consulté le 27 mai 2018.

jouer sur les émotions fortes de l'indignation ou de l'enthousiasme. Il peut exciter la pitié pour les victimes, l'indignation devant l'inacceptable, la révolte contre l'injustice. Ce type de discours recourt fréquemment au registre pathétique (*Ibidem*).

Certains indices de ce type d'argumentation persuasive[7]

- L'emploi du champ lexical de la douleur, de la plainte. Recours à un vocabulaire partagé avec l'auditoire : familiarité, jargon,

- Les oppositions entre ombre et lumière, civilisation et barbarie, raison et folie…

- La présence de figures d'insistance (répétition, anaphore, gradation, pléonasme), de figures d'opposition (antithèse, oxymore), les alliances (oxymore, hypallage).

- Le recours aux exclamations et interrogations qui trahissent l'affectivité débordante ou la volonté d'animer le propos. Des rythmes souvent binaires (affectifs) ou cumulatifs (extériorisation d'un trop-plein intérieur).

- L'utilisation d'effets syntaxiques : phrases construites selon un rythme fortement marqué, brusques ruptures rythmiques pour surprendre ou choquer le destinataire, (anacoluthe) phrases s'achevant sur une chute, c'est-à-dire une conclusion inattendue. Art de la formule aux endroits stratégiques du propos (parallélisme, antanaclase, chiasme, paronomase…).

- L'utilisation de rythmes ternaires pour créer des moments oratoires équilibrés après l'expression vive des sentiments. Recours à des formes incantatoires (anaphores, allitérations, paronomases).

- Le goût pour des descriptions vives, capables d'ébranler l'affectivité du public (pleurs, rires).

Cependant, cette volonté de persuader à tout prix peut sombrer dans la **manipulation** (Labigne, 2007 ; Souris, 2011) : le locuteur cherche à prendre le contrôle de son auditoire en l'affolant (en jouant sur ses peurs ataviques, sur ses réflexes d'exclusion, de mobilisation contre l'ennemi commun…) ou au contraire en le flattant, en produisant des promesses inconsidérées, en caricaturant…

Somme toute, le discours argumentatif de persuasion reste une technique d'influence qui laisse tout de même à l'auditeur la liberté de son choix final, de son adhésion aux propos qu'il entend. C'est ainsi que pour ce cas, l'argumentation

7 http://www.études-littéraires.com/figures-de-style/ consulté le 27 mai 2018.

se distingue de la contrainte qui résulterait par exemple d'un ordre militaire, du commandement d'un supérieur hiérarchique, ou même de la démonstration professorale donnée dans un cours. En tout état de cause, retenons, en définitive, qu'argumentation et persuasion sont inséparables.

L'on notera, pour passer à une autre caractéristique de l'argumentation, que la doctrine a nettement marqué la différence entre persuader et convaincre. Chaïm Perelman et Lucie Olbrechts-Tyteca nous disent que pour qui se préoccupe du résultat, persuader est plus que convaincre, la conviction n'étant que le premier stade qui mène à l'action. Par contre, pour qui est préoccupé du caractère rationnel de l'adhésion, convaincre est plus que persuader (Perelman et Olbrechts-Tyteca, 2008 : 35). Pour Blaise Pascal, c'est l'automate que l'on persuade, c'est-à-dire le corps, l'imagination, le sentiment, bref tout ce qui n'est point la raison. C'est la raison que l'on convainc (Pascal, 1936 : 252). Reprenant cette distinction, Perelman et Olbrechts-Tyteca considèrent que l'argumentation persuasive ne prétendrait valoir que pour un auditoire particulier, et serait convaincante l'argumentation censée obtenir l'adhésion de tout être de raison (Perelman et Olbrechts-Tyteca : 2008, 36).

Terminons ce point relatif aux nuances entre persuader et convaincre en se référant à Emmanuel Kant qui considère que « *quand la croyance est valable pour chacun en tant du moins qu'il a de la raison, son principe est objectivement suffisant et la croyance se nomme conviction. Si elle n'a son fondement que dans la nature particulière du sujet, elle se nomme persuasion* » (Kant, 1965 : III, 3).

6. L'argumentation aide à la délibération

Pour peu que nous gardions le sens générique, nous pouvons dire que délibérer c'est examiner les différents aspects d'une question, en débattre, y réfléchir afin de prendre une décision, de choisir une solution. C'est donc se confronter à ses propres objections ou à celles d'autrui, avant de construire sa propre opinion. Cette nécessaire étape de la réflexion personnelle permet de considérer l'avis d'autrui et de peser la vérité (ou l'accord au réel) de différentes positions avant de décider.

La délibération est également essentielle au débat public dans une démocratie (Habermas, 1997). Elle revêt également une dimension collective. Au cours d'un procès avant la sentence, les juges sont amenés à délibérer ; avant de proclamer les résultats obtenus par les étudiants à l'issue des examens scolaires, le jury procède à la délibération. L'essai, le dialogue ou l'apologue sont des genres littéraires particulièrement adaptés à l'expression d'une délibération.

Pour rester dans le domaine juridique qui nous intéresse, l'on notera que l'analyse des décisions judiciaires montre bien que le « motif » exprime le résultat des débats qu'ont fait les membres de la composition d'une chambre d'une Cour ou d'un Tribunal, en considération bien entendu des avis des parties confrontés au droit. Après délibération, la Cour ou le Tribunal indique les raisons de sa décision. L'indication de ces raisons se fait par et à travers l'argumentation.

7. L'argumentation postule des conclusions controversables

Quelle que soit la force des idées émises dans l'argumentation, les conclusions avancées par l'orateur restent toujours réfutables, critiquables. Cela est encore plus valable pour un avocat dans une argumentation judiciaire. En effet, l'auditoire reste libre de rejeter ou d'accepter la thèse qui lui est proposée, mais aussi, et surtout que l'argumentation judiciaire est énoncée dans un cadre qui en prévoit, institutionnellement, l'immédiate contradiction par une argumentation adverse (Martineau, 2012 : 9). Le principe du contradictoire, essentiel à toute la procédure judiciaire, en constitue la meilleure traduction.

Dans ce registre, l'on peut dire que les mécanismes institutionnels de contestation des décisions judiciaires (*recours*) sont autant l'expression de l'adversité et de la liberté d'accepter ces décisions par les parties comme « auditoire ». Il s'agit d'un droit fondamental comme on peut le comprendre au travers des dispositions de l'article 21, alinéa 2 de la Constitution congolaise : « *Le droit de former recours contre un jugement est garanti à tous. Il est exercé dans les conditions fixées par la loi* ». Ainsi, le caractère des conclusions controversables marque les arrêts ou jugements prononcés par les cours ou tribunaux congolais, sous réserve des décisions non susceptibles de contestation telles celles coulées en force de chose jugée, celles prises en dernier ressort, celles de certaines juridictions comme la Cour constitutionnelle (art. 168 de la Constitution congolaise : « *Les arrêts de la Cour constitutionnelle ne sont susceptibles d'aucun recours et sont immédiatement exécutoires* »), etc.

Aussi, le caractère de réfutabilité concerne-t-il les décisions, notes, avis juridiques des conseillers dans différents cabinets et administrations, les rapports des magistrats à leur hiérarchie sur des dossiers en instruction. Ces décisions, notes, avis et rapports, si l'on admet qu'il y est fait recours à l'argumentation, font l'objet d'appréciation par leurs destinataires (auditoires) qui peuvent les accepter, les refuser entièrement ou les admettre partiellement, expression de « controverse » et d'adversité dans une certaine mesure. Disons que même les arrêts de la Cour constitutionnelle tels que rappelés ci-haut, les décisions judiciaires revêtues de la force de chose jugée, etc. peuvent être réfutés par la doctrine. Dans ce cas, il ne s'agira plus d'un recours organisé par la procédure judiciaire ou administrative, mais l'exercice d'une autre prérogative qui revient aux penseurs et spécialistes du domaine qui donnent leurs points de vue en critiquant, parfois même en déconstruisant le raisonnement fait par une cour ou un tribunal dans une décision.

Ceci nous amène à dire que tout n'est pas d'emblée évident, obvie dans une controverse argumentative. Le rationalisme critique de Karl Popper avec sa théorie de la réfutabilité (Popper, 1985 : 87 ; Popper, 1988 : 124-125) trouve sa place pour nos propos. Notons qu'en dehors de certains domaines où certaines choses paraissent évidentes de par leur nature, il se remarque que l'argumentation dans le champ politique et juridique, caractérisée par la controverse et l'adversité, se meut le plus souvent sur du vraisemblable. Il existera toujours une discordance des opinions, soit sur les concepts, soit sur les faits, soit sur leurs qualifications. Platon, accroché à la dialectique (art du dialogue et de la discussion) a réussi à traduire la sagesse que son maître, Socrate, transmettait à ses interlocuteurs. Les spécialistes de la dialectique et de l'argumentation (Moreau, 1963 : 207 ; Perelman, 1999 : 102) s'en sont inspirés pour exclure l'évidence des opinions avancées par les différentes parties à une dispute. Platon l'exprime sans ambages lorsqu'il rapporte les propos de son maître à Euthyphron : « *Si nous différions d'avis, toi et moi, sur le nombre (des œufs dans un panier), sur la longueur (d'une pièce d'étoffe) ou sur le poids (d'un sac de blé), nous ne nous disputerions pas pour cela ; nous n'entamerions pas une discussion ; il nous suffirait de compter, de mesurer ou de peser, et notre différend serait résolu. Les différends ne se prolongent et ne s'enveniment que là où nous manquent de tels procédés de mesure, de tels critères d'objectivité* » (Platon, 1979 : 7, b-d).

Partant de ce qui précède, il va sans dire qu'en matière judiciaire, le procès est la négation de la notion d'évidence, car, par définition, l'évidence s'impose à tous, cette dernière étant comprise comme ce qui ne se heurte à aucune contestation sérieuse. Indiquons aussitôt que le caractère sérieux de cette contestation exclut bien entendu la mauvaise foi et la méconnaissance grossière d'une règle de droit insusceptible d'interprétation ou d'élément de fait incontestable (Martineau, 2012 : 10).

Ainsi, dans un procès de bonne foi et pas les commérages qui caractérisent souvent certains procès politiques auxquels nous assistons à l'occasion de la contestation des résultats électoraux ou des poursuites des adversaires politiques, les deux thèses présentées par les avocats respectifs des parties n'ont donc point le caractère d'évidence cartésienne propre à assurer la conviction universelle au sens philosophique. Il reviendra au juge de choisir l'une des deux qui lui paraît la plus vraisemblable, la plus conforme à l'idée intime qu'il se fait du dossier, de ses éléments de fait et de la règle de droit qu'il convient de lui appliquer.

8. *Le rôle essentiel de la critique dans l'argumentation*

Dans la même lancée du caractère controversable du discours argumentatif, nous estimons utile de mettre un accent particulier sur le rôle de la critique. En effet, la critique, également dans le domaine juridique, peut se comprendre comme une rupture éthique, une conception nouvelle et polémique du droit. Mais elle présente aussi une rupture, par rapport aux modalités expressives de la tradition dominante, que l'on pourrait qualifier d'esthétique (Prost, 2013 : 197). Il s'agit du « mouvement par lequel le sujet se donne le droit d'interroger la vérité sur ses effets de pouvoir et le pouvoir sur ses discours de vérité » (Foucault, 1990 : 36).

La critique est au cœur de la spéculation scientifique, puisqu'elle encourage la science à « polémiquer avec elle-même ». Certes, la pensée critique, comme toute pensée innovante, a inventé ses objets propres, ses notions singulières qu'elle a mises en œuvre dans un style à nul autre pareil. Mais dans cette manière singulière, il y a bien autre chose qu'un enjeu décoratif ou ornemental. La pensée critique porte à l'incandescence la question de la forme expressive. Le langage hétérogène, polymorphe, qu'elle invente pour manipuler des objets atypiques dans un style baroque est un élément constitutif de la pensée critique (Prost, 2013 : 197). L'argumentation reste le meilleur canal justement pour ce travail de réfutation, de polémique et de contradiction.

Pour Michel Foucault, la critique rend « indocile » celui qui l'utilise, mais il s'agit d'une indocilité réfléchie (Foucault, 1990 : 36). Celle-ci, face au « conservatisme éclairé » des juristes (Hennessy Picard et Benghellab, 2013 : 62), démystifie la loi, en la montrant sous son vrai jour, aussi arbitraire et violente qu'elle soit, afin d'ouvrir des espaces de liberté aux hommes toujours avides de créer des passerelles inédites entre leurs connaissances et leurs actions. La critique est autant source de destruction et de transgression que condition de renouvellement, donc de dépassement, de véracité scientifique (*Ibidem* : 63).

L'évolution de la science juridique est, à n'en point douter, le résultat de ce choc des idées qui se produit à la suite du travail critique de la *lege lata ;* les propositions de *lege ferenda* qui s'en dégagent, fruit de la réfutation du droit positif, ne durent que l'espace d'un temps, car sujettes, elles aussi, une fois appliquées, à des critiques par rapport aux résultats escomptés. C'est ainsi que le droit international, comme langage construit par les internationalistes, est le produit de contradictions (Lagerwall, 2013 : 17). Il va sans dire que la doctrine qui s'inscrit dans cette perspective se caractérise par construction et déconstruction ; l'arme utilisée pour ce faite est l'argumentation critique.

À la suite de cet exercice scientifique, plusieurs écoles voient le jour. C'est ainsi que par exemple pour l'école de Reims, le débat juridique se fonde sur des concepts et des règles qui ne disposent d'aucun contenu précis. Le droit se crée lorsque l'opposition entre des intérêts contradictoires – *la contradiction primitive* – aboutit à une conciliation (Salmon, 1986 : 71). Si une telle conciliation se produit réellement, la contradiction primitive se meut en norme juridique et peut être appliquée de manière efficace (droit exécutoire) (Chemillier-Gendreau, 1978 : 52). Lorsqu'au contraire, cette conciliation n'est pas réalisée de façon satisfaisante, l'antagonisme subsiste et la norme juridique ne participe alors qu'au camouflage de cet antagonisme ou à sa mise entre parenthèses (Salmon, 1982 : 349-350). Une telle norme est souvent destinée à rester lettre morte (droit proclamatoire) (Chemillier-Gendreau, 1978 : 53).

La critique reste permanente. C'est ce qui explique que dès le moment de sa formation, la règle juridique est soumise à d'autres contradictions à l'occasion de son interprétation : les *contradictions consécutives*. Selon que chacune d'entre elles est dépassée ou non par une nouvelle conciliation, la norme juridique subsiste ou est anéantie (Chaumont, 1970 : 5 ; Chemillier-Gendreau et Courvoisier, 1978 : 3 ; Salmon, 1979 : 130-137, note 28). Nous pensons ici à la *spirale herméneutique* que François Ost et Michel van De Kerchove nuance avec le *cercle herméneutique* (Ost et De Kerchove, 2002 : 402 et s.). Avec l'argumentation critique, la norme juridique apparaît ainsi comme une règle en évolution constante avec la société dans laquelle elle s'inscrit, infiniment détruite et reconstruite au fur et à mesure des contradictions qu'elle parvient à surmonter, selon un schéma dialectique (Ghozali, 1984 : 299-311 ; Godinec, 1984 : 318 ; Chaumont, 1975 : 35). La règle juridique ne constitue qu'une solution par définition temporaire et révocable à la contradiction qui justifie son existence. C'est ce qui amène le Professeur Charles Chaumont à dire sans ambages que le droit international est « une tentative continue de mutation des contradictions réelles, et il accomplit la double tâche de traduire ces contradictions et en même temps de les surmonter » (Chaumont, 1970 : 363). Plus spécifiquement, la norme juridique résulte en droit international d'un accord qui constitue l'expression des volontés des États. Il en est de même pour le contrat en droit privé où le consentement des parties reste indispensable. Conscients qu'une telle figuration de l'accord procède d'une simplification de la réalité (Salmon, 1971 : 14), les auteurs critiques tentent d'aborder l'État non pas comme une structure sociale et territoriale homogène, mais plutôt comme « un appareil fragile résultant d'un réseau de contradictions entre groupes sociaux (que ce soit des ethnies, des tribus, des classes sociales…) » (Pellet et Chemillier-Gendreau, 1982 : 127).

Somme toute, le discours argumentatif dans son déploiement n'échappe pas à la dimension critique. Celle-ci pourrait même faire un retour sur elle-même pour être auto-critique. C'est en réalité sous le visage épistémologique que l'argumentation s'affiche par le canal de la critique.

9. *Argumentation et obstacles épistémologiques : contribution à la connaissance scientifique*

Gaston Bachelard avait eu bien raison de dire que quand on cherche les conditions psychologiques des progrès de la science, on arrive à cette conviction que *c'est en termes d'obstacles qu'il faut poser le problème de la connaissance scientifique* (Bachelard, 2011 : 16). Et il ne s'agit pas de considérer des obstacles externes, comme la complexité et la fugacité des phénomènes, ni d'incriminer la faiblesse des sens et de l'esprit humain : c'est dans l'acte même de connaître, intimement, qu'apparaissent, par une sorte de nécessité fonctionnelle, des lenteurs et des troubles. C'est là qu'on montre les causes de stagnation et même de régression, c'est là qu'on décèle les causes d'inertie qu'on appelle des obstacles épistémologiques. (*Ibidem*). Cela passe par un discours argumentatif. Un obstacle épistémologique s'incruste sur la connaissance non questionnée.

Pour rappel, l'épistémologie est cette étude critique des principes, des hypothèses et des résultats des diverses sciences, destinée à déterminer leur origine logique, leur valeur et leur portée objective (Lalande, 1972 : 293-294). Comme nous l'avons dit dans les lignes qui précèdent à propos de la critique, l'argumentation se pose, s'expose et s'impose comme un outil utile et nécessaire dans la construction et la déconstruction des savoirs scientifiques. Il y a une sorte d'osmose entre l'argumentation et l'épistémologie. Celle-ci ne pourrait poser des questions qui jalonnent en quelque sorte le chemin parcouru dans la constitution et le développement d'un savoir (Atias, 2002 : 2) sans argumentation.

La connaissance du réel est une lumière qui projette toujours quelque part des ombres. Elle n'est jamais immédiate et pleine. Les révélations du réel sont toujours récurrentes. Le réel n'est jamais « ce qu'on pourrait croire » mais il est toujours ce qu'on aurait dû penser (Bachelard, 2011 : 16). La pensée empirique est claire, *après coup*, quand l'appareil des raisons a été mis au point. En revenant sur un passé d'erreurs, on trouve la vérité en un véritable repentir intellectuel. En fait, on connaît *contre* une connaissance antérieure, en détruisant des connaissances mal faites, en surmontant ce qui, dans l'esprit même, fait obstacle à la spiritualisation (Atias, 2002 : 44-48 ; Bachelard, 2011 : 16).

Selon Gaston Bachelard, l'esprit scientifique nous interdit d'avoir une opinion sur des questions que nous ne comprenons pas, sur des questions que nous ne savons pas formuler clairement. Il enseigne que l'opinion *pense* mal ; elle ne *pense* pas : elle *traduit* des besoins en connaissances. En désignant les objets par leur utilité, elle s'interdit de les connaître. Avant tout, il faut savoir poser des problèmes. Et quoi qu'on dise, dans la vie scientifique, les problèmes ne se posent pas d'eux-mêmes. C'est précisément ce sens du problème qui donne la marque du véritable esprit scientifique. Pour un esprit scientifique, toute connaissance est une réponse à une question. S'il n'y a pas eu de question, il ne peut y avoir connaissance scientifique (Bachelard, 2011 : 16). Rien ne va de soi, rien n'est donné, tout est construit. C'est certainement à ce niveau où le débat de savoir si le droit est simplement un art ou une véritable science pourrait encore surgir. À cet égard, plusieurs auteurs se sont affrontés (Atias, 2002 : 4 et s. ; Villey, 1962 : 69 et s. ; Troper, 1985 : 192 et s. ; Amselek, 1997 : 341 et s.), cependant la tendance dominante est celle qui refuse l'assimilation du droit à une science pure (Villey, 1962 : 124, 138, 145, 147) ; en tout cas, pour François Ost et Michel van De Kerchove, si le droit est une science, elle est herméneutique parce que portant sur un objet chargé de signification (Ost et De Kerchove, 2002 : 395 et s.).

10. Le discours argumentatif est relatif

Tout discours porte sur quelque chose et vise des objectifs déterminés. L'argumentation juridique n'y échappe pas. En tout cas, l'avocat dans ses conclusions et sa plaidoirie ne vise qu'à persuader le juge du bien-fondé des prétentions de son client. La décision du juge porte également sur des faits précis et non pas sur un tout indéterminé. Il en est de même des avis des Conseillers juridiques qui portent sur une question déterminée, un point précis.

Scrutant la pratique judiciaire, le langage paroissial reproche à l'avocat d'avoir un discours partial et de manquer une analyse objective du dossier. Il nous semble que réfléchir de la sorte traduit la méconnaissance de la nature et la réalité de tout discours, quel qu'il soit, et *a fortiori* celui de l'avocat. Nous ne le dirons jamais assez, la parole est toujours chargée d'un intérêt implicite. Même si l'orateur s'en défend, son propos véhicule implicitement soit des idéologies, soit une somme de valeurs ou d'intérêts complexes. Comme le note François Martineau, « *l'orateur part d'un substrat donné et parle toujours pour quelqu'un, à commencer pour lui* » (Martineau, 2012 : 11). En matière argumentative, en dépit des efforts de rationalisation, le discours produit par l'orateur n'échappe pas à cette limitation. On devrait plutôt prendre autrement le reproche fait au discours argumentatif de l'avocat. En réalité, la plaidoirie de l'avocat est faite pour soutenir la position de son client. La procédure judiciaire l'oblige d'ailleurs d'indiquer clairement pour qui il se présente dès ses premiers instants devant la juridiction ou l'office. Aussi, comme on le sait, la parole de l'avocat affirme, *a contrario*, la validité relative de la parole de l'autre partie, quitte à chercher à la réduire par une réfutation ultérieure, après débats, réfutation *a posteriori* et non *a priori*. Entre l'*a priori* et l'*a posteriori* se loge l'attention à l'autre, son écoute contradictoire (Martineau, 2012 : 11).

Section 3. **Quelques approches empruntées par l'argumentation**

Nous ne le dirons jamais assez, l'argumentation reste une technique, un exercice exigeant. Son articulation revêt une somme de considérations d'ordre syntaxique, sémantique et pragmatique. Elle se déploie également sous diverses approches dont certaines retiennent, de manière indicative, notre attention.

1. L'approche conversationnelle

Nous avons indiqué dans les lignes qui précèdent le caractère dialectique, interactif de l'argumentation. Bien évidemment, la langue étant le véhicule du raisonnement, l'une des caractéristiques soulignées était sans ambages le langage (écrit ou oral). Ce dernier se révèle être le socle des échanges dans une argumentation.

L'approche conversationnelle du discours argumentatif aura pour but de mettre à jour les coactions et arguments qui interviennent dans les interactions verbales (Moeschler, 1985 : 14) ; (Amossy, 2006 : 28). Une certaine doctrine la qualifie également d'approche langagière, dialogique ou interactionnelle (Amossy, 2006 : 31).

Pour Jacques Moeschler, toute interaction verbale, dont le lieu de réalisation est la conversation définit un cadre de *coaction* et d'*argumentation*. À savoir, « un espace où certaines actions déjà engagées, ou certaines « conclusions » visées, les interlocuteurs sont obligés de débattre, perdre ou gagner la face, marquer des points, négocier pour arriver ou non à une solution, confirmer des opinions ou polémiquer (Moeschler, cité par Amossy, 2006 : 31).

La joute verbale mais également les échanges des conclusions entre avocats au prétoire s'inscrivent dans cette optique. La polémique qui s'invite dans certaines affaires devant les juges emprunte le chemin des débats, souvent houleux, régulièrement courtois, qui mobilisent les parties opposées dans un litige à défendre chacune son opinion ou ce que chacune considère comme étant son droit à faire valoir devant la juridiction. Cette approche conversationnelle se trouve également dans les grandes négociations entre États et/ou organisations internationales qui échangent notes ou différents avis écrits. Il en est de même dans les contrats d'affaires qui se concluent souvent après âpres discussions tout comme les conflits qui en résultent et qui finissent parfois devant les arbitres. Il est d'évidence que le discours conversationnel reste au rendez-vous dans les arbitrages.

Par ailleurs, partant des caractéristiques dialogiques du discours argumentatif qui veut agir sur un auditoire, il est important de ne pas perdre de vue qu'il (le discours) a le devoir de s'adapter à lui (auditoire). Il doit participer à l'échange entre partenaires, même lorsqu'il s'agit d'une interaction virtuelle où il n'y a pas de dialogue effectif. Qui plus est, il intervient dans un espace d'ores et déjà saturé de discours, où il réagit à ce qui s'est dit et écrit avant lui : il est pris dans une confrontation de points de vue dont il participe même lorsqu'il n'y a pas polémique ouverte ou *dissensus* déclaré (Amossy, 2006 : 31).

Pour l'argumentation, la méthode dialogale et son herméneutique diatopique[8] (Panikkar, cité par Eberhard, 2005 : 11) s'avèrent utile car elles nous inscrivent dans une démarche qui ne saurait être purement comparative, mais se devra d'être « imparative » (Eberhard, 2005 : 14). C'est une démarche où l'essentiel n'est pas de comparer diverses expériences par rapport à un standard prédéterminé, mais plutôt d'entrer dans un échange mutuel qui contribuera à un enrichissement des parties mises en relation, ce qui implique une métamorphose des parties en présence (Segihobe, 2007 : 407). En d'autres termes, l'argumentation peut également contribuer à la mutualisation des efforts constructifs.

Cette vision de choses pousse Christoph Eberhard à dire que nous vivons dans un « plurivers » (c'est-à-dire plusieurs univers) qui nécessite un dialogue permanent entre les cultures (Eberhard, 2006 : 18). Ce qui exige d'aller au-delà du simple débat, de la controverse, pour déclencher un véritable processus de dévoilement mutuel des partenaires et de leurs présupposés et positions respectives (Eberhard, 2005 : 11). Cela passe par l'argumentation.

2. *L'approche communicationnelle*

À l'appui de Chaïm Perelman et d'autres auteurs, nous avons indiqué que le discours argumentatif vise un auditoire et son déploiement ne peut se comprendre en dehors d'un rapport d'interlocution. La construction d'une argumentation dans son articulation logique ne peut être dissociée de la situation de communication dans laquelle elle doit produire son effet.

A. La communication est un outil pour le droit

L'approche communicationnelle occupe une place centrale en droit. La communication étant une action et activité humaine, il va de soi que le droit en constitue un cadre étant entendu par ailleurs qu'il est lui-même un produit de la communication (entre le Parlement et les électeurs, entre le juge et les justiciables, entre le législatif et l'exécutif) (Van Hoecke, 2002 : 7)

---

8 La démarche diatopique a pour objectif de faire comprendre à partir d'un point de vue, d'un *topos*, les constructions, les visions du monde d'un autre *topos* à travers un dialogue fécond entre ces différents *topoi* et leurs logiques respectives.

Dans une étude remarquable qui a mis en relief le rôle que joue la communication dans la légitimation du droit, le Professeur Mark van Hoecke (*Law as communication*, pp. 7-11), attire l'attention sur son caractère polysémique (c'est cela sa force mais aussi sa faiblesse) auquel n'échappe pas par ailleurs le droit. Il indique trois dimensions décisives : *la transmission intentionnelle* d'une information aux moyens d'un système établi de signes, *l'interaction symboliquement structurée* sur base de règles de signification conventionnellement déterminées et *la pratique consistant à produire et négocier des significations* au regard de conditions spécifiques culturelles, sociales et politiques (Van Hoecke, 2002 : 7).

Montrant l'importance de la communication, Mark van Hoecke ne manque pas de noter certains avantages pour la science juridique, notamment la relativisation du droit qui n'est qu'un moyen d'interaction humaine et qui ne poursuit pas un but en soi, une fin autonome ; l'accent placé sur les processus de communication plutôt que sur des réalités figées, ce qui permet de construire un système juridique ouvert et l'analyse pluraliste et dialectique du droit intégrant plusieurs points de vue (*Ibidem*).

Actuellement et de manière fondamentale, la communication est, en sciences sociales, devenue centrale dans le développement de théories sur le discours ou l'argumentation en réaction avec la méthode traditionnelle logico-déductive. L'un des chefs de file de ce rejet du cartésianisme et de l'élaboration de théorie normative non métaphysique est Jürgen Habermas (Habermas, (1987). À sa suite, il y a eu plusieurs auteurs. Rejetant l'idée même de « vérité objective », Habermas introduit l'idée d'une rationalité en perpétuelle évolution à travers la communication. Ainsi, la raison pratique se voit remplacée par la raison communicationnelle dans laquelle le langage occupe une place décisive (*Ibidem* : 46-52). Son usage présuppose une rationalité communicationnelle qui présente comme règles de base la vérité propositionnelle, la sincérité personnelle et la bonne foi normative. Lorsqu'il s'intéresse au droit, Habermas, en opposition complète à Kelsen, tente précisément d'établir des ponts entre « faits » et « normes » à travers l'idée de communication. L'importance aussi de ces théories sur le discours ou la communication renvoie également à la critique de la modernité comme ayant produit une société atomisée et individualiste, et donc à la pertinence de penser la communauté comme le cadre nécessaire à toute vie individuelle réussie (*Ibidem* : 55).

Nous ne le dirons jamais assez, la communication en général reste d'une importance on ne peut plus capitale dans les rapports humains. Elle joue un rôle essentiel dans l'argumentation. Il lui est par ailleurs exigé la pertinence. En effet, un argument se présentera comme pertinent par rapport à son contexte situationnel et son contexte discursif. Le manque de pertinence est rédhibitoire, à tel point qu'une des manières les plus efficaces de défaire un argument est de démontrer son manque de pertinence. En tout cas, ce principe de pertinence sous-tend le principe d'effet utile également essentiel à l'argumentation juridique (Goltzberg, 2013 a : 107).

Les études sur la communication comme approche argumentative ont relevé plusieurs sortes dont deux nous semblent importantes : la coopérative et la stratégique.

B. La communication coopérative

Elle concerne des interlocuteurs qui poursuivent un même but, notamment de bien comprendre ce que l'autre affirme et de bien se faire comprendre. Stefan Goltzberg nous donne quelques illustrations : si je demande à quelqu'un s'il a mangé et qu'il me répond *oui* alors qu'il n'a pas mangé pendant la journée, il n'est pas forcément en train de mentir bien qu'il m'induise en erreur ; il peut aussi bien invoquer le fait qu'il a mangé *hier*. Dans des circonstances normales, la question ne porte pas sur le fait que l'interlocuteur ait mangé dans le passé, au moins une fois dans sa vie, mais sur un fait plus pertinent : a-t-il mangé ce soir, ou du moins aujourd'hui ? (Goltzberg, 2013a : 8-9). Si je n'ai pas mangé, poursuit Stefan Goltzberg, et que je coopère, je répondrai *non*. Si mon interlocuteur coopère, il comprendra que je parle également d'un passé récent et il ne répétera pas à un tiers que j'ai affirmé n'avoir jamais mangé de ma vie (*Ibidem*). Un autre exemple : je demande à quelqu'un « Est-ce que votre chien mord ? », il répond par la négative, je caresse l'animal, qui me mord la main. Alors que je lui reproche de m'avoir menti, il me répond que, en fait, celui-ci n'est pas *son* chien (*Ibidem*).

Indiquons d'autres cas fournis par Stefan Goltzberg : s'il est « interdit à un enfant qui n'a pas 12 ans de prendre l'ascenseur seul », ou s'il est « interdit à quiconque n'a pas 18 ans d'acheter l'alcool », la personne qui coopère saisira que l'enfant qui n'a pas 12 ans mais 11 ne pourra pas non plus (à plus forte raison en l'occurrence) prendre l'ascenseur ; et que de même la personne qui n'a pas 18 mais 17 ans ne pourra pas non plus (à plus forte raison, une fois de plus acheter de l'alcool) (*Ibidem*).

À partir des cas ci-haut donnés, plusieurs situations sont donc envisageables.

Première situation : les deux interlocuteurs coopèrent, ils font preuve de « charité interprétative », essaient de comprendre ce que l'autre *veut dire* et s'expriment de manière à ne pas induire l'interlocuteur en erreur. Malgré cette bonne volonté mutuelle, il y a des limites à la coopération : le malentendu est possible. Je peux bien essayer de comprendre ce que l'autre veut dire lorsqu'il me dit qu'il n'a rien mangé – je comprends : de la journée –, mais s'il me dit qu'il a mangé énormément, je ne pourrai pas facilement deviner qu'il parle de la quantité totale de nourriture ingurgitée dans sa vie, alors qu'en l'occurrence il n'a pas mangé de la journée. La coopération des deux interlocuteurs (ou de plusieurs) est une situation idéale, car tous font preuve de bonne volonté et, le cas échéant, dissipent les malentendus. Si par exemple, lors d'une réunion, quelqu'un annonce que la pause aura lieu de 15 heures à 4 heures, dans des conditions habituelles, les gens « corrigeront » et comprendront que la réunion reprendra à 16 heures et non à 4 heures du matin après 11 heures de pause, encore que, en droit, ces lectures sont parfois, en théorie sinon en pratique, légitimes (*Ibidem* : 9-10).

Deuxième situation : seul un de deux agents coopère. Ici, nous sommes en présence d'une asymétrie. Alors que l'un des deux interlocuteurs parle innocemment, l'autre prend la personne au mot, bien que manifestement tel ne soit pas le désir du premier – il est possible aussi que deux coopèrent mais qu'un malentendu ait simplement lieu. Si je ne coopère pas, je fais *comme si* je comprenais très bien l'intention de mon interlocuteur. Si, après qu'il ait dit : « La pause aura lieu de 15 heures à 4 heures », je lui réponds « Parfait ! » et que je reviens à 4 heures du matin, je n'ai pas coopéré : j'ai intentionnellement fait semblant de comprendre ce que mon interlocuteur voulait dire (*Ibidem* : 10).

C. La communication stratégique

Partons des exemples précédents pour illustrer ce procédé de communication. Si les deux interlocuteurs entretiennent une relation stratégique, deux possibilités sont envisageables : soit ce fait n'est pas mutuellement manifeste (aucun des deux ne sait que l'autre choisit une communication stratégique), soit ce fait est mutuellement manifeste. Le premier cas est illustré par des jeux de pouvoir ou de stratégie, notamment les cas de contre-espionnage où chaque espion épie l'autre. Le second cas, la communication stratégique mutuellement manifeste, est caractéristique du discours juridique. Ce qui caractérise la communication stratégique est que le résultat atteint (la loi, le contrat, ou autres normes juridiques) est souvent le résultat d'un compromis. Ce n'est pas l'expression d'une volonté unanime. Les raisons qui président à la promulgation d'une loi sont, le plus souvent, multiples et contradictoires. Plusieurs lois congolaises promulguées (Loi n° 17/013 du 24 décembre 2017 modifiant et complétant la Loi n° 06/006 du 9 mars 2006 portant organisation des élections présidentielles, législatives, provinciales, urbaines, municipales et locales ; Loi n° 04/002 du 15 mars 2004 portant organisation et fonctionnement des partis politiques ; Loi n° 4/028 Du 24 décembre 2004 portant identification et enrôlement des électeurs en République démocratique du Congo telle que modifiée et complétée par la loi n° 16/007 du 29 juin 2016, etc.) en sont une bonne illustration. Il en va de même pour le contrat ou la convention.

Eugène Dupréel a expliqué que la convention est un procédé qui permet de coordonner des actions alors que les intentions sont hétérogènes. Il donne l'exemple d'un accord entre amis d'acheter ensemble leurs livres, ce qui aura pour effet (pas nécessairement pour objectif) de diminuer par deux le budget qu'ils allouent aux livres. Il se peut très bien que l'intérêt de l'un soit de diminuer ses dépenses et que l'intérêt de l'autre soit de rencontrer son ami régulièrement. Peut-être sont-ils chacun indifférents à l'intérêt du second – peut-être l'ignorent-ils même. Ce n'est parfois que si l'un des deux viole le contrat oral (soit en achetant très cher soit en refusant de voir l'autre) que les intentions véritables des deux amis seront explicitées. Le discours juridique opère de cette manière : il permet de coordonner des agents qui poursuivent des objectifs hétérogènes (Dupréel, cité par Goltzberg, 2013a : 10-11).

Bien entendu, il y a des variations et des limites. Le droit anglo-saxon est connu pour manifester une attitude beaucoup plus stratégique que le droit romano-germanique. Il suffit de mesurer la longueur des contrats dans le monde anglo-saxon pour se rendre compte que rien n'y est laissé au hasard. Pourquoi ? Notamment parce que chacun sait – du moins l'avocat de chacun sait – que si le texte ne précise pas tout, il sera tout à fait *légitime* pour l'autre partie de tirer parti de la moindre imprécision. Typiquement, si un sponsor demande que son nom apparaisse sur toutes les affiches annonçant l'événement sponsorisé, le contrat dans le monde anglo-saxon précisera la taille des lettres, alors que dans le droit continental beaucoup plus de choses vont de soi : la communication y est beaucoup plus coopérative (Goltzberg, 2013a : 11).

Un trait caractéristique du droit est donc sa dimension relativement stratégique. La lecture stratégique consiste à lire le texte non pas dans le sens qui se présente d'emblée comme le sens voulu, mais en scrutant les différentes possibilités du texte, sans égard pour l'intention historique de l'auteur. La lecture stratégique refuse de voir dans les répétitions ou des précisions quelque peu redondantes une forme de parler (Goltzbeg : 2013a, 34). La lecture stratégique des textes normatifs fait appel au principe d'utilité. Selon ce principe, tout passage (mot, phrase, paragraphe) véhicule un sens. Dès lors, la redondance n'est pas possible. En effet, alors que dans la communication habituelle, la redondance est omniprésente, elle est mal vue en droit, puisqu'elle contredit l'idée même que le texte de loi est bien écrit, d'une manière sinon parfaite, du moins extrêmement soignée (Goltzberg, 2013a : 10-11). Mais il existe des systèmes juridiques où la dimension stratégique est manifestement marquée. On déduit parfois de l'existence de plusieurs lois du fait qu'une même disposition est répétée : comme la redondance n'est pas bien vue, c'est donc que le législateur voulait transmettre autant d'informations qu'il y a d'occurrences de la disposition.

L'étude de l'argumentation juridique repose sur la conscience de la manière dont chaque système juridique appréhende la dimension stratégique du discours. Si les systèmes juridiques diffèrent quant à la mesure et la manière dont la lecture stratégique est envisageable, il reste que le droit se distingue de la morale notamment sur cet aspect : il n'est pas éthique de proposer une lecture stratégique d'un discours si l'interlocuteur s'attend à ce que l'on coopère. Et il n'y a pas de raison de croire que dans le discours éthique, les deux interlocuteurs produisent une lecture stratégique des propos échangés. On pourrait risquer la généralisation suivante : plus la lecture stratégique est mutuellement manifeste, plus elle se rapproche de l'argumentation juridique et plus elle s'éloigne du discours simplement éthique. L'asymétrie (tous les interlocuteurs ne partagent pas la même attitude stratégique ou coopérative) est le sceau d'un échec tant éthique que juridique (Goltzberg, 2013a : 12).

La maîtrise de l'argumentation juridique permettra au juriste de remplir l'une de ses fonctions pédagogiques : expliquer aux justiciables comment s'articulent les arguments juridiques qu'ils entendent sans toujours les comprendre. Un professionnel de droit peut très bien acquérir une capacité argumentative irréprochable sans passer par un enseignement de l'argumentation. Mais il est parfois démuni lorsqu'il doit expliquer aux non-juristes les raisonnements de la doctrine, de la loi, de la décision judiciaire, de toutes les sources du droit. Or, le professionnel est souvent – quoique pas toujours – tenu de rendre des comptes à la société civile, en particulier sur des points techniques. Le droit n'est pas une discipline qui se prête nécessairement au jargon. Si Perelman disait que les philosophes auraient beaucoup à apprendre du droit pour mieux comprendre la philosophie, l'inverse n'est pas moins vrai : les professionnels du droit gagneraient à se former à ce qui, en philosophie, peut leur permettre de mieux comprendre les rouages de l'argumentation (Goltzberg, 2013a : 13).

3. *L'approche générique*

L'argumentation s'inscrit toujours dans un type et un genre de discours, même s'il les subvertit ou s'il choisit de s'indexer de façon complexe à plusieurs genres répertoriés. Le genre de discours, en prise sur la société qui l'institutionnalise, détermine des buts, des cadres d'énonciation et une distribution des rôles préalables.

On a l'habitude de distinguer entre argumentation directe (explicite) ou indirecte (implicite) et de rattacher les genres à l'un ou l'autre type d'argumentation. Outre qu'il convient de se montrer nuancé dans le classement et le rattachement, c'est le choix de l'énonciation qui permettra surtout de distinguer les deux types. Dans le premier type, le discours est en principe pris en charge par l'auteur, nous parlerons alors d'**essai**[9] au sens large ; dans le second type, le discours est plutôt délégué à un narrateur et à des personnages, nous aurons alors affaire au récit et à la fiction, au genre général de l'**apologue**. Cependant, les genres chimiquement purs n'existent pas : un essai peut abriter des exemples qui confinent parfois à la fiction.

Quant au **dialogue**, il appartiendrait aux deux types puisqu'il est une argumentation directe, un débat entre plusieurs thèses ; mais il relève aussi de l'argumentation indirecte, de la fiction sous sa forme théâtrale ou romanesque. Le dialogue philosophique met en présence au moins deux personnages dont l'un est censé représenter l'auteur, faudrait-il alors le rattacher à l'argumentation directe ? Mais comme le débat retranscrit est une situation fictive, il appartient aussi à l'argumentation indirecte, à la théâtralisation du discours. C'est pourquoi le dialogue philosophique peut être considéré comme un genre littéraire à part entière.

En ce qui concerne les genres oratoires, Perelman et Olbrecht-Tyteca, à la suite de Quintilien (Œuvres complètes, Tome 1, 1863 : 261-304) montrent comment s'effectue la différence classique de trois sortes, du point de vue de la fonction de l'auditoire : **les genres délibératifs** (devant l'assemblée), **le genre judiciaire** (devant le juge) et **le genre épidictique** (devant les spectateurs qui ne doivent pas intervenir). Ils donnent une importance considérable au genre épidictique (lorsque le discours part de l'adhésion préalable de l'auditoire, par exemple dans les panégyriques, les sermons religieux ou les meetings politiques) car le but de l'argumentation n'est pas seulement celui d'obtenir l'adhésion de l'auditoire, mais aussi de l'agrandir (Perelman et Olbrecht-Tyteca, 1989 : 55). Cependant, le classement le plus important de Perelman, en ce qui concerne les types d'argumentation, se base sur la différence entre l'argumentation qui a lieu devant un auditoire universel, l'argumentation devant un seul auditeur (le dialogue) et la délibération intérieure (le monologue).

S'agissant particulièrement du genre épidictique, il importe de dire que les textes qui appartiennent à cette catégorie de discours possèdent une fonction argumentative sans pour autant répondre – ou prétendre répondre – à un questionnement (Dominicy, 1996 : 1). Il s'agirait, d'après Michel Meyer, d'un discours portant sur des réponses purement conventionnelles pour des problèmes qui n'en sont presque plus (Meyer, 2008 : 50). En termes perelmaniens, nous dirons que la dialectique comme la rhétorique s'opposent au raisonnement formel, qui ne peut admettre deux réponses contradictoires à la même question, et qui nous permet

9 Un essai est un ouvrage regroupant des réflexions diverses ou traitant un sujet qu'il ne prétend pas épuiser ; c'est un genre littéraire assez commode aux formes multiples. C'est un ouvrage qui propose une réflexion, qui confronte des opinions, et surtout qui expose un point de vue personnel sur un thème dans quelque domaine que ce soit.

de « prouver » ou de « démontrer ». En dialectique, où il s'agit de « convaincre », nous nous adressons à un auditoire universel et « de droit », tandis qu'en rhétorique, où il faut « persuader », nous nous trouvons confrontés à des auditoires particuliers – des auditoires de « fait ». Dans ce cadre, le genre épidictique fait évidemment difficulté. En effet, il se distingue du délibératif et du judiciaire par le fait qu'il « a pour matière des actions sur lesquelles tout le monde est d'accord » et « dont on n'apporte que rarement la preuve ». De surcroît, l'orateur épidictique postule d'emblée l'adhésion de son auditoire à certaines valeurs (Dominicy, 1996 : 2).

4. L'approche stylistique

Nous l'avons vu précédemment, le discours argumentatif a recours aux effets de style et aux figures qui ont un impact sur l'allocutaire, se ressourçant ainsi à une réflexion séculaire sur les figures de style désormais envisagées dans leur visée persuasive.

5. L'approche textuelle

Il s'agit d'un procédé qui donne au terme « texte » le sens d'un ensemble cohérent d'énoncés qui forment un tout. Le discours argumentatif doit être étudié au niveau de sa construction textuelle à partir des procédures de liaison qui commandent son développement. Cela est beaucoup plus perceptible dans une démarche herméneutique, particulièrement dans le travail d'interprétation auquel nous reviendrons dans les pages qui suivent. La recherche des significations des normes constitue la clé de voûte de ce procédé. Pour ce faire, il faut voir comment les processus logiques sont exploités dans le cadre complexe du discours en situation (Ammosy, 2006 : 32).

En mettant en exergue la richesse et la complexité de la démarche herméneutique, la doctrine a relevé plusieurs signifiés. Nous indiquerons pour notre part, et sans nous y attarder, deux binômes : le signifié lexical et le signifié textuel ainsi que le signifié conventionnel et le signifié situationnel (Eco, 2011 : 71-73). Umberto Eco suggère que pour « comprendre » le sens d'un texte, surtout s'il est indirect, le destinataire doit mettre en œuvre des processus de *coopération interprétative*, tandis qu'il comprend automatiquement le signifié lexical à partir de sa connaissance d'une lange L. Il continue en notant qu'il faut distinguer ce qu'une expression « dit » conventionnellement et ce que quelqu'un « veut dire » (ou entendre) en employant cette expression, lorsqu'il montre la nuance entre le signifié conventionnel et situationnel (*Ibidem* : 71).

En réalité, l'argumentation qui doit travailler par et sur le texte constitue en quelque sorte une épiphanie. Georges Timsit n'avait-il par raison lorsqu'il disait : « Un texte juridique est prédéterminé par le législateur, codéterminé par le juge et surdéterminé par la communauté scientifique ». Les études que G. Genette (1982) consacre aux *palimpsestes* et à la *transtextualité* s'inscrivent dans ce cadre du texte juridique plusieurs fois remis sur le métier, approprié, réapproprié, détourné, redécouvert, réduit, étendu, transposé (Ost & De Kerchove, 2002 : 400) à la suite de l'interprétation qui fait du neuf avec le vieux. Dans la figure de *transtextualité*, G. Genette distingue 1° l'*intertextualité* (qui est la relation de coprésence de deux ou plusieurs textes ; le plus souvent la présence effective d'un texte dans un autre par voie de citation ou d'allusion ; en droit, on pensera à la législation par référence lorsqu'un texte de loi se réfère à plusieurs autres, ainsi qu'à la citation des précédents par la jurisprudence, de la doctrine par la doctrine), de 2° la *paratextualité* (qui vise la relation du texte avec son avant-texte (brouillons, esquisses), ainsi qu'avec ses différents titres, sous-titres, préfaces, illustrations, les travaux préparatoires, etc.), de 3° la *métatextualité* (la relation critique qui unit un texte à un autre dont il parle sur le mode du commentaire : la doctrine peut être considérée comme un gigantesque métatexte greffé sur le texte de la loi et de la jurisprudence) et de 4° l'*hypertextualité* (qui regroupe tous les cas de dérivation d'un texte (hypertexte) à partir d'un autre (hypotexte), qu'il s'agisse de la transformation ou d'imitation) (Genette, 1982 : 7-19, 558 ; Ost & De Kerchove, 2002 : 400-401).

Pour terminer ce chapitre, il nous revient de dire qu'argumenter ne s'improvise pas. Il s'agit d'une technique, d'un art qui s'accompagne d'un savoir et nécessite la maîtrise d'un canal qu'est la langue mais également et surtout l'utilisation d'un outil qu'est l'argument. Ce dernier sera abordé dans les lignes qui suivent.

CHAPITRE II

L'USAGE DE L'ARGUMENT

Section 1. Sens et portée *sine qua non* de l'argument

L'argument est une opération de l'esprit qui consiste à mettre en relation deux ou plusieurs notions, en vue d'obtenir la persuasion d'un auditoire, du bien-fondé de la thèse développée. Cette notion a toujours été comparée avec le sens donné au « moyen » dont les nuances seront indiquées dans ce chapitre.

De manière classique, un argument est un ensemble ordonné d'énoncés dont les premiers sont appelés prémisses et le dernier, conclusion. On appelle également « argument » la prémisse cruciale d'une inférence. On dira ainsi que certaines données constituent un argument en faveur d'une conclusion, signifiant par là qu'elles la justifient ou l'étayent plus ou moins. Dire de quelqu'un qu'il a usé d'un mauvais argument revient le plus souvent à mettre en cause non sa logique, mais la qualité de (l'une de) ses prémisses. La différence entre un argument (au premier sens) et un raisonnement ou une inférence ne ressortit pas de la logique *stricto sensu* (Ducrot, 1980 : 10). La nuance paraît être qu'un argument est un raisonnement dirigé pour ainsi dire *vers* l'affirmation ou la négation d'une proposition donnée au sein d'un espace discursif où elle est en question. Un argument se présente en général au cours d'une argumentation, d'un plan de bataille incomplet mais contraignant sous le contrôle duquel un ensemble d'arguments montent à l'assaut d'une position (Boyer, 1995, 26-27).

Dans un autre sens, il ne faudra pas confondre purement et simplement un *argument* à une *démonstration* ou à une *preuve*. La *démonstration* est une conclusion logique. Démontrer, c'est établir la vérité d'une phrase abstraite par des moyens strictement logiques. La *preuve* est une évidence concrète, empirique. Prouver, c'est montrer un objet ou causer un événement. Argumenter, c'est exhorter une personne à agir, en montrant que les conséquences de cette action causent un bien économique ou éthique accepté par l'opinion générale. On peut démontrer que l'inflation nuit à la croissance économique, on peut prouver que la Terre est ronde. Ces conclusions deviennent des arguments quand ils sont rattachés à un conseil pour déterminer une action ou quand ils déterminent une action, une décision. Une démonstration change la connaissance ; une preuve change la connaissance et la perception ; un argument change une décision d'agir (*Ibidem*). La démonstration participe à l'argumentation, laquelle peut se servir de la preuve pour convaincre. Et comme nous l'avons dit précédemment, parlant de la dimension finalistique (téléologique) de l'argumentation qui vise à persuader ou à convaincre, l'interlocuteur ou le destinataire du discours argumentatif prendra sa décision d'agir ou de se comporter autrement grâce aux arguments utilisés pour ce faire.

À l'analyse de la vie courante, on dira que beaucoup d'acteurs recourent aux arguments pour persuader ou convaincre. Régulièrement, nous constatons que les prêtres dans les sermons, les avocats dans les conclusions et notes de plaidoirie, les politiciens dans les discours, les sociétés commerciales dans les messages publicitaires, emploient ces outils persuasifs et de conviction. Ils obtiennent des résultats, car s'abstenir du péché et faire le bien, faire acquitter un prévenu, gagner des élections présidentielles, législatives, sénatoriales, provinciales, etc., vendre la marchandise sont les actions souhaitées par ces acteurs ci-haut cités.

Nous ne le dirons jamais assez, l'argumentation consiste en l'échange **discursif des arguments** par lesquels des interlocuteurs tentent de défendre une position ou de faire accepter un point de vue. Plus largement, tel que nous l'avons expliqué dans le chapitre précédent, l'argumentation est un champ d'études à la fois descriptif et critique qui s'intéresse à la mise en forme des arguments (oralement ou par écrit) en vue, notamment, de la persuasion d'un auditoire.

A. Boyer a si bien dit que les rapports entre les hommes relèvent à la fois du différend et de la coordination (Boyer, 1995 : 25). Les arguments sont au cœur de cette réalité. Ce sont des *sine qua non*. En tout cas, régler un *dissensus* ou encore s'accorder sur un certain partage des rôles requiert quelque forme de communication, et cela utilise des arguments. Hors la pure violence, les individus échangent des biens, des gestes, des paroles. Mais la parole se dit en plusieurs sens. Parler, c'est exprimer des émotions, décrire, raconter des histoires, vraies ou fausses, arrangées ou dramatisées. C'est peut-être mentir, au risque de ne pouvoir répondre à une mise en question rusée. C'est inciter, provoquer, menacer, commander, interroger, prier, promettre. Mais c'est aussi tenter de convaincre les autres de la vérité ou de la justesse de son opinion, de la fausseté des leurs ou de l'avantage qu'il y aurait à entreprendre telle ou telle action commune. C'est encore essayer d'apprendre quelque chose par la simple et élégante opposition des thèses que l'on sait soi-même trop peu nuancées : un débat rationnel n'est pas un jeu à somme nulle, même s'il mime parfois la guerre (Boyer, 1995 : 25). L'usage de l'argument reste *sine qua non.*

À plusieurs occasions, des personnes soit dans leur milieu professionnel ou familial se retrouvent en train de discuter, d'échanger sur tel ou tel autre point. Plus strictement, nous pouvons indiquer qu'une discussion n'est pas pour autant une simple conversation, un échange détendu de propos plus ou moins anodins ; c'est un duel réglé de points de vue, un commerce amicalement hostile des esprits. Les discutants sont attirés, séduits par une même question, un même enjeu, que la poursuite souplement contrainte du débat peut amener à préciser aux yeux de chacun des interlocuteurs, si du moins plus encore que de convaincre, ils sont mus par le désir de progresser grâce à l'entrelacement inattendu, parfois agressif, parfois délicieux, des idées et des arguments. On en sait les retournements dramatiques, les inversions de positions, les impasses, les retours en arrière, les silences entendus.

De manière plus scientifique, Aristote (1974 : VIII) dans sa dialectique, Karl Popper (1962 ; 1990) avec son rationalisme critique et d'autres auteurs comme H. Jonhstone ont mis en exergue le rôle éminent de l'argument dans l'argumentation. Une mise en garde est évidemment faite en ce sens que le domaine de l'argumentation critique *ne* se réduit *pas* à celui de la science, laquelle est caractérisée par sa testabilité, et donc par l'exclusion des « stratégies immunisantes », qui permettent de gagner à tous les coups dans le « jeu » contre la Nature (Boyer, 1995 : 25).

Échanger des arguments, soumettre chacun d'eux à la subtile pesée du pour et du contre, c'est déjà sans naïveté s'installer dans la non-violence. C'est reconnaître l'autre comme un sujet, à savoir non seulement le destinataire passif de ses opinions, mais aussi leur critique potentiel. C'est se refuser à le tenir sous son contrôle sans réciprocité, et c'est lui accorder effectivement la possibilité de résister : s'il n'a pas cette option, nous ne jouons pas ce jeu (*Ibidem*).

L'usage de l'argument n'échappe pas aux prescrits de la logique. Pour celle-ci, un raisonnement est valide si la conclusion peut être dérivée des prémisses grâce à l'usage de certaines règles d'inférence. Comme nous le dirons, les descriptions de l'école perelmanienne sont importantes pour établir une sorte de topographie des arguments, compte tenu de leur situation d'énonciation. Déjà, nous avons mentionné le rôle de l'approche générique (genre) de l'argumentation. Nous y reviendrons encore et de manière plus pratique lorsque nous mettrons l'accent sur l'adaptabilité des arguments à l'auditoire. Ce qui importe, c'est de se montrer sensible aux divers régimes argumentatifs utilisés par un auteur (un plaideur ou un orateur), de savoir à qui il s'adresse, quel *topos* il utilise, dans quel ordre et selon quel *tempo* il dispose ses armes persuasives, etc.

Cependant, il ne faut pas perdre de vue qu'un argument rhétoriquement bien mené peut apparaître convainquant sans être valide : le consensus n'est pas une garantie à toute épreuve, et la nomenclature aristotélicienne des espèces d'arguments comprend nécessairement une tératologie, à savoir une classification des sophismes et autres fallacies, telles la confusion des contraires et des contradictoires (de l'incompatibilité à la négation), de la contraposée et de la réciproque, de la négation du conséquent (valide) et de celle de l'antécédent (sophistique), voire la pétition de principe, etc. (Aristote, 1969).

Nous analyserons quelques sortes d'arguments dans les points suivants, cependant d'ores et déjà indiquons que deux types d'arguments peuvent être signalés, en fonction de leur *force* (en considération du poids relatifs que l'on donne à l'argument) qui permet d'obtenir des *arguments dits faibles* ou *forts* avec des marqueurs comme *du moins* ou *voire* et de leur *orientation* (la conclusion vers laquelle tend l'argument) permettant d'obtenir des *arguments co-orientés* ou *anti-orientés* avec des marqueurs comme *quoique, malgré, mais sauf* (Goltzberg, 2012 : 14), à savoir : l'*argument réfutable ou défaisable*, celui qui peut être renversé et l'*argument irréfutable* ou *indéfaisable*, celui qu'in ne peut pas renverser (Goltzberg, 2012 : 1-2).

Section 2. **Argument et moyen : entre le même et le différent**

Le langage commun utilise fréquemment les deux concepts comme synonymes alors que les textes légaux gardent une discrétion presque étonnante quant au terme *argument*, utilisant en revanche remarquablement celui de *moyen*. Analysant la « compréhension du concept "moyen" en instance de cassation » (Kinshasa, 2015), Maître Willy Wenga Ilomba note que dans le langage de la Cour de cassation, le concept « argument » se confond parfois au concept « moyen » laissant planer une confusion en termes de similitude (…), mais dans les sous-entendus des arrêts de la Cour, il ressort souvent une différence surtout lorsque la Cour parle des *arguments pour soutenir un moyen* (Wenga, 2015 : 113).

Néanmoins, la lecture des sens donnés par les dictionnaires (et pas l'encyclopédie) révèle que la synonymie accordée couramment se trouve en quelque sorte ébranlée. En effet, pour le *Dictionnaire Larousse*, le moyen est une « raison alléguée dans une cause » (2 vol., t. II, p. 235) ou « une raison sur laquelle on se fonde pour tirer une conclusion » (Hachette, 2002, p. 1079), ou encore un « procédé qui permet d'arriver à un but (…), présentation des arguments par une partie à un procès » (*Le Petit Larousse illustré*, 2013, p. 716). Le *Lexique des termes juridiques* dit que « le moyen permet de reconsidérer le fondement juridique d'une prétention à partir des faits établis, considérés comme données acquises à l'abri d'une nouvelle appréciation » (2013 : 617). En d'autres termes, le moyen est une raison de fait ou de droit qu'utilise une partie pour fonder sa prétention.

L'argument quant à lui est défini comme « élément du discours servant à étayer un propos ou une thèse » (*Larousse*, 2 vol., t. I, p. 152) ou « raisonnement qui appuie une affirmation, une thèse, une demande » (*Le Petit Larousse illustré*, 2013, p. 68) ou encore « raisonnement invoqué pour soutenir un *moyen* de procédure ou de fond » (*Lexique des termes juridiques*, Dalloz, 2013, p. 72).

Les linguistes éclairés de la langue française font apparaître le mot *moyen* au XIVe siècle. Ce terme provient du mot latin *medius (medianus)* qui désigne ce qui est au milieu, au centre, puis l'intermédiaire, d'abord entre deux extrêmes, puis entre deux parties ou deux opinions ou, enfin, ce qui participe à deux choses contraires. Le latin s'est inspiré du grec *to meson* qui désignait l'intermédiaire entre deux contraires (Martineau : 2012, 34-35). Aristote emploie ce terme pour désigner, lorsqu'il évoque le syllogisme déductif, celui des trois termes par l'intermédiaire duquel la prémisse majeure et la prémisse mineure sont mises en rapport ; le moyen, par conséquent, pour Aristote, est commun aux deux premières parties du syllogisme, mais éliminé dans la conclusion. Il dit à ce sujet : « *J'appelle moyen le terme qui est lui-même contenu dans un autre terme et contient un autre terme en lui, et qui occupe aussi une position intermédiaire* » (Aristote : 1968, 140). On peut illustrer cette idée d'Aristote par le syllogisme déductif suivant :

Majeure : l'article 258 du Code civil congolais, livre III dispose « Tout fait quelconque de l'homme qui cause à autrui un dommage oblige celui par la faute duquel il est arrivé à le réparer ».

Mineure : un taximan qui, circulant sur le côté gauche de la chaussée au lieu de rouler à droite comme l'exige le code de la route, a blessé un motocycliste qui arrivait en face de lui, a causé par sa faute un dommage.

Conclusion : condamnation à des dommages et intérêts, le taximan doit en conséquence réparer.

Dans cet exemple, le terme qu'Aristote constitue comme le *moyen* est donc *la faute* dont l'établissement conditionne bien la validité du syllogisme déductif, à la fois sur le plan logique et matériel.

Au-delà de leur étymologie, l'histoire de ces termes renseigne que même dans la Rome antique, lieu de rayonnement du droit qui marquera l'histoire des nations et de manière particulière le droit de la tradition romano-germanique, les nuances n'étaient jamais clairement ressorties entre moyen et argument car les différentes lois ne désignaient aucunement d'un texte spécifique, les raisons qui venaient au soutien d'une demande en justice. Les jurisconsultes se bornaient simplement à souligner que toute demande en justice, notamment en matière civile, devait comporter quatre parties à savoir (Velter, 1841 : 64) :

- la *demonstratio*, c'est-à-dire l'indication du fait qui servait de base à l'action
- l'*intentio* qui énonçait la prétention du demandeur, c'est-à-dire en fait le point dont le juge avait à rechercher le bien ou le mal fondé
- l'*adjudicatio* qui, en certains cas, autorisait le juge à faire le partage entre les parties
- la *condamnatio* qui attribuait au juge le droit de condamner ou d'absoudre suivant le résultat de ses recherches.

Mais dans l'histoire judiciaire de la Rome antique, on constate que ces parties ci-haut indiquées étaient réglementées par des lois qui décrivaient le déroulement précis de l'audience, l'exposition de l'affaire, puis les plaidoiries où devaient s'apporter les preuves du demandeur, et ce sans forme particulière. Ce qui est significatif à relever est que ces textes ne visaient aucunement ni la notion d'argument, ni celle de moyen, mais seulement la demande en justice, la défense et les modes de preuve envisageables (Velter, 1841 : 64).

En dehors de la procédure civile romaine, les Professeurs de rhétorique utilisaient souvent le terme d'*argumentum* pour donner les raisons ou développements qui venaient appuyer une demande en justice ou une accusation. Cela était plus remarquable en matière pénale et politique. Ainsi, a-t-on remarqué que Cicéron dans tous ses traités oratoires, soit dans la *Rhétorique à Hérennius*, soit dans le *De l'invention*, s'est servi toujours du terme *argumentum* pour désigner l'argument qui vient au soutien d'une accusation ou d'une défense. Il emploie le mot *argumentatio* pour nommer l'ensemble des arguments qu'une partie dispose dans son raisonnement (Cicéron, *De l'invention*, II, XV). La même tendance se retrouve chez Quintilien pour qui l'*argumentum* renvoie à toutes les conceptions de l'esprit par lesquelles une partie se propose de prouver une chose par une autre et de confirmer ce qui est douteux par ce qui ne l'est pas (Quintilien, 1875 : V, 10).

Cependant, comme nous l'avons relevé plus haut, le terme de moyen s'est imposé dans plusieurs textes légaux, notamment français et belges qui ont inspiré le droit des pays colonisés par ces États, au détriment de celui d'argument. Les raisons établies de cette préférence n'en sont pas claires. Certains auteurs vont trouver l'explication dans la pratique du Moyen-Âge pour laquelle la notion d'argument renvoyait pour les esprits cultivés à la discipline rhétorique, c'est-à-dire à une conception du débat judiciaire qui n'était pas celle de l'époque pétrie d'augustinisme ou de théologie chrétienne pour laquelle le juge, par délégation de Dieu, révèle la justice aux plaideurs dans sa décision (Martineau, 2012 : 37).

En France, l'Ordonnance royale de 1767 sur la procédure civile, utilise le mot *moyen* lorsque sont évoqués les principes gouvernant l'instruction de la demande. En commentant cette procédure, Pigeau note que :

« *Les moyens qu'un assigné peut employer sur une demande se divisent en deux classes principales : la première est de ceux qui, sans considérer si la demande est ou a été bien fondée, sont opposés pour faire exclure cette demande pour un temps, pour toujours. Ces moyens que l'on va détailler sont appelés génériquement "exceptions" du latin "excipere" (exclure) parce qu'ils tentent à exclure le demandeur de poursuivre sa demande... ; la seconde classe de moyens est de ceux que les parties proposent respectivement, savoir : le demandeur pour prouver que sa demande est bien fondée, et le défendeur pour prouver qu'elle ne l'est pas ou, au moins, qu'elle doit être restreinte* » (Pigeau, 1779 : 147-148).

Il arrive parfois de constater que même les matériaux sensés donner plus de lumière sur la portée sémantique de certains concepts laissent souvent les esprits dans le flou. Par exemple, le *Lexique des termes juridiques* (21e éd., 2013, p. 618) dit à propos des *moyens* qu'ils « sont le soutien nécessaire de la demande et de la défense. Ce sont eux qui forment le fondement de la *cause*. Un moyen nouveau peut être présenté à tout moment en première instance ou en appel, mais non pour la première fois en cassation. **Seuls peuvent être invoqués à ce stade des *arguments* nouveaux** ». Par-là, on peut comprendre que les arguments viennent en appui aux moyens et que donc la synonymie évoquée parfois n'a pas lieu d'être. Autrement dit, le demandeur au pourvoi ne peut pas modifier l'objet de la demande en invoquant des moyens nouveaux. Seuls les arguments nouveaux peuvent être reçus, et ce pour confronter les moyens qui avaient été présentés devant le juge du fond. On pourrait induire qu'une argumentation juridique se composerait de plusieurs moyens, eux-mêmes constitués de plusieurs arguments.

La Cour de cassation française a été amenée, non sans difficulté, à préciser les notions de *moyen* et d'*argument*, leur structure juridique, et leurs modalités d'énonciation, en donnant un contenu clair à l'obligation de motivation imposée aux juridictions du fond. Ainsi, pour définir la motivation minimum exigée d'une décision de justice, cette Cour de cassation a dit que le juge n'était tenu de répondre qu'au véritable moyen, et non au simple argument. Le moyen doit être entendu comme une « énonciation par une partie d'un fait, d'un acte ou d'un texte, d'où par un raisonnement *juridique, elle prétendrait dire le bien-fondé d'une demande ou d'une défense* » (Civ. 3e, 23 oct. 1969, n° 67-14.669, *Bull. civ. III*, n° 670 ; Civ. 2e, 28 oct. 1980, n° 79-13.169, *Bull. civ.* II, n° 353 ; Com. 15 no. 1994, n° 91-19.931, *Bull. civ* IV, n° 334).

Une analyse des éléments de cette définition de la haute juridiction sus-évoquée que nous empruntons de François Martineau paraît utile pour la compréhension des concepts sous examens (Martineau, 2012 : 38 et s) :

— *L'allégation d'un fait.* Le moyen comporte tout d'abord l'allégation d'un fait ou d'un acte dont la matérialité et la signification seraient établies par les éléments de preuve appropriés et selon les règles juridiques applicables au litige. Ceci distingue le moyen de la simple allégation ou de la conjecture, simple citation d'un fait ou d'un acte que n'appuierait aucune justification ni tentative de preuve. À propos de toutes ces allégations, la Cour de cassation précise que le juge du fond n'est pas tenu d'y répondre (Civ. 2e, 28 oct. 1980, n° 79-13.169, *Bull. civ.* II, n° 353 ; Com. 15 no. 1994, n° 91-19.931, *Bull. civ* IV, n° 334). À ces types d'allégations sont assimilées celles de moyens qui seraient exprimées sous une forme dubitative ou sous forme trop générale (Civ. 1re, 20 janv. 1965, n° 62-13.934, *Bull. civ. I*, n° 56). La Cour de cassation assimile l'allégation au simple argument et reprécise, en tant que de besoin, qu'une Cour d'appel n'est pas tenue de s'expliquer par un motif spécial sur un simple argument de fait (Civ. 2e, 28 avr. 1975, n° 74-10.378, *Bull. civ.* II, n° 133).

— *L'allégation de fait accompagnée d'un raisonnement juridique.* Le moyen ne se réduit pas à l'allégation d'un fait ou d'un acte accompagné d'une offre de preuve ; il nécessite, pour qu'il y soit répondu, un deuxième élément constitutif à savoir l'énonciation à partir du fait ou de l'acte d'un raisonnement juridique permettant de connaître l'interprétation et la portée que la partie prétend lui attribuer. Ainsi, pour la Cour de cassation, l'énonciation d'un fait, ou le visa d'un acte, qui, quoiqu'accompagné de ses éléments probatoires, ne serait suivi d'aucune déduction juridique ne constituerait pas un véritable moyen, mais serait ravalé au rang de « *simple argument* » (Civ. 3e, 21 févr. 1969, *Bull. civ.* III, n° 171).

— *L'allégation accompagnée d'une preuve et d'un raisonnement juridique de nature à influer sur la solution du litige.* Le juge du fond, s'il doit répondre à tous les moyens invoqués par la partie, quelles qu'en soient la valeur et la portée, n'a pas néanmoins à évoquer dans sa décision les moyens inopérants, c'est-à-dire les moyens qui, à les supposer fondés, n'auraient pu changer la solution du litige.

— *L'allégation d'un fait qui n'a pas fait l'objet d'un dire et juger, et qui n'est suivie d'aucune déduction d'ordre juridique constituant un véritable moyen, peut être considérée par des juges comme un détail de l'argumentation auquel ils ne sont pas tenus de répondre spécialement* (Civ. 3e, 21 févr. 1969, *Bull. civ.* III, n° 171).

Partant de ce qui précède, on comprend bien qu'*argument, moyen* et même *allégation* ont des sens et portée nuancés mais dont l'imbrication participe à une relation d'induction dont le *moyen* pourrait être la clé de voûte. Ainsi :

- l'argument est constitué par l'énonciation d'un fait mais qui ne serait suivi d'aucune déduction juridique propre à fonder une demande en justice et/ou qui n'aurait pas été reprise dans le dispositif des conclusions d'une partie ;

- l'allégation doit être considérée comme l'énonciation d'un fait imprécis et/ou qui n'est assorti d'aucune preuve ;

- le moyen est un argument contenant l'énonciation d'un fait assorti de sa preuve, et suivi d'une déduction juridique propre à fonder une demande en justice, ledit moyen devant avoir été repris dans le dispositif de la demande en justice (Martineau, 2012 : 42).

En considération de ce qui vient d'être exposé, l'on peut noter que la structure du moyen est tripartite. En effet, le moyen expose, d'abord, la partie contestée du dispositif de la décision attaquée (« fait grief à l'arrêt… »), puis les raisons des juges du fond données au soutien de leur décision (« au motif que… »), enfin la critique elle-même introduite par la locution : (« alors que… »). S'il y a plusieurs critiques de la même disposition justifiées par les mêmes motifs, chaque critique est appelée branche du moyen (*Lexique des termes juridique*, 2013 : 617).

Que retenir de toutes ces explications ? Le *moyen* peut être défini comme un argument mettant en relation une norme juridique et un corpus de faits pertinents. L'utilisation du terme *moyen* par le législateur n'est pas fortuite. Cela signifie qu'en théorie les développements qui viennent au soutien d'une demande sont d'une part ceux qui portent sur le droit et sur le fait, et d'autre part leur liaison synthétique dans le cadre de l'opération de qualification.

Au final, une demande ne peut être soutenue que par des moyens de droit ou de fait, appuyés de leurs preuves. Tout autre développement qui porterait, soit sur l'interprétation de la norme juridique elle-même et qui se caractériserait par une mise en relation de la norme avec une valeur, ou de la norme avec un fait historique, tout autre développement qui porterait sur les faits, non pertinents, comme, par exemple, les faits de contexte, tout développement portant sur des valeurs elles-mêmes, ou, plus généralement, sur tous éléments susceptibles de provoquer l'émotion de l'auditoire, seront qualifiés d'argument (Martineau, 2012 : 44). Somme toute, au-delà de la complexité que peuvent revêtir les sens du *moyen*, celui-ci est souvent, surtout dans la jurisprudence, à géométrie variable et est souvent confondu à la notion d'*argument*. Nous retiendrons cependant que la pratique judiciaire privilégie l'usage du terme « moyen ».

Section 3. Matière de l'argument

Si le juriste (Juge, Avocat, Conseiller juridique, etc.) trouve la matière principale de ses arguments dans le droit et dans le fait, il ne doit point s'y limiter. Il doit élargir sa démarche et puiser ses moyens de persuasion dans tous les sujets qui sont susceptibles de contribuer à persuader ou à convaincre. Comme nous l'avons indiqué, la matière de l'argument s'entend du contenu significatif des notions, idées, concepts ou données de l'expérience qu'il met en relation.

En matière judiciaire, les faits d'un litige et les normes juridiques applicables sont la matière essentielle à partir de laquelle se construit un argument. Mais tout litige est aussi susceptible de faire l'objet d'arguments tirés de la considération des valeurs et de leur hiérarchie qui s'y expriment explicitement ou implicitement. Même une décision de justice ne serait pas exemptée de jugement de valeur. Il se pourrait que l'argument tire sa matière de la considération des états affectifs complexes qui caractérisent les rapports humains.

1. Argument de fait

Il est de principe général en droit qu'il incombe à la partie qui allègue le fait d'en apporter la preuve (*Actori incumbit probatio*). Ce principe essentiel en matière de procédure, surtout civile, reste on ne peut plus capital pour fonder les prétentions des parties. Cependant, rarement les Codes de procédure, souvent préoccupés de préciser les modalités de preuve des faits allégués, donnent la portée sémantique de la notion de fait. Le Décret du 7 mars 1960 portant Code congolais de procédure civile ne fait pas exception.

Face à cette lacune, nous trouvons inspiration dans les travaux philosophiques sur la notion. Ainsi, dans son dictionnaire, André Lalande dit que : « *Un fait est tout ce qui est, tout ce qui arrive en tant qu'on le tient pour une donnée réelle de l'expérience sur laquelle la pensée peut faire fond* » (Lalande, 1972 : 337).

De cette définition, nous pouvons relever plusieurs distinctions :

Fait et événement. Certains auteurs confondent les deux concepts. Par exemple, pour Maître Willy Wenga Ilombe, un fait est tout événement ayant lieu à un endroit donné et à un moment donné, tout événement qui se trouve être à la base des prétentions des parties au procès. En lisant cet auteur, l'on peut comprendre à partir des explications qu'il donne qu'un fait est tout événement (Wenga, 2015 : 114).

Les philosophes sont parfois allés dans les plus petits détails de distinctions en indiquant que « l'événement serait un fait dont l'élément temporel aurait plus d'importance que l'élément spatial ». Ainsi, l'assassinat du Colonel Mouammar Kadhafi en 2010 ou du Président congolais Laurent Désiré Kabila en 2001 est à la fois un fait mais aussi un événement. En ce sens, les faits d'une cause en matière judiciaire sont bien des circonstances spéciales et le plus souvent uniques. Une institution, ou un contrat, en matière judiciaire, n'est qu'un fait, et non point un événement. De même, la philosophie distingue les faits des *phénomènes*, que l'on considère comme des faits analysés, dans leurs éléments abstraits, indépendamment de toute particularité de temps et de lieu (Martineau, 2012 : 53).

Fait en matière judiciaire. On peut considérer les faits du point de vue de leur cause, du point de vue de leur manifestation ou de leurs conséquences. Nous référant à la distinction qui précède, il y a lieu de dire que les faits d'un conflit sont constitués à la fois par les événements qui affectent directement ou indirectement les parties, et les circonstances matérielles particulières qui donnent lieu à l'énoncé de leurs prétentions contradictoires. À ce sujet, commentant la jurisprudence française, Motulsky indique qu'un fait est dit pertinent ou concluant, ou encore relevant, lorsqu'il est de nature à justifier la prétention du demandeur. La Cour de cassation évoque les faits dans le débat, autrement dit la matière litigieuse fournie par les parties, les faits se distinguant encore en faits concluants et en faits adventices, ces derniers pouvant être définis comme ceux qui ont été allégués par les parties mais dont il n'a été tiré aucune conséquence juridique directe (Motulsky, « La cause de la demande », D 1964. Chron. 235).

Pour une partie de la jurisprudence, cette distinction de la haute juridiction peut encore être retenue dans un cadre différent. Ainsi, selon François Martineau, indépendamment des faits ci-haut mentionnés et qui constituent la matière essentielle du litige, les parties peuvent trouver leurs arguments dans les faits qu'on pourrait appeler « faits de contexte » qui vient à éclairer, mettre en perspective, ou mieux faire comprendre les premiers (Martineau, 2012 : 54).

Faits et rôle respectif du juge et des parties. La matière factuelle du litige verra les différents acteurs dans la trame judiciaire jouer des rôles spécifiques.

1° *Actori incumbit probatio.* L'article 197 du Code civil congolais Livre III dispose : « Celui qui réclame l'exécution d'une obligation doit la prouver. Réciproquement, celui que se prétend libéré doit justifier le paiement ou le fait qui a produit l'extinction de son obligation ». C'est qu'à l'appui de leurs prétentions, *les parties ont la charge de prouver les faits qu'elles allèguent et dont elles prétendent tirer profit des conséquences de droit* (Mukadi Bonyi et Katuala Kaba Kashala, 1999 : 85).

2° Le juge n'est pas tenu de rechercher l'existence d'éléments de faits non allégués propres à établir la prétention d'une partie (Civ. 1ere, 6 oct. 1976, n° 74-13.782, *Bull. civ. I, n° 288 ;* Civ. 3e, 4 déc. 1984, n° 82-11.970, *Bull civ.* III, n° 205).

3° Pour être retenus les faits invoqués par la partie à l'appui de ses prétentions doivent être pertinents, de nature à pouvoir être appréhendés par une règle de droit. Pour assurer le succès d'une prétention, les faits invoqués devront être concluants, c'est-à-dire que leur réunion permettra d'accepter la prétention du demandeur.

4° Une jurisprudence constante interdit au juge d'introduire dans le débat des faits qui ne se trouvent pas dans les dossiers respectifs des parties ou qui n'ont été évoqués par aucune d'entre elles. Ainsi, une juridiction de fond ne peut évoquer les faits constitutifs d'une obligation alimentaire dont elle aurait eu connaissance par un autre litige évoqué le jour même, devant elle, entre les mêmes parties (Civ. 1ere, 10 févr. 1976, n° 74-12.776, *Bull. civ.* I, n° 59).

5° Le juge, dans la marge d'appréciation que lui reconnaît la loi, s'il ne peut fonder sa décision sur le résultat d'investigations personnelles poursuivies hors de l'audience, et en l'absence des parties, peut néanmoins, quant à la demande qui lui est soumise, puiser les motifs de sa décision dans les divers éléments du débat, alors même que les faits sur lesquels il s'appuierait n'auraient pas été spécialement invoqués par les parties dans leurs conclusions (Civ. 16 juin 1929, S. 1. 309). Explicitant cet aspect, François Martineau affirme que je juge peut toujours utiliser au motif de sa décision les faits adventices. En pareille hypothèse, le juge doit s'assurer que les éléments de preuve dont il déduit les faits non spécialement invoqués par les parties, alors même qu'ils n'auraient pas été visés par les conclusions, ont néanmoins été versés aux débats et soumis à la possibilité de la discussion contradictoire des parties (Martineau : 2012, 55). Ainsi, le juge pourrait-il fonder sa décision sur des attestations qui, quoique non visées aux conclusions des parties, ont fait l'objet d'une communication régulière (Civ. 2e, 1er juill. 1966, n° 65-11.969, *Bull. civ.* II, n° 728).

Somme toute, s'agissant des faits fournis par les parties, faisons nôtres les propos des Professeurs Vincent et Guinchard :

« ce ne sont pas seulement les faits allégués à l'appui de la règle de droit invoquée par les parties, mais tous ceux que les parties ont indiqués, qu'elles en tirent ou non des conséquences juridiques. Sont aussi rangés parmi les faits adventices tous ceux qui sont tirés du dossier : pièces produites par les parties, documents de la procédure

(par exemple un rapport d'expertise, des déclarations de témoins). Lorsque le juge s'apercevra que les parties n'ont pas tiré argument de faits dans le débat, de faits qui seraient concluants si les parties les avaient allégués à l'appui d'une règle de droit, il pourra les inviter à s'expliquer (contradictoirement) sur ces faits » (Vincent et Guinchard, 2003 : 489).

Terminons ce point en indiquant que les considérations ci-haut évoquées concernent essentiellement les faits en matière civile. Par contre, en matière pénale, les juridictions sont tenues par l'acte qui les saisit. Elles ne peuvent pas, comme au civil, statuer en dehors des faits révélés par l'acte de saisine et seulement sur ceux-ci.

Une remarque d'ordre épistémologique s'impose néanmoins. En théorie, on peut dissocier les faits de leurs qualifications juridiques. En réalité, cette dissociation est impossible, car la notion de « fait pur » est une simple vue de l'esprit. Aucune science ne se rapporte à des « faits purs ». Un fait n'est tel que dans le cadre d'une science qui a établi préalablement ce qui était de nature à être reconnu comme un fait, et en ce sens, une science n'est jamais purement empirique, même si elle est expérimentale. C'est la raison pour laquelle seuls ceux qui sont initiés à une science sont aptes à observer les faits qui permettent son application.

De même en droit, seul un juriste peut décrire correctement les faits qui sont l'objet d'un litige, car la description doit être établie en fonction des qualités possibles, ce qui l'amène à négliger tout ce qui est juridiquement sans importance et à ne mettre l'accent que sur ce qui permet ou empêche l'application d'une règle de droit.

2. Argument de droit

Un argument de droit est celui qui porte sur une norme juridique ou sur un de ses éléments constitutifs. La qualité d'une argumentation juridique repose en premier lieu sur l'aptitude du juriste de repérer la règle de droit susceptible de donner aux faits la qualification qui puisse rendre compte de l'objectif lui assigné. Et c'est dans les différentes sources de droit (directes et indirectes) que le juriste trouvera ces types d'arguments.

La doctrine comme la jurisprudence utilise les expressions « argument de droit » et « moyen de droit ». Il faut avoir à l'esprit les nuances apportées sur les deux concepts et la préférence accordée à la notion de moyen, notamment dans les textes juridiques et la jurisprudence.

Dans le cadre des pouvoirs lui dévolus par la loi, notamment celui de trancher le litige conformément aux règles de droit qui lui sont applicables, et celui de donner ou de restituer leur exacte qualification aux faits et aux actes litigieux sans s'arrêter à la dénomination que les parties auraient proposée, le juge se voit reconnu la possibilité de relever d'office les moyens de droit. La jurisprudence congolaise précise qu'un moyen de droit est celui qui concerne la qualification ou la requalification des actes et faits litigieux par la règle de droit applicable (*Bulletin des Arrêts*, 1984 : 55 ; Katuala & Cie, 2009 : 202).

Il existe une distinction entre le moyen mélangé de fait et de droit que le juge a la faculté de relever et le moyen de pur droit que le juge a l'obligation de relever, sous la double réserve de respecter le principe du contradictoire, et de ne pas modifier les termes du litige dans son objet et dans sa cause (Martineau : 2012, 47). Pour Gérard Cornu, le moyen mélangé de fait et de droit est celui qui se réfère à une règle de droit dont l'application à l'espèce exige la mise en œuvre des faits qui ne résultent pas du débat (Cornu, 2013 : 669). D'après la jurisprudence congolaise, l'irrecevabilité est souvent de mise pour un moyen mélangé de fait et de droit (CSJ, RP 2384, 10 septembre 2010, Martin Shimbula c/MP et Kandolo Lulue, in *Bulletin des Arrêts*, 2014 : 75 ; CSJ, RC 2989, 14 juin 2013, Succession Mpasi Ngombo c/ Mbala Siete, in *Bulletin des Arrêts*, 2014 : 283). Dans l'affaire sous RP 192, MPUNGU c/MP, la Cour suprême de justice de la RDC, dans son arrêt du 23 mai 1979, a pris position par rapport à la question de moyen mélangé de fait et de droit, en disant que « *le moyen qui vise la violation des dispositions légales abrogées à savoir les articles 9 et 14 du Code civil L. II, dont la substance a été reprise dans la loi nouvelle (loi n° 73/021 du 20 juillet 1973 doit être examine, mais en reprochant au juge d'avoir reconnu le droit de propriété au défendeur plutôt qu'au demandeur qui en jouissait déjà en vertu d'une lettre du bureau des successions de la ville de Kinshasa, le même moyen oblige la Cour suprême de justice d'examiner les faits de la cause pour en apprécier les mérites, il est donc irrecevable, étant mélangé de fait et de droit* » (*Bulletin des Arrêts*, 1984 : 102 ; Katuala & cie, 2009 : 201). L'on pourra bien remarquer une constance de la jurisprudence sur cette question. Dans l'affaire Matata c/Tadi, sous RC 258, la Cour suprême de justice congolaise a réitéré dans sa décision du 13 juin 1979 que « *manqué en fait, et entraîne le rejet du pourvoi, le moyen qui invoque la violation de l'article 33 CCL. III ainsi que des dispositions d'un contrat auquel le demandeur est demeuré étranger* » (*Bulletin des Arrêts*, 1984 : 122 ; Katuala & cie, 2009 : 201-202). La même position a été réaffirmée, le 27 novembre 1979, par la même juridiction dans l'affaire Marques c/MP et veuve Nkashama : « *est mélangé de fait et de droit et partant irrecevable le moyen tiré de la violation des articles 258 à 260 CCL. III et qui reproche au juge d'avoir souverainement constaté que la victime, qui aurait surgi brusquement devant le demandeur et que ce dernier aurait évitée, n'a pas été identifiée ni la personne qui l'accompagnait* » (*Bulletin des Arrêts*, 1984 : 332 ; Katuala & cie, 2009 : 202).

Quant au moyen de pur droit, nous retiendrons qu'il s'articule devant les juridictions de fond comme étant celui qui ne met en jeu aucun fait qui ne soit dans le débat et en matière de cassation, comme celui qui ne met en jeu aucun fait qui ne soit constaté par la décision qu'on attaque. Il est fondé sur l'erreur de droit qu'aurait commise le juge de fond en vidant une contestation dont il est saisi ; autrement dit c'est un argument juridique nouveau invoqué pour la première fois en cassation à l'appui d'une thèse de droit déjà développée devant le juge de fond (Rigaux, 1966 : 177, 178, 179). Ainsi, il a été jugé dans l'affaire Ramazani c/Gakali que « *doit être rejeté le moyen qui fait grief à l'arrêt d'avoir constaté les faits non rencontrés par lui. La fraude prévue par l'article 16 du Code civil L. III s'identifie au code dont les éléments constitutifs relèvent de l'appréciation souveraine du juge de fond* » (*Bulletin des Arrêts*, 1984 : 55 ; Katuala & cie, 2009 : 202).

La jurisprudence française a considéré comme moyen de pur droit, l'obligation pour les créanciers d'un débiteur en faillite de se soumettre à la procédure de vérification de créances (Com. 8 juin 1993, n° 91-18.904, Bull. Civ. IV, n° 236) ; ou bien le fait que la nullité d'une société ne peut être prononcée que si tous les associés ont été complices de la fraude (Com. 28 janv. 1992, n° 90-17.389, Bull. Civ., n° 36) ; ou encore que la garde d'une chose inanimée est alternative et non cumulative, et que les qualités de gardien et de préposé sont incompatibles (Civ. 2e, 19 févr. 1958, n° 765, Bull. Civ. II, n° 138).

En somme, un moyen de pur fait est celui qui attaque un jugement de fait, une appréciation des faits par le juge du fond, alors qu'un moyen de pur droit est généralement fondé sur l'erreur de droit commise par le juge de fond en vidant une contestation dont il est saisi (Wenga, 2015 : 124 et 127).

À propos des moyens, indiquons qu'une typologie variée est établie par des ouvrages spécialisés en la matière. Dans le cadre de notre étude, nous nous limitons à en citer quelques-uns : moyen d'office[10], moyen nouveau[11], moyen nul[12], moyen fondé[13], moyen manquant en droit[14], moyen manquant en fait[15], moyen d'ordre public[16], moyen sans intérêt[17].

3. Appendice

Les arguments sont de toutes sortes et relèvent de plusieurs domaines scientifiques. Il n'y a pas qu'en droit que l'usage d'argument est requis ; en théologie, en politique, en économie, etc. l'on utilise tout le temps des arguments. La présente section reprend, sans spécificité particulière de science et surtout dans le cadre de ce chapitre qui traite de l'argument en général, même si les commentaires nous ont poussé à donner audience au domaine juridique, une série d'exemples d'arguments couramment usités[18] :

10 Il s'agit, surtout en matière de cassation, d'un moyen que la Cour soulève elle-même, par opposition au moyen lui soumis par une partie ou par le ministère public. Il faut que ce moyen à soulever par la Cour de cassation soit d'ordre public.

11 C'est celui soulevé pour la toute première fois et devant le juge de cassation ou basé sur une prétention de droit non débattue devant le juge de fond. Il peut s'agir d'un moyen tendant à faire déclarer nul un exploit d'assignation, auquel le demandeur avait égard en comparaissant et en concluant au fond devant la Cour d'appel, et qui n'avait pas été soulevé devant cette juridiction (CSJ, RC 135, 1et septembre 1977, *Bulletin*, 1973, p. 31) ; ou d'un moyen soulevé devant la Cour et non débattu devant la juridiction qui a rendu la décision attaquée, en l'occurrence, la question de défaut de qualité qui n'a pas été soulevée devant le juge de fond (Dibunda, 1979 : 25 ; Wenga, 2015 : 122). La sanction de l'invocation en cassation d'un moyen nouveau est l'irrecevabilité du moyen et non du pourvoi lui-même (Wenga, 2015 : 123).

12 C'est celui qui est tiré de la violation d'un texte légal abrogé.

13 C'est celui qui reproche à la décision attaquée la violation d'une norme.

14 La base légale à laquelle se réfère une décision pose problème. Le moyen soulevé indique que les motifs de la décision qu'on attaque ne permettent pas de vérifier si les éléments nécessaires à l'application qui a été faite de la loi se rencontraient bien dans la cause (Wenga, 2015 : 132-133).

15 Il contient des énonciations contraires à la réalité des choses telle qu'elle résulte de la décision attaquée ou des pièces de la procédure (Wenga, 2015 : 134).

16 Il touche à une matière intéressant l'ordre public ou invoque la violation d'une règle impérative (CSJ, RC, 135, 1et septembre 1977, 2e moyen, 1re branche.

17 C'est celui qui, même fondé, n'appelle pas la cassation de la décision entreprise, soit parce que malgré l'erreur invoquée, le dispositif de cette décision demeure justifié, soit parce que l'erreur commise par le juge du fond n'a causé aucun préjudice au demandeur en cassation (CSJ, RC 476, 18 août 1985, TS.MA, c/ M.P et NK Suic, B. A, 2002, p. 46 cité par Wenga, 2015 : 138).

18 http://www.études-littéraires.com/figures-de-style/ consulté le 27 mai 2018.

- L'**argument d'autorité** : on fait référence à une autorité politique, morale, scientifique reconnue et experte. Par exemple : Fumer est dangereux pour la santé, c'est ce que nous démontre le rapport sur la santé de l'Organisation mondiale de la Santé (OMS) rédigé par les Professeurs et les experts en la matière.

- L'**analogie** qui consiste à comparer deux faits, deux situations pour en déduire une valeur explicative, pour donner en exemple. « L'usage du tabac est voisin de celui des drogues ou de l'alcool : il crée une dépendance physique et psychologique dont le patient aura bien du mal à se débarrasser ». Nous reviendrons sur cet aspect lors de l'analyse de l'argument *a pari* ou *a simili.*

- Les **rapports de cause à effet**. Tel phénomène entraîne tel autre phénomène selon le postulat du déterminisme. « Fumer entraîne des troubles gastriques, donne mauvaise haleine et perturbe l'odorat comme le goût ».

- L'**utilisation de données scientifiques, historiques, numériques**. En principe elles sont irréfutables. « L'usage du tabac est la première cause des cancers du poumon et de la gorge ».

- Par **analyse et élimination des autres solutions**. Valable pour une argumentation longue ou la réponse à de prévisibles objections. « Recourir à des cigarettes sans tabac n'élimine pas les risques représentés par les goudrons, la toxicité des produits résultant de la combustion… »

- **Argument des « paliers »**. Les efforts, les sacrifices font parvenir à un palier, avec les premiers résultats positifs, et ainsi de suite jusqu'au résultat final. « L'augmentation des taxes sur le tabac, l'interdiction de fumer dans les lieux publics ont fait à nouveau parler du tabagisme et ont permis à un nouveau public de prendre conscience de ses méfaits. Ils ont ainsi conduit à une baisse de la consommation »…

- L'**accord paroles/actes** : Pour rendre sympathique, marquer la loyauté. « Le ministre de la Santé a décidé d'arrêter de fumer lors du lancement de la campagne de prévention. À ce jour sa détermination n'a pas faibli »…

- L'**alternative** : blanc ou noir, la bourse ou la vie, la valise ou le cercueil. « Les femmes doivent choisir : soit l'arrêt du tabac, soit des risques accrus de cancer, un vieillissement des tissus accéléré, une peau terne, un affaiblissement marqué de leur pouvoir de séduction »…

- **Appel aux valeurs supérieures**. Importance du point de vue choisi. « L'usage du tabac n'est pas dangereux seulement pour le consommateur, mais pour tous ceux qui sont intoxiqués passivement dans son entourage. C'est donc non seulement une question de bonnes manières, mais plus encore de civisme et de santé publique que de s'abstenir de fumer dans un lieu public ».

- **Prise à témoin**. Recherche de l'accord du destinataire. « Voyez-vous d'autres moyens que l'interdiction de la publicité pour les marques de cigarettes ? »

- **Argument *ad hominem*** : L'argument *ad hominem* ou *argumentum ad hominem* est une stratégie qui consiste à opposer à un adversaire ses propres paroles ou ses propres actes. Il s'agit de discréditer la personne plutôt que la position qu'elle défend. L'idéal est bien de montrer la contradiction entre les propos et les agissements. C'est la mise en évidence du « Fais ce que je dis et non pas ce que je fais ». Typiquement un argument *ad hominem* est construit selon le schéma suivant :

Un tel défend telle position. Or Un tel n'est pas crédible (pour des raisons liées à ses paroles, à ses actes) quand il affirme cette position. Donc cette position est fausse.

Les hommes politiques abusent de ce type d'argument, et contribuent ainsi à rabaisser le débat en confondant les idées et les personnes. Il est en effet vicieux de créer l'amalgame entre la véracité d'une position et l'intégrité d'une personne. Dans un procès, en revanche, la révélation de contradictions derrière lesquelles un accusé se réfugie pour refuser sa responsabilité ou affirmer son bon droit, peut se révéler utile au discernement de la vérité. L'argument *ad hominem* porte alors sur un éclaircissement des mobiles et non sur la validité du fond de la chose alléguée. De même tout argument *ad hominem* n'est pas toujours une attaque personnelle, quand il se borne à se référer à la situation particulière d'une personne (droits juridiques, autorité morale…).

- L'**ironie** est une argumentation par l'absurde, qui tente de séduire le lecteur par un appel à son intelligence. En effet le lecteur doit comprendre qu'il est appelé à prendre ses distances avec la formulation brute et qu'il doit inverser les affirmations de l'auteur. C'est un jeu subtil, fascinant, mais qui peut produire l'effet contraire à celui qui est escompté si le lecteur accepte tout au premier degré. L'ironie est une arme essentielle de la stratégie argumentative parce qu'elle rend le récepteur complice, qu'elle l'oblige à parcourir la moitié du chemin dans l'adhésion à la thèse. L'opinion se dissimule en effet derrière une formulation strictement inverse ; aussi le lecteur doit-il être attentif et réagir aux **indices** qui la lui indiquent :

- une logique absurde : elle consiste à relier une cause donnée et une conséquence sans rapport avec elle. L'absurdité marquée de cette relation doit heurter le lecteur. Par exemple, Montesquieu, dénonçant le racisme primaire s'exprimait ainsi : « [Les nègres] ont le nez si écrasé qu'il est presque impossible de les plaindre ».
- la caricature poussée jusqu'au cynisme : le lecteur est averti par l'énormité du propos ou son caractère franchement ignoble. Montesquieu : « Le sucre serait trop cher si l'on ne faisait travailler la plante qui le produit par des esclaves. »
- l'antiphrase : il s'agit ici de juger un phénomène à l'inverse de ce qu'on attendrait. Devant les gribouillis d'un apprenti écrivain, le critique va encenser le « caractère admirable » de la production. Comme le compliment est public, forcé par l'exagération et le ton, il ne laisse aucun doute sur les intentions de celui qui le prononce au point que le récipiendaire en est souvent marqué à vie.

CHAPITRE III

LE DROIT ET L'ARGUMENTATION

La pratique du droit consiste, de façon fondamentale, à argumenter et il y a lieu d'être d'accord sur un point : *la qualité qui définit le mieux ce que l'on appelle un « bon juriste », c'est peut-être sa capacité pour créer et manier les arguments avec une grande habileté.*

Cependant très peu de juristes a lu quelquefois un livre sur cette matière et certainement beaucoup même ignorent qu'il existe une théorie de l'argumentation juridique. Pourtant, ainsi que le note le Professeur Benoît Frydman, si les cours d'argumentation, les procès simulés, les cliniques juridiques et les concours de plaidoirie se multiplient et gagnent progressivement tous les domaines de la formation des juristes, la recherche en argumentation juridique n'en est probablement encore qu'à ses débuts. Il demeure tant de procédés à découvrir et à mettre en évidence, tant de notions à mettre au point pour pouvoir les comprendre, les maîtriser et les transmettre aux nouvelles générations (Frydman, 2012 : VII).

Nous allons dans ce chapitre tenter de répondre à la question qui s'interroge sur l'existence de l'argumentation juridique en esquissant les spécificités de cette dernière par rapport aux autres types d'argumentation. L'application du droit étant également œuvre herméneutique, nous aborderons le point relatif à l'interprétation en mettant l'accent sur le rôle de l'argumentation dans le travail exégétique portant sur les normes juridiques. Pour finir ce chapitre, cependant sans la prétention d'être complet, nous traiterons de certaines théories d'argumentation juridique.

Section 1. Existe-t-il une argumentation juridique ?

Pour certains auteurs, apparemment cette question ne devrait pas se poser, car l'argumentation juridique existe bel et bien. C'est ainsi que par exemple, tout en adoptant une approche critique, Constantin Stamatis ne s'empêche pas d'intituler son ouvrage avec un ton affirmatif : *Argumenter en droit. Une théorie critique de l'argumentation juridique*, aux Éditions Publisud, 1995. D'autres encore, tout en adoptant l'intitulé, ne s'interroge pas au départ si l'argumentation en droit poserait le problème de son existence. C'est tellement obvie que la peine de se poser cette question n'en serait pas une. Y a-t-il une méthode, une logique propre au droit ? En tout cas, pour nombre de penseurs, la logique juridique existe. Il en est de même de l'argumentation en droit qui ne peut se passer de la logique (Perelman, *La logique judiciaire.* 5e Colloque des Instituts d'Études Judiciaires, Paris, 18-20 mai 1967, PUF, 1969 ; *La logique juridique*, Travaux du IIe Colloque de Philosophie du droit comparée, Toulouse, septembre 1966, Paris Pedone, 1967).

Cependant, selon Stefan Goltzberg, il n'est pas évident de savoir s'il existe une argumentation typiquement juridique, si les juristes argumentent différemment, s'ils utilisent d'autres arguments. Pour cet auteur, les juristes recourent à des règles, à des lois ou toutes sortes de normes qui trouvent leur origine dans ce qu'il est convenu d'appeler les sources du droit. Les points de départ, les prémisses, sont donc propres au droit (Goltzberg, 2015 : 3-4). Mais qu'en est-il des arguments ?

Malgré les efforts déployés pour montrer le caractère propre de l'argumentation juridique, il semble que ce soit surtout une question de degré. Les juristes sont conduits à *plus* argumenter, idéalement à *mieux* argumenter que les autres, mais la forme même des arguments ne paraît pas fondamentalement spécifique. Si tel était le cas, il y aurait des formes d'arguments que seuls les juristes emploieraient (*Ibidem* : 4).

Pour autant, Stefan Goltzberg n'est pas fermé dans sa pensée. Il trouve que l'argumentation juridique se laisse décrire par une série de caractéristiques qui apparaît également dans d'autres disciplines. Le droit, quel que soit le système juridique, est constitué, en partie, des règles et celles-ci possèdent deux caractéristiques intéressantes. Les règles supposent d'une part un certain degré de généralité ; d'indépendance par rapport à leur justification et d'autre part un certain degré de formalité (*Ibidem*).

Les règles sont générales – sinon universelles – en ce qu'elles ont pour vocation de transcender les particulières. La règle est prévue pour s'appliquer à plusieurs situations. Cette généralité va déterminer la manière dont les arguments seront organisés. En effet, référence sera faite le cas échéant aux précédents et aux cas futurs, que la règle est censée couvrir d'emblée. Cette application de la règle est sous-tendue par un respect de la cohérence, c'est-à-dire l'absence de contradiction – même si, une fois de plus, ce souci de cohérence n'est pas du tout propre à l'argumentation juridique ; toute personne est mue par ce souci de ne pas se contredire, du moins de manière flagrante (*Ibidem*).

Cette généralité est liée au fait que la règle voit son application devenir relativement indépendante de la justification qui a présidé à sa promulgation. Nous prenons pour notre part la réflexion de Stefan Goltzberg ainsi que les exemples qu'il donne pour étayer sa pensée. La règle qui interdit de rouler à plus de 60 km/h sur une route donnée émane à coup sûr d'une volonté d'inviter les conducteurs à la prudence, mais il n'est pas évident qu'on ne puisse pas rouler prudemment à 80 km/h. Le policier appliquera la loi en invoquant non pas le fondement de la loi, mais sa formulation. Si 60 km/h est la vitesse maximale autorisée et s'il est clair que cette règle de la circulation vise à éviter les situations dangereuses, le policier privilégiera sans doute tout de même l'application stricte de la loi. Pas nécessairement parce qu'il fait la sourde oreille à l'argument selon lequel l'objectif de la loi était dans ce cas-ci atteint, mais parce que, essentiellement, les règles juridiques se distinguent des autres règles de conduite par le fait qu'elles jouissent d'une certaine indépendance par rapport à leur raison d'être (*Ibidem* : 4-5).

C'est d'ailleurs également une question de gestion de ressources : un droit parfait tiendrait compte de la nature plus ou moins dangereuse de chaque conduite et pourrait éviter de sanctionner un conducteur qui roulerait prudemment à 80 km/h – l'inverse serait plus problématique : il n'est pas sûr qu'un droit parfait sanctionnerait un conducteur qui par temps de pluie et de brouillard, roulerait trop vite quoiqu'en dessous de la limite autorisée. En effet, dans ce cas-ci, un autre problème serait soulevé, celui de la prévisibilité de la loi : tout citoyen est censé pouvoir connaître à l'avance quelles actions sont interdites et quelles conséquences découleraient de la transgression de ces interdits. Afin de gérer « à distance » les cas et de rationaliser l'administration de la justice, la règle d'une limite maximale de vitesse est établie et devient presque aveugle à la particularité de chaque situation (*Ibidem* : 5).

Nous le savons bien que la norme vaut également par sa forme. Certes, dire d'un juge qu'il est formaliste n'est pas, d'habitude, un compliment. Cependant, le juge est censé appliquer la loi et respecter sa formulation. La loi vaut par sa forme dont Stefan Goltzberg a rappelé qu'elle est universelle et indépendante de la raison d'être de la loi. Aussi, la mission du juge n'est pas ou pas seulement de faire respecter la valeur que la règle défend, mais plutôt de *concilier* la forme (et la formulation) de la loi et la valeur défendue par la loi. Souvent, si la forme est claire et indépendante de la valeur, la loi est appliquée telle quelle. Le conducteur prudent mais dépassant la limite pourra invoquer le fait qu'il respecte la prudence qui est de mise et que la loi vise à promouvoir ; il lui sera répondu que la loi vaut par sa généralité, est relativement indépendante de son fondement et est valide en vertu de sa forme. Le juge (ou le policier) doit traiter les cas similaires de manière similaire, raison pour laquelle le conducteur à la fois rapide et prudent sera traité comme n'importe quel autre conducteur ayant transgressé l'interdiction de rouler à plus de 60 km/h. Cette cécité à la particularité de *chaque* cas ne conduit pas nécessairement à l'idée d'une cécité à la particularité de *tous* les cas : ainsi, le mari roulant à 80 km/h pour conduire sa femme enceinte à l'hôpital pourrait bien ne pas être condamné à payer d'amende. La différence tient en ce que dans ce dernier cas, nous assistons à un conflit de valeurs : la valeur du respect de la loi et la valeur du cas de force majeure. Il n'y a donc aucune contradiction à fermer les yeux sur la conduite du mari pressé alors que ce même mari recevra une amende si aucune raison juridiquement recevable n'est invoquée pour avoir dépassé la limite de vitesse (*Ibidem* : 5-6).

Au final, il y a lieu de retenir que l'argumentation est au cœur du droit, notamment parce que l'avocat doit justifier sa requête, le juge doit motiver sa décision, le conseiller juridique doit expliquer sa suggestion ou sa position. La question n'est pas tranchée ici de savoir si l'argumentation permet au juriste de trouver la réponse ou bien uniquement de la justifier, de la motiver. Ce qui est certain comme l'indique Stefan Goltzberg, c'est que l'exigence de justification ou de motivation permet de mettre au jour le fonctionnement des arguments. Il n'est pas évident que le droit déploie d'autres types d'arguments que ceux employés dans le monde non juridique. Il est prudent de considérer l'argumentation juridique comme une *exploitation particulière*, et plus ou moins explicite selon les systèmes juridiques, de procédés de l'argumentation qui opèrent ailleurs également (*Ibidem* : 110).

Au-delà de la prudence et surtout de la position timide de Stefan Goltzberg sur l'existence de l'argumentation juridique, nous pensons pour notre part que cette dernière est une réalité vivante. Nous le montrerons dans les lignes qui suivent.

Section 2. **La spécificité de l'argumentation juridique**

Existe-t-il un lien entre l'argumentation générale telle que l'étudie la philosophie et l'argumentation juridique ? D'après Perelman, il n'y a pas de séparation étanche entre les deux et, au contraire, le droit – l'argumentation juridique – peut aider le philosophe à mieux comprendre le fonctionnement de l'argumentation : la connaissance du droit contribue à la compréhension de la philosophie. Dans son analyse, Perelman va jusqu'à parler de la supériorité de la pensée juridique sur la philosophie : « *La supériorité de la pensée juridique sur la pensée philosophique, c'est que, contrairement à celle-ci, qui peut se contenter de formules générales et abstraites, le droit est obligé d'envisager la solution des difficultés qui apparaissent quand il s'agit d'appliquer ces formules générales à la solution de problèmes particuliers* » (*Logique juridique*, p. 120).

Les philosophes restent volontiers dans l'abstraction et le général, alors que les juristes sont voués à éprouver leurs principes, en les appliquant aux faits. Les philosophes peuvent se satisfaire éventuellement d'un impératif catégorique ou d'un principe utilitariste, mais « un juriste ne peut se limiter à l'énoncé de tels principes ». Si le juriste sollicite des principes, il ne peut pas se confiner à la sphère théorique, il doit en sortir et les mettre en œuvre, afin d'affronter les problèmes : « *Il serait fort utile pour tous ceux qui s'intéressent à la philosophie pratique de s'inspirer de la manière dont les juristes envisagent les problèmes* » (*Logique juridique*, p. 121).

Même Stefan Goltzberg a bien compris que les problèmes philosophiques sont parfois approchés comme de beaux cas qu'il suffirait d'admirer et de saisir, là où le juriste souhaite *résoudre* ces problèmes. En effet, le juge ne peut pas peser le pour et le contre sans trancher, cela lui interdit. Il doit, au contraire, trancher les litiges. Pour ce faire, il déterminera le sens des mots de la loi, le cas échéant. Chercher « le vrai sens des mots » n'est dès lors plus un problème théorique, mais pratique : on s'enquerra du « sens le mieux adapté à la solution concrète que l'on préconise » (Goltzberg : 2013 b, 52-53).

De ce qui vient d'être soutenu, il se peut que la supériorité de la pensée juridique sur la pensée philosophique soit donc liée à l'obligation qu'a le juge de trancher le litige et de le motiver, ou le devoir qu'a l'avocat ou le conseiller juridique d'aborder de manière pratique/pragmatique (et non théorique) la question de droit qui se pose à lui. Cependant, il nous semble que la spécificité de l'argumentation juridique (par rapport à la philosophie) ne saurait se résumer à cette « querelle de supériorité », mais plutôt dégagée des particularités propres à la pratique du droit. N'existe-t-il pas de point de vue contraire ? Dans la logique du présent ouvrage, notre démarche est que sur le plan de son articulation épistémologique c'est plus le raisonnement juridique (du juriste) qui s'inspire du schéma philosophique et général (voir *infra*, Approche logique : « La logique juridique est simplement l'application de la logique générale au domaine du droit »). En outre, ce lien de supériorité ne peut simplement s'expliquer à travers le caractère appliqué de l'action juridique alors qu'il nous semble que l'existence de l'argumentation philosophique précède l'essence de l'argumentation juridique.

Quoi qu'il en soit, le juriste a sa façon propre de raisonner, une logique de pensée et d'action qui le distingue des autres acteurs de la société. Pour cela, il est tout à fait normal que l'argumentation sur et par le droit ait ses caractéristiques propres.

Section 3. **Le domaine de l'argumentation juridique**

Il ne serait pas exagéré de dire qu'aucun domaine de droit n'échappe à l'argumentation. Nous ne saurions en faire état de manière exhaustive dans cette étude. Nous nous limiterons à en indiquer trois champs :

1° Le premier est celui de **la production ou l'établissement de normes juridiques**. Ici de nouveau, on pourrait faire la différence entre les argumentations qui ont lieu pendant la *phase pré-législative* et celles qui ont lieu pendant la *phase législative* proprement dite. Les premières sont dues à l'apparition d'un problème social dont la solution (complète ou partielle) serait l'adoption d'une mesure législative. C'est le sens des projets ou propositions de loi. Prenons comme exemples : les discussions au sujet de la non sanction ou pas dans les cas de l'avortement, de l'euthanasie, de la délinquance juvénile, du trafic des stupéfiants ou encore du trafic d'influence. Il y a un autre type d'argumentation qui surgit lorsqu'un problème particulier est considéré par le Parlement ou par quelque autre service de l'Administration, discuté ou non, au préalable par l'opinion publique. Tandis que pendant la phase pré-législative les arguments ont, en général, un caractère plus politique et moral que juridique, dans la phase législative, les rôles se renversent et les problèmes de type technico-juridiques passent au premier plan (Atienza, 2006-2007 : 5).

2° Le deuxième champ des arguments juridiques est celui de **l'application des normes juridiques à la résolution de certains cas**, activités menées soit par les juges au sens strict, soit par les services administratifs, soit par de simples particuliers. De nouveau ici, il faudra distinguer les arguments en rapport aux problèmes concernant les faits, et les arguments concernant le droit (ces derniers au sens large seraient des problèmes d'interprétation). On peut affirmer que la théorie de l'argumentation juridique dominante se base sur des questions – dans les cas difficiles – relatives à l'interprétation du droit. Mais, la plupart des problèmes que les Tribunaux ainsi que les services non juridictionnels de l'Administration doivent connaître et décider, sont plutôt des problèmes qui concernent les faits, donc les arguments qui ont lieu à cette occasion n'entrent pas dans le champ d'étude des théories usuelles de l'argumentation juridique (Atienza, 2006-2007 : 5).

3° Le troisième champ des arguments juridiques est celui de la **dogmatique juridique**. Le concept « dogmatique juridique » est susceptible d'acceptions plus larges. Au sens étroit, la dogmatique juridique consiste dans l'étude systématique d'un ordre juridique particulier. Dans un sens plus large, elle englobe la doctrine en passant alors de la description de la *lege lata* à l'argumentation *de lege ferenda*. De façon plus large encore, la dogmatique juridique s'entend d'une attitude générale à l'égard de l'objet droit. Cette attitude peut être décrite comme une sorte de reflet du point de vue interne au droit lui-même : rationalisation du discours que le droit porte sur lui-même (Ost et de Kerchove, 1987 : 97 et s). Comme on peut s'en apercevoir, la dogmatique est, sans aucun doute, une activité complexe dont on distingue ces trois fonctions principales : 1) fournir des critères pour la production du droit dans ses différentes instances ; 2) fournir des critères pour l'application du droit ; 3) ordonner et systématiser un secteur de l'ordre juridique (Atienza, 2006-2007 : 6).

Les théories usuelles de l'argumentation juridique s'occupent aussi des argumentations que la dogmatique développe comme l'accomplissement de la deuxième fonction. Ces processus d'argumentations ne sont pas très différents de ceux que les services d'application effectuent, puisqu'il s'agit de leur fournir des critères – des arguments – destinés à faciliter (au sens large) la décision juridique qui consiste à appliquer une norme à chaque cas.

Néanmoins une nuance entre ces processus d'argumentation peut être relevée : alors que les services d'application doivent résoudre des cas particuliers (par exemple, si l'on doit ou non alimenter de force les prisonniers en grève de faim dans le but d'obtenir certains changements dans leur situation pénitentiaire), le dogmaticien du droit s'occupe des cas abstraits (par exemple, déterminer les limites entre le droit à la vie et le droit de la liberté personnelle, et quel est de ces deux droits celui qui doit l'emporter en cas de conflit). Mais il est évident que la différence ne peut pas toujours se faire (ou peut-être, presque jamais) de façon tranchante. D'un côté parce que le juriste a besoin de recourir aux critères fournis par la dogmatique, du moins lorsqu'il doit affronter des cas difficiles, la dogmatique s'appuyant aussi sur des cas particuliers. D'autre part, parce que les tribunaux quelquefois (certains types de tribunaux) doivent résoudre des cas abstraits, c'est-à-dire que leurs décisions ne consistent pas seulement à condamner X à payer une certaine somme d'argent ou acquitter Y d'une certaine infraction, mais aussi à décider qu'une loi déterminée n'est pas constitutionnelle, qu'un règlement est illégal ou qu'une certaine norme doit être interprétée d'une certaine façon. En prenant une décision sur un cas particulier, certains tribunaux font jurisprudence dans la mesure où la règle sur laquelle ils basent leur décision – exprimée dans la *ratio decidendi* de l'arrêt ou jugement – est générale et abstraite, par conséquent valable dans de futurs cas (Atienza, 2006-2007 : 6).

Section 4. **Théories de l'argumentation juridique**

Dans le souci d'affirmer les spécificités de l'argumentation juridique et surtout avec l'évolution de la science juridique aussi bien sur le plan quantitatif que qualitatif, diverses théories ont été mises au point par des chercheurs. Nous en aborderons certaines estimées par nous comme les plus marquantes.

1. La théorie herméneutique

A. L'auteur du texte et son interprète : la recherche du sens

Le courant de l'« herméneutique » dans la méthodologie juridique contemporaine a tenté de renouveler les débats sur la compréhension des textes juridiques, en s'inspirant de la philosophie herméneutique. Les origines de celle-ci remontent à Friedrich Schleiermacher, figure fameuse du romantisme allemand. Ce penseur professait que la compréhension adéquate de n'importe quel texte prend forme d'un dialogue hypothétique entre l'auteur du texte et son herméneute ultérieur, jusqu'à la congruence entre le sens du texte et la vérité. Tant l'activité de l'auteur que celle de son interprète se caractérise par une appartenance commune à l'espace intellectuel de leur époque. Cette congénialité ultime fait en sorte que la compréhension adéquate des textes soit rendue possible à condition d'une fusion des horizons de l'auteur et de son lecteur. Ce point de rencontre est nécessaire, parce qu'au long du parcours interprétatif, les convictions et l'horizon culturel de l'herméneute jouent un rôle primordial (Stamatis, 1995 : 56).

L'herméneutique doit être considérée comme un enseignement sur l'art de comprendre plutôt que comme une réflexion sur les méthodes à y appliquer. D'une certaine façon, elle se livre à une recherche philosophique transcendantale, car elle aborde le problème des conditions de possibilité du comprendre en général. Ainsi, entendue, elle répond à la question de savoir dans quelles conditions on peut acquérir la signification des faits, des mots et des choses, que ce soit un dogme religieux, une période historique, une disposition légale ou une œuvre artistique. La problématique de la philosophie herméneutique s'éparpille aujourd'hui dans divers domaines des sciences humaines, en l'occurrence le droit.

La théorie herméneutique du droit s'est efforcée de mettre en lumière toute une série d'aspects du raisonnement juridique jusqu'alors inexplorés. Cette théorie soutient que comprendre un texte juridique revient à en reconstituer le contenu normatif par l'intermédiaire d'un *cercle herméneutique* (Kaufmann, 1984 : 65 et s). Il s'agit d'un cheminement délicat et compliqué, au fil duquel l'interprète fait plus que de se transposer mentalement dans la position du législateur historique, pour entamer un dialogue hypothétique avec le rédacteur du texte à interpréter. Le cercle herméneutique relève d'abord du fait que la qualification juridique des cas d'espèce requiert que le décideur soit en possession d'une règle applicable idoine ; et pourtant, cela ne devient possible pour le décideur qu'après avoir établi la vérité des circonstances de fait. Durant cette démarche intellectuelle, l'interprète, dans une large mesure tout au moins, ne se meut pas du tout comme les chercheurs dans les sciences naturelles. Loin d'une nette ségrégation bipolaire entre le sujet et l'objet de la recherche, le juriste est au contraire lui-même régulé, qu'on le veuille ou non, par les règles qui constituent l'objet de sa propre recherche (Kaufmann, 1982 : 545). L'herméneute comprend alors objet de connaissance à travers son propre horizon compréhensif. En menant l'entreprise interprétative, le juge n'est pas un personnage solitaire, puisqu'il est assisté par l'argumentation mise en avant par les parties du litige. Au même titre que le droit est un phénomène de nature relationnelle, le processus de son interprétation est foncièrement intersubjectif.

En outre, le juriste, avant même de s'occuper d'un cas particulier, possède au préalable une culture juridique et générale, il est porteur d'une vision du monde et de certaines valeurs historiquement situées, partagées ou non par autrui. Or, à l'instant même où l'herméneutique se met à comprendre un cas d'espèce ou un texte juridique, il a déjà une anticipation de sens, un sens de la totalité normative du droit, tout comme une espèce de « précompréhension » (Esser, 1970 : 122, 133) ne serait-ce qu'inconsciemment, car étant immergé dans une certaine tradition. À y regarder de près, l'interprète projette son propre horizon herméneutique sur l'opération même de son raisonnement. Il y a cependant lieu d'observer à ce point qu'aussi longtemps que le sens normatif de la règle applicable est clair, l'interprète peut le comprendre sans même projeter sur le texte de la règle une anticipation de sens particulière ; et il doit appliquer la règle même si sa propre précompréhension ne se trouve pas d'accord avec le contenu normatif applicable. Au surplus, si le texte eu égard au cas d'espèce en question est équivoque, la projection d'une anticipation de sens ne peut pas, bien évidemment, y tenir le rôle de facteur décisif, mais elle doit se soumettre aux critères de méthode d'interprétation juridique (Stamatis, 1995 : 58-59).

Il importe de noter que la précompréhension du juriste préfigure les modes de sélection du matériel à disposition. Pourtant, le juriste, ainsi bien que les organes décisionnels d'État, doivent se distinguer par la présence d'esprit, voire par une attitude autoréflexive, face à certains préjugés qui seraient illégitimes, comme par exemple des préjugés sexistes, ethniques ou racistes. Le juriste est tenu d'opérer une rectification graduelle de ses propres préconceptions, de sorte qu'il parvienne à un réajustement ou un abandon des préalables initiaux de sa délibération[19]. Chaque fois que l'interprète se livre au jugement d'un cas, il se forme vite une perception préliminaire sur le cas considéré et sur la qualification juridique appropriée. Cette perception tend à se stabiliser par étapes, puisque ni la connaissance des circonstances de fait n'est préétablie dès le départ, ni la règle à appliquer n'est

19 Même en vue de pouvoir mesurer la proximité ou l'éloignement du sens de la loi entre le temps du législateur historique et la contemporanéité de l'herméneute, cela requiert également un détachement critique, une suspension de l'appartenance de l'interprète à sa tradition culturelle et juridique, afin de pouvoir la définir mieux. Voir Francesco VIOLA, « Herméneutique et droit », in *APhD*, 1992, p. 346.

donnée par elle-même. Le juriste effectue par conséquent un aller-retour durable à partir de l'état de choses particulier jusqu'aux normes qui seraient à même d'y être appliquées (Stamatis, 1995 : 60).

L'on se rend bien compte que l'œuvre du juriste ne consiste pas seulement à « constater » le contenu de la règle applicable, voire de façon imperméable à toute ingérence de nature évaluative. Quant à la signification normative de la norme finalement choisie, celle-ci n'est donnée toute faite au préalable, ni une fois pour toutes non plus. L'ordre juridique est regardé par la théorie herméneutique – et c'est l'une des caractéristiques d'une loi – comme un complexe de règles généralement et abstraitement formulées, dont la signification normative ne peut jamais être totalement préconstituée. Il faut alors que le contenu normatif des règles soit concrétisé et actualisé par l'interprète, à partir d'interrogations spécifiques et concrètes que celui-ci adresse successivement au texte de la loi, jusqu'à ce qu'il soit convaincu de la justesse de la solution défendue. La compréhension adéquate de la norme se parachève corollairement à un niveau « pragmatique », compte tenu de la particularité normative du cas en question (Stamatis, 1995 : 60). Pour exemple, il y a lieu de se demander si la mutilation du petit doigt d'un pianiste de l'orchestre Quartier Latin International de Koffi Olomide peut être qualifiée de « grave dommage corporel » ou non, par comparaison à un autre cas où la victime serait un simple manutentionnaire de la Bralima ou d'une entreprise chinoise commise dans les travaux de construction des routes de la RDC. Que la réponse soit négative ou non, ce qui importe en la matière, c'est que l'interprète du droit pénal est invité à concrétiser le sens abstrait et général du terme interprétable à un cas d'espèce plus concret et particulier.

B. De l'interprétation à l'argumentation

Le débat entre Georges Hans Gadamer et Jürgen Habermas (1976 et 1997), et le rapprochement auquel il aboutit, apporte une pierre d'angle à la construction de la théorie de l'interprétation. D'abord l'issue du débat autorise une *combinaison* des paradigmes de la nouvelle herméneutique de Gadamer et de la nouvelle rhétorique de Chaïm Perelman. La raison pratique contemporaine sera à la fois herméneutique, dans la mesure où elle prend nécessairement appui sur un certain état de la tradition qu'elle interprète, et dialectique, dès lors que le choix de la meilleure interprétation sera confié aux soins d'une discussion argumentée. En termes plus concrets, le raisonnement prendra sa substance dans *l'interprétation d'un texte* mais se prolongera par une *discussion contradictoire* qui en déterminera le sens (Frydman, 2011 : 656).

Dworkin propose une conception du droit et de l'activité judiciaire que l'interprétation traverse de part à part et à tous les niveaux. Pour lui, *le droit consiste es-*

sentiellement en interprétation (Dworkin (a), 1994 : 4 ; (b), 1996 : 4). Le droit est un objet à construire par le moyen d'interprétations successives (Dworkin (a), 1994 : 18) : « *Les juges sont censés décider de la nature du droit en interprétant la pratique d'autres juges qui ont décidé de la nature du droit* », *et ainsi de suite* (Dworkin (a), 1994 : 446). C'est dans ce sens qu'il présente l'ordre juridique comme un grand texte en cours d'écriture dont la cohérence est là encore confiée à l'interprétation (Dworkin (a), 1994 : 446).

L'interprétation en droit est une opération centrale de l'argumentation juridique. En effet, nombreux sont les arguments qui en appellent au *sens* qu'il convient de donner à telle disposition constitutionnelle ou légale. Les arguments en sens contraire tantôt donneront une autre interprétation, tantôt invoqueront le fait que la présente situation n'autorise pas l'opérateur juridique à procéder à une interprétation – par exemple parce que la formulation de la règle est claire (doctrine du sens clair). Bref, l'on peut se permettre, toute proportion gardée, d'affirmer qu'il n'y a pas d'argumentation juridique sans interprétation juridique. Pour autant, l'argumentation juridique traite également de l'organisation et de l'articulation des arguments. Si l'interprétation s'occupe de la *sémantique*, du « sens des lois » (Frydman : 2011), l'argumentation juridique porte sur la *syntaxe* du droit, c'est-à-dire l'articulation des arguments (Goltzberg, 2013 a : 4).

L'argumentation juridique exploite l'interprétation juridique comme un de ses éléments pour construire un propos visant à emporter l'adhésion d'un auditoire. Si l'interprétation juridique est verticale et confronte chaque opérateur juridique au sens de la norme, l'argumentation juridique est horizontale : elle met en présence des interlocuteurs et donne lieu à un type de négociation dont l'interprétation est une des pièces centrales. L'interprétation est une partie nécessaire de l'argumentation juridique mais qui ne l'épuise pas (*Ibidem*).

Rappelons que l'interprétation est une opération très délicate et exigeante. Que de mal ne fait-on pas à ces humbles serviteurs qui passent beaucoup de temps de leur vie à se consacrer à l'étude de l'interprétation des textes juridiques ou théologiques, lorsqu'on voit des pseudos interprètes s'improviser pour donner le sens de tel verset biblique, de telle sourate du Coran ou de tel article de la Constitution. Même les Professeurs, évêques, prêtres, Imams, juges ou avocats ne font pas toujours et nécessairement la meilleure interprétation des textes de loi, bibliques ou coraniques. À plus forte raison ces pseudos donneurs de sens (politiciens, pasteurs, prêcheurs, etc.) qui n'ont jamais été à l'école de l'interprétation. Comme l'indique bien le Professeur Otto Pfersmann, « *en dépit d'un grand nombre de publications, de séminaires et de colloques, l'interprétation des textes juridiques se porte mal et celle de la Constitution encore plus. Le terme "interprétation"*, dit-il, *est utilisé avec la plus grande confusion pour des opérations tout à fait différentes.*

Parmi celles-ci, la plus élémentaire est non seulement négligée, mais encore présentée comme impossible ou dépourvue d'intérêt : l'identification de la signification de l'ensemble d'énoncés formulant la constitution formelle d'un quelconque système juridique. Au lieu de se concentrer sur cette tâche suffisamment difficile, on demande à l'"interprétation" de livrer la réponse à la solution de cas concrets ou l'on affirme que décider des cas concrets constituerait une "interprétation" des textes constitutionnels. En même temps, la confusion entre mots et concepts sert de base à un sophisme selon lequel il ne pourrait pas y avoir d'étude de la signification parce que l'interprétation serait autre chose (que l'étude de la signification) et elle serait autre chose parce qu'il est possible d'entendre ce mot autrement » (Pfersmann, 2006-2007 : 33).

Il va de soi qu'avec cette mise en garde du Professeur Otto Pfersmann, l'argumentation devra également se priver de tomber dans ce travers décrié.

C. Interprétation statique et dynamique

Devant l'impossibilité de considérer un système de droit comme une structure rigide, statique dont les thèses se déduisent les unes des autres, comme dans le système formel, d'une façon démonstrative et impersonnelle, Hans Kelsen (1962) a élaboré sa théorie pure du droit qui conçoit chaque système comme un système dynamique.

Traditionnellement deux interprétations s'opposent l'une à l'autre : l'interprétation statique (quasi littérale) et l'interprétation dynamique (quasi logique). L'interprétation statique est celle qui s'efforce de retrouver la volonté du législateur qui a voté le texte de la loi ; tandis que l'interprétation dynamique est celle qui cherche le sens du texte en fonction du bien commun ou de l'équité, tels que le juge les conçoit dans l'espèce qui lui est soumise.

Les deux interprétations semblent peu satisfaisantes : la statique n'exprime pas, à proprement parler, l'avis du juge mais plutôt celle du meilleur historien du droit qui prévaut, alors que c'est au juge que les textes accordent le droit et la compétence de décider et qu'il ne s'agit pas en cette matière, d'histoire, de vérité, de science, mais de décision que l'on voudrait aussi juste que possible. Par contre, la dynamique risque de substituer à la volonté du législateur celle du juge et de supprimer la différence entre la règle qui a été promulguée et celle que l'on voudrait voir instaurer. À l'interprétation de *lege lata* se substituerait celle de *lege ferenda* qui ne tiendrait pas compte de la volonté manifeste du législateur.

Pour Hans Kelsen, le caractère dynamique du système se manifeste par le pouvoir plus ou moins étendu, accordé aux organes habilités à prendre des décisions juridiques. Ce pouvoir est le plus étendu dans le chef d'un Parlement souverain qui n'est contrôlé par aucune instance supérieure. Mais il reste aussi important dans le chef d'instances judiciaires qui ne se limitent pas à n'être que « la bouche qui prononce les paroles de la loi » (Kelsen, 1962 : 329-331). C'est ce qui fait que, pour parvenir à une solution qui lui semble plus équitable, le juge ou le jury, va recourir à une fiction, grâce à laquelle, sans modifier la règle, et sans la remplacer par une autre, il arrivera au résultat souhaité dans le cas particulier soumis à son appréciation.

D. L'interprétation de la volonté du législateur en question

Nous venons de parler de l'interprétation statique qui émane de l'École de l'exégèse pour qui l'interprétation, qu'elle soit littérale ou déductive, devait viser à mettre en lumière le sens du texte en fonction de la volonté du législateur. Si la loi semble obscure, la volonté du législateur pouvait être découverte à la lecture des travaux parlementaires.

Cette conception fut vigoureusement critiquée par François Geny dans son ouvrage intitulé « *Méthode d'interprétation et source en droit privé positif. Essai critique* ». Il note que : « À s'en tenir aux conclusions de la méthode traditionnelle, toute question juridique doit être décidée par le moyen de solution consacré positivement par le législateur : desquelles, si besoin est, l'on déduit, à l'aide des constructions juridiques, les principes, qui, une fois découverts et fixés, ne doivent pas rester moins immuables que les textes eux-mêmes. Ainsi, on reste forcément et pour le tout, rivé au moment de la naissance de la loi. Et, quelle que soit l'évolution postérieure des situations ou des idées, on n'est pas autorisé à dépasser l'horizon entrevu par le législateur, à l'époque où il a porté sa règle » (Geny, 1919 : 65).

Sous l'impulsion de François Geny, une nouvelle méthode fut proposée, qui consistait non plus à rechercher la volonté du législateur-auteur de la loi interprétée mais du législateur actuel. Cette nouvelle approche fut vite acceptée et le Premier Président de la Cour de cassation, Ballot-Beaupre, à l'occasion de la célébration du centenaire du Code civil en a fait écho remarquable : « *Le juge ne doit pas s'attacher à rechercher obstinément quelle a été, il y a cent ans, la pensée des auteurs du code en rédigeant tel ou tel article, il doit se demander ce qu'elle serait si le même article était aujourd'hui rédigé par eux* » (Ballot-Beaupre, 1904 : 27).

Dans cette lancée qui prend parti pour l'interprétation dynamique, certains auteurs comme Chaïm Perelman ont mis en évidence l'avantage du recours à la volonté du législateur actuel : « En effet, le législateur ancien, quelle qu'ait été sa volonté réelle, que le juge peut, tout au plus, présumer, n'est pas en mesure de marquer son désaccord avec l'interprétation qu'on lui attribue. Il se peut que cette attribution ne soit qu'une fiction grâce à laquelle le juge fait passer pour conforme à la volonté du législateur, une interprétation de la loi qui lui est personnelle. Par législateur actuel, il affirme une hypothèse, dont la vérité peut être contrôlée car, en cas de désaccord avec le juge, le législateur actuel est en état de se manifester et de voter une loi impérative. C'est la possibilité d'un dialogue, entre parties capables de faire connaître leur opinion, à savoir la Cour Suprême et le législateur actuel, qui rend attrayante la technique d'interprétation suggérée, car elle transforme la recherche de la volonté du législateur en une présomption susceptible d'être renversée, plutôt que d'en faire une présomption irréversible, et parfois nettement fictive, car échappant à tout contrôle effectif » (Perelman, 1978 : 151-152).

En somme, le travail d'interprétation ne devant pas ignorer le contexte d'émergence d'une loi, à travers la volonté du législateur, il est appelé à pouvoir s'intégrer dans le temps présent en privilégiant le contexte d'application de la norme au cas d'espèce. Le recours aveugle et irréversible à la seule volonté du législateur n'a pas sa place.

E. Interprétations référentielles et attributives

Stefan Goltzberg, à travers les exemples qu'il donne, indique que par moment le travail d'interprétation peut laisser perplexe, mettant en présence deux ou plusieurs interprétations apparemment valables. Une fois de plus, l'argumentation jouera un rôle important dans le choix de l'une au détriment des autres significations avancées.

Pour illustrer et distinguer l'interprétation référentielle et de l'attributive, il procède par des cas. En voici quelques-uns : si le témoin d'un meurtre fournit un témoignage très précis mais qu'il se trompe sur un point relativement excentrique (il dit que le meurtrier a les yeux bleus alors qu'il a les yeux verts, il décrit sa veste comme étant orange alors qu'elle est jaune ou il le décrit comme moustachu alors qu'il est moustachu et barbu), la question se pose de savoir si sa description atteint son objectif et permet l'identification de la personne. Imaginons que le témoin, au tribunal, continue de soutenir qu'il s'agit de cette personne qui est aujourd'hui vêtue du même manteau jaune et qu'il maintient : « Vous portiez ce même manteau orange ! ». A-t-il réussi à faire référence à l'accusé ou bien sa description est-elle vide ? Les deux opinions sont théoriquement recevables. Elles témoignent d'interprétations différentes des descriptions du témoin. Selon une interprétation, ce qui compte, ce sont les mots utilisés (« orange »), selon l'autre interprétation, ce qui importe est la référence elle-même, la désignation d'un individu particulier, nonobstant l'imprécision des termes de la description. Dans le premier cas, la référence est vide, dans le second cas, la référence parvient à désigner l'individu en question (Goltzberg : 2013 a, 80-81).

Les exemples suivants présentent une certaine ambiguïté qui peut nous faire réfléchir :

1. Trois amis (A, B, C) discutent et la discussion s'envenime. A tire sur B, laissé pour mort. C vide à son tour son chargeur sur le corps de B (*People v. Dlugash*, 41 NY2d 725, 1977). La question est alors de savoir si C peut être accusé de meurtre – ou même de tentative de meurtre – dans l'hypothèse où B était déjà mort lorsque C lui a tiré dessus.

2. Un internaute discute sur un site internet avec un autre internaute qui déclare être une jeune fille de 13 ans. Le premier lui fait des avances de nature sexuelle. En réalité, la soi-disant fille de 13 ans n'est autre qu'un agent de police qui poursuit les pédophiles sur les réseaux sociaux. Est-ce que l'internaute peut être poursuivi pour tentative de harcèlement sexuel sur une mineure, sachant que cette fille particulière n'existe pas ?

3. Un client est averti qu'un bien qu'il veut acquérir est le fruit d'un vol. Il décide pourtant d'acquérir ce bien. Or, il avait faussement été informé et l'objet n'est en fait pas issu d'un vol (*People v. Jaffe*, 185 NY497, 1906). Le client peut-il être poursuivi ?

4. Un homme écrit dans son testament qu'il lègue sa maison à son « neveu le plus âgé », mais ce neveu en question meurt juste avant son oncle (*Re Amyot*, 1904). Son immeuble revient-il alors au neveu le plus âgé à présent (et donc à une autre personne) ?

5. Un mari rédige un testament où il lègue un bien à son épouse lorsqu'elle sera veuve. Il se fait que la femme était en réalité déjà mariée à un autre homme. Après le décès du « mari », le mariage est annulé (*Re Boddington*, 1882). A-t-elle le droit d'hériter, sachant qu'elle ne fut en fait jamais son épouse, et encore moins sa veuve ? (*Ibidem* : 81-82).

Dans tous ces cas, une ambiguïté est présente. Une des manières de la lever consiste à distinguer dans chacune de ces descriptions deux interprétations possibles. Selon l'interprétation référentielle (*de re*), on parvient à désigner l'objet même si la formulation n'est pas précise ou encore correcte :

1. C a fait une tentative d'assassinat sur B

2. L'internaute a bel et bien fait une tentative de harcèlement sexuel sur une mineure.

3. Le client a bel et bien tenté d'acheter un bien volé.

4. Le testament visait le neveu qui était le plus âgé au moment de la rédaction de l'acte, et non son petit frère.

5. Le testateur visait bien celle qu'il pensait à tort être son épouse.

Dans ces cinq cas, la référence n'est pas atteinte de manière transparente mais à la faveur de ce que le locuteur « voulait dire » ou de ce qu'il « entendait faire ». En revanche, s'en tenir à la lettre de la description constituerait une interprétation non pas référentielle mais attributive (*de dicto*). Dans de nombreux cas, l'interprétation attributive est mue par une attitude stratégique et non coopérative (Goltzberg : 2013 a, 82).

1. C n'a pas fait de tentative d'assassinat sur B, puisque B était déjà mort.

2. L'internaute n'a pas fait de tentative de harcèlement sexuel sur une mineure, puisqu'il a parlé à un agent de police et non à une fille de 13 ans.

3. Le client n'a pas tenté d'acheter un bien volé, puisque le bien en question n'était, en réalité, pas volé.

4. Le testament ne visait pas le neveu qui était le plus âgé au moment de la rédaction de l'acte, mais son petit frère, qui au moment du décès, répondait à la description : « mon neveu le plus âgé ».

5. Le testateur ne visait pas celle qu'il pensait être à tort être son épouse, puisqu'il n'était en fait pas marié.

Dans ces cinq cas, le locuteur ne parvient pas à transmettre l'information ou l'instruction qu'il souhaitait et l'inculpé ne parvient pas à réaliser son méfait. La distinction entre interprétation référentielle (*de re*) et interprétation attributive (*de dicto*) ne permet pas de résoudre automatiquement ces problèmes délicats mais complète les outils dont le juriste dispose pour formuler sa position et soutenir son argumentation (*Ibidem* : 82-83).

2. *L'approche logique*

Pour rappel, l'argumentation intervient dans tous les domaines où les hommes doivent prendre des décisions, en particulier pour faire des choix réfléchis, et surtout, persuader ou convaincre, délibérer ou discuter, critiquer ou justifier (Perlerman, 1968 : 84). Comme nous l'avons vu, en droit, il existe des techniques d'argumentation spécifiques, qui se déploient dans une logique juridique dont le but est de contribuer à fonder valablement les décisions prises (*Ibidem*). Et à la différence de la logique formelle, celle-ci se caractérise spécialement par l'usage de la rhétorique. Il convient de précise qu'il ne s'agit guère « de l'art de former de belles phrases dans un style fleuri et ampoulé : c'est l'art de persuader et de convaincre, qui peut se manifester par un discours ou par un écrit » (Perelman, 1968 : 75).

D'après la théorie logique, il n'y a, en droit, que des arguments logiques. La logique juridique est simplement l'application de la logique générale au domaine du droit. Les formes par excellence de la logique juridique sont la définition – universelle – et le syllogisme. Le juge applique la catégorie juridique au cas d'espèce. Tous les juges sont censés aboutir à une même conclusion, puisque leur rôle est mécanique. Ils ne sont pas censés interpréter, du moins si le texte est clair (théorie du sens clair) (Goltzberg, 2013a : 5). Évidemment, l'on ne saurait être totalement d'accord avec cette façon de voir les choses. L'acception selon laquelle *in claro non interpretatio* n'est pas partagée par tout le monde. Il n'existe pas de texte qui ne saurait être interprété, car l'idée même de sens clair reste discutable.

L'approche logique est un *réductionnisme* logique, courant selon lequel les seuls raisonnements réellement convaincants sont ceux qui ont pu faire l'objet d'une définition parfaitement claire et univoque (Frydman, 2012 : VIII). Pour cette théorie, tous les arguments doivent être logiquement valides et donc indéfaisables, c'est-à-dire des arguments irréfutables, qu'on ne peut renverser. Le réductionnisme logique considère les arguments valides tellement puissants que les objections sont nécessairement faibles et n'atteindront jamais l'argument typiquement logique (Goltzberg, 2011 : 23 et 23).

S'agissant précisément de la logique juridique, il y a lieu de noter que l'élaboration, l'interprétation et l'application du droit, actes essentiels de la vie juridique, nécessitent du fait de ceux qui y participent de nombreuses opérations de caractère très varié. Leur accomplissement comporte entre autres d'un côté l'énonciation du droit laquelle se fait dans le *langage du droit* et de l'autre un *discours sur le droit* qui emprunte à son tour le *langage des juristes* (Kalinowski, 1965 : 139). La logique reste de mise et est à l'œuvre de bout en bout du discours juridique.

3. L'approche topique

La *Topique*, dont le porte-étendard est Theodor Viehweg, s'inspire de l'œuvre d'Aristote. Elle soutient que la signification d'un litige, aussi bien que la teneur normative d'une règle, sont constituées à partir des aspects particuliers du problème examiné chaque fois, sous peine de conférer aux termes juridiques un contenu sémantique alourdi de connotations ontologiques (Stamatis, 1995 : 62). Cependant, l'usage du langage juridique est en règle générale prescriptif et de façon secondaire ou subordonnée seulement descriptif. Mais comment sélectionner la règle propre pour construire la prémisse majeure du raisonnement juridique ? Force est de constater qu'il n'existe là aucune technique disponible, prompte à être appliquée. Faute de mieux, affirme la *Topique*, il est possible qu'on soit en mesure de justifier les solutions juridiques de façon raisonnable à l'aide d'une série de lieux communs, de maximes très largement acceptées et pratiquées parmi les juristes de commune appartenance dans une large tradition juridique. Ces lieux communs sont habituellement non écrits dans les dispositions légales d'une législation ; ils se sont formés au travers des siècles, depuis la jurisprudence romaine classique, pour être adoptés ensuite par la culture juridique moderne (Stamatis, 1995 : 63).

La *Topique* n'aspire pas à corroyer un outillage séparé de technique interprétative, mais seulement à enrichir les moyens d'une justification raisonnable dans l'argumentation du droit. Les adeptes de la *Topique* reconnaissent volontiers le côté fluide dans l'usage des lieux communs durant les litiges, de sorte qu'il se puisse lors d'un différend que chacune des parties adverses évoque quelques lieux communs dans le sens de sa propre position. Quant à l'éventualité d'une utilisation antinomique de lieux communs juridiques par les parties rivales, ce phénomène n'est pas plus agaçant que celui des antinomies dans l'interprétation du droit. Ce n'est par ailleurs pas l'unité systématique du droit que la *Topique* met en doute, mais seulement le dogme du modèle légaliste qui se vante de pouvoir atteindre une application stricte et inflexible des règles du droit positif. Pour elle, en revanche, le syllogisme judiciaire n'est qu'une étape finale dans la recherche d'une solution raisonnable, au terme d'un échange dialogique d'arguments (Stamatis, 1995 : 63).

L'approche topique enseigne l'opposé du réductionnisme logique que nous venons d'invoquer. Pour le réductionnisme topique, tous les arguments sont défaisables, réversibles, réfutables. À tout argument, quelle qu'en soit la forme ou la clarté, correspond toujours nécessairement un argument contraire dont la valeur formelle est équivalente (Frydman, 2012 : IX), c'est-à-dire que tout argument est susceptible d'être réfuté par un argument opposé ; il n'existe pas de définition objective (Goltzberg, 2011 : 25).

Ce n'est pas tant la logique qui régit l'argumentation juridique que les *lieux (topoï, loci)* de l'argumentation. Ceux-ci se présentent très souvent deux par deux, à la manière des proverbes. Les principes généraux[20] du droit sont typiquement des arguments topiques. Les inférences sont générales plutôt qu'universelles : tout argument est susceptible d'être renversé. On peut concevoir l'approche topique

20 - *In dubio pro reo* : dans le doute, on doit favoriser la situation de l'accusé. Ainsi, si dans l'esprit du juge subsiste un doute sur la perpétration de l'infraction, la participation du prévenu à celle-ci ou sur la satisfaction des autres conditions de la responsabilité pénale, le juge doit alors prononcer la décision d'acquittement ou de relaxe.

- *On doit interpréter les dispositions exceptionnelles de manière restrictive*, de sorte que l'écart affecté au principe de l'égalité soit aussi maigre que possible.
- *Une norme spéciale supplante une norme* générale (SPECIALIA GENERALIBUS DEROGANT)
- *Un droit subjectif ne saurait découler d'une situation ou d'un comportement illicite*
- *La même personne ne doit pas être à la fois juge et partie*
- *Une disposition ultérieure prédomine une disposition antérieure, à moins qu'elle ne statue autrement, etc.*

comme ajoutant virtuellement une clause « à moins que » après toute affirmation. L'approche topique est un *réductionnisme* topique dès lors que tout argument est réputé de même poids. Il n'est alors plus possible de percevoir la force particulière d'arguments comme la définition, l'argument *a fortiori* ou la présomption irréfragable (qui n'est pas suivie de « à moins que », mais de « même si »). La période contemporaine est dans une large mesure portée à considérer l'argumentation juridique comme topique, tendance qui traduit la réaction de plusieurs auteurs (Perelman, Viehweg, Dworkin) à ce qui passe pour un positivisme intransigeant. Il est pourtant souhaitable de ne pas perdre de vue la différence de poids de certaines formes d'argumentation juridique (Goltzberg, 2013a : 5).

Aristote considéré comme le père des théories de l'argumentation tant topiques que logiques est appelé à la rescousse dans ce débat. Sur le plan logique, il met au point la science des syllogismes, la théorie des définitions ainsi que les principes logiques (dont le principe de non-contradiction). Sur le plan topique, il théorise les arguments dialectiques et rhétoriques, qui mettent en jeu des prémisses probables et non nécessaires (Goltzberg, 2013 a : 6).

4. L'éclectisme des approches logique et topique

Face à ces deux positions (logique et topique), un autre courant qui se soustrait de ces extrêmes s'est construit. Le Professeur Benoît Frydman dans la préface qu'il fait de l'ouvrage de Stefan Goltzberg ne manque pas d'en souligner les mérites. En effet, plutôt que de rester dans les extrêmes des tous ces réductionnismes, au lieu de les renvoyer dos à dos, l'effort intellectuel est de les réconcilier en montrant que, si la plupart des arguments sont effectivement topiques, c'est-à dire réversibles, certains arguments spécifiques sont néanmoins logiques, c'est-à-dire qu'ils ne peuvent être renversés ou défaits par un argument formellement symétrique ou opposé (Frydman, 2012 : IX). C'est ce qui justifie la perspective bidimensionnelle de Stefan Goltzberg qui permet non plus de séparer, mais de conjuguer, d'une part, l'art du débat contradictoire, qui donne sa vie et son âme non seulement au procès, mais aussi à la raison juridique et judiciaire, et, d'autre part, le souci inlassable et légendaire de clarté et de rigueur, qui caractérise également la technique juridique, telle qu'elle s'incarne en particulier dans l'art des définitions et des catégories.

Ainsi, bien que reconnaissant qu'aujourd'hui, en argumentation, le réductionnisme topique est plus influent que le réductionnisme logique, l'auteur de la théorie bidimensionnelle soutient, contre le réductionnisme topique, qu'il existe deux types de définitions : défaisables et indéfaisables, mieux, il y a des parties défaisables et d'autres indéfaisables dans une même définition ; il existe deux types d'arguments, certains dont la structure admet la réfutation et d'autres dont la structure ne l'admet pas (Goltzberg, 2011 : 25).

5. Entre la topique juridique et la logique juridique, le désaccord a sa place

Nous l'avons dit et redit, l'argumentation suppose la possibilité d'un désaccord, en l'absence duquel toute tentative d'argumenter perdrait son utilité. Or, le désaccord a longtemps été vu comme l'indice d'une erreur, celle des deux parties opposées. En effet, il était courant de penser qu'une argumentation claire et distincte emporterait (automatiquement) l'adhésion de l'interlocuteur. Si tel n'était pas le cas, si donc aucune des deux parties ne se ralliait à la partie adverse, c'est que toutes les deux erraient dans les ténèbres (Goltzberg, 2013 a : 6).

Perelman est de ceux qui ont plaidé pour une vision différente du désaccord. Selon lui, le désaccord n'est pas le signe d'une *erreur*, mais un phénomène dont il faut admettre le caractère courant, voir normal, à savoir que les humains ne pensent pas de la même manière et surtout que leurs intérêts ne coïncident souvent pas (cité par *Ibidem*).

Que le désaccord soit possible, voire légitime, n'implique pas que tout désaccord soit raisonnable en matière judiciaire par exemple. Au contraire, les prétentions des diverses parties passent par une série d'étapes : elles sont d'abord jugées irrecevables ou recevables, sous réserve des exceptions qui peuvent paralyser temporairement le cours de la procédure, tenant en échec l'action en justice jusqu'à ce qu'un délai soit expiré ou qu'une formalité déterminée soit accomplie. L'examen des exceptions, si elles sont soulevées, est préalable à l'analyse de la recevabilité de l'action. Il s'agit par exemple des exceptions déclinatoires de compétence, exception de litispendance et de connexité ou des exceptions de nullité de procédure (Mukadi Bonyi et Katuala Kaba Kashala, 1999 : 69-75).

Si une demande est jugée irrecevable, l'affaire est close. Comme l'écrivent bien les spécialistes du droit judiciaire congolais précités, cette situation est consécutive aux fins de non-recevoir, qui sont des moyens de défense par lesquels un plaideur, sans contester directement le droit allégué par son adversaire, s'oppose à la demande de ce dernier en la faisant déclarer irrecevable. C'est le cas des moyens liés à la prescription de l'action, au défaut de qualité, au défaut d'intérêt, à la novelleté de la demande, au défaut de capacité, à la réconciliation des époux, à l'autorité de la chose jugée, etc. (Mukadi Bonyi et Katuala Kaba Kashala, 1999 : 76). Si elle est jugée recevable, encore faut-il voir si le juge la jugera fondée ou non. Le désaccord n'est donc pas nécessairement symétrique et la situation idéale de parole, telle qu'en parlent parfois les philosophes (Habermas....), est un idéal qui n'est pas facilement réalisable dans la réalité du désaccord juridique (Goltzberg, 2013a : 6).

Comme on vient de le voir, le désaccord est donc au cœur de l'argumentation juridique. Ceci nous rappelle l'une des caractéristiques évoquées précédemment, lorsque nous disions parlions des conclusions controversables que postule toute argumentation. Cependant, ce désaccord n'est qu'un moment, en particulier en droit judiciaire. En effet, le juge est tenu de trancher le litige, qu'il ne peut pas maintenir ouvert. Non seulement le juge est tenu de trancher le litige, mais il doit également justifier (motiver) sa décision. Le désaccord est clos, du moins sur le plan judiciaire, même s'il peut perdurer sur le plan éthique, psychologique ou doctrinal. Le désaccord porte parfois sur le point de départ du raisonnement. Les points de départs sont le plus souvent des sources du droit, dont la nature et la fonction dépendent de chaque système juridique (Goltzberg, 2013 a : 7).

DEUXIÈME PARTIE

LES OUTILS DE L'ARGUMENTATION JURIDIQUE

Trois chapitres sont consacrés à cette partie, à savoir : 1° les connecteurs de l'argumentation ; 2° les arguments utilisés dans l'interprétation de la règle juridique, et ; 3° le raisonnement juridique.

CHAPITRE IV

LES CONNECTEURS DE L'ARGUMENTATION

Les connecteurs appelés aussi « marqueurs » de l'argumentation sont des termes qui permettent d'articuler des éléments, des arguments, des énoncés. Ils sont de divers types et, d'une manière générale, tout le monde les utilise couramment et souvent sans en être conscient. Ainsi, dans l'énoncé *Il est présumé innocent jusqu'*à preuve *du contraire*, tout le monde comprend que *jusqu'*à introduit une hypothèse susceptible de renverser la présomption (Goltzberg, 2013 a : 15).

Nous nous inspirons largement des travaux de Stefan Goltzberg pour le contenu de ce chapitre.

Bien que la connaissance des marqueurs de l'argumentation soit l'une des choses les mieux partagées, il est utile pour le juriste de se représenter le fonctionnement de ces marqueurs de la manière la plus claire possible. Très souvent ces connecteurs renferment des pièges, des non-dits, des nuances et détails qui, si on n'y prend garde, peuvent dérouter ou faire basculer une décision dans un autre sens. Ne dit-on pas que le droit loge dans les petits détails, dans les nuances lilliputiennes ?

Prenons le cas des billets d'avion ou de train qui portent la clause suivante : *Le client ne sera pas remboursé s'il annule son voyage moins de trois jours avant le départ, nonobstant cas de force majeure.* Lorsqu'il s'agit de déterminer la signification d'une telle clause, les étudiants comme les juristes expérimentés peuvent douter. Il est vrai que cette clause est particulièrement mal rédigée, mais le juriste est là aussi, voire surtout, pour résoudre le problème que le non-juriste ne parvient pas à résoudre. Or, le mot *nonobstant* est d'un usage fréquent chez les juristes, il est donc normal que le juriste soit en mesure d'en identifier la signification rapidement et avec précision.

Une bonne compréhension des marqueurs permet au juriste de gagner du temps, car il n'est plus obligé de prendre connaissance du contexte pour saisir le sens d'un énoncé individuel. Tout ce qui suit « même si » est compris comme une objection qui n'annule pas (qui n'est pas rédhibitoire) ; tout ce qui suit « à moins que » constitue une objection rédhibitoire (Goltzberg, 2013 a : 16).

Comme il sera question dans ce chapitre, les connecteurs articulent des segments qui vont dans le même sens (co-orientés) et des segments qui sont opposés (anti-orientés). L'argumentation les utilise tous avec une régulière fréquence pour les segments anti-orientés.

Section 1. **Sortes de connecteurs**

Les connecteurs anti-orientés peuvent introduire des segments plus forts, de force indéterminée ou moins forts.

Connecteurs introduisant un segment anti-orienté moins fort	**Connecteurs introduisant un segment anti-orienté plus fort**	**Connecteurs introduisant un segment anti-orienté de force indéterminée**
Malgré	Mais	
Nonobstant	Pourtant	
Bien que	À moins que	D'autre part
Même si	Sauf si	D'un autre côté
Quoique	Sauf	Par ailleurs
Quoi que	Excepté	
Quelque	Hormis	
Quand (bien) même	À part	

Certains de ces connecteurs introduisent des noms communs ou en tout cas des groupes nominaux (à part, sauf, malgré, nonobstant) tandis que d'autres introduisent des propositions (*sauf si, même si, à moins que, quoi que, bien que*) ; d'autres encore peuvent apparaître dans plusieurs contextes syntaxiques *(quoique)*. Ce qui importe davantage ici c'est la fonction argumentative de ces connecteurs (Goltzberg, 2013a : 16-17).

Section 2. **Les nuances entre *sauf si* et *même si***

Stefan Goltzberg donne des exemples législatifs dont un marqueur (*sauf si* par exemple) est souligné et remplacé dans le paragraphe suivant par un autre marqueur (*même si*), afin de montrer au lecteur leur fonctionnement (*Ibidem* : 17).

Soit l'exemple suivant :

– *N'est pas pénalement responsable la personne qui, devant une atteinte injustifiée envers elle-même ou autrui, accomplit, dans le même temps, un acte commandé par la nécessité de la légitime défense d'elle-même ou d'autrui,* ***sauf s'****il y a disproportion entre les moyens de défense employés et la gravité de l'atteinte.*

– *N'est pas pénalement responsable la personne qui, devant une atteinte injustifiée envers elle-même ou autrui, accomplit, dans le même temps, un acte commandé par la nécessité de la légitime défense d'elle-même ou d'autrui,* **même s'***il y a disproportion entre les moyens de défense employés et la gravité de l'atteinte.*

Dans le second cas, la légitime défense est autorisée *même si* les moyens de défense sont disproportionnés. Cet exemple est fictif et improbable puisque le terme de *disproportion* est péjoratif (Goltzberg, 2013 a : 17).

Dans un autre exemple, on verra que *sauf si* peut signifier excepté, hormis, etc. Ainsi, Maître Michel Shebele, dans l'analyse qu'il fait du régime disciplinaire et la pratique de l'honoraire de l'avocat congolais, revient sur l'article 97 de l'ordonnance-loi n° 79/028 du 28 septembre 1979 portant organisation du barreau, du corps des défenseurs judiciaires et du corps des mandataires de l'État (*Journal officiel* n° 19 du 1er octobre 1979) qui pose le principe de non-recours à l'égard des décisions du Conseil National de l'Ordre devant la Cour suprême de justice. En parallèle, son analyse se complète en se référant à l'article 124 de la même loi organique qui dispose : « ***sauf s'il*** *s'agit de sanction disciplinaire, lorsqu'une décision ou règlement du Conseil National de l'Ordre ou de l'assemblée générale de l'Ordre national est entaché d'excès de pouvoir, est contraire aux lois ou a été irrégulièrement adopté, il peut faire l'objet d'un recours en annulation devant la Cour suprême de justice par le ministre de la Justice, le Procureur* général de la République, le Bâtonnier *national ou par tout avocat intéressé dans les formes ordinaires des recours en annulation* ».

Maître Michel Shebele examine cette disposition et argumente en disant que la matière disciplinaire du barreau est de la compétence exclusive des organes ordinaux et ce, par l'usage de la préposition « **sauf** » repris dans l'article 124 de la loi organique qui signifie excepté, hors, hormis, à l'exception de, à part (Shebele, 2011 : 51-52).

Section 3. Les marqueurs *Sauf* et *Même* entre l'interdit et le permis

Soient les exemples suivants :

1° Art. 211 du Code civil congolais, livre III. – Les registres des marchands ne font point, contre les personnes non marchandes, preuve des fournitures qui y sont portées, **sauf** ce qui sera dit à l'égard du serment.

2° Art. 228 du Code civil congolais, livre III. – La présomption légale dispense de toute preuve celui au profit duquel elle existe. Nulle preuve n'est admise contre la présomption de la loi, lorsque, sur le fondement de cette présomption, elle annule certains actes ou dénie l'action en justice, à moins qu'elle n'ait réservé la preuve contraire, et **sauf** ce qui sera dit sur le serment et l'aveu judiciaire.

3° Art. 388 du Code civil congolais, ivre III. – S'il n'a pas été fait d'état des lieux, le preneur est présumé les avoir reçus en bon état de réparations locatives, et doit les rendre tels, **sauf** la preuve contraire.

4° Est puni de l'amende x le fait, **sauf** pour les besoins d'un film, d'un spectacle ou d'une exposition comportant une évocation historique, de porter ou d'exhiber en public un uniforme, un insigne ou un emblème rappelant les uniformes, les insignes ou les emblèmes qui ont été portés ou exhibés soit par les membres d'une organisation déclarée criminelle, soit par une personne reconnue coupable par une juridiction française ou internationale d'un ou plusieurs crimes contre l'humanité (inspiré de C. pén., art. R. 645-1).

L'on peut se rendre bien compte que dans les exemples qui viennent d'être donnés, le connecteur *Sauf* introduit les cas qui *ne sont pas* interdits. Il est l'inverse de *même*, et si l'on modifie le connecteur dans l'exemple n° 4, la signification sera tout autre :

Est puni de l'amende x le fait, ***même*** *pour les besoins d'un film, d'un spectacle ou d'une exposition comportant une évocation historique, de porter ou d'exhiber en public un uniforme, un insigne ou un emblème rappelant les uniformes, les insignes ou les emblèmes qui ont été portés ou exhibés soit par les membres d'une organisation déclarée criminelle, soit par une personne reconnue coupable par une juridiction française ou internationale d'un ou plusieurs crimes contre l'humanité.*

S'agissant justement de cet exemple n° 4, des explications peuvent être données : dans le premier cas, le comédien ou le figurant peut invoquer le fait qu'il portait ces insignes dans le cadre d'un film, puisque le cas spécial est invoqué par *sauf,* alors que dans le second cas – heureusement fictif – cette invocation serait inutile, puisque *même pour les besoins d'un film* montre combien cette circonstance n'est pas de nature à bloquer l'interdiction (Goltzberg, 2013 a : 17). Entre dans ce second cas de figure l'article 54, *in fine* du Code pénal militaire congolais qui dispose : « Sont exemptés de la présente disposition, les ascendants ou descendants, époux ou épouse **même** divorcés, frères et sœurs des déserteurs ou leurs alliés aux mêmes degrés ». Nous pensons qu'il en est de même de l'article 77 du même code qui prévoit : « Tout militaire ou assimilé, ou tout individu au service du Ministère de la Défense, qui aura reçu, exigé ou ordonné de percevoir, **même** avec l'autorisation d'une autorité, ce qu'il savait n'être pas légalement dû ou excéder ce qui était dû, sera puni de cinq à dix ans de servitude pénale et d'une amende de 5.000 à 10.000 francs Congolais constants ».

Section 4. ***Nonobstant*** **et** ***Sous réserve de*** **entre faiblesse et force**

Souvent dans le langage courant, l'utilisation de ces deux marqueurs ne tient pas compte de la nuance, pourtant pertinente, qui existe entre eux. La tendance est de les confondre sur le plan sémantique. En réalité, ils renvoient à des sens différents, dans la mesure où *nonobstant* introduit une objection faible alors que *sous réserve de* pose une condition qui doit être respectée. Voici quelques exemples :

Article 110 du Code de Travail congolais de 2002 : « En cas de faillite ou de liquidation judiciaire d'une entreprise ou d'un établissement, les travailleurs ont rang de créanciers privilégiés sur tous les autres créanciers y compris le Trésor public, **nonobstant** toute disposition contraire à la législation antérieure, pour les salaires qui leur sont dus au titre des services fournis antérieurement à la faillite ou à la liquidation ».

Article 113 du Code de Travail congolais de 2002 : « Le montant du cautionnement ne peut être restitué au travailleur ou versé à l'employeur que de leur commun accord ou sur la production d'un extrait de la décision judiciaire coulée en force de chose jugée ou rendue exécutoire **nonobstant** opposition ou appel ».

Article 233 du Code de Travail congolais de 2002 : « Tout travailleur ou employeur, sans distinction aucune, a le droit de s'affilier à une organisation professionnelle de son choix ou de s'en désaffilier à tout moment, tout membre d'une organisation professionnelle peut s'en retirer, **nonobstant** toute clause contraire des statuts ».

Article 232 du Code de Travail congolais de 2002 : « Les organisations de travailleurs et d'employeurs ont le droit d'élaborer leurs statuts et règlements administratifs, d'élire librement leurs représentants, d'organiser leur gestion et leur activité et de formuler leur programme d'action, **sous réserve** des dispositions du présent chapitre ».

Article 299 du Code de Travail congolais de 2002 : « Cette procédure est interruptive des délais de prescription prévus à l'article 317 du présent Code, dès la réception de la demande de conciliation à l'Inspection du Travail, **sous réserve** toutefois que la demande devant le Tribunal du Travail, en cas de non conciliation, soit formée dans le délai maximum de douze mois à compter de la réception du procès-verbal de non conciliation par la partie la plus diligente ».

Nonobstant *toute autre loi fédérale ou provinciale, mais* ***sous réserve de*** *l'article 83, les biens suivants sont exemptés de taxation :*

a) le droit d'un Indien ou d'une bande sur une réserve ou des terres cédées ;

b) les biens meubles d'un Indien ou d'une bande situés sur une réserve (Art. 87 de la Loi sur les Indiens, Canada)

Voici une explication des segments contenant les marqueurs sous examen :

– l'art. 110 ci-haut cité : ***nonobstant*** toute disposition contraire à la législation antérieure : peu importe une quelconque disposition de la loi antérieure qui semblerait contredire ; il en est de même de l'article 113 pour lequel il faut comprendre peu importe l'opposition ou l'appel ; c'est la même idée de « Nonobstant *toute autre loi fédérale ou provinciale* » : peu importe une quelconque (autre) loi fédérale qui semblerait s'opposer à cette exemption de taxation, ou encore pour l'exemple repris à l'article 113 du Code de Travail congolais, peu importe la procédure d'opposition ou d'appel engagée.

– *mais* **sous réserve** de l'article 229 précité conditionne la procédure interruptive des délais de prescription à être acceptée si la demande devant le Tribunal du Travail, en cas de non conciliation, n'a pas été formée dans le délai maximum de douze mois à compter de la réception du procès-verbal de non conciliation par la partie la plus diligente. Dans le même sens on pourra comprendre le ***sous réserve*** *de l'article 83* : le respect de l'article 83 conditionne l'exemption de taxation.

Section 5. **La disposition de dérogation canadienne dite « clause nonobstant »**

La Charte canadienne des droits et libertés (§. 33 (1)) dispose : *Le Parlement ou la législature d'une province peut adopter une loi où il est expressément déclaré que celle-ci ou une de ses dispositions a effet* ***indépendamment d'****une disposition donnée de l'article 2 ou des articles 7 à 15 de la présente charte.*

Il s'agit d'une disposition de dérogation, souvent appelée la « clause nonobstant » – bien que, en l'occurrence, le terme *nonobstant* n'apparaisse pas, mais seulement son synonyme *indépendamment de.* D'après l'Office québécois de la langue française, il vaut mieux utiliser « disposition de dérogation » plutôt que « clause nonobstant », car « l'emploi adjectival de *nonobstant* (...) appartient à la langue juridique familière » (sic). Cette disposition permet au Parlement fédéral ou à une assemblée législative provinciale d'adopter une loi dérogeant à certains articles de la Charte. Cette disposition permet de déroger à l'article 2 (qui concerne les droits fondamentaux comme libertés d'expression, de conscience, d'association et de réunion pacifique) et aux articles 7 à 15 (qui traitent du droit à la vie, à la liberté et à la sécurité de la personne, du droit à la protection contre les fouilles, les perquisitions et les saisies abusives, du droit à la protection contre l'arrestation ou la détention arbitraires, d'un certain nombre d'autres garanties juridiques et du droit à l'égalité) (Goltzberg, 2013 a : 19).

Dans une section sur les attentats sur l'inviolabilité de secret des lettres, le Code pénal congolais livre 2 dans ses dispositions de l'article 171 utilise le marqueur « indépendamment de » qu'il faut comprendre par « nonobstant » : « Toute personne qui, hors les cas prévus par la loi, aura ouvert ou supprimé des lettres, des cartes postales ou autres objets confiés à la poste, ou ordonné ou facilité l'ouverture ou la suppression de ces lettres, cartes et objets sera punie d'une amende qui ne dépassera pas deux mille zaïres pour chaque cas. L'amende pourra être portée à cinq mille zaïres si la lettre ou l'envoi était recommandé ou assuré ou s'il renfermait des valeurs réalisables. **Indépendamment** de l'amende, le délinquant pourra être puni d'une servitude pénale de trois mois au plus s'il est agent des postes ou officiellement commissionné comme tel ».

Scrutant pertinemment cette légistique canadienne invoquée précédemment, Stefan Goltzberg, critique et dubitatif, note que l'expression « clause nonobstant », au sens de disposition de dérogation, est curieuse. En effet, dans l'expression *x nonobstant y*, la dérogation n'est pas *y*, mais *x* : *x* est une dérogation à *y*. Pourtant, l'appellation *clause nonobstant* est courante nonobstant son caractère sibyllin (Goltzberg, 2013 a : 19). Cette opinion a son pesant d'or.

Section 6. ***Nonobstant cas de force majeure***

Voici une des clauses d'un contrat de vente que propose Stefan Goltzberg :

Annulation. Le Commanditaire qui annule son contrat moins de 30 jours avant la représentation (nonobstant la force majeure) perdra son dépôt.

La question que l'on peut se poser est celle de savoir si le commanditaire perdra son dépôt en cas de force majeure. Une réponse semblable qui se présente à l'esprit est : oui, puisque la force majeure semble s'opposer à la perte du dépôt. Pourtant, dans la mesure où *nonobstant* introduit une objection plus faible, une objection d'emblée levée, le texte signifie que la force majeure ne modifie en rien ce qui est écrit. Autrement dit, l'interprétation correcte de ce passage est que le commanditaire ne sera pas remboursé, *même si* devait se présenter un cas de force majeure. Il n'est, du reste, pas certain que le rédacteur du contrat soit conscient de ce fait (Goltzberg, 2013 a : 20).

Ajoutons que si la clause était accompagnée d'une liste de situations conçues comme des cas de force majeure, cela ne modifierait pas pour autant le sens du marqueur *nonobstant* :

Annulation. Le Commanditaire qui annule son contrat moins de 30 jours avant la représentation (nonobstant la force majeure, notamment une guerre, des inondations, une famine, une invasion d'animaux) perdra son dépôt.

Le lecteur pourrait se dire que si le cas de force majeure est accompagné d'une liste (ici non exhaustive, à cause du mot *notamment*), c'est bien que les éléments de la liste servent un objectif (principe de l'effet utile), celui de montrer dans quels cas le commanditaire peut effectivement être remboursé. Il n'en est rien : la liste ne sert qu'à mentionner les cas, ou plutôt des cas, qui *ne peuvent pas* renverser la règle selon laquelle le commanditaire annulant son contrat moins de 30 jours avant la représentation perdre son dépôt (Goltzberg, 2013 a : 21).

Section 7. **Les nuances entre *mais, pourtant* et *toutefois***

Ces trois mots sont proches et il ne faut pas surestimer leurs différences. Cependant, certaines nuances peuvent s'apprécier au détour de certains exemples. *Mais* et *pourtant*, quoique proches, présentent une différence intéressante que l'on peut percevoir au travers des énoncés suivants :

– *Ce restaurant est bon,* ***mais*** *cher.*

– *Ce restaurant est bon,* ***pourtant*** *il n'est pas cher.*

Dans les deux cas, une forme d'opposition lie les deux parties de l'énoncé. Mais la différence apparaît clairement lorsqu'on se rend compte que, ici, *mais* introduit un argument opposé qui confirme un stéréotype, une régularité : les bons restaurants tendent à être chers – de même que les mauvais restaurants tendent à être bon marché. *Pourtant* introduit quant à lui un élément de surprise : bien que le restaurant soit bon, ce qui laisse présumer qu'il est cher, il est bon marché. *Mais* confirme le stéréotype là où *pourtant* introduit un élément de surprise. Voici quelques extraits :

[Il y a d'] inévitables erreurs de manipulation, annulations de tables, globalisation des tickets restaurant ***pourtant*** *individualisables, conduisant bien entendu à éditer de nouvelles notes clients* ***mais*** *sans modification corrélative des tickets* (CAA Marseille, req. n° 10MA03064. Inédit au recueil Lebon).

« Les sanctions *américaines contre Cuba ont été mises en place depuis le 3 février 1962.* ***Pourtant,*** *l'histoire des relations entre les deux pays renseignent qu'une amitié très forte existait entre les deux peuples. Les Américains avaient participé à la guerre d'indépendance de Cuba contre l'Espagne. Ils conservèrent des relations très étroites jusqu'à l'arrivée au pouvoir de Fidel Castro qui ne cachait pas son antipathie contre les* États-Unis *et son rapprochement à l'Union soviétique* » (Mampuya Kanunk'a Tshiabo, 2016 : 37).

Le mot *pourtant* dans l'exemple relatif au restaurant montre combien sont surprenantes ces erreurs dans la mesure où les tickets sont individualisables. Il en est de même pour l'exemple concernant le Cuba qui montre effectivement l'aspect d'étonnement, de surprise lorsqu'on voit les relations difficiles entre ce pays et son grand voisin, alors que les rapports étaient au bon fixe à un moment donné. Le mot *mais* lie d'une manière plus étroite le fait que les notes clients sont nouvelles et le fait que les tickets soient modifiés.

Le terme *toutefois* articule également des segments opposés. *Toutefois* contrairement à *mais* et *pourtant*, apparaît régulièrement dans les textes législatifs. Pour la plus part des cas, le concept *toutefois* permet d'opérer un contraste entre deux phrases dont la seconde apporte une réserve, une nuance, un élément qui semble contredire en partie ou du moins tempérer la première phrase.

En voici quelques exemples tirés de la législation pénale, forestière et minière congolaise :

Article 3 du Code pénal livre 2 : « Toute personne qui, hors du territoire de la République Démocratique du Congo, s'est rendue coupable d'une infraction pour laquelle la loi congolaise prévoit une peine de servitude pénale de plus de deux mois, peut être poursuivie et jugée en République Démocratique du Congo, sauf application des dispositions légales sur l'extradition. La poursuite ne peut être intentée qu'à la requête du ministère public. Quand l'infraction est commise contre un particulier et que la peine maximum prévue par la loi congolaise est de cinq ans de servitude pénale au moins, cette requête doit être précédée d'une plainte de la partie offensée ou d'une dénonciation officielle de l'autorité du pays où l'infraction a été commise. **Toutefois**, pour les infractions autres que celles du titre VIII et des deux premières sections du titre III du deuxième livre du Code pénal, aucune poursuite n'a lieu si l'inculpé justifie qu'il a été jugé définitivement à l'étranger et, en cas de condamnation, qu'il a subi ou prescrit sa peine ou obtenu sa grâce ».

Article 6 bis du Code pénal livre 2 : « La peine de travaux forcés est d'un an au minimum et de vingt ans au maximum. Les condamnés aux travaux forcés subissent leur peine conformément au règlement fixé par l'ordonnance du Président de la République. L'exécution de la peine de travaux forcés ne peut être assimilée, ni confondue avec la peine de servitude pénale. **Toutefois**, toute détention subie avant la condamnation définitive par suite de l'infraction qui donne lieu à cette condamnation, sera imputée, pour la totalité, sur la durée de la peine de travaux forcés prononcée ».

Article 150 h du Code pénal livre 2 : « Toute personne qui aura sciemment contribué à la publication ou à la distribution de tout écrit dans lequel ne se trouve pas l'indication vraie du nom et du domicile de l'auteur ou de l'imprimeur, sera punie d'une servitude pénale ne dépassant pas deux mois et d'une amende de deux mille zaïres au maximum ou de l'une de ces peines seulement. **Toutefois** la servitude pénale ne pourra être prononcée lorsque l'écrit publié sans les indications requises fait partie d'une publication dont l'origine est connue par son apparition antérieure ».

Article 37 du Code forestier congolais : « Les spécimens d'espèces végétales inscrites à l'annexe 1 reproduit artificiellement seront considérés comme relevant de l'annexe 2. **Toutefois**, ils ne pourront être exportés que si :

– ils sont empaquetés et étiquetés de manière à pouvoir clairement les distinguer de ceux de l'annexe 2 reproduits artificiellement ou prélevés dans la nature ou de ceux de l'annexe 3 ;

– le permis d'exportation y afférent mentionne le numéro d'enregistrement attribué par le Secrétariat de la Convention et le nom de la pépinière d'origine quand celle-ci n'est pas l'exportateur ».

Article 8 du Code minier : « L'État assure la mise en valeur des substances minérales dont il est propriétaire en faisant appel notamment à l'initiative privée conformément aux dispositions du présent Code. Son rôle principal est de promouvoir et de réguler le développement du secteur minier par l'initiative privée. **Toutefois**, l'État peut se livrer, à travers des organismes spécialisés créés à cet effet, à des activités d'investigation du sol ou du sous-sol dans le seul but d'améliorer la connaissance géologique du Territoire National ou à des fins scientifiques qui ne requièrent pas l'obtention d'un droit minier ou d'un droit de carrières ».

Section 8. La rationalité numérique derrière les marqueurs *voire* et *au moins*

Voire est l'inverse de *au moins/du moins*. Ainsi, si quelqu'un soutient qu'une enquête policière est prioritaire, il peut affirmer que cette enquête requiert 10 enquêteurs, *voire* 12. Si quelqu'un prétend au contraire que cette enquête ne mérite pas tant d'effectifs, il dira que 8 personnes suffiraient, *voire* 6. Si quelqu'un prétend pouvoir obtenir un résultat avec peu d'employés, il pourra dire qu'il n'utilise que 12, *voire* 10 employés ; il pourra aussi affirmer que tel projet est réalisable en ne sollicitant que 10 employés, ou *du moins* 12. On le voit, *voire* et *au moins/du moins* se répondent. Il n'est donc pas nécessaire que *voire* introduise une quantité plus grande ; ce qui compte, c'est que, d'une manière ou d'une autre, le terme que *voire* introduit soit situé plus haut sur l'échelle argumentative (Goltzberg, 2013 a : 22-23). La législation congolaise nous offre quelques exemples :

- L'article 198 de l'arrêté d'organisation judiciaire 299/79 du 20 août 1979 portant règlement intérieur des cours, tribunaux et parquets congolais prévoit : « Il est interdit aux membres des cours, tribunaux et parquets hormis le chef de juridiction ou d'office, de correspondre avec des tiers, **voire** avec des prévenus au sujet d'affaires qu'ils traitent et même au sujet des mesures d'instruction ou autres qu'ils sont amenés à prendre dans l'exercice des droits que la loi leur confère. Le magistrat n'a à rendre compte de ses actes à personne, sauf à ses chefs ».

- L'article 53 du Code congolais de la Famille dispose : « Tout étranger ayant acquis la nationalité congolaise est tenu de porter un nom congolais **ou du moins** un nom puisé dans le patrimoine culturel congolais ».

- L'article 208 du Code civil congolais, Livre III dispose : « Le billet ou la promesse sous seing privé par lequel une seule partie s'engage envers l'autre à lui payer une somme d'argent ou une chose appréciable, doit être écrit en entier de la main de celui qui le souscrit ; **ou du moins** il faut qu'outre sa signature, il ait écrit de sa main un *bon* ou un *approuvé*, portant en toutes lettres la somme ou la quantité de la chose ».

Sur l'échelle argumentative, la difficulté est située plus bas que l'impossibilité (Ducrot : 1980).

Section 9. **Les clauses comparatives de prudence : *mutatis mutandis* et *ceteris paribus***

D'après Stefan Goltzberg, strictement parlant, ces clauses ne seraient pas classées dans la catégorie des marqueurs d'argumentation. Cependant, leur usage participant essentiellement dans la comparaison lorsqu'on argumente joue un rôle non négligeable surtout à l'occasion du déploiement des arguments réversibles (Goltzberg, 2011 : 28).

La clause ***Mutatis mutandis*** (ce qui doit être changé étant changé) : cette clause, comme on peut le voir procédant par prudence ou réserve, accompagne une comparaison qui fait une identification et indique que cette identification ne porte que sur certains paramètres. Elle a l'utilité de permettre une disqualification de toute objection portant sur d'autres points de divergence. Cela suppose qu'il y a au moins deux situations différentes, la question de leur différence – qui n'est pas réfutée, mais disqualifiée pour l'heure – est présentée comme n'ayant pas sa place dans la présente argumentation (Goltzberg, 2011 : 28 et 29).

Exemples :

— Tout enfant peut intenter une action en recherche de maternité. L'enfant qui exerce l'action en recherche de maternité sera tenu de prouver qu'il est celui dont la mère prétendue a accouché. Il sera reçu à prouver la maternité en établissant qu'il a, à l'égard de la mère prétendue, la possession d'état d'enfant. À défaut, la preuve de la maternité pourra être faite par témoins. La preuve contraire pourra se faire par tous moyens. Les articles 595 et 596 du présent titre s'appliquent, *mutatis mutandis*, à l'action en recherche de maternité (article 600 du Code congolais de la Famille)

— L'alliance se prouve, *mutatis mutandis*, conformément aux dispositions de l'article 702 (article 709 du Code congolais de la Famille).

— Les dispositions des articles 112 et 113 sur l'emphytéose sont, *mutatis mutandis*, applicables à la superficie (article 130 de la loi n° 73-021 du 20 juillet 1973 portant régime général des biens, régime foncier et immobilier et régime des sûretés).

La clause ***Ceteris paribus*** (toutes choses égales par ailleurs) : plus qu'une identification comme dans le cas précédent, cette clause permet de procéder à une opposition. Elle entre en ligne de compte dans un raisonnement de type *a fortiori* qui suppose que les deux branches soient parfaitement comparables, qu'il y ait une situation de *ceteris paribus* (Goltzberg, 2011 : 29).

Exemples :

- *Ceteris paribus*, une université où un Assistant enseigne quinze cours et un Professeur ordinaire dix n'est pas plus indigne qu'une université où l'Assistant n'enseignerait que dix et le Professeur ordinaire quinze cours.

- *Ceteris paribus*, un Barreau où un Avocat à la Cour suprême de Justice qui perçoit cent cinquante dollars d'honoraire de consultation et un Avocat stagiaire en a cinq n'est pas plus inéquitable qu'un Barreau où l'Avocat à la Cour suprême de Justice ne percevrait cinq dollars d'honoraires de consultation et l'Avocat stagiaire en percevrait cinquante.

- Alléger l'échec est préférable *ceteris paribus* pour passer de classe

- Éviter la césarienne est souhaitable *ceteris paribus* pour une femme qui accouche

À travers ces exemples, la comparaison est assez prégnante. Dans les deux premiers, on compare deux institutions et l'idée est qu'on ne peut pas privilégier l'une des deux structures si les autres paramètres sont tous tenus pour identiques. Pour les deux derniers, la situation où l'échec et la césarienne sont évités est présentée comme préférable, souhaitable, la clause *ceteris paribus* indiquant que de deux options similaires il faut prendre celle qui crée le moins d'ennui.

CHAPITRE V

DES ARGUMENTS UTILISES DANS L'INTERPRÉTATION DE LA RÈGLE JURIDIQUE

Les arguments usités en droit sont d'une grande diversité. Il existe une véritable typologie qui permet de découvrir la solution juridique à la question posée ainsi que de vérifier le bien-fondé de cette solution : l'argument de texte, l'argument tiré de la *ratio legis*, l'argument de jurisprudence, l'argument tiré de la *ratio decidendi*, l'argument historique, l'argument *a posteriori*, l'argument *a contrario*, l'argument par analogie, l'argument téléologique, l'argument tiré des intérêts pratiques, économiques, sociaux, etc. (Douchy-Oudot, 2013 : 13).

Plusieurs de ces arguments consistent à accorder une qualité soit à l'auteur de la règle (au législateur s'il s'agit d'une loi), soit au système juridique, et à rejeter ensuite toute interprétation qui conduirait à renier cette qualité. À titre indicatif :

— l'argument *a competudine* suppose que le système *est complet* ;

— l'argument *a cohenrentia* suppose que le système *est cohérent ;*

— l'argument *historique* suppose que le législateur *est conservateur* ;

— l'argument *apagogique* suppose que le législateur n'est ni illogique ni inique ;

— l'argument économique suppose que le législateur ne se répète pas inutilement ;

— l'argument *naturaliste* suppose que le législateur ne demande pas l'impossible.

Parmi les différentes interprétations à obtenir grâce à ces arguments, il convient donc de choisir celle qui ne conduit pas à reconnaître une lacune (car on suppose que le système est complet), celle qui ne conduit pas à une antinomie juridique (car on suppose que le système est cohérent) et l'argument historique permet d'interpréter une loi en fonction des lois anciennes : on suppose que la volonté du législateur reste constante. Il s'oppose donc à l'argument qui interprète en fonction de la volonté du législateur actuel. L'argument apagogique consiste à refuser une interprétation qui conduirait à des conséquences absurdes ou injustes ; l'argument économique consiste à rejeter une interprétation qui conduit à donner le même sens à des règles distinctes ; l'argument naturaliste refuse l'interprétation d'une règle selon laquelle celle-ci viserait à s'opposer à la force des choses. Exemple : le propriétaire d'un terrain plus élevé (fonds dominant) ne peut pas être obligé d'empêcher l'écoulement des eaux naturelles sur le terrain inférieur (fonds servant).

Pour des raisons pragmatiques, nous ne reviendrons que sur quelques-uns de cette multitude d'arguments, jugés par nous les plus importants, sans toutefois donner l'impression que d'autres, qui peuvent être jugés essentiels par d'autres auteurs, n'existent pas.

C'est ainsi que nous n'entrerons pas dans les détails concernant l'*argumentum pro subjecta materiae* souvent utilisé lorsqu'on cherche le sens d'une norme dans les travaux préparatoires ou dans la place que la norme interprétée occupe dans le texte juridique donné, voire dans le système du droit. Cependant, nous disons que quand nous avons parlé des interprétations statique et dynamique, nous y avions fait allusion lorsque nous évoquions la question de la recherche de la volonté du législateur. De même, nous n'aborderons pas de manière approfondie le point relatif à l'argument *ratione legis stricta* qui postule que le texte juridique en question, étant clair et précis, exclut toute interprétation restrictive ou extensive et qu'il n'est alors permis ni d'en retrancher quoi que ce soit ni d'y ajouter quelque chose (Kalinowski, 1969 : 159). C'est en réalité la doctrine traditionnelle qui invoque le principe « *clara non sunt interpretanda* » enseignant qu'il est possible d'appliquer un texte sans l'interpréter, l'interprétation étant précisément réservée à l'hypothèse d'obscurité ou de défaillance du texte. Cependant, cette opinion est généralement rejetée, notamment par Hans Kelsen pour lequel « si un organe juridique doit appliquer le droit (...), il faut nécessairement qu'il interprète ces normes (Kelsen, 1962 : 453). Évidemment, devons-nous ajouter que cette théorie du sens clair est discutée par le courant, auquel nous sommes fortement attaché, qui postule que tout texte juridique doit faire l'objet d'interprétation. Au-delà du « noyau de sens clair », d'un concept, il y a la « zone de pénombre » qui l'entoure, de sorte que, si un certain nombre de cas-type rentrent assurément dans l'extension du terme, il existe également un certain nombre de cas-limites dont il est *a priori* douteux de savoir s'ils sont ou non visés par lui et si donc ils rentrent dans le champ d'application de l'hypothèse légale (Wintgens, 2007 ; Ost & De Kerchove, 2002 : 397). Au plan de leur définition en extension, par ailleurs, les concepts qui appartiennent au langage juridique ne paraissent susceptibles de fait l'objet d'une délimitation nette ni, *a fortiori*, d'une délimitation complète. Cela traduit la teneur indécise du droit (Ost & De Kerchove, 2002 : 396), particularité que les auteurs anglais, comme Herbert Hart, qualifient de « texture ouverte » (*open text*) du langage ordinaire (Hart, 1968 : 124). Notre étude n'abordera pas également l'argument *a generali sensu* qui veut qu'à partir du moment où la loi parle en termes généraux, il faut l'entendre dans un sens aussi général que possible.

Section 1. **L'argument a pari (analogie)**

L'argument *a pari* que certains appellent *a simili* est celui par lequel l'interprète conclut si la règle ne vise explicitement qu'une catégorie (de personnes, d'actions, d'objets, des normes), en considérant qu'elle peut néanmoins être étendue à une autre catégorie, aucune raison ne pouvant justifier, dans le cas traité, une distinction entre ces deux catégories.

EX. : La Cour de cassation espagnole a étendu les obligations mises par le règlement à charge des seuls receveurs d'autobus, aux conducteurs, lorsque ceux-ci cumulent les deux fonctions (Cass. 12 octobre 1964, *Pas.* 1965, 1,157). Ce cas est facilement observable dans les transports publics en République démocratique du Congo où généralement les bus de transport en commun fonctionnent avec un chauffeur et un receveur (appelé « Atalaku » à Goma). Souvent le chauffeur n'habite pas avec le receveur ; après avoir pris le véhicule chez son propriétaire, le chauffeur fait la première course matinale seul au cours de laquelle il va rejoindre l'arrêt où se trouve le receveur. Pendant cette course où il se trouve seule, et bien souvent dans d'autres lorsque son receveur est absent, le chauffeur conduit et fait payer au même moment le prix de la course. En cumulant les deux fonctions, il lui sera également appliqué les devoirs prévus pour le receveur.

En se basant sur le caractère supposé essentiel de la similitude des deux cas en question, on peut conclure conformément à la règle du raisonnement par analogie, que si le premier cas est réglé par le législateur, le second l'est probablement aussi (que celui-ci ne le soit qu'implicitement alors que celui-là l'est expressément n'y changerait rien). D'après Georges Kalinowski, cette conclusion pour logiquement correcte qu'elle soit, serait cependant sans valeur pratique pour le juriste qui ne saurait que faire d'une proposition probable, son degré de probabilité fût-il déterminé avec toute la précision possible. Car il a besoin de savoir *avec exacti-*

tude que c'est cette règle-là qui s'applique au cas en question et non pas une autre (Kalinowski, 1969 : 166).

De toute façon, pour la plupart des cas, l'argument *a pari* assimile le cas d'espèce à une catégorie préalable ou à un précédent judiciaire. Il procède par une interprétation extensive, laquelle s'oppose à l'interprétation restrictive. Cet argument plaide pour l'application d'une catégorie juridique à un fait qui n'est pas tel quel *contenu* dans la catégorie qui subit l'extension. Cette extension peut être, le cas échéant, fictive (Goltzberg : 2013 a, 95). Lorsque l'ensemble des règles d'interprétation du droit l'exige (en raison de la nature des faits en question), l'interprète du droit doit admettre que le législateur ayant réglé expressément tel et tel cas concret a en réalité réglé tacitement tous les autres cas de la même espèce (Kalinowski, 1969 : 166-167).

L'argument *a simili* présente le nouveau cas comme relevant d'un ancien, soit que l'ancien soit contenu dans la loi, soit qu'il apparaisse dans un précédent. Bien entendu, on ne peut parler d'argument *a pari* ou d'analogie que si quelque chose résiste à la catégorisation : par exemple, si les voitures sont interdites dans le parc, il n'est pas nécessaire d'invoquer un argument *a simili* pour décrire le fait qu'une voiture, littéralement, est entrée dans le parc. En revanche, si un tracteur entre dans le parc, l'argument *a pari* devient possible : la voiture et la tracteur seront reprochés et le second sera compris comme assimilable, *mutatis mutandis*, à la voiture (Goltzberg : 2013 a, 37).

Stefan Goltzberg met évidemment en garde contre toute simplification. Il considère qu'il est important de distinguer l'argument *a simili* de l'application simple de la loi. Soit la loi qui prévoit que la possession d'arme dangereuse est interdite sur la voie publique. Supposons qu'une arme nouvelle ait été inventée depuis la promulgation de cette loi. L'opérateur juridique doit-il faire appel à un argument *a pari* pour faire entrer l'objet dans la catégorie ? Le législateur n'avait pas – ne pouvait pas avoir – pensé à cette arme-là. Pourtant, dans la mesure où l'arme est une *arme dangereuse*, il devrait suffire, pour appliquer la loi, de constater que l'arme nouvellement inventée est une arme dangereuse. Cette constatation est amplement suffisante et il n'y a pas lieu d'étendre la loi ou d'invoquer un argument *a pari* : une simple application de la catégorie fera simplement l'affaire (Goltzberg : 2013 a, 37-38).

L'argument *a pari* doit également être distingué de l'argument *a fortiori* qui sera évoqué tout à l'heure. Alors que l'argument *a pari* se contente d'appliquer à un cas *semblable* une catégorie prévue pour un premier cas, l'argument *a fortiori* présente le nouveau cas comme requérant encore plus que le premier l'application de la catégorie. Si la loi pose que la possession d'arme à feu est interdite dans un lieu, qu'en serait-il de la possession d'une arme à destruction massive ? Certes, une arme de destruction massive n'entre pas littéralement dans la catégorie des armes à feu, mais on peut les interdire à plus forte raison. Ou encore si fumer la cigarette est interdite à l'école, qu'en serait-il lorsqu'on fume le chanvre ou le cannabis ?

Notons par ailleurs que l'argument *a pari* ou par analogie n'apparaît pas uniquement dans le discours judiciaire, mais également dans les débats précédant la promulgation d'une loi. Rappelons-nous les observations que nous avons faites à propos du domaine de l'argumentation juridique (le champ de l'établissement ou de la production des normes juridiques avec les phases pré-législative et législative ; le champ de l'application de la norme à des cas particuliers et à ce stade le raisonnement déductif caractérisant le discours judiciaire reste courant ; la dogmatique juridique). Ainsi, l'avortement et l'euthanasie, par exemple, font l'objet de nombreux rapprochements analogiques. En effet, l'avortement est parfois assimilé à un assassinat – et le fœtus est une personne – par ceux qui sont contre la dépénalisation de l'avortement. Les opposants suggèrent parfois que le fœtus n'est pas une personne, mais une simple partie du corps de la femme enceinte, dont elle pourrait dès lors disposer. Une autre voie a été empruntée par Judith Jarvis Thomson, qui est devenue célèbre pour s'être posée la question de savoir si l'on ne peut pas souscrire à la dépénalisation de l'avortement même si l'on accepte la supposition que le fœtus est une personne. Son argument sollicite une expérience de pensée pour le moins insolite, puisqu'elle assimile le fœtus non pas à un tissus dépourvu de personnalité mais au contraire à un personnage très vivant. En l'occurrence, elle demande d'imaginer que vous vous réveillez un jour avec un violoniste qui vous aurait été branché dans le dos, à votre insu. Le médecin vous explique que vous seul possédiez le groupe sanguin compatible avec celui de ce génie musical, qui restera dans votre dos pour un temps indéfini, neuf mois ou neuf ans. Sa présence est pour le moins encombrante et vous empêche de mener la vie qui était la vôtre auparavant. La question se pose : avez-vous le droit de demander à ce que ce violoniste soit séparé de votre corps ? Si vous répondez affirmativement, alors disent les inventeurs de cette expérience de pensée, vous êtes tenu de souscrire à la dépénalisation de l'avortement. Car dans les deux cas, un corps étranger vous est imposé sans votre consentement et vous avez le droit de vous en séparer si vous le désirez (Goltzberg : 2013 a, 39). Bien que la législation congolaise pénalise encore l'avortement, cette question se pose avec acuité avec la triste réalité des viols massifs qui se font, notamment à l'Est de la RDC où des milliers des femmes se retrouvent enceintes des hommes en armes sans l'avoir voulu.

En revanche, les opposants à l'avortement peuvent utiliser d'autres analogies. Ils poseraient la question de savoir si quelqu'un serait prêt à euthanasier un enfant de deux ans, pour quelque raison que ce soit? Si la personne répond par la négative, ils montreront combien elle est tenue de réprouver également, *mutatis mutandis*, l'avortement. Cet argument est proche de celui de la **pente glissante** que nous aborderons dans les lignes qui suivent.

Le cas de la prostitution est également le théâtre d'analogies les plus diverses. Pour les promoteurs de la pénalisation de la prostitution, celle-ci est assimilable à un esclavage, pratique que presque tout le monde s'accorde à condamner. Ceux qui considèrent que la prostitution ne doit pas être pénalisée la rapprocheront des métiers qui utilisent leurs corps pour offrir un service touchant également au corps, comme les coiffeurs, les masseurs, etc. (*Ibidem*).

Aucune analogie n'est parfaite, mais tout débat judiciaire ou législatif est sous-tendu par une série d'analogies. Il est donc capital de saisir le fonctionnement de l'argument *a pari* et de garder à l'esprit sa différence avec l'argument *a fortiori.*

Section 2. **L'argument *a contrario***

L'argument *a contrario* est celui par lequel l'interprète conclut que la règle, visant une catégorie (de personnes, d'actions, d'objets, des normes) ne peut être appliquée à une autre catégorie même si ces deux catégories semblent appartenir à un genre commun. Il souligne ce qui différencie un cas donné d'une catégorie préalable, indique que le cas introduit est *différent,* suffisamment différent pour exiger un traitement différent (Goltzberg, 2012 : 31).

Plus la perspective est stratégique (et non coopérative), plus il est possible de laisser libre cours à l'argument *a contrario* : une petite différence suffit, en particulier dans le système anglo-américain, pour forger un argument *a contrario.* Si, par exemple, l'ouverture d'un zoo a été interdite dans un quartier résidentiel en raison des nuisances causées par ce type d'établissement, qu'en sera-t-il d'un manège ? Le manège et le zoo manifestent certes des propriétés communes. Pourtant, il ne sera pas malaisé de relever des différences et de les signaler comme pertinentes. Le manège ne comporte pas d'animaux marins ni d'animaux exotiques, et c'est leur présence dans le zoo qui justifie la fermeture de celui-ci. Ainsi, leur absence du manège autoriserait l'ouverture dudit manège dans le quartier (Goltzberg : 2013 a, 40).

La doctrine distingue habituellement deux types d'arguments *a contrario* : inférentiel et non inférentiel. **L'argument *a contrario* inférentiel** permet de conclure qu'une catégorie ne s'appliquant pas à un objet, il faut lui appliquer la catégorie opposée. On déduit que la loi qui s'appliquait au premier cas ne s'applique pas au second ; ou bien que la loi qui ne s'appliquait pas au premier s'applique bel et bien au second. En somme, leur traitement est différent (Goltzberg, 2012 : 31). Un exemple : il est interdit d'entrer dans une mosquée avec une Bible. Or, Ramazani est entré avec une Torah. Une Torah n'étant pas une bible, l'on peut dire que Ramazani n'a pas transgressé le règlement de la mosquée.

En revanche, **l'argument *a contrario* non inférentiel** ne permet d'inférer aucune conclusion. Si l'on apprend qu'un conducteur impliqué dans un accident n'était pas en état d'ébriété, on ne sait pas pour autant s'il est en tort ou non ; la première information est indépendante de la seconde (Goltzberg : 2013 a, 96). C'est le distinguishing que nous évoquerons tantôt qui nous mettra sur d'autres pistes d'analyse. En effet, cet argument *a contrario* no inférentiel précise que le nouveau cas ne présente pas les mêmes traits que le premier. Il ne s'agit plus de déduire quoi que ce soit du nouveau cas, sauf qu'il est suffisamment différent pour exiger un nouveau type de qualification. Si nous devrions revenir sur l'exemple de l'entrée dans une mosquée, l'on peut raisonner ainsi : il est interdit d'entrer dans une mosquée avec une Bible. Or Ramazani est entré avec une arme à feu. Une arme à feu n'étant pas une Bible, il n'a pas transgressé le règlement régissant l'entrée dans la mosquée, qui ne s'applique pas ici. Il faut trouver la loi qui régit le port d'arme et vérifier s'il l'aurait éventuellement transgressée. Il est possible que le nouveau cas reçoive *in fine*, le même traitement que le précédent, mais pas au même titre. Autrement dit, l'argument *a contrario* non inférentiel ne se prononce pas sur le traitement à réserver au nouveau cas, il ne produit pas d'inférence (Goltzberb, 2012 : 31-32).

Comme on peut bien le comprendre, l'argument *a contrario* permet de déduire une chose, à savoir que le cas d'espèce est justiciable d'un traitement inverse de la catégorie de base. Ainsi, le zoo a été interdit, le manège doit *donc* être autorisé. Il s'agit d'un argument *a contrario* inférentiel. Alors que s'agissant de l'argument *a contrario* non inférentiel, rien ne peut être déduit. Pour l'exemple que nous donnons, on retiendra que le zoo a été interdit en raison de la nuisance causée par la présence d'animaux marins et d'animaux exotiques. Cette description diffère de celle du manège, il sera nécessaire de vérifier ce que la loi prescrit à propos des manèges.

Comme le texte de loi est censé être écrit de manière non négligente, et que l'effet utile s'applique à la lecture des textes normatifs en général (Goltzberg : 2013 a, 96), l'on peut toujours développer des arguments *a contrario*. Ainsi, s'il est interdit d'entrer dans un restaurant avec un chien, cela pourrait – à tort ou à raison – donner droit à l'entrée d'autres animaux, fussent-ils de taille inhabituelle comme l'éléphant. Il peut arriver que l'argument *a contrario* bloque l'application de l'argument *a fortiori*. Dans cet exemple du restaurant, l'éléphant pourrait raisonnablement être interdit à la faveur d'un argument *a fortiori* : si déjà un chien est interdit dans un restaurant, à plus forte raison l'éléphant devrait l'être. À l'inverse, l'argument *a contrario* dit : si le chien est interdit, l'éléphant est autorisé. Une autre manière d'abuser de l'argument *a contrario* serait de se prévaloir du fait que l'interdiction portant sur les « chiens », on n'est pas coupable puisqu'on est entré avec une chienne (*Ibidem*).

Un exemple d'argument *a contrario* nous vient du droit français. Dans le cadre de la loi sur l'acquisition de la nationalité française à raison du mariage, une déclaration est exigée du conjoint, si celui-ci désire obtenir la nationalité française. L'article 21-2 du Code civil dispose : « *L'étranger ou l'apatride qui contracte mariage avec un conjoint de nationalité française peut, après un délai de quatre ans à compter du mariage, acquérir la nationalité française par déclaration à condition qu'à la date de cette déclaration la communauté de vie tant affective que matérielle n'ait pas cessé entre les époux depuis le mariage et que le conjoint français ait conservé sa nationalité* ».

L'alinéa 5 de cet article précise que cette déclaration doit être de bonne foi. La Cour de cassation française s'est basée sur cet alinéa pour construire un argument *a contrario* : « *Au motif que l'article 21-5 du Code civil énonce : "Le mariage déclaré nul par une décision émanant d'une juridiction française ou d'une juridiction étrangère dont l'autorité est reconnue en France ne rend pas caduque la déclaration prévue à l'article 21-2 au profit du conjoint qui l'a contracté de bonne foi". Il ressort de cet article,* a contrario, *que lorsque le conjoint dont le mariage est annulé est de mauvaise foi, sa déclaration de nationalité devient caduque* » (Civ. 1re, 13 février 2013, n° 12-17645, cité par (*Ibidem* : 41).

Si la loi précise qu'il s'agit du conjoint « qui l'a contracté de bonne foi », il est légitime – à la faveur du principe de l'effet utile – d'y voir l'expression d'une condition nécessaire, en l'absence de laquelle la déclaration est rendue caduque.

En système de *Common law*, l'argument *a contrario* trouve encore plus d'occasions de s'appliquer. En effet, dans la mesure où deux situations ne sont jamais exactement identiques, il est toujours théoriquement possible de procéder, par un argument *a contrario*, à un *distinguishing* qui consisterait à refuser d'aligner le cas d'espèce sur un précédent. Imaginons qu'une plainte a été déposée contre la présence, dans un quartier résidentiel, d'un animal donné, disons un chien, plus précisément un labrador blanc, en raison des nuisances qu'il cause et que le plaignant a obtenu gain de cause. Admettons qu'une autre affaire se présente et que le chien n'est pas un labrador, ou pas un labrador blanc ; il serait possible d'invoquer cette différence pour récuser la légitimité du précédent. Bien entendu, il faudra motiver cette récusation, par exemple en expliquant que dans le précédent, c'est précisément le fait qu'il s'agissait d'un labrador (ou d'un labrador blanc) qui était en cause dans la nuisance occasionnée. Il va de soi que si les animaux sont différents (serpents, oiseaux, etc.), l'argument *a contrario* trouvera encore davantage à s'appliquer (*Ibidem* : 41-42). L'on peut, dans le même ordre de compréhension, donner l'exemple d'une plainte déposée contre l'implantation d'une église de réveil pentecôtiste dans le quartier de Gombe à Kinshasa, à cause des chansons religieuses avec bruits et saleté qu'elle occasionne chez les riverains et le tribunal a donné raison au plaignant. Supposons qu'une autre plainte se fait cette fois contre un restaurant bar qui joue de la musique « mondaine » avec beaucoup de bruits et dont la vaisselle et les clients font des saletés nuisant au bien-être des riverains. L'avocat dans la deuxième plainte pourrait invoquer la différence entre église et restaurant bar pour récuser la légitimité du précédent alors que dans les deux cas c'est les bruits et la saleté qui ont été à la base des plaintes.

À partir des exemples ci-haut cités, notons que l'utilisation de l'argument *a contrario* est, ou peut être liée à une attitude stratégique et non coopérative. Le caractère potentiellement stratégique de l'argument tient au fait que le principe de pertinence est poussé à un point que l'auteur de la norme n'avait ou ne pouvait pas prévoir, voire n'aurait pas cautionné. À ce titre, l'argument *a contrario* est lié à la fois au principe de pertinence (le choix des mots est pertinent) et à une attitude stratégique (on peut déduire tout ce que les mots autorisent, indépendamment de l'intention). Par exemple, on peut imaginer théoriquement des arguments *a contrario* pour défendre toute action qui *ressemble* à une action interdite mais dont le *nom* diffère quelque peu. S'il est interdit d'utiliser son téléphone portable dans un compartiment du train, il serait, *a contrario*, autorisé d'utiliser son ordinateur portable pour prendre part à une conversation. Manifestement, bien que l'ordinateur ne soit pas un téléphone à proprement parler, l'argument *a contrario* suppose que si le législateur a interdit le « téléphone » et non « tout moyen de communication », c'est qu'il y avait pour cela une raison – même si cette raison n'intéresse pas celui qui veut justifier l'interdiction de l'utilisation de l'ordinateur. L'argument *a pari* semble ici beaucoup plus intuitif et juste : l'ordinateur est assimilable à un téléphone, puisque ce que vise le règlement est le son provoqué par une conversation avec tout moyen de communication. Tout dépendra du type de système juridique où cela se passe : plus le système est stratégique, plus il y aura lieu de prendre au sérieux ce type d'argument *a contrario* (Goltzberg, 2013a : 42).

Dans la perspective de comparer les deux arguments jusqu'ici analysés, il peut arriver qu'une même règle puisse être interprétée soit en fonction de l'argument *a simili*, soit en fonction de l'argument *a contrario.* Par exemple, si une loi édicte certaines dispositions relatives aux fils héritiers, par l'argument *a simili* on les étendra aux filles ; tandis que par l'argument *a contrario* on les en écartera. Ainsi, par l'argument *a simili*, on vise à étendre l'application de la règle à une catégorie semblable, tandis que par l'argument *a contrario*, on vise à exclure son application à celle-ci. Rappelons le cas évoqué dans l'introduction de cet ouvrage, celui d'un *de cujus* qui écrit dans son testament que ses maisons reviendront à ses fils alors qu'il avait trois garçons et quatre filles. Par argument *a contrario*, on raisonnera dans le sens d'exclure les filles du partage des maisons, alors que par argument *a pari*, on étendra le partage des maisons aux fils en considérant que les mots « fils » se retrouvant dans le testament voudraient dire « enfants » et les filles faisant partie des enfants du *de cujus* auront droit au partage des maisons.

Section 3. **L'argument *a fortiori***

1. Portée

L'argument *a fortiori* est celui par lequel on élargit la règle à un domaine qu'elle ne vise pas explicitement, mais la raison de l'appliquer à celui-ci étant encore plus forte. Comme nous allons le voir, *a fortiori* équivaut à l'adage : qui peut le plus peut le moins, (si l'on peut acquérir une propriété par prescription, *a fortiori* peut-on devenir titulaire de tout droit réel par prescription). Quand la règle consiste en une interdiction, l'argument *a fortiori* énonce en revanche la règle : qui ne peut pas le moins, ne peut pas le plus (interdiction de marcher sur le gazon, donc interdiction d'arracher le gazon).

Reprenant l'idée de Frabreguettes, Georges Kalinowski note que l'argument *a fortiori* est le nom commun des arguments *a maiori ad minus* et *a minori ad maius* (Kalinowski, 1969 : 162).

L'argument *a maiori* est basé sur le principe « qui peut le plus, peut le moins ». À titre illustratif, Georges Kalinowski donne l'exemple de l'ancien article 2256 du Code civil français qui permettait à celui qui possédait à juste titre et de bonne foi un bien immeuble d'en acquérir la propriété par prescription de 10 ans ou 20 ans (selon le lieu du domicile du propriétaire). On admettait qu'il était également permis d'acquérir dans les mêmes conditions d'autres droits réels, l'usufruit par exemple et une servitude. Une question : comment cette interprétation extensive se justifiait-elle ? Tout d'abord l'interprète examinait à la lumière des principes suprêmes et d'autres règles d'interprétation du droit admis par le système juridique l'opportunité et la rectitude juridique de la réponse positive. Convaincu de l'une et de l'autre, il admit – et c'est en cela que consiste l'essentiel de l'argumentation *a maiori ad minus* – que l'article 2256 sous-entend, après les termes signifiant la permission d'acquérir le droit de propriété d'un immeuble dans les conditions indiquées plus haut, l'expression « ainsi que tout autre droit réel "moins important" que celui de propriété » (moins important, car contenu en quelque sorte dans ce dernier) (Kalinowski, 1969 : 163).

Partant de ce qui vient d'être dit, le syllogisme suivant peut s'en dégager :

> *Tout sujet de droit peut acquérir tout droit réel « moins important » que le droit de propriété d'un immeuble, s'il l'exerce depuis 10 (20) ans à juste titre et de bonne foi.*
>
> *Or toute acquisition d'un usufruit ou d'une servitude est l'acquisition d'un droit réel « moins important » que celui de la propriété.*
>
> *Donc tout sujet de droit peut acquérir un usufruit ou une servitude s'il l'exerce.* (Kalinowski, 1969 : 163-164).

L'argument *a minori ad maius* consiste quant à lui à inférer une interdiction « plus importante » à partir d'une interdiction jugée « moins importante ». Un autre exemple du Code civil français qui enlève à l'interdit l'exercice des droits privés. Avec l'argument sous examen, on peut dire que le prescrit du Code civil concerne à plus forte raison l'exercice des droits politiques. En terme syllogistique, voici comment le raisonnement peut être formulé :

> *Aucun interdit ne doit exercer de droits plus importants que les droits privés.*
>
> *Or les droits politiques sont « plus importants » que les droits privés*
>
> *Donc aucun interdit ne doit exercer de droits politiques* (Kalinowski, 1969 : 165).

Pour sa part, Stefan Goltzberg considère que l'argument *a fortiori* est de second degré : à partir de tout argument (*a pari, a contrario, ab auctoritate, ad hominem*, etc.), on peut élaborer un argument *a fortiori*. Cela se passe en trois étapes : premièrement, on rappelle la norme (affirmation de la règle) et le traitement qu'elle entraîne ; ensuite, on présente la *ratio legis* de la règle (l'objectif que la règle entend poursuivre) et on démontre que le cas présent est encore plus concerné par la *ratio legis* que l'objet décrit par la règle (en fait, on montre que la situation présente mériterait un traitement plus fort) ; enfin, on applique la règle, tout en prenant soin de ne pas aller au-delà de ce que la règle prévoit. L'argument *a fortiori* manifeste une tension, car il se présente comme pouvant exiger *plus* que ce qu'il demande : « l'argument *a fortiori* n'applique pas la règle "*Traiter les cas semblables de manière semblable*", il procède à l'inverse de l'argument de proportionnalité qui est une égalité des rapports. Sans cette tension, on sort du cadre de l'*a fortiori* et on le transforme en une proportion, laquelle n'est pas un argument particulièrement fort » (Goltzberg, 2013 a : 94-95).

Un exemple d'un argument *a fortiori* comprenant les trois étapes :

1° Il est interdit d'introduire une arme dans un auditoire des cours sous peine d'amende.

2° Kamana a utilisé son arme dans l'auditoire des cours, or l'utilisation est plus grave encore que le port d'arme

3° Kamana doit à plus forte raison être passible de l'amende

Nota bene : l'argument *a fortiori* n'est opportun que s'il n'existe pas de loi qui condamnerait l'acte en question (l'utilisation de l'arme). Si l'utilisation de l'arme est condamnée par la loi, il est inutile et nuisible de passer par l'argument *a fortiori*, il suffira de mentionner cette loi.

Il arrive qu'on se retrouve devant des raisonnements *a fortiori* sans qu'on passe forcément par les trois étapes ou encore sans que chacune d'elles soit explicitée. Autrement dit, les trois étapes ne sont pas une condition *sine qua non* du raisonnement *a fortiori.* Celui-ci peut se déployer à l'instar de l'enthymème. Quelques exemples :

– Si la tentative d'assassinat est interdite, l'assassinat l'est au moins tout autant.

– Si Munganga a la charge d'assurer la santé de Mwana, Munganga a à plus forte raison la charge d'assurer la survie de Mwana.

– Rouler au-delà de la vitesse maximale autorisée est punissable, surtout en état d'ivresse.

Il convient d'indiquer que la déconstruction de l'argument *a fortiori* est possible. En effet, de la même manière que tout argument qui fait l'impasse sur un élément capital, on peut récuser l'argument *a fortiori* en montrant qu'un autre paramètre rend l'échelle argumentative inutilisable ou encore en montrant qu'une des prémisses est fausse (Goltzberg, 2013 : 44). Illustrons-le par quelques cas de figure :

Reprenons les exemples qui viennent d'être donnés : *Si Munganga a la charge d'assurer la santé de Mwana, Munganga a à plus forte raison la charge d'assurer la survie de Mwana.* Il y a lieu de déconstruire ce raisonnement partant de la compréhension (étendue) des concepts de santé et de survie. Ainsi, si un médecin doit assurer la santé (soins de) du patient, est-il « au moins tout autant » soumis à assurer sa survie (nourriture) ? Il en est de même de rouler en état d'ivresse qui peut faire envisager l'évocation des circonstances aggravantes, tout comme la seule conduite en état d'ivresse est punie par la loi même en cas de conduite avec la vitesse autorisée.

D'autres exemples sont envisageables en ce qui concerne la déconstruction de l'argument *a fortiori.* Ainsi :

S'il est interdit de torturer, il l'est à plus forte raison d'infliger la peine de mort. L'on peut récuser cet argument en disant que pas nécessairement, dans la mesure où la peine de mort peut être prévue comme sanction dans le Code pénal, alors que la torture n'est pas une peine reconnue.

S'il est interdit de martyriser un animal, il devrait être à plus forte raison interdit de les abattre. La déconstruction peut indiquer que l'abattage n'occasionne pas nécessairement de douleur pour l'animal et surtout il n'est pas vain, alors que l'on ne retire pas de profit avouable en frappant des animaux.

Si le gouvernement autorise la vente de bouteilles de bière par trois, il devrait être à plus forte raison autorisé d'en acheter à la pièce. On peut s'y opposer en montrant que le but du gouvernement est d'enrayer l'alcoolisme en restreignant l'accès à l'achat d'alcool. La vente par trois constitue, par son prix, un frein à la consommation. Ce nombre est ici un seuil minimum. On ne peut donc pas déduire de l'autorisation d'acheter trois bouteilles l'autorisation d'en acheter à la pièce (*Ibidem*).

2. *Les nuances entre argument* a fortiori*, argument par la définition et argument* in pari materia

Pour Stefan Goltzberg, l'argument *in pari materia* énonce que l'on peut découvrir le sens d'un terme en recourant aux lois connexes (Goltzberg : 2013 a, 45). À titre illustratif, il revient sur l'affaire *Commission des droits de la personne du Québec c. Montréal-Nord offre* commentée par Richard Tremblay. La question était de savoir si une personne diabétique et insulino-dépendante (situation due à une maladie qui n'affectait pas son rendement au travail) pouvait être congédiée en raison de sa maladie ou si elle était protégée par l'article 10 de la Charte des droits et libertés de la personne qui dispose : « *Toute personne a droit à la reconnaissance et à l'exercice, en pleine égalité, des droits et libertés de la personne, sans distinction, exclusion ou préférence fondée sur la race, la couleur, le sexe, l'orientation sexuelle, l'*état civil, *la religion, les convictions politiques, la langue, l'origine ethnique ou nationale, la condition sociale ou le fait qu'elle est une personne handicapée ou qu'elle utilise quelque moyen pour pallier son handicap* ».

Or, l'expression « personne handicapée » n'était pas définie dans la Charte. En revanche, elle était définie dans une loi connexe : « *Toute personne limitée dans l'accomplissement d'activités normales et qui, de façon significative et persistante, est atteinte d'une déficience physique ou mentale ou qui utilise régulièrement une orthèse, une prothèse ou tout autre moyen pour pallier à son handicap* ».

Le tribunal a donc appliqué l'argument *in pari materia* et éclairé l'article de la Charte par la définition susmentionnée. La conséquence a été donc de priver la personne diabétique et insulino-dépendante de la protection de la Charte, puisque son cas ne répondait pas à la définition de « handicapé » contenue dans la loi connexe.

L'utilisation de l'argument *in pari materia* par le tribunal a été critiquée par Richard Tremblay. En effet, explique-t-il, le but de la loi qui contient la définition est de préciser quels types de personnes sont concernés par certains avantages pécuniaires : la définition est donc restrictive et ne concerne que les personnes les plus handicapées. En revanche, l'objectif de l'article de la Charte est d'offrir une protection généreuse aux handicapés. Richard Tremblay propose alors de raisonner de manière opposée et de solliciter l'argument *a fortiori* : si une déficience physique grave est couverte par l'article 10 de la Charte, à plus forte raison une déficience physique légère, comme le diabète, l'est également. En d'autres termes, si le congédiement pour handicap sérieux – qui affecte éventuellement le rendement – est illégal, sera *a fortiori* illégal le congédiement pour handicap léger, qui n'affecte pas le rendement (Tremblay, 2004 : 48 ; Goltzberg, 2013 a : 47).

On devra faire attention avec l'utilisation de certains arguments *a fortiori* qui court le risque de tomber dans certains vices de raisonnement. L'illustration s'inspire d'une conversation entre deux militaires de la 8e Région militaire que j'ai surpris à l'entrée de leur quartier général à Goma (en RDC), en janvier 2013, après le retrait des rebelles du M 23 de la ville de Goma. Le Major K disait à son compagnon d'arme T, visiblement moins gradé même si ils étaient tous dans le même convoi de sécurité du Général, ceci : « *Si, moi ton Chef d'escorte, j'ai le droit d'utiliser mon arme, et que toi tu n'as pas le droit de l'utiliser, à plus forte raison je peux utiliser ton arme que tu portes et que tu utilises* ».

Ce raisonnement donne à penser dans la mesure où le Major K a le droit de jouir de l'arme de T. Le fait que le Major K ait le droit d'utiliser son arme et que le soldat T n'ait pas le droit de l'utiliser fait supposer que le Major K a plus de droits que le soldat T. Or, si le Major K a plus de droits que le soldat T, on peut supposer que si le soldat T possède un droit, le Major K le possède à plus forte raison – de même que l'on aurait pu déduire que si le Major K ne possède pas un certain droit, le soldat T ne le possède pas non plus, à plus forte raison. La supposition – fausse – qui sous-tend le raisonnement est que la différence de droit entre le Major K et le soldat T est générale et porte sur autre chose que l'arme que possède chacun. Il n'y a en effet pas lieu de considérer, sous le prétexte – vrai, mais non pertinent – que le Major K possède un droit sur son arme et que le soldat T, évidemment ne possède pas ce droit sur l'arme du Major K, qu'en général, le Major possède plus de droits que le soldat T. Il y a lieu de dire que la fausse conclusion à laquelle le raisonnement aboutit est la résultante de la fausse supposition.

Par ailleurs, les arguments *a fortiori* peuvent se déployer en inversant les échelles argumentatives. Un exemple que l'on peut donner est celui de Maître Jacques Verges, avocat célèbre pour la défense des grands criminels et dictateurs. À la question d'un journaliste qui lui demandait s'il aurait été prêt à défendre Hitler, l'avocat français a répondu : « Même Georges W. Bush ! ». Stefan Goltzberg, commentant cette réponse, dit que le mot « même » indique que sur l'échelle du mal, Bush est présenté comme plus haut (donc plus mauvais) que Hitler (Goltzberg, 2013a : 47). Alors que le journaliste tentait de poser une question qui réduirait la marge de manœuvre de l'avocat, ce dernier s'en est très bien sorti, à la faveur de l'argument *a fortiori* ; un argument curieux, comme l'indique Stefan Goltzberg, puisque, une fois développé, il s'exprime ainsi : « Bush est pire que Hitler. Si je suis prêt à défendre Bush, je suis à plus forte raison prêt à défendre Hitler ». La question reste, du reste, ouverte de savoir si l'avocat a répondu à la question du journaliste, à savoir s'il défendrait Hitler. On pourrait effectivement avoir l'impression qu'il n'en est rien. Pourtant, il semble qu'il y ait répondu. Pour s'en rendre compte, Stefan Goltzberg donne un exemple plus simple. Si à la question : « Est-il autorisé de rouler à 140 km/h sur cette route ? », on répond « Même à 162 km/h », nous voyons bien que la personne interrogée répond à la question par l'affirmative (Goltzberg, 2013 a : 47).

Section 4. **L'argument de la règle de justice**

La règle de justice exige l'application d'un traitement identique à des êtres ou à des situations que l'on intègre à une même catégorie *(Perelman & Olbrechts-Tyteca, 1988 : 294 ; Schmetz, 2000 : 231 ;* Rubi-Cavagna, 2013 : 234).

Cette thèse développée par C. Perelman se base sur des faits à partir desquels il formule une notion valable de justice, purement formelle, et qu'il énonce ainsi : « on doit donner le même traitement aux êtres appartenant à la même catégorie ». Mais vu la nature formelle de cette règle, il faut compter sur d'autres critères matériaux de justice qui permettent d'établir que deux êtres ou plus appartiennent à la même catégorie. Selon C. Perelman, on pourrait distinguer six critères qui définissent à leur tour autant de types de sociétés et d'idéologies : 1) à chacun sa part ; 2) à chacun ce que la loi dicte ; 3) à chacun selon son rang ; 4) à chacun selon ses mérites ou sa capacité ; 5) à chacun selon son travail ; 6) à chacun selon ses besoins.

Ce type d'argument se retrouve dans beaucoup de plaidoiries ayant trait à la justice distributive et particulièrement en matière de non-discrimination. Pour exemple, nous proposons ces extraits tirés de l'affaire *Oscar Chinn* qui a opposé le Royaume-Uni à la Belgique devant la Cour permanente de justice internationale

(*Affaire Oscar Chinn*, CPIJ, Série A/B, Fascicule n° 63, arrêt du 12 décembre 1934, XXXIIIe session, 1934).

Dans son mémoire, le Gouvernement du Royaume-Uni a conclu en priant la Cour de dire et juger : « *(1) that the measures complained of by the Government of the United Kingdom were in conflict (a) with the obligations of the Belgian Government towards the Government of the United Kingdom under the Convention of Saint-Germain; and (b) with the obligations of the Belgian Government towards the Government of the United Kingdom under general international law; (2) that Mr. Oscar Chinn has suffered damageon account of the non-observance by the Belgian Government of its international obligations towards the Government of the United Kingdom, and that the Belgian Government is accordingly liable to make reparation to the Government of the United Kingdom*" (CPJI, *Affaire Oscar Chinn,* Série A/B, Fascicule n° 63, p. 68).

Ces prétentions britanniques sont à classer dans l'argument quasi logique de la règle de justice. Ce que le Royaume-Uni reprochait à la Belgique est la violation d'un droit acquis consacré par la Convention de Saint-Germain-en-Laye de 1919. En effet, il était convenu que la Belgique qui contrôlait le bassin du fleuve Congo devait laisser aller et laisser faire tous les commerçants et exploitants du fleuve Congo, ressortissants des puissances qui s'étaient réunies à la Conférence de Berlin en 1885 et devaient les traiter sur le même pied d'égalité. Le fait de prendre une décision qui réduit uniquement les tarifs d'une société a paru discriminatoire aux yeux des autres, en l'occurrence la société du Britannique Oscar Chinn. Le traitement n'a pas été identique et constituait par conséquent une violation des obligations de la Belgique (Segihobe, 2011 : 152).

L'on peut également trouver dans les propos du Professeur Évariste Boshab, se plaignant que la République démocratique du Congo ne soit pas prise sur le même pied d'égalité avec le Rwanda par la Banque mondiale et le Fonds monétaire international, un argument de la règle de justice. En effet, très nuancé sur le contenu donné à la bonne gouvernance et critique quant à sa gestion par les pays occidentaux et les institutions de Breton Woods, l'universitaire et homme politique congolais soulève des objections : *la bonne gouvernance prône une vision unique de l'*État *qui devient inique lorsqu'on ignore les conditions historiques d'évolution de chaque pays.* À *partir du moment où on l'impose et qu'elle devient une condition pour accéder à l'aide au développement, on favorise un* État *de droit de façade comme au Rwanda, juste bon pour servir d'appât aux organisations internationales, sans incidence réelle sur la vie de la population ; la gouvernance cultive la méfiance vis-à-vis des procédures hiérarchiques qu'utilise l'*État ; la gouvernance mise en perspective avec le gouvernement peut déboucher sur un mouvement contradictoire (Boshab, 2013 : 274-275).

Sous un autre registre, dans sa défense devant la Cour pénale internationale, Charles Blé Goudé utilise un argument faisant allusion à la règle de justice en ces termes : « (…) *On me reproche de fréquenter Laurent Bagbo (…). Guillaume Soro, qui a été son Premier ministre et allaité aux seins politiques de Laurent Bagbo (…), fréquentait Bagbo plus que moi. Pourquoi il n'est pas ici ? (…) Laurent Bagbo était considéré comme quelqu'un qui avait la main ouverte. J'étais là samedi quand il recevait Ouattara, pourquoi lui n'est pas ici ?* (Défense de Charles Blé Goudé devant la Cour pénale internationale).

Section 5. **Le précédent et le *distinguishing***

Dans le système de la *Common Law*, les sources du droit y étant organisées différemment, le précédent joue un rôle plus central que dans les traditions du droit romano-germanique (Séroussi, 2007 : 19). Cela dit, non seulement le précédent – sous la forme de la jurisprudence – y joue un rôle prépondérant, mais il traduit une règle d'or de justice : traiter les cas semblables de manière semblable. Notons que cette règle est centrale en droit comme en éthique.

Invoquer un précédent peut avoir une double fonction, rétrospective et prospective. Rétrospectivement, chercher un précédent similaire – ou *montrer* combien un précédent est similaire – contribue à convaincre le juge de décider dans le même sens, de traiter des cas similaires de manière similaire. Une injustice existerait si tel n'était pas le cas.

Souvent, cependant, il existe une kyrielle de précédents qui sont candidats pour orienter la décision du juge. L'exercice tient alors dans la comparaison entre les différents précédents. Soit un précédent x qui autorisait un animal et un précédent y qui interdisait un animal dans un lieu public. Le cas d'espèce présente un autre animal et les deux parties vont tâcher d'aligner ce cas sur l'un des deux précédents. La partie qui souhaite autoriser l'animal le rapprochera du précédent x et la partie qui souhaite l'interdire le rapprochera du précédent y. Il s'agit d'un cas relativement simple. Il peut arriver que de nombreux précédents plaident en chaque sens. Le travail du juriste sera alors de montrer que l'ensemble de la jurisprudence confirme et soutient son point de vue, quitte à justifier ou expliciter certains cas qui semblent s'opposer à sa présentation. L'argumentation s'avérera à cet égard d'une grande utilité. Le *dinstinguishing* consiste donc à distinguer le cas en question d'un précédent ou de toute autre source du droit et procède par dissociation de notions (Goltzberg, 2013 a : 48). Il s'agit des techniques qui permettent aux juges de procéder à la relativisation de la règle du précédent.

En effet, dans le système de la *Common Law* surtout, les juges ont la possibilité, dans des cas d'espèces semblables mais non identiques, de mettre de côté le précédent. Autrement dit, le *distinguishing* est une technique de raisonnement qui permet au juge de d'écarter dans un cas précis le précédent qui devrait normalement s'appliquer. Ceci met en exergue le pouvoir du juge et c'est aussi une limite de son pouvoir, car sa décision en application de cette technique ne pourra pas jouer le rôle de précédent pour les décisions ultérieures (donc une portée limitée). Chaque juge a ainsi le pouvoir de décider relativement librement mais il ne peut pas lier ses collègues. Évidemment, ce qui nous intéresse dans le cadre de cette étude, c'est que l'argumentation reste mobilisée, le distinguishing reste une technique argumentative, le juge qui y recourt le fera nécessairement en justifiant son choix, bref par l'argumentation.

D'un point de vue prospectif, le juge – en particulier celui de la *Common Law* – est investi d'une responsabilité à deux titres. Premièrement, sa décision pourra être invoquée dans des cas ultérieurs. Or, à supposer qu'il soit juste de trancher dans un sens, le juge peut trancher raisonnablement dans un sens injuste (injustice *ex post*) s'il veut empêcher (dans une perspective *ex ante*) que sa décision donne lieu à un précédent qui serait beaucoup plus dommageable que sa décision injuste. C'est la raison pour laquelle le juge donne parfois raison à quelqu'un qui est manifestement en tort, sachant ou devant savoir que cette décision concerne en fait potentiellement beaucoup plus de cas que le seul cas d'espèce. Une seconde responsabilité pèse sur les épaules du juge : la manière dont il formulera sa décision. En effet, selon qu'il dise que tel animal est interdit ou que tel animal est interdit *en tant que c'est un animal sauvage* (ou autre caractéristique), il donnera un autre aspect à la jurisprudence à venir. Prospectivement, le juge oriente donc la jurisprudence par le choix qu'il fait et par la motivation plus ou moins précise qu'il donne en appui à ce choix (Goltzberg, 2013a : 48-49).

Il existe, en outre, une différence entre *suivre* un précédent – on dit par ailleurs *suivre* une règle – et *s'inspirer* d'un précédent. Lorsqu'on suit un précédent, on présente la décision comme découlant du précédent que l'on entend suivre, celui-ci étant alors (présenté comme) contraignant. Il peut être contraignant notamment parce qu'il provient d'une juridiction supérieure (Séroussi, 2007 : 19). En revanche, on s'inspire du précédent lorsque celui-ci n'est pas (présenté comme) contraignant, par exemple parce qu'il provient d'une juridiction par laquelle le juge n'est pas lié. Le précédent est alors dit « persuader », inspirer le juge, ce qui fait allusion à l'opposition entre convaincre et persuader : celui qui persuade n'offre pas d'éléments emportant entièrement l'adhésion et la conclusion n'est pas implacable. Il n'en reste pas moins que je peux me laisser persuader par des arguments non contraignants, comme un précédent qui ne s'impose pas au juge (Goltzberg, 2013 a : 49).

Section 6. **L'argument de la pente glissante**

C'est un argument qui vise souvent à empêcher une décision de justice, l'adoption d'une loi ou toute autre décision juridique ou politique (décision A) en invoquant le fait que si ladite décision était validée, elle rendrait plus aisé le passage à une autre décision ou situation présentée comme manifestement peu souhaitable (décision B). Autrement dit, l'argument consiste à dire que la décision A n'est pas nécessairement mauvaise en soi, mais qu'elle rendra plus probable l'une des conséquences supposées (décision B) – toute la force de l'argument reposant sur le caractère probable de ce passage. L'argument ne dit pas – et c'est une erreur courante – que la décision A conduira nécessairement, inéluctablement, à la décision B, mais que le passage de A à B est rendu plus aisé, voire dangereusement aisé (Goltzberg, 2013a : 50).

Il nous importe de noter que l'argument de la pente glissante est d'une portée générale et peut soutenir des positions opposées. Le cas du discours raciste et de la liberté d'expression est illustratif à cet égard. Les défenseurs de la pénalisation du discours raciste soutiendront que si ces propos ne sont pas sanctionnés, une pente glissante pourrait conduire certains à aller plus loin dans leurs propos, voire à en venir aux mains, à en appeler à la violence ou à commettre des exactions racistes. Les opposants à une telle pénalisation soutiendront à leur tour qu'une pente glissante pourrait conduire de cette limitation de la liberté d'expression à des limitations encore plus grandes, prétendument tout aussi prophylactiques. C'est bien le même argument de la pente glissante qui est invoqué de part et d'autre. D'une manière générale, cet argument de la pense glissante repose sur des scénarios qui sont plus ou moins crédibles, parfois catastrophistes (Goltzberg, 2013 a : 50). Mais indiquons qu'il existe un catastrophisme éclairé comme l'a bien enseigné Jean-Pierre Dupuy. En effet, cet auteur soutient que le fait qu'une catastrophe (armes à destruction massive, guerre nucléaire, maladies bactériologiques, etc.) ne survient pas, ne doit pas nécessairement être compris comme la réfutation d'un discours catastrophiste qui annonçait l'imminence de ces malheurs, mais peut bien souvent être, au contraire, un indice de l'efficacité d'une réflexion catastrophiste. Ce catastrophisme se veut éclairé dans la mesure où il procède de manière rationnelle et par analyse du risque, de la catastrophe qui est déjà là : « *Le temps est venu de mener une réflexion sur le destin apocalyptique de l'humanité : nous avons en effet acquis la certitude que l'humanité était devenue capable de s'anéantir elle-même, soit directement par les armes de destruction massive, soit indirectement par l'altération des conditions nécessaires à sa survie. Le pire n'est plus à venir mais déjà advenu, et ce que nous considérions comme impossible est désormais certain. Et pourtant nous refusons de croire à la réalité du danger, même si nous en constatons tous les jours la présence. Face à cette situation inédite, la théorie du risque ne suffit plus :*

c'est à l'inévitabilité de la catastrophe et non à sa simple possibilité que nous devons désormais nous confronter ». (Jean-Pierre Dupuy, *Pour un catastrophisme éclairé. Quand l'impossible devient certain*, Seuil, Points Essais, 2004).

L'argument de la pente glissante peut prendre deux formes : logique et empirique. Dans le premier cas, la question posée est : *Si vous prenez la décision A, qu'est-ce qui justifierait que vous ne preniez pas la décision B, puisque A et B ne sont pas fondamentalement différents ?* Autre version de la forme logique de l'argument de la pente glissante : *Si vous prenez la décision A, qu'est-ce qui justifierait que vous ne preniez pas la décision x, qui est très proche de la décision A, et ensuite Y, qui est très proche de x, et ainsi de suite jusqu'*à la décision *z, laquelle est très proche de B ?* Dans cette dernière version, A et B sont présentés comme clairement différents, mais séparés par un *continuum* qui, si on le parcourt lentement, n'est pas marqué par un passage brusque d'une étape à l'autre (Goltzberg, 2013a : 52).

Dans sa forme empirique, l'exemple peut se présenter comme suit : *Si vous prenez la décision A, cela va entraîner, par voie de conséquence et dans un futur plus ou moins proche, la prise de décision B.* Concrètement : Ex 1° *Si vous autorisez l'euthanasie, cela va exercer une certaine pression sur les personnes âgées qui pèsent sur leur entourage, et la société va petit à petit demander la législation de l'euthanasie pour toutes les personnes pesant sur leur environnement, y compris les handicapés.* Ex 2° *Si vous dépénalisez la consommation du cannabis, il n'y a qu'un pas à franchir pour atteindre la dépénalisation de drogues plus dures ainsi que la publicité pour ces drogues. Cela conduirait à une société où une majorité de la population serait toxicomane.* Ex 3° *Si vous rendez obligatoire l'enrôlement des étudiants à la session d'examen, il sera plus facile d'organiser le paiement de la correction des copies d'examens ; or nous nous opposons fermement au paiement de la correction des copies d'examens, donc à l'enrôlement des étudiants à la session.*

Assez couramment, l'argument de la pense glissante repose sur l'idée qu'il n'existe pas de lieu précis où séparer les décisions A et B : leur frontière serait arbitraire. Ainsi, il n'y a pas de limite qui ne soit pas – dans une certaine manière – arbitraire entre le moment où un patient est aux prises avec d'atroces souffrances et une simple vague à l'âme. Ce n'est pas qu'il n'y pas de différence entre les deux, mais seulement que toute limite précise est arbitraire. Or, si toute limite est arbitraire, voici ce qui pourrait se passer : si l'on autorise l'euthanasie pour un patient aux prises avec d'atroces souffrances, il n'y a pas de bonne raison de refuser cette option à un patient souffrant un tout petit peu moins. Si ce raisonnement est répété un certain nombre de fois, la conclusion implacable serait qu'il n'y a pas de bonne raison de refuser l'euthanasie à un étudiant attristé par ses mauvaises notes. L'argument de la pente glissante visera à dissuader de prendre la décision A (euthanasie pour interrompre d'atroces souffrances de crainte qu'elle ne débouche sur la décision B (euthanasie pour quelque raison que ce soit) (Goltzberg, 2013a : 52).

L'analyse comparative a montré que comme pour l'argument *a fortiori*, l'argument de la pente glissante peut être déconstruit (Goltzberg, 2013a : 52-53).

Une première manière est de montrer que le passage de la décision A à la décision B est tout sauf évident et que le geste qui autoriserait ce passage ne saurait passer inaperçu. On peut en outre affaiblir l'argument en montrant les nombreux cas où des passages similaires n'ont pas été effectués. Cela mettrait fin à la panique qu'entretiennent parfois ceux qui élaborent l'argument de la pente glissante. Aussi, comme l'indique Stefan Goltzberg, tout argument de la pente glissante est-il susceptible d'une double rétorsion. D'une part, il est toujours possible de fabriquer un argument de la pente glissante opposé : à celui qui refuse de pénaliser (A) un discours raciste au motif que cela entraînerait à terme (B) une extinction de la liberté d'expression, on peut répondre que si l'on ne souhaite pas prendre la décision B, alors il n'y a pas de raison non arbitraire de souhaiter la décision z, qui est un peu moins grave quoique très proche de B (une répression grave mais pas totale de la liberté d'expression), ni la décision y, qui est moins grave quoique proche de z, etc. La conclusion est que même en prenant la décision A, on ne tolérera pas la moindre avancée au-delà de la décision A, dans la direction de la limitation de la liberté d'expression (Goltzberg, 2013a : 53).

D'autre part, on peut répliquer à l'argument de la pente glissante par un autre argument de la pente glissante : si l'on refuse de légaliser l'euthanasie parce que cela pourrait donner lieu à une généralisation de la possibilité de demander l'euthanasie, il faut également interdire d'autres pratiques médicales contenant ce risque, notamment de nombreux médicaments qui peuvent être détournés de leur utilisation légitime, et, finalement, il faudrait interdire les soins de santé, lesquels présentent toujours un risque potentiel de détournement ou d'abus (*Ibidem*).

Poussée davantage loin, l'analyse de l'argument de la pente glissante pourrait être rapprochée du paradoxe du sorite. Comme on le sait, ce paradoxe repose sur le caractère indéterminé de certaines limites ou de certains concepts. En effet, le sorite peut dissimuler un sophisme sous son allure rythmée et élégante. Afin de s'assurer de sa validité, il est nécessaire de vérifier si les termes utilisés ont la même signification dans toutes les propositions. C'est en l'occurrence le cas de l'exemple très connu :

> « *Celui qui boit trop s'enivre,*
>
> *Celui qui s'enivre dort bien,*
>
> *Celui qui dort bien ne pèche pas,*
>
> *Celui qui ne pèche pas est un saint,*

Donc, celui qui boit trop est un saint ».

L'examen de ce sorite relève que « ne pèche pas » attribut de la troisième proposition signifie « ne pèche pas en dormant » comme sujet de la quatrième proposition, cela signifie : « ne pèche pas du tout ». Puisque le sens d'un terme a changé, il y en a un de trop. Après analyse, ce raisonnement n'est pas correct.

Par ailleurs, il importe de noter que l'argument de la pente glissante, s'il peut être invoqué pour justifier toutes sortes de thèses, se prête particulièrement au soutien de thèses réactionnaires ou du moins conservatrices. Dans les propos de certains religieux et même dans le milieu des radicaux conservateurs ou orthodoxes, l'on peut entendre des propos comme : « *en fait, si l'on autorise le vote des femmes, quelle sera la prochaine étape ? Elles n'obéiront plus à leur mari, etc. Si on autorise le mariage des personnes du même sexe et qu'on leur donne la possibilité d'adopter les enfants, à qui le prochain tour ? Le mariage entre les hommes et les animaux de compagnie, etc.* » (Goltzberg, 2013a : 54).

Section 7. **Perspectives *ex post* et *ex ante***

Une des différences entre le législatif et le judiciaire, comme nous le rappelle bien Stefan Goltzberg, est que le premier est typiquement orienté vers le futur et le second vers le passé. Or, dans les systèmes où le précédent joue un rôle prépondérant, la décision judiciaire ne prend pas en compte uniquement le passé mais également le futur (Goltzberg, 2013a : 54). Cet auteur donne l'exemple d'un braquage d'une banque au cours duquel le bandit a pointé son arme sur l'employé de banque et l'a menacé de le tuer s'il ne lui ouvrait pas le coffre. L'employé a refusé d'ouvrir le coffre et le gangster a tenu parole en abattant l'employé. La famille de la victime s'est alors retournée contre la banque pour obtenir les dommages et intérêts. Le juge doit décider s'il donne raison à la famille de la victime ou à la banque. D'un point de vue rétrospectif, après les faits (*ex post*), il semble bien que la partie ayant le plus perdu dans cette affaire soit la famille de la victime, y compris bien sûr, la victime. On peut dès lors pressentir les motifs de donner raison à la famille. Cela dit, on peut également changer de perspective et se demander ce qui se passerait dans le futur (*ex ante*) si le juge donnait tort à la banque : les responsables de banques demanderaient alors à leurs employés menacés par un braqueur de leur ouvrir immédiatement le coffre. Le mot se propagerait et les bandits sauraient désormais que s'ils se proposent de braquer une banque, l'employé aura reçu l'instruction, s'il est menacé, de livrer l'argent le plus rapidement possible. N'y a-t-il pas à craindre que cette décision judiciaire, pétrie de bonnes intentions, ne conduise à susciter de nouvelles vocations de braqueurs ? Est-ce que la décision aurait atteint son objectif si elle encourageait les bandits à entreprendre davantage de braquages ? (Goltzberg, 2013a : 54).

La prise en compte de ce qui s'est passé est dite *ex post* ; la prise en compte de ce qui s'ensuivrait est dite *ex ante*. C'est ce genre de considérations *ex ante* qui a convaincu de nombreux gouvernements de ne pas céder aux demandes de rançon des terroristes, fût-ce au prix de la vie des otages (certains États le font sans le dire ou refusent d'accepter qu'une rançon a été donnée dans la libération de tel ou tel autre otage). Le raisonnement est le suivant : sauver les otages aujourd'hui est certes souhaitable, mais la conséquence d'une telle concession est encore beaucoup plus nuisible que la perte des otages (*Ibidem* : 55).

Si l'on pouvait être sûr que ce braquage est le dernier de l'histoire de l'humanité ou que ces terroristes sont les derniers, il serait alors recommandé de donner alors raison à la famille de la victime du braquage et de céder aux demandes des terroristes. Mais dans la mesure où il n'y a pas de bonne raison de croire que ce sont les derniers et où, au contraire, une décision prenant en compte uniquement les événements *ex post* aurait pour effet de multiplier, du moins de favoriser, les cas de braquages et de prises d'otages, il est parfois opportun de raisonner *ex ante* (*Ibidem*).

Une autre hypothèse envisageable est lorsqu'on n'a pas su ou l'on ne veut pas faire savoir que le cas s'est produit. C'est ce qu'on appelle **la séparation acoustique**. Si la décision ne conduit pas à donner un mauvais exemple, si par exemple le paiement de la somme reste secret, alors il n'y a plus de raison de refuser la décision *ex post* (*Ibidem*).

Encore un exemple donné par Stefan Goltzberg : imaginons que vous installiez un mécanisme sur votre porte tel que si quelqu'un la force il reçoit un coup de couteau mortel, et qu'un cambrioleur a la mauvaise idée de choisir votre habitation. Envisageons que le mécanisme fonctionne et que le cambrioleur est tué par les coups de couteau automatiquement administrés par le mécanisme. Il est vraisemblable que vous serez poursuivi pénalement. En revanche, si vous tuez *personnellement* le cambrioleur entré par effraction, vous pourrez facilement invoquer la légitime défense et être déclaré innocent. Quelle est la différence entre ces deux situations ? Dans les deux cas, vous causez la mort du cambrioleur entré par effraction. Les juges verront d'un mauvais œil, d'une part, le fait que le mécanisme pourrait causer – accidentellement – la mort d'innocents, notamment d'enfants. D'autre part, l'impunité donnerait le mauvais exemple et inciterait de nombreuses personnes à installer un tel mécanisme. Le fait que le juge innocente celui qui cause la mort *personnellement* du cambrioleur tient en partie au fait que ce fait est « acoustiquement séparé » des situations ultérieures, puisque, précisément, il implique une situation imprévisible, le cambriolage (Goltzberg : 2013a, 56). La perspective *ex post* est donc statique, ne portant que sur l'affaire en cause, alors que la perspective *ex ante* est dynamique, en ce qu'elle prend en compte les cas qui se présenteront dans le futur. Il est important de comprendre que la perspective *ex ante* ne porte pas simplement sur un futur à propos duquel nous savons peu de chose ; au contraire, la perspective *ex ante* tient compte d'un ensemble de cas futurs que la décision aura contribué à façonner (*Ibidem*).

D'autres hypothèses relatives au point que nous examinons peuvent être envisagées en matière foncière. C'est en l'occurrence, le cas d'une maison construite partiellement sur le terrain d'autrui. Cela oppose vertement celui qui a construit et le propriétaire de la parcelle, au point qu'il arrive par moment que ce dernier exige la destruction de la maison illicitement construite. D'après Stefan Goltzberg, Chaïm Perelman parlerait à ce titre d'un abus du pouvoir : une solution plus raisonnable serait de suggérer le paiement d'un dédommagement sans recourir à la mesure extrême que représente la destruction – légale – de la maison empiétant sur le terrain d'autrui (Goltzberg, 2013a : 56). Cette perspective reste *ex post* et n'embrasse pas l'ensemble des conséquences d'une telle décision. En effet, si la décision était telle, les personnes qui ne seraient pas certaines d'obtenir l'autorisation de bâtir une construction empiétant quelque peu sur le terrain d'autrui n'auraient qu'à réaliser la construction et, une fois que la victime élèvera la plainte, payer le dédommagement accordé à la victime (*Ibidem* : 57). Comme dans le cas du braquage ou de la prise d'otages, cette décision pourrait susciter des vocations, puisque l'issue du procès serait connue d'avance. La perspective *ex ante* est en revanche beaucoup moins séduisante à court terme, puisqu'elle implique la destruction de tout ou partie de l'immeuble qui empiéterait sur le terrain d'autrui, mais aurait pour avantage de dissuader fermement cette pratique. En effet, si la décision est de détruire la maison en question, on peut considérer que l'effet sera de diminuer drastiquement le nombre de maisons empiétant sur le terrain d'autrui. Le grand nombre de maisons nouvellement construites qui ne sont *pas* détruites, parce qu'elles n'empiètent pas sur le terrain d'autrui, sera l'indice de ce que la décision *ex ante* (la destruction de la maison empiétant sur le terrain d'autrui) aura atteint son objectif de dissuasion (*Ibidem*).

Le même raisonnement peut se poser particulièrement en matière du droit de la propriété intellectuelle. En fait, on peut se demander pour quelle raison, par exemple, la personne mettant au point un médicament serait la seule à pouvoir l'utiliser. En effet, en autorisant la fabrication et la commercialisation d'un médicament protégé par le droit de la propriété intellectuelle, on pourrait sauver de nombreuses vies. Ce raisonnement, *ex post*, semble *a priori* devoir emporter l'assentiment. Mais la conséquence d'une telle décision pourrait être découragée des chercheurs ou des industriels à mettre au point de nouveaux médicaments. D'un point de vue global, la santé de la population totale s'en trouverait réduite, toute chose étant égale par ailleurs. La perspective *ex ante*, une fois de plus, quoique moins directement attirante, traduit un souci de justice appréciable si l'on prend la peine de mesurer à long terme ou à moyen terme l'effet de la décision judiciaire (*Ibidem*).

Section 8. **Principe de l'effet utile**

Il consiste à assigner une pertinence à toutes les parties du texte. Une autre manière d'exprimer ce principe est de dire : *le législateur n'est pas négligent*. L'effet utile sollicite souvent l'argument *a contrario*. Stefan Goltzberg pense que si le terme est pertinemment choisi, sont exclus de cette catégorie les objets ne répondant pas exactement à la définition du terme. D'après cet auteur, on peut distinguer un effet utile minimal qui se propose de donner un sens à un segment (mot, phrase, paragraphe, etc.) qui autrement en serait dépourvu et un effet utile maximal qui vise à donner un meilleur sens à segment d'un énoncé législatif. L'effet utile minimal serait d'une force plus grande que l'effet utile maximal (Goltzberg, 2013a : 99-100).

Ce principe est l'application de ce que les linguistes et les philosophes appellent le principe de pertinence selon lequel les humains ne parlent pas en vain et ce qu'ils disent est pertinent. Dans le cadre du droit, on attribue aux dires du législateur une grande pertinence (*Le législateur n'est pas négligent*). Si le législateur a choisi un terme plutôt qu'un autre et qu'une différence est notable entre les deux, il est raisonnable de donner un sens à ce choix. Le principe de l'effet utile participe d'une lecture très attentive de la loi, et, à ce titre, implique une lecture stratégique et non pas simplement coopérative (*Ibidem* : 34). Pour rappel, la lecture stratégique consiste à lire le texte non pas dans le sens qui se présente d'emblée comme la sémantique voulue, mais en envisageant les différentes possibilités du texte, sans égard pour l'auteur. La lecture stratégique refuse de voir dans des répétitions ou des précisions quelque peu redondantes une façon de parler.

Il en découle que, ce principe devra être compris comme un argument consistant à remettre en question une lecture de la loi qui ferait d'une partie de celle-ci quelque chose d'inutile ou de dépourvu de sens. Il peut s'agir d'un mot, d'une phrase ou d'un paragraphe. Si un mot apparaît accompagné d'un autre mot dans plusieurs paragraphes mais pas dans un autre, il y a lieu de donner un sens particulier à ce fait. Par exemple, s'agissant des minorités, certaines lois précisent que les citoyens doivent recevoir un « même traitement et les mêmes garanties en fait et en droit ». De ce qu'« en fait » soit ajouté, l'on peut déduire ou plaider que cette égalité ne doit pas être uniquement formelle mais effective. Autrement, l'expression « en fait » n'apporterait aucune information (*Ibidem* : 35).

Par ailleurs, l'effet utile peut-il être contrebalancé par plusieurs types d'arguments, notamment en disant que le terme est simplement redondant – ce qui est également une proposition stratégique. Afin de suspendre l'application du principe de l'effet utile, on peut invoquer le fait soit qu'une telle interprétation cautionnerait une attitude visant à éluder des obligations, soit que cette interprétation s'opposerait à l'esprit du texte. Enfin, l'intention du législateur ou le contexte peuvent être invoqués contre le principe de l'effet utile (*Ibidem*).

Section 9. **L'argument d'opportunité**

Cet argument qui ne repose pas sur le droit positif a l'intérêt de faire allusion à des données étrangères au droit en vigueur lesquelles n'apparaissent plus dans la décision « de pur droit » rendue (Rubi-Cavagna, 2013 : 217). La logique sous-tendue est d'intégrer des données, des considérations d'opportunité d'ordre économique, social, scientifique, historique, moral, de politique judiciaire, de cohérence ou de justice dans l'argumentation développée. Ces données qui peuvent ne sembler que des éléments de contextualisation, sont en réalité mobilisées afin d'écarter une solution qui semble inadéquate ou préconiser une solution qui réponde aux attentes de la société. Indiquons que ces données d'opportunité doivent prendre en compte de la réalité sociale (l'évolution de l'économie, les conséquences économiques d'un plaideur, les répercussions économiques pour les usagers ou les consommateurs à la suite de la décision qui sera prise par le juge ou l'autorité administrative, les pratiques sociales, etc.), les impératifs judiciaires et de justice (la bonne administration de la justice, la cohérence juridictionnelle, l'efficacité de la justice, le respect des droits des parties, etc.).

Voici un exemple tiré d'une réflexion sur la nationalité congolaise, précisément sur le point relatif à la nationalité des descendants des transplantés du Rwanda vers le Congo par le colonisateur belge : « *S'il y a un constat à faire à ce stade, il nous revient de dire, à la suite d'autres analystes, que la transplantation est un acte administratif colonial belge. Avant l'indépendance, la colonie du Congo-Belge et le territoire du Ruanda-Urundi se trouvaient sous l'administration d'un même colonisateur. Usant de son pouvoir, l'autorité administrante a décidé d'autorité de déporter des ressortissants du Ruanda-Urundi pour les placer au Congo. Ces personnes y ont demeuré jusqu'aujourd'hui. La remise de nouvelles pièces d'identité par l'autorité coloniale est d'une double nature : politique et juridique. Son effet est l'octroi au transplanté du statut de « sujet belge*

» du Congo ou du statut colonial, autrement dit du colonisé de la colonie du Congo-Belge. L'individu transplanté était ainsi politiquement et juridiquement transformé en indigène du Congo-Belge. C'est la conclusion *à tirer au vu des mentions portées à la première page de couverture de la nouvelle pièce d'identité : « **CONGO BELGE** - BELGISCH - CONGO - LIVRET D'IDENTITÉ - **Identeisboekje** » et de l'obligation à se soumettre au pouvoir colonial et à s'intégrer dans les structures coutumières locales. C'est ce que relève HANGI SHAMAMBA en ces termes : « Dès sa transplantation au Congo-Belge, l'immigrant était informé que son allégeance au mwami du Rwanda était désormais abolie, qu'il n'était soumis qu'au seul pouvoir colonial belge et devait s'intégrer dans les structures coutumières locales ». C'est pour cela que, tirant les conséquences de son acte, l'autorité coloniale reconnaîtra le droit de vote et d'éligibilité à ces nouveaux sujets belges du Congo (Ordonnance législative n° 25/554 du 6 novembre 1959) (...) Il est donc clair que ces transplantés et leurs descendants devenaient des indigènes du Congo-Belge et que c'est le 30 juin 1960 qu'ils ont collectivement acquis la nationalité congolaise au même moment et dans les mêmes conditions que tous les autres sujets belges du Congo. De telle sorte que l'argument pour le contraire devra préciser à quel moment pendant la période coloniale et dans quelles circonstances ces personnes avaient perdu leur statut d'indigènes du Congo-Belge* (Segihobe, 2012 : 234, 235, 236)

En fait, dans l'argument d'opportunité, il y a là un paramètre axiologique ayant trait aux valeurs, entendue comme une situation socio-économique, morale, éthique ou politique qu'il convient de préserver si elle existe, de rétablir si elle est méconnue, de tendre vers elle, si elle n'est pas encore atteinte (Leclerc, 2001 : 19)

Section 10. **L'argument d'autorité**

Comme nous le disons à propos de l'argument *ad verecundiam*, l'argument d'autorité consiste à étayer sa démonstration en puisant des informations dans les travaux d'auteurs ou d'instances. On fait référence à une autorité politique, morale, scientifique reconnue et experte. Par exemple : Fumer est dangereux pour la santé, c'est ce que nous démontre le rapport sur la santé des Sénégalais rédigé par les Professeurs de l'Université Cheik Anta Diop. Son objectif est généralement de renforcer l'argumentation en profitant de la qualification ou de la compétence reconnue à l'auteur cité (Rubi-Cavagna, 2013 : 244).

Ainsi, l'on peut lire dans l'ouvrage du Professeur Dieudonné Diumi Shutsha à propos de l'assise panafricaine des principes garantissant la protection des droits des administrés en matière administrative que « *ces principes sont fort importants dans le contexte africain car ils sont politiquement au cœur des préoccupations des autorités africaines. Ils ont fait l'objet notamment d'énormes discussions au niveau des ministres africains de la Fonction publique* » (Diumi, 2013 : 20). L'auteur met en exergue la caution morale et même politique que représentent les ministres pour démontrer l'existence de la protection des administrés.

Parlant de l'existence du « fait régional », dans son *Traité de droit international public,* le Professeur Auguste Mampuya Kanunk'a Tshiabo, avec un style particulier qui lui est reconnu, nous donne un exemple d'argument d'autorité en référence à la Bible, à l'auteur Oswald et aux internationalistes : « Même en remontant aux temps les plus reculés, nous savons que là où, par exemple, les écrits bibliques parlent du "monde entier" (le déluge couvrant "la terre entière", des chefs de guerre locaux considérés comme les plus puissants ou les plus cruels du monde,...), il ne s'agit à la vérité, que d'appréciations tout à fait relatives, que de réalités purement régionales, voire, locales. (...) Avec cette antériorité du régionalisme, ainsi que le constate Oswald Ndeshyo Rurihose étudiant le système africain, le droit international ne vient que consacrer ce fait, ces relations que nous qualifions de "internationales" ainsi que le "droit des gens" qui les sous-tendait n'étaient que des relations et un droit simplement régionaux et européens. Aujourd'hui, le phénomène est connu des internationalistes sous le nom de "régionalisme" ; s'il est reconnu par la charte de l'ONU, si tout le monde pense qu'il est nécessaire ou en tout cas utile, l'organisation universelle ne lui attribue cependant aucune particularité ni ne fonde cette reconnaissance sur aucune spécificité de principe. Il semble que, par intérêt, l'organisation mondiale veuille se reposer sur les profondes solidarités locales ou régionales pour faire réaliser sur le plan local ou régional, dans les questions locales ou régionales, et cela par des organisations régionales, le but ultime de l'organisation du monde, le maintien de la paix et de la sécurité internationales » (Mampuya, 2016 : 420).

Enfin, relevons que le recours à l'*amicus curiae*, aux ouvrages ou aux études spécialisées participent de cet argument d'autorité.

Section 11. **L'argument pragmatique**

Il peut être apparenté, dans une certaine mesure, à l'argument *ad consequentiam.* D'après Chaïm Perelman et Lucie Olbrechts-Tyteca, l'argument pragmatique permet d'apprécier un acte ou un événement en fonction de ses conséquences favorables ou défavorables. Au fait, pour apprécier un événement il faut se reporter à ses effets (Perelman et Olbrechts-Tyteca, 2008 : 358). On envisage les conséquences pratiques d'une règle et on apprécie sa pertinence par l'évaluation des conséquences qu'elle peut produire. Ces auteurs donnent l'exemple tiré de *The second treatise of civil government and A letter concerning toleration, Oxford*, 1948, à la page 135 de John Locke critiquant le pouvoir spirituel des Princes : « *On ne pourra jamais établir ou sauvegarder ni la paix, ni la sécurité, ni même la simple amitié entre hommes, aussi longtemps que prévaudra l'opinion que le pouvoir est fondé sur la Grâce et que la religion doit être propagée par la force des armes* ». Ou encore l'autre exemple pris dans les travaux de Jeremy Bentham : « *Qu'est-ce que donner une* bonne raison *en fait de la loi ? C'est alléguer des biens ou des maux que cette loi tend à produire... Qu'est-ce que donner une* fausse raison *? C'est alléguer, pour ou contre une loi, toute autre chose que ses effets, soit en bien, soit en mal* » (Bentham, 1840 : 39).

L'on peut trouver dans une réflexion que nous faisons sur les mesures d'amnistie en RDC et leurs conséquences sur la justice, un exemple de ce genre d'argument. Nous disons par exemple que : « *L'amnistie ne serait pas une simple absence de punition, mais contiendrait la marque d'une volonté délibérée de faire échapper à la punition. Il y aurait manipulation des règles pour soustraire à la répression. L'amnistie serait l'une de ces manœuvres pour passer sous silence en couvrant de l'oubli certains actes. En tout cas, la réalité congolaise montre que l'impunité, au-delà des discours politiques souvent pour une consommation extérieure, se porte bien. Ce qui justement scandalise c'est de constater que non seulement ces criminels ne sont pas inquiétés par la justice, mais aussi et surtout clament haut et fort disposer des droits et privilèges pour avoir pris les armes ou fait la guerre. Ces « droits et privilèges » sont obtenus à travers des postes politiques qu'ils occupent. (...) Au contraire, l'impunité ainsi consacrée à travers les mesures d'amnistie constituerait une prime aux criminels, méconnaîtrait les droits des victimes des crimes d'être indemnisées, compromettrait la paix sociale. En définitive, bien que les amnisties puissent contribuer au retour et à la réinsertion de groupes de civils déplacés et d'ex-combattants, elles ne doivent cependant en aucun cas être utilisées « pour excuser des actes de génocide, des crimes de guerre, des crimes contre l'humanité ou des atteintes graves aux droits de l'homme.* » (Segihobe, 2012a : 62)

Comme l'indiquent Chaïm Perelman et Lucie Olbrechts-Tyteca, l'argument pragmatique qui permet d'apprécier quelque chose en fonction de ses conséquences, présentes ou futures, a une importance directe pour l'action. Il ne demande, pour être admis par le sens commun, aucune justification. Le point de vue opposé, chaque fois qu'il est défendu, nécessite au contraire une argumentation ; telle l'affirmation que la vérité doit être préconisée, quelles qu'en soient les conséquences, parce qu'elle possède une valeur absolue, indépendante de celle-ci. Ainsi, l'argumentation par les conséquences peut s'appliquer, soit à des liaisons communément admises, vérifiables ou non, soit à des liaisons qui ne sont connues que d'une seule personne. Dans ce dernier cas, l'argument pragmatique pourra être utilisé pour justifier le comportement de cette personne (Perelman et Olbrechts-Tyteca, 2008 : 359).

De toute façon, les conséquences envisagées sont souvent de nature économique, politique ou sociale et généralement l'argument pragmatique est invoqué pour écarter une règle dont les effets apparaissent non souhaitables ou, à l'inverse, pour privilégier une règle dont les effets sont jugés positifs (Rubi-Cavagna, 2013 : 241). C'est en l'occurrence l'exemple sur les amnisties au sujet desquelles l'argument avancé est de voir les auteurs des crimes graves punis et d'éviter de consacrer la prime à l'impunité.

CHAPITRE VI

LE RAISONNEMENT JURIDIQUE

> « La logique classique est caractérisée par sa monotonie, à savoir non l'ennui que sont censées dégager ses majestueuses constructions un peu froides, mais ceci qu'une déduction valide ne saurait perdre cette qualité si l'on y ajoute quelque prémisse que ce soit : il y a comme une robustesse de la déductibilité. Plus généralement, ses règles transmettent la vérité : si les prémisses sont vraies, la conclusion est vraie ; si la conclusion est fausse, alors l'une au moins des prémisses est fausse (sans que l'on puisse pour autant savoir laquelle) du vrai ne s'ensuit que le vrai, alors que du faux, le vrai comme le faux peuvent être dérivés. On démontre la validité d'un raisonnement en prouvant que si l'on suppose sa conclusion fausse, il n'est pas possible d'interpréter ses prémisses de telle manière qu'elles soient simultanément vraies : la fausseté de la conclusion implique l'incompatibilité des prémisses. On notera qu'un raisonnement valide peut avoir une conclusion fausse et un raisonnement non valide avoir des prémisses et une conclusion "factuellement" vraies » (Boyer, 1992 : 26).

L'histoire des temps anciens renseigne que la justice n'a pas toujours été administrée soit à l'aide de raisonnement juridique soit avec la motivation obligatoire des décisions. Lorsque l'administration de la justice se faisait de manière fatidique, par divination ou incantation, la justification du jugement ne procédait pas par la subsomption de la situation de fait à quelque règle générale et préétablie. Rendre un jugement, c'était une opération qui invoque des facteurs souvent fortuits et non rationnels – il suffit de se rappeler l'ordalie (van de Kerchove, 2005 : 90-93) –, sans que le décideur n'ait été tenu d'exposer des raisons spécifiquement juridiques (Stamatis, 1995 : 152).

Par contre, à l'ère moderne, l'autonomisation relative de l'instance judiciaire par rapport au terrain éthique et social, ainsi que la rationalisation des formes de vie ont fait surgir une rationalité d'administration de la justice désignée par des postulats d'ordre administratif. On constate de nos jours que la décision judiciaire est plus qu'un verdict armé ou une sentence solennellement prononcée d'une autorité socialement mandatée. Comme le mentionnent bien François Ost et Michel van de Kerchove, « le raisonnement juridique est assurément un terrain d'observation privilégié des transformations actuelles du monde de production du droit » (Ost & De Kerchove, 2002 : 358).

Sur le plan judiciaire, l'acte juridictionnel s'épanouit derechef au terme d'un processus de prise de décision fortement institutionnalisé, incombant à quelque autorité qualifiée, dans le cadre de la séparation des pouvoirs d'État, sans que ne soit toutefois exclue la possibilité de l'intervention arbitraire d'un tiers médiateur ou celle d'une solution à l'amiable. Devant cette autorité, le conflit se transforme en dialogue, en procès du jugement, mis en avant, pour la plupart, entre professionnels agissant par procuration et ayant la maîtrise technique d'un savoir savant, parfois non convergent avec les recommandations du sens commun (Stamatis, 1995 : 152).

Que ce soit l'autorité qui doit prendre la décision (juge, autorité administrative, etc.), que ce soit les professionnels du droit qui sollicite ou oriente une décision dans un sens comme dans un autre (avocat, magistrat, conseiller juridique, défenseur judiciaire, etc.), le raisonnement juridique reste le canal nécessaire pour leur travail.

L'acte juridictionnel consiste dès lors en un jugement, constitué en forme syllogistique, qui justifie que chaque cas considéré soit subsumé à certaines règles du droit en vigueur, ce qui entraîne des conséquences légales respectives. Pour ce chapitre, il nous revient d'abord de scruter les bases du raisonnement juridique avant de parler de la structure et les prémisses du raisonnement juridique ; nous pourrons ensuite nous enquérir sur des objections, des réserves émises à l'égard du syllogisme judiciaire (ou plutôt « juridique » en général) et, enfin, conclure sur la performance dans la justification de l'argumentation juridique.

Section 1. **Les contours du raisonnement juridique**

Il importe de rappeler que le raisonnement est avant tout un processus cognitif qui est essentiellement un acte de raison. Son accomplissement peut exiger, selon les cas, le concours de quelque autre puissance, cognitive ou non. Ainsi, afin de pouvoir effectuer l'acte proprement intellectuel de raisonnement, pendant l'instruction d'une affaire, le juge peut-il être obligé de se transporter sur le lieu du crime ou des limites parcellaires querellées, prendre des photos, faire analyser des données ou recourir à tout autre expertise, etc.

Mais ce ne sont pas ces actes physiques, ni même les actes cognitifs des puissances sensitives, quel qu'en soit par ailleurs le rôle dans le processus intégral du raisonnement, qui intéressent le logicien (Kalinowski, 1965 : 140). Celui-ci, comme l'indique Georges Kalinowski, se limite à l'étude du raisonnement réduit à l'acte discursif, purement intellectuel, d'inférence. Or ce dernier se présente comme l'acte par lequel une proposition est considérée, dans des conditions bien définies, comme ayant une valeur logique déterminée parce qu'antérieurement une autre proposition (ou plusieurs autres propositions), de caractère également strictement défini, s'est vue (ou se sont vues) aussi attribuer une valeur logique déterminée (*Ibidem*).

Pour qu'il y ait un raisonnement authentique, il faut une raison objective pour laquelle une nouvelle proposition est admise comme ayant une valeur logique déterminée après l'admission préalable d'une proposition (ou de plusieurs propositions) dotée(s) également de la ou des valeurs(s) logiques(s) déterminée(s). Nous le rappelons à maintes reprises dans cette étude, la proposition nouvellement admise est appelée « *conclusion* », la (ou les) proposition(s) qui en permet(tent) l'admission porte(nt) le nom de *prémisse(s)*. Et la raison pour laquelle la conclusion découle de la (ou des) prémisse(s) constitue le *fondement du raisonnement* (*Ibidem*).

Or c'est d'après leurs fondements que les raisonnements se divisent de la manière la plus essentielle. Les raisonnements se fondent directement sur les règles auxquelles ils obéissent. Mais une règle n'est effectivement une règle de raisonnement que lorsqu'un facteur objectif, une loi logique par exemple, en garantit l'efficacité. C'est pourquoi le critère de division envisagée des raisonnements repose finalement dans le fondement de dites règles. De ce point de vue, les règles de raisonnement et partant les raisonnements mêmes peuvent être divisés en règles de raisonnement et raisonnements relevant de la logique de la contrainte intellectuelle (logique formelle au sens propre), règles de raisonnement et raisonnements ressortissant de la logique de persuasion (logique rhétorique) et règles de raisonnement et raisonnements extra-logiques (par rapport aux deux logiques précédentes, ce qui ne veut pas dire bien sûr « règles de raisonnement et raisonnements irrationnels »). Seules les règles des raisonnements rentrant dans le domaine de la logique de la contrainte intellectuelle seront appelées par la suite « règles logiques ». Encore faut-il, comme l'indique bien Georges Kalinowski, qu'un sens large soit donné à ce terme, car on entend par « règle logique au sens strict » uniquement une règle du raisonnement déductif, garantie par une loi logique au sens propre du mot. Les deux autres catégories de règles de raisonnement seront désignées respectivement au moyen des termes « règles d'argumentation rhétorique » et « règles d'argumentation extra-logique » (telle l'argumentation purement juridique) (Kalinowski, 1965 : 141).

Le raisonnement juridique procède de ce qui vient d'être dit ci-haut. Au sens large du terme, peut être appelé juridique tout raisonnement exigé de la vie juridique, c'est-à-dire effectué par celui qui, à un titre ou à un autre, exerce une activité juridique (élaboration, interprétation ou application du droit ainsi que l'étude multiforme scientifique ou philosophique de celui-ci). Autrement dit, il s'agit de tout raisonnement tenu par un juriste en tant que tel (Kalinowski, 1965 : 141-142 ; Maillieux, 1908 ; Perelman, 1954 : 8 ; Bobbio, 1954 : 67-83 ; Motte, 1954 : 84-92). Lorsqu'il est déployé, le raisonnement juridique permet d'établir l'adéquation d'une règle, un principe de droit à une situation concrète. Il est le centre du travail qui incombe à tout juriste, il s'agit de s'exercer à la qualification juridique (Douchy-Oudot, 2013 : 13).

Notons par ailleurs que la constitution du raisonnement juridique relève d'un *processus de réflexion zététique* (Stamatis, 1995 : 155), c'est-à-dire qui utilise le doute rationnel lorsqu'il cherche une explication à la complexité des faits qui se présentent. Il faut avoir à l'esprit que la démarche de la recherche du juge, en vue d'apporter la solution juste au litige, ne se déroule pas suivant un modèle strictement syllogistique, en énonçant une parole qui dès le début procède par syllogismes. Le cheminement du juriste au stade dit parfois « présyllogistique » est infiniment plus complexe que ne le laisse supposer l'opération de subsomption. Ce n'est qu'après que les questions de fait et de droit aient été tranchées que le décideur est en état de stabiliser les prémisses de son raisonnement. Durant la phase de la découverte de la solution recherchée, en revanche, le juriste ne peut pas toujours s'avancer sur des sentiers battus ; il progresse par tâtonnement, par l'intermédiaire de grilles d'interprétation et d'hypothèse portant sur la qualification juridique du cas. Comme le dit justement G. Mitsopoulos : « *Le juge ne peut se prononcer en définitive sans une série d'actes par lesquels il avance vers la décision finale, en traversant toutes les nuances juridiques par lesquelles le mystérieux se transforme en familier, le possible en actuel, la perplexité en assurance, l'attente en possession acquise, le problème en solution* » (cité par Stamatis, 1995 : 155).

Pour sa part, Christian Tremblay rappelle que les juges n'ont aucun monopole en matière d'interprétation et de raisonnement juridique, et que tous les acteurs quels qu'ils soient, depuis le législateur, jusqu'au simple citoyen, en passant par les administrations, les services d'avocat et de conseil juridique, les enseignants et les chercheurs et enfin les juges, qualifiés par Hans Kelsen « d'interprètes légitimes », interprètent le droit et conduisent des raisonnements juridiques (Tremblay, 1999 : 65).

Bien évidemment, il faut relever que tous ces auteurs ne raisonnement pas forcément de la même manière. C'est ainsi que le législateur ne peut pas ne pas tenir compte dans la rédaction des lois de l'interprétation qui en sera donnée, ne serait-ce que parce qu'il est obligé de raisonner en tenant compte du système juridique global dans lequel la nouvelle règle va venir s'insérer. Le simple citoyen n'aura pas la même démarche, et son propre raisonnement ne peut non plus s'identifier à celui du juge, même s'il ne peut en faire abstraction. À Kinshasa, au lendemain de l'invalidation, par la Cour constitutionnelle congolaise, de Jean-Pierre Bemba Gombo, candidat à la présidence de la République en 2018, pour corruption à la suite de sa condamnation par la Cour pénale internationale des faits de subornation de témoins, les interprétations de l'article 10, point 3 de la Loi n° 17/013 du 24 décembre 2017 modifiant et complétant la Loi n° 06/006 du 09 mars 2006 portant organisation des élections présidentielle, législatives, provinciales, urbaines, municipales et locales telle que modifiée à ce jour, en ce qui concerne les causes d'inéligibilité, sont allées dans plusieurs sens selon les intérêts des uns et des autres notamment sur le lien que peut avoir la subornation des témoins avec la corruption.

S'agissant du point que nous traitons, disons que quel que soit le type d'interprétation que l'on développe, le raisonnement juridique va toujours reposer sur deux grands types d'opérations : d'une part, des opérations dites logiques, au sens de la logique formelle, qui consistent dans des agencements valides de propositions dont la validité ne dépend pas de leur contenu, et d'autre part des opérations qui ont pour objet l'établissement des propositions qui seront considérés comme vraies ou comme suffisamment vraisemblables pour constituer l'articulation élémentaire des raisonnements juridiques (Tremblay, 1999 : 65).

Tout ceci nous renvoie à la pensée d'Aristote qui avait distingué le raisonnement démonstratif conduisant à une conclusion certaine du raisonnement dialectique n'aboutissant qu'à une conclusion seulement probable. Et, aujourd'hui, il est de connaissance élémentaire que le syllogisme est l'expression du raisonnement, que celui-ci soit démonstratif ou dialectique.

Des auteurs comme Robert Blanché (1968, 1996) et F. Rastier (1991) et Christian Tremblay (1999) sont partis de cette distinction pour mettre l'accent sur deux types de raisonnement.

- *Le raisonnement de type inférentiel* fondé sur des enchaînements de propositions logiques sur lesquels pèse essentiellement une contrainte de validité. Il faut que ces enchaînements soient logiquement, c'est-à-dire formellement, valides, indépendamment de la vérité des propositions elles-mêmes.

- *Le raisonnement de type référentiel* consistant à confronter une proposition avec la réalité des choses et donc à en établir la vérité ou son plus ou moins haut degré de vérité ou de vraisemblance (Tremblay, 1999 : 66).

Partant de ce qui précède, l'on peut répartir le raisonnement juridique en trois groupes : les raisonnements juridiques de contrainte intellectuelle (*raisonnements juridiques logiques*), les raisonnements juridiques de persuasion (*raisonnements juridiques rhétoriques*) et les raisonnements juridiques d'argumentation purement juridique basée sur des présomptions, prescriptions, fictions, etc. établis par la loi (*raisonnements juridiques extra-logiques*).

Une nomenclature poussée des raisonnements juridiques logiques les divise en deux catégories : le raisonnement juridique de contrainte intellectuelle *normatif* et *non-normatif*. Par exemple, le législateur veut réglementer le lotissement d'un nouveau terrain en vue de l'implantation d'une nouvelle cité ou encore la fixation du nombre des sièges électoraux après l'enrôlement des nouveaux majeurs dans les villages ou villes sans ou avec administration bien tenue. Avant de le faire, il doit connaître un certain nombre de faits. Tous ne sont pas de nature à être constatés par lui dans des propositions empiriquement évidentes. Ceux qui ne le sont pas, ne peuvent être établis que par des conclusions de tels ou tels raisonnements. Un magistrat doit constater si Sekabuhoro est ou non l'enfant de Sekaneza, si Nzuzi a ou non blessé Nsimba à la poitrine, si Kanyankogote a ou non emprunté 5000 francs congolais à Kabeya, etc. Un organe administratif doit prendre telle ou telle décision, accorder ou refuser telle ou telle autorisation, etc. De nouveau, les fonctions judiciaires ou administratives données ne peuvent être accomplies sans que des faits correspondants ne soient connus. Dans plusieurs cas il faudra raisonner pour y parvenir. Tous ces raisonnements peuvent être appelés « juridiques » puisqu'effectués par des juristes ou puisqu'intervenant dans l'exercice d'une activité juridique. Ils n'ont cependant rien de particulier dans leur caractère logique. Ce sont des raisonnements de contrainte intellectuelle qui ne sont juridiques que par accident, en raison de leur contenu notamment ou de la personne qui les tient. Mais par ailleurs ils sont exactement de même type méthodologique que les raisonnements intervenant dans le domaine de n'importe quelle autre activité humaine. On les appelle *non-normatifs* (Kalinowski, 1965 : 143).

Ce type de raisonnement que nous venons d'indiquer n'épuise pas la sphère des raisonnements juridiques de contrainte intellectuelle. Il en existe aussi qui se distinguent par la présence de propositions normatives signifiant des normes juridiques et jouant le rôle de la prémisse (ou du moins de l'une des prémisses, si le raisonnement donné en a plusieurs) et de la conclusion. Ces raisonnements juridiques de contrainte intellectuelle méritent de ce fait le non de *normatifs* (*Ibidem*).

En somme, les raisonnements juridiques logiques se divisent en normatifs et non-normatifs, puisque la vie juridique exige le recours aux raisonnements aussi bien pour *constater des faits* que pour *inférer des normes* (*Ibidem*). La division de ces raisonnements a davantage été étoffée par des méthodologues (Ajdukiewicz, 1934) qui les ont classés en *raisonnements scientifiquement utiles* parce que logiquement corrects et donnant une conclusion qui, si même elle n'est pas vraie, reste vraisemblablement inutile, soit en raison de leur incorrection logique, soit à cause du degré insuffisant de probabilité qu'ils garantissent à leurs conclusions.

À leur tour, les raisonnements scientifiquement utiles se subdivisent en *raisonnements à condition certaine* et en *raisonnements à conclusion incertaine* (probable). Les raisonnements qui donnent normalement des conclusions vraies et certaines (si leurs prémisses sont vraies et si aucune erreur formelle n'a été commise) sont : le raisonnement déductif, l'induction complète ou l'induction mathématique . Sont des raisonnements à conclusion en principe uniquement probable : le raisonnement réductif, le raisonnement par analogie, l'induction incomplète (amplifiante) et le raisonnement statistique. Cette division des raisonnements de contrainte intellectuelle considérée globalement peut être appliquée aux raisonnements juridiques ayant par ailleurs le caractère de raisonnements de contrainte intellectuelle. Ceux-ci se divisent en effet en déductifs, inductifs (induction complète et amplifiante, la vie juridique ne semblant pas exiger l'induction mathématique), réductifs, analogiques et statistiques, les deux premiers étant des raisonnements à conclusion certaine et les autres des raisonnements à conclusion probable (Kalinowski, 1965 : 143-144). L'ensemble de ces raisonnements se trouve utilisé dans la vie juridique, particulièrement dans l'arène judiciaire.

Raisonnement

Section 2. **Logique judiciaire**

D'abord, notons que la logique est un élément essentiel à l'activité judiciaire. Pour Chaïm Perelman, cette dernière est « gisement particulièrement abondant de techniques argumentatives » (Perlman, 1998 : 160-189). Pour cause notamment, tout « procès, par son existence même, et par la controverse qu'il met en évidence, constitue une mise ou remise en question des situations et des priorités existantes. La vie du droit se manifeste tout autant dans les procès, où les questions de droit doivent être tranchées (Carbonnier, 1976 : 161). Le raisonnement judiciaire vise par conséquent à dégager et à justifier la solution autorisée d'une controverse, dans laquelle des argumentations en sens divers, menées conformément à des procédures appropriées, cherchent à faire valoir, dans des situations variées, une valeur ou un compromis entre valeurs, qui puisse être accepté dans un milieu et à un moment donnés (*Ibidem*, 135).

Il va sans dire que l'activité judiciaire garde sa place en dépit de différentes formes qu'elle peut prendre. Nous verrons qu'elle constitue un cas particulier d'application de la logique juridique, qui envisage le droit tout entier, et notamment le système des normes objectives dans son élaboration et sa structure. Dans celle-ci, le versant philosophique est prépondérant, alors que la logique judiciaire possède une assise plus concrète. Il est certain, cependant, que l'une reflète l'autre, et que l'on retrouve, dans les diverses conceptions que l'on se fait de chacune d'elles, l'expression des tendances générales (Hébraud, 1969 : 25).

Ensuite, indiquons que beaucoup d'études ont été consacrées aux méthodes juridiques, méthodes d'interprétation des lois pour l'élaboration du droit positif, ou méthodes d'investigation, par la critique des preuves telles que les témoignages ou les indices, pour son application concrète. Il y a là tout un ensemble d'approches de la matière juridique, au champ plus vaste que le strict raisonnement logique ; mais elles en conditionnent l'exercice, et la participation à un même résultat appelle la coordination de tous les éléments dans un même esprit (*Ibidem*).

Enfin, la logique judiciaire, dans les différentes conceptions n'est pas sans lien avec l'aménagement de la procédure et les divers types possibles de procédure. Mais beaucoup d'autres facteurs exercent une influence prépondérante : nature de la mission traditionnelle attribuée au juge, organisation des professions judiciaires, considérations purement matérielles, et le détail de réalisation pratique devrait être poussé plus loin (*Ibidem*). Chaïm Perelman ne s'empêche pas justement d'indiquer que la logique judiciaire se présente, non pas comme une logique formelle, mais comme une argumentation qui dépend de la manière dont les législateurs et les juges conçoivent leur mission, et de l'idée qu'ils se font du droit et de son fonctionnement dans la société (Perelmn, 1976 : 177).

1. Modes de raisonnements et instruments utilisés par le travail judiciaire

Les réflexions sur la logique juridique ont révélé deux tendances divergentes. L'une, essentiellement réaliste, s'efforçant de décrire le travail judiciaire tel qu'il se présente effectivement à nous, avec toutes ses nuances et dans toute son ampleur, et cherchant dans sa relativité et ses incertitudes la voie de son affinement ; l'autre, formaliste, poursuivant la vision idéale d'un mécanisme rigoureux (Hébraud, 1969 : 28).

A. L'attitude réaliste

Elle se développe autour de l'analyse syllogistique du jugement ou de l'arrêt ou encore de toute autre décision judiciaire.

I. Les composantes du jugement

On ne le dira jamais assez, le jugement représente un syllogisme dans lequel la majeure est constituée par l'énoncé de la règle de droit, la mineure par la constatation des faits du cas particulier, et la conclusion par la décision.

L'image que propose ce jugement dans ses éléments constitutifs traduit la réalité dans une large mesure. Le schéma théorique est nettement visible dans la forme même de beaucoup d'arrêts de cassation, coiffés par l'énoncé de la première prémisse. Dans les décisions statuant sur le fond des procès, il faut, pour le retrouver, faire une analyse réductrice, aidée par la décomposition en questions élémentaires résolubles par des syllogismes partiels, dont l'enchaînement fait, du jugement tout entier, un polysyllogisme. Mais, pour qu'il y ait intérêt à ramener l'ensemble du travail judiciaire à la formule syllogistique, il faudrait, sans en appauvrir la complexité, qu'elle contribue à en éclairer la démarche (Hébraud, 1969 : 28).

Lorsqu'on pose, dans le cadre syllogistique, le problème de la charge de la preuve, il n'est pas moins judicieux, selon M. Motulsky, d'opérer la répartition entre le demandeur et le défendeur à travers l'analyse de la mineure. Cependant, en refusant de distinguer les éléments générateurs et les obstacles à l'établissement de la preuve, la pensée de cet auteur montre que le demandeur de l'obligation, imposée par la logique, ne parvient d'établir toutes les conditions de son droit, qu'en admettant l'existence de dispenses dont la détermination reste purement arbitraire

(Motulsky, 1948 : 147). L'opposition de la majeure et de la mineure commanderait aussi les pouvoirs respectifs des parties et du juge dans l'allégation des moyens invoqués au soutien de la demande : les parties, maîtresses du fait, jetteraient dans le débat un complexe de circonstances considérées comme constituant la cause de la demande ; il appartiendrait au juge, maître du droit, d'y appliquer telle règle qu'il pourrait rechercher et découvrir lui-même (Motulsky, 1964 : 235). Néanmoins, il faut noter que cette conception du procès et du jugement proposée par M. Motulsky ne correspond pas à la vue que s'en font la loi, la doctrine et la jurisprudence, pour qui la cause, à laquelle le juge ne peut apporter de modification, est caractérisée par la qualification juridique que les parties ont donnée aux faits (Hébraud, 1969 : 29).

En somme, on peut dire avec Pierre Hébraud que la formule syllogistique ne paraît pas fournir un cadre adéquat pour une pénétration plus poussée de la logicisation du procès. Les raisons de ce manque de convenance au progrès laissent entrevoir des insuffisances plus fondamentales, qui ont motivé des critiques acerbes (Hébraud, 1969 : 29).

II. La théorie du syllogisme judiciaire et ses limites

1. Rappel sur le syllogisme classique

Dans ses *Topiques*, Aristote a défini le syllogisme comme étant « un discours dans lequel, certaines choses étant posées, quelque chose d'autre que ces données en découle nécessairement par le seul fait de ces données » (Aristote, *Topiques I, 1, 100 a 25*).

Par exemple :

Tout avocat est juriste

Or Benoît Mutambayi est avocat

Donc Benoît Mutambayi est juriste.

En procédant à l'analyse structurelle de ce syllogisme, l'on constate qu'il a trois propositions (Majeure, Mineure, Conclusion) et trois concepts qui reviennent chacun deux fois : « avocat », « Benoît Mutambayi » et « juriste ». L'analyse de ce raisonnement nous amène à constater que le sujet et le prédicat de la conclusion (Benoît Mutambayi et juriste) se trouvaient déjà dans les prémisses, tandis que le terme « avocat » qui se trouve dans les prémisses, n'apparaît plus dans la conclusion. Il sert d'intermédiaire dans les prémisses pour passer à la conclusion. Le sujet et le prédicat de la conclusion sont les « termes extrêmes ». Le sujet de la conclusion se nomme le terme mineur ou le « **petit terme** » **(Pt)** et la prémisse qui possède le petit terme est « la mineure ». Le prédicat de la conclusion se nomme terme majeur ou le « **grand terme** » **(Gt)** et la prémisse qui possède le grand terme est la « majeure ». Le troisième terme qui n'apparaît que dans les prémisses (homme) est le « **moyen terme** » **(M)** parce qu'il sert de lien ou moyen de transition vers la conclusion (en ce sens, E. Dirven, *op. cit.*, p. 42 ; F. Chenique, 2006 : 205). Le rôle du moyen terme est d'une grande importance, car c'est grâce à lui que l'on peut savoir, lorsqu'on l'ignore, sin l'on a droit d'attribuer un prédicat à un sujet.

En réalité le moteur du syllogisme réside dans le fait que l'un des termes appelé « moyen » apparaît successivement dans les deux prémisses et révèle un rapport nécessaire entre les deux termes extrêmes : le *majeur* qui n'apparaît que dans la première des prémisses (o majeure) et le *mineur* qui n'apparaît que dans la deuxième (ou mineure) (P. A. v° *Syllogisme* in *Encyclopedia universalis*).

Dès lors la conclusion peut mettre directement en rapport le majeur et le mineur.

L'on retrouvera dans le raisonnement juridique ou judiciaire le syllogisme s'exprimer de la façon que nous venons de décrire. Pour pouvoir appliquer une règle de droit objectif à une situation de fait particulière, il faut procéder à un raisonnement déductif, par syllogisme, qui lui-même inclut un exercice de qualification. Le but de cette opération est d'aboutir à une solution juridique, logique et fiable (Damette & Dargirolle, 2012 : 16).

Nous l'avons indiqué dans les lignes qui précèdent, le syllogisme est composé de trois éléments :

1. La « majeure » indique la règle de droit applicable. Elle est énoncée de manière générale et abstraite et se réfère à des textes précis : traité, loi, règlement, contrat, etc.

2. La « mineure » indique quels sont les faits, en les qualifiant juridiquement, c'est-à-dire, en les faisant entrer dans des catégories juridiques adéquates. Il s'agit ici de traduire une situation de fait en termes juridiques.

3. La « conclusion » aboutit à la solution juridique résultant de l'application de la règle de droit (majeure) aux faits (mineure). Elle énonce des droits subjectifs (dans la conclusion) qui sont déduits du droit objectif (énoncé dans la majeure et la mineure).

En attendant de donner d'autres spécificités du raisonnement judiciaire, voici un exemple d'un syllogisme juridique :

Le gardien est responsable du dommage causé par la chose placée sous sa garde

Or Ntirumenyerwa est gardien du véhicule qui a blessé Mashako

Donc Ntirumenyerwa est responsable du dommage causé à Mashako.

Ici, *responsable*, susceptible de la plus grande extension, est le grand terme ou majeur, *Ntirumenyerwa* ayant la plus petite extension est le petit terme ou mineur et *gardien*, qui sert d'intermédiaire entre les deux autres, est le moyen terme.

2. Structure du syllogisme judiciaire

Comme nous venons de le rappeler pour le syllogisme classique (aristotélicien), le raisonnement judiciaire emprunte le même schéma. Dans le classique *Traité de droit civil*, Paris, LGDJ, 1990, pp. « 7-42, Jacques Ghestin et Gilles Goubeaux analysent le raisonnement juridique et, plus particulièrement, le syllogisme judiciaire. Le jugement représente classiquement un syllogisme non catégorique où la majeure énonce une règle de droit, la mineure énonce la constatation des faits tandis que la conclusion impose mécaniquement la décision du juge. Nous reviendrons dans les lignes qui suivent sur le contenu de chaque composante du syllogisme judiciaire.

a. La prémisse majeure

Nous avons eu maintes fois à le dire, la majeure du raisonnement juridique porte sur les faits juridiques (Salmon, 2014 : 11), la norme ou le principe de droit. Néanmoins, soulignons que la formulation de la norme idoine n'est pas une question de transposition linéaire et triviale du sens abstrait d'une norme à un cas concret. Elle se met en place progressivement et de manière dialectique, entrecoupée par l'éclaircissement de la situation factuelle respective et sa valorisation juridique (Pourtois, 1992 : 311). Le jugement juridique partage ainsi le *caractère aporétique et réfléchissant* que tout autre jugement pratique, exigeant des raisons justifiant convenablement les prétentions (*Ibidem*). S'agissant des faits juridiques insérés dans la règle juridique, le Professeur Jean Salmon note qu'ils ne se réfèrent que très imparfaitement à la réalité qu'ils ont pour objet de régir. Ils sont d'une très grande diversité, souvent décrits de manière évaluative : leur aspect sémantique, leur formulation générale et abstraite, enfin leur caractère conventionnel ont pour conséquence qu'ils ne coïncident pas toujours avec le fait scientifique (Salmon, 2014 : 11-12).

La prémisse majeure du raisonnement juridique peut inclure : a) *la concrétisation ou la reformulation d'un principe de droit* ; b) *la reformulation d'une norme de droit* déduite à partir d'une règle ou de plusieurs dispositions légales ; il se peut par exemple que la norme recherchée soit partiellement inférée sur la base d'une disposition dépourvue d'autonomie normative, renvoyant simplement à une autre règle de droit. La norme en question peut découler, à quelque degré, de considérations hors le système juridique établi, lorsque par exemple ce dernier renvoie aux bonnes mœurs, à l'éthique professionnel, etc. ; c) la prémisse majeure est, au point de vue de sa construction logique, le cadre propre à l'émission de *propositions interprétatives* concernant le contenu sémantique d'expressions ou de termes du langage juridique, utilisé dans la règle applicable. ; d) sur le plan de la prémisse majeure du raisonnement juridique, on peut enfin opérer *des propositions normatives achevant la partie descriptive d'une règle plus générale* (Stamatis, 1995 : 157).

b. La prémisse mineure

Nous avons indiqué que généralement la mineure dans le raisonnement juridique porte sur les faits du cas concret. Elle comprend deux éléments : la constatation de l'existence d'un fait déterminé et la classification de ce fait parmi les faits juridiques (Salmon, 2014 : 12). Comme le disent Sylvain Bosselet et Vincent Billard, « une condition cruciale pour bien agir est de connaître la réalité, les faits » (Bosselet et Billard, 2016 : 12). En effet, ce savoir exact se reflète dans la présentation que fait l'avocat ou même le juge, sur deux versants, sa forme et son contenu. D'un côté, la présentation doit être cohérente, se contredire soi-même fait tache. D'un autre côté, les relations de causes à effets que l'avocat ou le juge attribue aux choses doivent être conformes à la réalité et ses lois. Ignorer ces lois fait une deuxième tâche. Ainsi, le premier aspect commence avec une bonne définition des choses, qui leur assure une identité. Y déroger peut entraîner un mauvais argument comme celui de l'épouvantail. Produire des raisonnements circulaires dans la présentation des faits expose aussi son auteur à la critique. Il faut un enchaînement logique des phrases. Sauter du coq à l'âne ternit la crédibilité de la présentation. Enfin, cette dernière doit respecter les règles basiques de probabilités et statistiques pour manipuler correctement les chiffres et les faits. Le deuxième aspect commande que l'aspect physique des choses soit également respecté. L'avocat ou le juge doit éviter de s'exposer aux réfutations par les faits. Il ne peut non plus généraliser inconsidérément quelques faits épars. Nous reviendrons sur cet aspect dans le chapitre consacré au sophisme. Les liens de causalité entre faits exposent aussi tout apprenti sorcier à de nombreuses erreurs. En tout cas, pour avoir une chance d'atteindre la vérité, on doit avoir une définition précise des mots de ses propos. Une signification mouvante entraîne un problème d'identité (Bosselet et Billard, 2016 : 13).

Partant de ce qui vient d'être dit, l'on peut considérer que cette prémisse mineure assume une double tâche. Elle entend d'abord émettre un jugement sur le fait de savoir si les données de l'état des choses en question ont été suffisamment éclaircies et dans quelle mesure. Puis, elle essaie d'en opérer la subsomption à la partie descriptive de la norme concernée.

- Perception adéquate des circonstances de fait cruciales

Ce qui importe, c'est d'établir les aspects juridiquement intéressants de la situation factuelle du cas considéré. Dans un procès, les parties doivent alléguer les circonstances matérielles (faits, événements, situations, etc.) qui soutiennent leurs prétentions juridiques. À cet égard, le juge a la faculté d'exiger des parties des preuves et des justifications. Un certain éclairage de la situation de fait en autorise une qualification normative corollaire. Une appréciation fallacieuse des circonstances cruciales de fait crée le risque pour le décideur d'obliquer vers une qualification juridique erronée et injuste. Si par exemple, le juge prend en compte des événements non prouvés lors de l'épreuve judiciaire, ou au contraire s'il ne considère pas confirmées des choses pourtant démontrées, il risque alors de sombrer dans une erreur grave sur la propre qualification juridique du cas. Assurément, le juge tiendra pour établi tout élément factuel sur lequel les parties concordent. Mais il est possible qu'une pièce manquante dans la reconstitution des faits ne s'emboîte pas avec les autres. En répercussion d'un errement sur la qualification juridique de l'enjeu, s'embusque le danger patent pour le juge de tirer des conséquences légales non convenables pour le cas concret. Par exemple, au lieu de condamner l'accusé pour avoir commis un homicide en état de légitime défense, on qualifie l'incident porté en justice d'homicide avec préméditation, ce qui encourt une peine nettement plus lourde (Stamatis, 1995 : 158).

- Subsomption des circonstances factuelles sous une norme juridique. Jugement « déterminant » ou « réfléchissant » ?

La mission du juge est d'appliquer aux circonstances de fait des règles du droit qui les régissent. Le juge doit examiner les qualifications proposées par les parties, et peut soulever d'office la qualification appropriée. Les juridictions de fond apprécient souverainement les faits pertinents de l'affaire. Aussitôt que les aspects factuels importants du cas considéré ont été suffisamment démontrés, le décideur doit s'acheminer vers la qualification juridique. Il doit les mettre en rapport avec la partie descriptive de la norme applicable, c'est-à-dire la partie de la norme qui stipule les conditions légales de son application. Traditionnellement il est dit que le juriste essaie de subsumer les circonstances de fait démontrées à la norme optée. Il serait cependant plus correct de dire que le juriste cherche en quelque sorte à *décrire la synthèse événementielle en termes juridiques, jusqu'à ce qu'un certain degré de continuité soit établi entre les considérations factuelles du cas et la partie descriptive de la norme.*

En réalité, on sait bien de la pratique judiciaire que s'enroule en spirale un processus d'efforts successifs. Le juge ne peut pas arrêter une solution tout d'une haleine, mais se trouve contraint d'aborder le cas en considération par étapes graduelles, tout au long du procès. Sa démarche intellectuelle est alors expérimentale en sa substance et dialectique (E. Serverin, *De la jurisprudence en droit privé*, Lyon, 1985, p. 224 et s). Dès que le juge entre au fond de l'affaire, il s'évertue tout d'abord à se frayer un chemin en essayant diverses combinaisons d'arguments normatifs, de propositions analytiques et de prétentions empiriques.

Même au stade incertain de la découverte de la solution, l'œuvre du juriste doit se sentir continuellement concernée par l'attention vigilante de faire valoir des raisons qui plaident de façon raisonnable pour l'une ou l'autre solution. Dans cet objectif, le juriste constitue *un schème syllogistique de base* pour répondre à la question maîtresse de la qualification juridique du cas (par ex. contrat d'achat ou de vente, stellionat, vol aggravé). Parallèlement, *il construit des schèmes syllogistiques auxiliaires*, afin de décider des aspects essentiels mais particuliers de l'affaire (par ex. sur le temps propre de la livraison de la chose vendue, la détention ou non d'un certificat d'enregistrement de la parcelle vendue, l'utilisation des armes pendant le vol). (Stamatis, 1995 : 161). De cette manière, on peut décomposer quelque peu la difficulté qu'il y a à sélectionner et traiter juridiquement les propriétés pertinentes de l'affaire.

c. La conclusion/décision

La décision est représentée par la conclusion du syllogisme tirée de l'application de la loi ou du principe de droit contenu dans la prémisse majeure aux faits présentés dans la mineure. Cette décision est formée de trois moments différents : a) le passé, b) le présent, c) le futur. Autrement dit, la décision est simultanément : a) l'examen historique de divers actes nécessaires et suffisants pour décider, b) un jugement de qualification juridique d'un fait, c) une proposition impérative prononcée et adressée aux parties et aux organes de l'État pour exécution (Tarantino, 1971 : 155). Cela résume bien évidemment les parties d'un jugement ou d'un arrêt à savoir le préambule, la motivation et le dispositif.

Après avoir analysé les composantes du syllogisme judiciaire, nous disons en somme que ce dernier est d'usage courant dans le travail des juges et avocats. Il suffit pour s'en convaincre de lire les recueils de jurisprudence et d'examiner, à cet égard, les décisions rapportées aussi bien au niveau international que national. À titre indicatif, nous examinons quelques exemples :

Sur le plan international, dans l'affaire *Yerodia* opposant la République démocratique du Congo à la Belgique au sujet d'un différend concernant un mandat d'arrêt international qu'un juge d'instruction belge a décerné le 11 avril 2000 contre le ministre des Affaires étrangères en exercice en RDC, la Cour internationale de Justice a raisonné syllogistiquement comme suit :

Dans cette requête, le Congo soutenait que la Belgique avait violé le « principe selon lequel un État ne peut exercer son pouvoir sur le territoire d'un autre État », le « principe de l'égalité souveraine entre les membres de l'ONU, proclamé par l'article 2 paragraphe 1 de la Charte des Nations Unies », ainsi que « l'immunité diplomatique du ministre des Affaires étrangères d'un État souverain, reconnue par la jurisprudence de la Cour et découlant de l'article 41, paragraphe 2 de la convention de Vienne du 18 avril 1961 sur les relations diplomatiques ». (La majeure).

Le 11 avril 2000, un juge d'instruction près le tribunal de première instance de Bruxelles a émis un « mandat d'arrêt international par défaut » à l'encontre de M. Abdulaye Yerodia Ndombasi, sous l'inculpation, en tant qu'auteur ou coauteur, de crimes constituant des infractions graves aux conventions de Genève de 1949 et aux protocoles additionnels à ces conventions, ainsi que des crimes contre l'humanité. (…) Selon la Belgique, ce mandat a été simultanément transmis à l'Organisation internationale de police criminelle (Interpol), organisation dont la fonction est de renforcer et faciliter la coopération transfrontière entre les services de police judiciaire sur le plan universel ; le mandat aurait fait par l'intermédiaire de cette dernière d'une diffusion internationale. (La mineure).

La première exception soulevée par la Belgique est ainsi formulée : « Étant donné que M. Yerodia Ndombasi n'est plus ni ministre des Affaires étrangères du Congo, ni ministre chargé d'une quelconque autre fonction au sein du Gouvernement, il n'y a plus de différend juridique entre les Parties au sens des déclarations facultatives d'acceptation de la juridiction de la Cour déposées par les Parties et la Cour n'est, en conséquence, pas compétente en l'instance »

(…) Le Congo rejette cette exception de la Belgique. Il soutient qu'il existe bien un différend juridique entre les Parties dans la mesure où il affirme que le mandat d'arrêt a été délivré en violation de l'immunité de son ministre des affaires étrangères, que ce mandat est illégal *ab initio* et que ce vice juridique persiste malgré les changements intervenus ultérieurement dans les fonctions exercées par l'intéressé, alors que la Belgique affirme que l'émission et la diffusion du mandat d'arrêt n'étaient pas contraire au droit international. Le Congo ajoute que le fait que M. Yerodia n'exerce plus de fonctions officielles n'a nullement eu pour effet d'effacer le fait illicite et le dommage qui en découle, dommage dont le Congo continue à réclamer réparation.

La Cour rappelle que, selon une jurisprudence constante, sa compétence doit s'apprécier au moment du dépôt de l'acte introductif d'instance. Ainsi, si elle est compétente à la date à laquelle une affaire lui est soumise, elle le demeure quels que soient les événements survenus ultérieurement. De tels événements peuvent éventuellement conduire à constater qu'une requête a été par la suite privée d'objet et à prononcer un non-lieu à statuer ; ils ne sauraient en revanche priver la Cour de sa compétence (voir *Nottebohm, exception préliminaire,* arrêt C.I.J., *Recueil* 1953, p. 122 ; *Droit de passage sur territoire indien, exceptions préliminaires,* arrêt, C.I.J. *Recueil* 1957, p. 142 ; *Questions d'interprétation et d'application de la convention de Montréal de 1971 résultant de l'incident aérien de Lockerbie (Jamahiriya arabe libyenne c. Royaume-Uni), exceptions préliminaires,* arrêt, *Recueil* 1998, p. 23-24, par. 38 ; et *Questions d'interprétation et d'application de la convention de Montréal de 1971 résultant de l'incident aérien de Lockerbie (Jamahiriya arabe libyenne c.* États-Unis *d'Amérique, exceptions préliminaires,* arrêt, *Recueil* 1998, p. 129, par. 37) (Distefano et Buzzini, 2005 : 905, 906, 907, 908). (C'est la conclusion qui montre la décision de la cour qui rejette l'exception belge).

Au niveau national, prenons l'exemple du Tribunal de Grande Instance de Goma siégeant en matière civile et commerciale au premier degré sous RC 13966 qui a rendu sa décision en ces termes :

> Attendu que par assignation du 23 octobre 2009, sieur G a saisi le tribunal de céans pour s'entendre dire son action recevable et fondée et par conséquent condamner le nommé M au déguerpissement, lui et tous les seins des lieux querellés, condamner le défenseur au paiement de l'équivalent en franc congolais de 10.000 USD à titre des dommages et intérêts tous frais confondus, frais comme de droit ;
>
> (…) Attendu qu'avant tout examen au fond, le défendeur a, par le biais de son conseil, soulevé trois exceptions, liées successivement à l'obscurité du libellé, au défaut de qualité ainsi qu'à la prescription acquisitive ou l'usucapion ;
>
> (…) Attendu que réagissant en réplique à ces exceptions, le requérant a demandé au tribunal de les rejeter purement et simplement parce qu'elles sont irrelevantes ;
>
> Qu'en effet, sur l'obscurité du libellé, il rétorque que l'exploit qui saisit le tribunal est exempt d'imprécision ou de confusion quelconque car le défendeur l'a très bien compris, s'est défendu valablement en proposant ses moyens jusque sur le fond, que donc cette exception devrait être rejetée ;
>
> (…) Que sur la prescription, il rétorque que le défendeur a occupé ce champ pour lui (le demandeur) et non pour son propre compte, qu'au regard de l'article 630 CCC L III, ceux qui possèdent pour autrui ne prescrive jamais par quelque laps de temps que ce soit, que donc le défendeur est malvenu à invoquer sa longue période d'occupation pour invoquer l'usucapion, motif tiré de ce qu'il a toujours occupé pour le demandeur ;
>
> Attendu que pour le tribunal, l'exception liée à l'obscurité du libellé sera déclaré recevable mais non fondée ;

On voit que dans cet exemple, le tribunal forme plusieurs syllogismes en répondant à chaque moyen soulevé. À cet égard, l'argumentation, à travers la motivation, est mobilisée.

Même en matière disciplinaire, comme au Conseil National de l'Ordre des Avocats de la République démocratique du Congo, le style n'est pas différent comme on peut s'en rendre compte dans la décision n° CNO/RDA 448/RR/78 du 17 novembre 2016 :

> (...) Attendu que dans ses moyens de défense, à titre de préalable, Maître X a soulevé quatre exceptions liées à l'irrecevabilité de la citation à comparaître (...) ;
>
> Attendu que pour le Conseil National de l'Ordre lesdites exceptions qui se regroupent en deux seront toutes dites non fondées ;
>
> Qu'en effet, aux termes des articles de L. O. du barreau et 67 et 68 du RIC lorsque le Bâtonnier de l'Ordre se saisit d'office ou est saisi par une plainte ou une dénonciation des faits à charge d'un avocat, en tous les cas, il a le pouvoir d'estimer qu'une affaire commande une instruction à son niveau ou, s'il échet, procède à la désignation d'un membre du Conseil de l'Ordre comme rapporteur tout en informant le Procureur général ;
>
> (...) Qu'en outre, le fait qu'il n'en ait pas informé préalablement le Procureur général n'est pas constitutif d'une fin de non-recevoir car ni la loi organique ni le RIC n'ont prévu, à cet égard, une quelconque sanction ;
>
> (...) Que pour le Conseil National de l'Ordre, Maître X ne peut prétexter l'ignorance des dispositions procédurales prévues par l'article 80 du RIC ;
>
> Qu'il savait pertinemment bien que si jamais son action en suspicion légitime était jugée fondée, son dossier disciplinaire serait alors transmis au Conseil National de l'Ordre qui statuerait en premier et dernier ressort et, c'est ce qui se produisit ;
>
> (...) Qu'ainsi la fin de non-recevoir tirée de l'exception de l'illégalité de l'article 80 du RIC telle que soulevée par Maître X sera dite non fondée ;
>
> (...) Attendu que le Conseil National de l'Ordre constate, au regard des pièces versées au dossier et spécialement la lettre du 19 juillet 2013 adressée par Maître X au SGAD, que Maître X est passé aux aveux complets des faits disciplinaires mis à sa charge ;
>
> Attendu que le Conseil National de l'Ordre, au-delà de tout doute raisonnable, constate dès lors, que le contenu de la lettre précitée du 19 juillet 2013 rattache, sans conteste que Maître X, au communiqué du 15 juillet 2013 dont il reconnaît, *in tempore non suspecto*, en être l'auteur ce qui constitue le manquement au devoir de probité ;

> Qu'ainsi, le Conseil National de l'Ordre considérera que les dénégations, faites par Maître X lors de sa plaidoirie et contenue dans ses conclusions, sont équipollentes au mensonge et à la malhonnêteté caractérisée ;
>
> (...) Que, pour toutes ces raisons, le Conseil National de l'Ordre dira établi, en fait et en droit, le manquement au devoir de probité et, le condamnera à la peine de suspension de 12 mois assortie de la peine accessoire de la perte d'être élu aux fonctions ordinales pour une période de 5 ans.

3. Quelques caractéristiques du syllogisme judiciaire

1° D'abord, le syllogisme judiciaire remplit une fonction essentielle de *médiation*, en reliant la solution de chaque procès au système ou à l'ordre juridique dans son ensemble. Il supprime la solution de continuité, ou en tout cas la différence de logique, qui éloignait le système des règles du tableau des cas. Avec le syllogisme judiciaire une longue chaîne homogène traverse désormais le droit d'un bout à l'autre, depuis la définition première jusqu'à la sentence du juge. Le syllogisme judiciaire ne constitue finalement que l'ultime maillon de cette chaîne que l'on souhaite ininterrompue. Il complète ainsi la boîte à outils de la jurisprudence rationnelle, c'est-à-dire d'une science du droit qui prétend étendre son empire jusqu'à la solution des cas particuliers (Frydman, 2011 : 286).

2° Le syllogisme judiciaire impose ensuite une direction unilatérale au raisonnement judiciaire. L'ordre immuable dans lequel se présente le syllogisme (majeure, mineure, conclusion) détermine autant d'étapes successives du travail des magistrats : indiquer la loi, établir le fait, déduire la solution de leur rapprochement. Le syllogisme répercute ainsi la ligne de conduite, prescrite par le modèle déductif, *du général au particulier*.

3° Plus encore, la formulation du syllogisme formalise la séparation étanche du droit et du fait. La question du droit est exclusivement logée dans la majeure, c'est-à-dire dans la loi. Le cas litigieux ne fournit que des indications de fait, sans jamais pouvoir ajouter à la règle ou modifier la compréhension de celle-ci, puisqu'aussi bien le syllogisme place structurellement la mineure sous l'emprise de la majeure. *Cette configuration scelle le sort de la jurisprudence, au sens de l'enseignement tiré des décisions judiciaires* (Frydman, 2011 : 287). Si le cas n'ajoute rien à la règle, alors, comme l'indique bien le Professeur Benoît Frydman, l'étude de cette dernière serait inutile et la variation même des décisions indiquera moins une richesse pour la science du droit qu'une imperfection ou un vice dans le fonctionnement des cours et tribunaux (*Ibidem*).

4° Le syllogisme judiciaire remplit encore une fonction *d'occultation de la dialectique*, qui préside à l'organisation et au déroulement de la procédure judiciaire.

On sait que le modèle géométrique s'effraie de la contradiction en tant qu'elle menace la cohérence de l'ordre juridique ; qu'elle craint la prolifération des procès et méprises les plaidoiries des avocats, lesquelles ont précisément pour effet d'exhiber cette contradiction. Au contraire, le syllogisme judiciaire place le jugement en vis-à-vis direct avec la loi. Il permet ainsi de passer de pertes et profits les débats du procès et les arguments des parties, auxquels le juge est pourtant constitutionnellement tenu de répondre. *Le syllogisme contribue ainsi à réduire, du point de vue théorique, le procès à l'acte qui le termine : le jugement* (Frydman, 2011 : 287). Ce dernier, rédigé sous la forme obligatoire du syllogisme, se coule obligatoirement dans une forme monologique et dogmatique à mille lieues des motivations dialectiques qui caractérisent. Le syllogisme judiciaire contribue à présenter l'exercice de la justice comme un acte solitaire de contemplation et d'application de la loi. Même lorsque les juges siègent en collège, la logique du syllogisme interdit au jugement de refléter la diversité éventuelle de leurs opinions, lesquelles n'ont pas une place dans une motivation impeccable qui se conjugue toujours nécessairement au singulier (*Ibidem*).

5° Le syllogisme judiciaire théorise une alternative à l'interprétation, comme principe et méthode du raisonnement juridique. Il développe une conception mécanique de la jurisprudence, l'acte de juger étant assimilé à un calcul, à une opération purement logique et donc automatique qui ne requiert d'autre science que le bon sens le plus étendu (*Ibidem* : 288).

4. Considérations critiques à propos du syllogisme judiciaire

a. Les limites du modèle déductif du syllogisme judiciaire

L'on peut légitimement se poser la question de savoir si la logique déductive constitue, pour le juge, « l'arme absolue », l'outil miraculeux qui lui permet, en toutes circonstances, de résoudre exactement chaque cas litigieux, dès lors qu'il en observé les règles ? (Schroeder, 1978 : 85). Des objections ont été adressées à la théorie du syllogisme judiciaire. Jean Salmon parle quant à lui de « l'illusion du syllogisme » (Salmon, 2014 : 10). Pour lui, la qualification de syllogisme donnée au raisonnement juridique pour lui attribuer les qualités de rigueur de cet instrument de la logique formelle est artificielle. En accréditant implicitement l'idée que le raisonnement juridique est un raisonnement déductif, on donne l'impression que le problème du fait ne se situe que dans la mineur et qu'il s'agit d'une simple question de constatation. L'opération est beaucoup plus complexe, le raisonnement juridique implique un mouvement de va-et-vient entre le fait et le droit. Ce raisonnement a un aspect *dialectique* qui exige une double interrogation des faits comme du droit (Salmon, 2014 : 11).

Par rapport aux critiques adressées au syllogisme aristotélicien d'être stérile (Schroeder, 1978 : 86), tautologique, dans la mesure où on ne retrouverait dans la conclusion que ce qu'on a mis auparavant dans ses prémisses, il faut marquer que le syllogisme judiciaire échappe dans une certaine mesure à ce reproche d'infécondité, et ceci à cause de son caractère dynamique, parce que sa majeure ne pose pas une simple constatation, mais une prescription, qu'elle ne pose pas une vérité, mais quelque chose à faire (Souleau, 1969 : 56). Néanmoins, quelques limites du syllogisme judiciaire peuvent être soulevées.

1° Premièrement, il n'est pas indiqué de faire de la déduction la panacée du juge car la validité du syllogisme est indépendante de la valeur des propositions que la déduction met en jeu. On peut raisonner correctement sur des propositions douteuses (raisonnement hypothético-déductif) ou fausses (raisonnement par absurde) (R.B., v° *Raisonnement*, in *Encyclopedia universalis*). Par suite, la vérité des principes entraîne celle de la conséquence mais, d'une manière générale la vérité de la conséquence ne garantit pas celle des principes car *le vrai ne peut se déduire du faux* (Schroeder, 1978 : 89). C'est seulement de la fausseté de la conséquence qu'on peut, en sens inverse, conclure qu'il y a au moins un élément de faux dans les principes car *le faux ne peut se déduire du vrai* (R.B., v° *Raisonnement*, in *Encyclopedia universalis*).

2° Une deuxième limite affecte la formulation de la majeure du raisonnement. Outre le fait que « l'ordre des prémisses fait passer de l'abstrait au concret, de la règle générale à l'application particulière, alors que la pensée du juge suit plus naturellement le mouvement inverse » (Rigaux, 1966 : 73), il convient de souligner la profonde unité du droit et du fait dans le raisonnement judiciaire, d'où découle d'abord l'impossibilité de formuler la majeure en la dissociant totalement de la mineure.

Cette impossibilité se manifeste en premier lieu dans l'identification de la règle de droit applicable au litige, dans la mesure où seule une étude attentive des faits permet de « choisir celle qui convient à la situation de fait donnée dans la mineure » (Rigaux, 1966 : 43). En second lieu, cette impossibilité se manifeste dans l'interprétation de la règle de droit choisie, dans la mesure où une telle interprétation, ainsi que l'indique Gadamer (1965 : 293), n'est pas dissociable de son application à des situations concrètes.

Par ailleurs, la possibilité de formuler la majeure indépendamment de la prise en considération de la conclusion du raisonnement paraît tout aussi contestable (Ost, 2012 : 69). Cela a d'ailleurs poussé bon nombre d'auteurs à affirmer l'existence d'une incessante récurrence des conséquences de ses inférences sur leurs principes, récurrence qui amène le juge à modifier ses critères au fur et à mesure de l'application qu'il en fait, et donc à réviser ses prémisses pour les adapter aux conclusions qu'elles sont destinées à justifier (Perelman, 1976 : 9 ; Husson, 1973 : 15-16). Cette idée qui met le raisonnement déductif du juge devant l'obligation de faire un travail qui ne conduit pas aux conséquences absurdes et déraisonnables avait été formulée par François Gény qui a parlé d'une « *méthode de déduction tempérée* » qui commande de ne pas aller jusqu'à l'extrême des déductions strictement logiques lorsque celles-ci heurtent des considérations équitables ou pratiques (Gény, 1919 : 47).

En sus, la majeure pose, par le postulat de son existence, une question de principe qui touche aux problèmes de la théorie générale du droit. C'est le propre des systèmes objectivistes d'ériger la règle de droit comme base de tout l'ordonnancement juridique. Mais la primitivité de la règle de droit, au moins en tant que caractère général et absolu, est aussi douteuse logiquement qu'historiquement (Carbonnier, 1964 : 109). Lorsque par exemple le Conseil d'État édifie pierre par pierre le droit administratif, la règle est le produit de ses décisions, elle n'en est pas la source. La règle qui s'en dégage est appelée à devenir la charpente du système juridique, et il peut être avantageux, pour exprimer le jugement en forme syllogistique, de la présenter comme le point de départ du raisonnement d'où il découle ; mais il y a là un retournement artificiel qui masque, au lieu de l'éclairer, le processus du travail judiciaire (Hébraud, 1969 : 29).

Par contre, quand on se trouve en face d'un corps de règles aussi indubitable que le Code civil, la difficulté se transforme, et prend une importance pratique considérable : comment découvrir, entre toutes ces dispositions, celle qui convient au rôle de majeure dans un syllogisme hypothétique ? Comment choisir entre des dispositions différentes, incompatibles ou contradictoires ? Comment discerner si l'absence de règle est une simple lacune, susceptible d'être comblée par le juge, ou a une valeur prohibitive ? Comment opter entre les diverses figures interprétatives qui partagent l'application d'un texte ? La jurisprudence fournit beaucoup d'exemples de ce genre de problèmes (*Ibidem*).

3° Troisièmement, en dépit du silence de la loi, le juge a le devoir de statuer, à peine de déni de justice. Au pénal, il a la faculté d'absoudre en vertu du principe *nulla poena sine lege* mais au civil, à défaut de la loi applicable, le juge est *ministre d'équité* car l'existence d'un différend entre deux plaideurs implique qu'on ne peut débouter l'un sans donner raison à l'autre (Schroeder, 1978 : 86). En effet, le juge ne doit pas être considéré comme une calculatrice qui, comparant des données de fait à une règle de droit, produirait une solution fatalement exacte et telle qu'elle découlerait automatiquement de cette règle. En cas de lacune, le syllogisme ne peut se former faute de règle à comparer avec les circonstances particulières de la cause (Schroeder, 1978 : 86).

4° Une quatrième limite affecte la formulation de la mineure, dans la mesure où elle ne paraît pas pouvoir être ramenée à l'énoncé de « faits purs » (Ost, 2012 : 70), à la fois parce que l'établissement des faits est soumis aux règles de procédure et de la preuve que le juge ne peut pas transgresser (Perelman, 1961 : 271), parce qu'elle n'est pas dissociable de la majeure, étant donné que la description du fait subit nécessairement l'attraction du concept par l'intermédiaire duquel cette règle de droit désigne l'hypothèse à laquelle elle s'applique (Rigaux, 1966 : 80), et enfin, parce que la sélection des faits jugés pertinents n'est pas dissociable de la prise en considération des conséquences juridiques susceptibles de s'y attacher (Ost, 2012 : 70).

En fait, la mineure ne se présente pas comme un récit purement et parfaitement descriptif. La reproduction directe et intégrale des circonstances n'est ni nécessaire ni suffisante ; dans ce faisceau, il faut faire le tri de ce qu'il convient de retenir. Dans tout raisonnement portant sur le réel, qu'il s'agisse d'expérimentation scientifique ou d'appréciation judiciaire, la donnée n'est pas un fait matériel brut, mais un fait intellectuellement élaboré. L'élaboration s'opère, ici, sous l'ombre portée de la règle juridique (Husson, 1964 : 231 et s).

Cette élaboration tend à permettre le rapprochement entre les faits concrets et la règle abstraite ; le constat s'établit par l'intermédiaire des concepts juridiques (Rigaux, 1966 : n° 53) ; la conceptualisation du fait s'exprime par sa qualification. Cette dernière joue un rôle essentiel en droit par l'utilisation des concepts juridiques et c'est par elle que se résume la substance du problème de droit qui est posé. Or la qualification est conduite sous l'influence de l'impression qui se dégage de l'ensemble des faits, ainsi que des sentiments moraux ou de considérations sociales susceptibles d'évoluer. Il n'est ni possible ni souhaitable d'enfermer cet exercice dans une analyse abstraite d'une rigueur parfaite et absolue. Il va de soi que la présence de cette articulation (qualification) indispensable dans le jeu du syllogisme judiciaire trouble la netteté de ses lignes théoriques et l'utilité pratique des conséquences qu'on pourrait envisager d'en tirer. Si l'on établit l'opposition tranchée du fait et du droit entre la majeure et la mineure, l'instrument de leur confrontation et de leur rapprochement reste en marge de la structure du syllogisme (Hébraud, 1969 : 31).

5° La cinquième limite affecte la conclusion même du raisonnement et découle des limites précédentes. Loin d'être exclusivement et automatiquement déterminée par la formulation de prémisses établies indépendamment d'elle, la prise en compte de celle-ci rétroagit en permanence sur les prémisses et induit un mouvement désordonné de va-et-vient entre elles (Ost, 2012 : 70).

En somme, de ce qui précède, il y a lieu de ne pas succomber dans un simplisme inspiré par les critiques adressées aux prémisses (majeure et mineure). En fait, les difficultés ne résideraient pas pour le juriste dans le maniement du syllogisme, mais dans l'établissement de ses prémisses (Foriers, 1967 : 109). Un effort de logicisation ne peut être fructueux que s'il tente de pénétrer dans la riche matière que le juriste doit appréhender. Aussi, ne faut-il pas tomber dans l'erreur de penser que l'énoncé syllogistique présente les prémisses comme des données dans un ordre déterminé. Au contraire, la recherche et l'établissement du fait et du droit doivent être poursuivis en relation constante l'un avec l'autre, tantôt simultanément, tantôt alternativement. Le raisonnement juridique va parfois en progressant vers l'édification d'une solution ; parfois aussi il vise à une justification *a posteriori*, et peut présenter un caractère régressif (Foriers, 1967 : 111).

Certains auteurs plus critiques comme Chaïm Perelman n'ont pas hésité à dire que le syllogisme ne rend pas compte du travail judiciaire, et ne lui apporte pas un soutien efficace, parce qu'il est l'instrument d'une logique plus contraignante, procédant par déduction rigoureuse à partir des propositions certaines. En effet, le juge ne peut se borner à une pure déduction, parce qu'il doit, à chaque fois, découvrir la solution adéquate et construire sa décision. La règle à laquelle on se réfère n'a pu recevoir une expression parfaite, complète et immuable ; on ne peut s'abandonner à une application mécanique, et il convient de l'interpréter en l'entendant dans un esprit de justice. La décision ne peut prétendre révéler une vérité absolue ; les contestations judiciaires reposent généralement sur l'affrontement de thèses également plausibles, entre lesquelles le juge devra exercer une option, choisissant celle qui lui paraît préférable ou meilleure, sans que l'opinion écartée doivent être, de ce fait, tenu pour déraisonnable. La recherche est poursuivie à travers une argumentation tendant à ordonner les arguments divers, à apprécier leur force ou faiblesse ; la conclusion se dégage de la pensée de leur valeur respective (Perelman, 1958 : 679).

La logique judiciaire n'est donc pas une logique de contrainte intellectuelle, mais une logique de persuasion. Le maniement de cette logique apparaît directement comme influencé par le sujet auquel elle s'adresse, et qu'il s'agit de convaincre. L'avocat cherche à convaincre le juge ; celui-ci cherche d'abord à se convaincre lui-même, puis à expliquer sa décision à l'avocat et au plaideur, enfin à la défendre éventuellement auprès du juge supérieur à qui elle sera déférée.

Il va de soi que, compris de cette façon, le travail juridique installe la logique dans le domaine du relatif. D'après C. Perelman, cette attitude a un grand intérêt, car elle évite d'abandonner à l'irrationalité et à la pure subjectivité tout ce qui ne relève pas de preuves logico-expérimentales rigoureuses, et n'est pas susceptible de vérité objective absolue ; elle permet d'introduire, au moins en partie, de l'ordre et du raisonnable dans l'action. La relativité des résultats que l'on peut atteindre risque, cependant, de laisser insatisfait un esprit qui aspire à la certitude. Sensible à cet appel, Perelman y répond en envisageant l'auditoire universel (Perelman, 1959 : 40). Nous avons esquissé quelques éléments sur cette notion dans les lignes précédentes.

b. La mécanique de la subsomption d'un cas particulier sous une règle générale

La théorie du syllogisme judiciaire a fait l'objet des réflexions de plusieurs auteurs dont Cesare Beccaria dans son célèbre traité *Des délits et des peines* (Éditions Payot et Rivages, 2014). Le quatrième paragraphe de ce traité, qui limite explicitement son objet au droit criminel positif, a pour titre : « Interprétation des lois ». Cet intitulé est bientôt démenti par le texte, qui n'a pas tant pour objet d'indiquer une méthode d'interprétation, que d'en interdire aux juges la pratique. Selon Beccaria, le jugement correct ne procède pas d'une interprétation de la loi, qui n'est d'ailleurs pas au pouvoir du juge d'imposer, mais bien d'une *application* purement logique de celle-ci. Il commence par dire que : « *L'autorité d'interpréter les lois pénales ne peut non plus résider auprès des juges criminels, pour cette même raison qu'ils ne sont pas législateurs. Les juges n'ont pas reçu les lois de nos aïeux comme une tradition domestique, comme un testament qui ne laisserait à la postérité que le soin d'obéir, mais ils les reçoivent de la société vivante ou du souverain qui la représente, comme dépositaire légitime du résultat actuel de la volonté de tous* » (Beccaria, 2014 : 57). Il continue en disant que : « *Pour chaque délit, le juge doit faire un syllogisme parfait : la majeure doit être la loi générale, la mineure est l'action conforme ou non à la loi, la conséquence est la liberté ou la peine. S le juge, par contrainte ou volonté, fait ne serait-ce que deux syllogismes, on ouvre la porte à l'incertitude* » (*Ibidem* : 58).

Le raisonnement judiciaire se voit ainsi réduit à une unique opération logique : subsumer un fait particulier sous une règle générale, pour vérifier si celui-là est ou non conforme à celle-ci (Frydman, 2011 : 285). L'ordonnancement judiciaire repose essentiellement sur son caractère déductif (Ost, 2012 : 67-68).

La théorie du syllogisme judiciaire véhicule en réalité une conception *normative* de l'acte de juger. En d'autres termes, Beccaria ne prétend pas ici décrire la manière dont opèrent les juges de son temps, mais bien plutôt prescrire la façon dont ceux-ci devraient opérer pour rendre la justice. Il se donne explicitement pour but de verrouiller la décision judiciaire en supprimant toute marge de manœuvre aux magistrats dans l'application des lois (Frydman, 2011 : 285-286).

Illustrons par l'analyse de l'article 258 du Code civil congolais, Livre III qui dispose : « Tout fait quelconque de l'homme qui cause à autrui un dommage oblige celui par qui la faute duquel il est arrivé à le réparer ». Il y a deux aspects dans cette majeure : la description d'une conduite fautive provoquant un dommage (p) et l'effet juridique que le législateur fait découler de cette conduite présupposée (q). Il s'agit donc bien d'un énoncé hypothétique « p → q ». La majeure du syllogisme consiste à dire : telle supposition étant donnée, tel effet juridique en découle. L'auteur de l'acte fautif qui cause un dommage à autrui – c'est la présupposition – doit réparer ce dommage – c'est l'effet juridique. Quant à la mineure, elle est constituée par l'affirmation suivante : le cas particulier envisagé est contenu dans cette présupposition. Exemple : Luzolo a commis un acte fautif au préjudice de Ngomba. Donc, et c'est la conclusion, l'effet juridique prévu par la majeure se produit dans ce cas particulier : Luzolo doit réparer le dommage causé à Ngomba.

Il faut remarquer qu'à l'intérieur même des termes de ce syllogisme très général, bien d'autres syllogismes peuvent s'insérer ; la mineure elle-même sera de façon habituelle la conclusion du syllogisme car, établir la mineure, laquelle consiste à énoncer que le cas particulier est contenu dans la présupposition légale, c'est qualifier les faits, affirmer qu'ils entrent dans une catégorie juridique, qu'on peut y retenir les éléments d'une infraction, d'un accident de travail, etc. Dans l'exemple ci-dessus, la mineure c'est : Luzolo a commis un acte fautif qui a causé préjudice à Ngomba.

Faisons remarquer que cette façon d'envisager le raisonnement judiciaire ne doit pas faire illusion. Elle est intéressante dans la mesure où elle permet une présentation cohérente de la décision mais elle n'est pas garantie d'objectivité comme si le juge ne faisait rien d'autre que de « dire » un droit qui le transcenderait et s'imposerait à lui comme un prévenu. En effet, nous avons vu que la logique est circulaire, tautologique, ce qui signifie qu'elle traite l'information sans apporter rien de nouveau dans le raisonnement. Ainsi, un syllogisme est toujours ascendant ou régressif, ce qui revient à dire que les dénominations du type majeure, mineure et la conclusion d'un syllogisme sont quelque peu arbitraires. Si je connais la majeure et la conclusion d'un syllogisme, je peux en déduire la mineure qui sera alors, en fait la conclusion.

De même, l'affirmation d'une telle conclusion et d'une mineure impose la majeure qui joue le rôle d'une conclusion alors que les deux premiers jugements sont les prémisses.

Appliquons cette situation au syllogisme judiciaire : un juge de mauvaise foi décide une condamnation purement arbitraire et recherche une majeure (règle de droit) ou une mineure (constatation et interprétation des faits) qui imposeront logiquement la condamnation désirée. Le jugement présenté sous forme de syllogisme semble bien objectif et nécessaire. Du moins, en apparence (Thiry, 1996 : 121-122).

c. Les aspects normatifs et factices de l'argumentation juridique

Lorsqu'on se réfère à l'établissement de la prémisse mineure du syllogisme judiciaire, la prémisse factice peut être le résultat d'un raisonnement de type déductif. Il en est de même en ce qui concerne l'établissement de la prémisse majeure, de la prémisse normative. Un bon point de ce point serait l'utilisation du ***raisonnement par analogie*** qui est, pour de nombreux acteurs, le prototype de l'argument juridique.

Dans une sentence du 17 octobre 1985 (137/1985) le Tribunal constitutionnel d'Espagne a vu que le principe constitutionnel de l'inviolabilité du domicile s'étendait aussi au siège social des entreprises. Le domicile d'une personne morale est aussi inviolable que celui d'une personne physique. Par conséquent, c'est le juge d'instruction qui doit donner l'autorisation à l'inspecteur ou au percepteur pour se présenter au siège social d'une entreprise, ou à un domicile particulier (Atienza, 2006-2007 : 23). Nous pourrions schématiser l'argument en question comme suit :

Le domicile d'une personne physique est inviolable

Le siège social d'une entreprise est similaire au domicile d'une personne physique

Donc, le siège d'une entreprise est inviolable.

L'on peut constater que la conclusion ne découle pas déductivement des prémisses, mais l'argument – comme c'est toujours le cas – peut devenir déductif si l'on ajoute une nouvelle prémisse qui établit que le domicile d'une personne physique, ainsi que tout autre similaire, est inviolable, c'est-à-dire si on généralise ou on étend la norme établie légalement à d'autres cas non expressément prévus.

Il y a un autre argument, celui de la ***réduction à l'absurde***, que l'on utilise souvent pour établir la prémisse normative lorsqu'on ne peut pas prendre comme point de départ les normes fixées légalement. En principe, cet argument a une forme déductive, mais tel que les juristes l'utilisent, la réduction à l'absurde va normalement au-delà d'une simple déduction pour deux raisons : d'abord parce qu'il faut souvent remarquer que certaines prémisses sont simplement implicites (et sans elles nous n'aurions pas la forme déductive de l'argument) ; et ensuite parce que la notion de « l'absurde » que les juristes manient, ne coïncide pas exactement avec la notion de « contradiction logique » mais plutôt avec celle de « conséquence inacceptable » (Atienza, 2006-2007 : 24).

En définitive, du point de vue de son caractère déductif ou non déductif, ce type d'argument n'est pas très différent du précédent (analogie). On peut considérer que l'argument par analogie – comme nous venons de le voir – a une forme déductive, après avoir reformulé la norme établie légalement pour introduire le nouveau cas. Voici un exemple d'un argument de réduction à l'absurde que donne le Professeur Manuel Atienza (*Ibidem* : 25), tiré de la jurisprudence espagnole : le Tribunal constitutionnel 160/1987 du 27 octobre 1987 rend la décision du tribunal qui déclare l'inconstitutionnalité de la loi sur l'objection de conscience (objecteur de conscience). Cependant, ce tribunal n'a pris cette décision qu'à la majorité simple ; plusieurs magistrats étaient en désaccord avec différents aspects de l'arrêt. L'un des éléments importants des fondements portait sur la façon dont les magistrats concevaient le droit d'objection de conscience (comme un droit fondamental ou comme un droit autonome non fondamental). Tout au long de l'argumentation (pour pouvoir soutenir qu'il s'agissait d'un droit fondamental), l'un des magistrats en désaccord a soutenu que le droit d'objection de conscience ne pouvait pas être considéré comme une simple exception du service militaire (donc, simplement comme un droit autonome mais non fondamental), et il le justifie ainsi : « Bien que le droit d'objection de conscience puisse être et en fait l'est, une cause d'exemption du service militaire, il en est plus que cela, car s'il en était ainsi, ce serait un excès de le qualifier de fondamental ». En ajoutant quelques prémisses qu'il faut supposer implicite, l'argument pourrait se formuler comme suit :

1) Le droit d'objection de conscience n'est qu'une cause d'exemption du service militaire.

2) Mais si ce n'est que cela, alors ce serait un excès de le qualifier de fondamental (c'est-à-dire on ne peut pas le qualifier de fondamental).

3) Mais, le droit d'objection de conscience est un droit fondamental, selon ce qui est établi par la Constitution.

4) Selon les prémisses 1 et 2, le droit d'objection de conscience ne peut pas être qualifié de fondamental.

5) Les prémisses 3 et 4 énoncent une contradiction.

6) Donc, on ne peut supposer que le droit d'objection de conscience ne soit qu'une cause d'exemption du service militaire.

B. L'attitude formaliste

Elle ne nous met pas, comme le réalisme, en présence d'un ensemble homogène controversé, mais plutôt d'une série de problèmes ou d'étapes successives, progressant, soit vers une analyse de plus en plus poussée, soit vers l'élaboration d'instruments de plus en plus efficaces.

III. Les indications du formalisme

À partir des considérations précédentes, nous pouvons dire que la logique utilisée dans le domaine judiciaire appelle des précisions et des prolongements dans deux directions : l'une tenant au caractère normatif des règles juridiques auxquelles on l'applique, l'autre au perfectionnement de l'appareil utilisé pour le raisonnement logique lui-même.

1. L'indication tenant au caractère normatif des règles juridiques

Le caractère normatif des principes juridiques utilisés souvent dans le raisonnement judiciaire s'est longtemps inspiré du légalisme formel qui a donné l'impression que la validité des normes se ramenait au seul formalisme, à la légalité formelle (la règle a-t-elle été adoptée par un auteur compétent et selon les procédures légales ? La règle inférieure ne doit pas contredire le contenu de la règle supérieure, etc.) se traduisant à la fois par une « idéologie de la légalisation » (adopter un droit rationnel articulé en règles générales et abstraites susceptibles de concrétisation graduelle) et une « idéologie de l'application » (la sécurité juridique suppose que les autorités subordonnées se bornent à exécuter ou appliquer le droit sans interférer dans l'activité créatrice des normes générales) (Ost & De Kerchove, 2002 : 326-327). Le raisonnement juridique et, de manière particulière, le raisonnement judiciaire ancré dans l'approche positiviste puisent leurs outils dans l'idéologie de l'application sus-évoquée.

Seulement, il faut noter que l'objet du raisonnement judiciaire, ou plus largement du raisonnement juridique, diffère de celui pour lequel a été élaborée la logique classique. La plasticité des concepts juridiques est rebelle à une formalisation tranchée. L'élaboration d'une axiomatique juridique se heurterait même à des objections de principe. En effet, l'axiomatisation repose sur le choix, librement fait, d'un nombre déterminé de définitions et d'axiomes, posés comme hypothèses indépendamment de leur relation avec la réalité, et d'où tout le système est ensuite logiquement déduit. Le juriste ne dispose pas de cette liberté arbitraire ; il doit garder le contact avec la réalité. Le juriste ne se satisfait pas de l'exactitude des raisonnements ; il lui faut la vérité des propositions, ou mieux la justice des résultats (Hébraud, 1969 : 36).

Il y a bien eu, sous l'influence de Hans Kelsen, un système introduisant dans le droit un facteur hypothétique ; mais, d'un côté, la génération des normes n'est pas une pure déduction, chacune étant à la fois exécution et création, et la part essentielle de celle-ci ayant contraint, pour l'expliquer, à insérer l'intermédiaire d'un pouvoir entre chaque étage de règles ; d'un autre côté, le choix hypothétique ne concerne pas les concepts et principes opérationnels, mais le fondement du système, ce qui tend simplement à réserver la liberté de conscience du sujet par son adhésion volontaire à l'ordre dans lequel il vit ; enfin, l'adjonction à la validité de la condition d'effectivité (Ost & De Kerchove, 2002 : 328-337), contredisant radicalement la base de la théorie, consomme l'échec de toute tentative d'abstraire le droit du réel (Hébraud, 1969 : 36).

Le juriste ne peut changer de système, sortir de celui qui constitue pour lui le droit positif qu'il doit appliquer. Il parvient cependant à résoudre les antinomies, à en combler les lacunes, grâce à une certaine faculté de le modeler par des retouches ou des compléments : le système juridique doit être un système ouvert. Des auteurs comme Michel van de Kerchove et François Ost (*Le système juridique entre ordre et désordre*, Paris, PUF, 1988, pp. 187 et s) parlant de la diversité des relations entre systèmes juridiques et le problème de leur identité, estiment qu'un système juridique, tout en gardant un certain niveau de « clôture » compte tenu de son autonomie sociale, organique et institutionnelle, doit avoir un certain degré d'ouverture (Ost & De Kerchove, 2002 : 183-220). Le caractère normatif des règles ne peut se passer de cette réalité au risque de tomber dans la désuétude, l'incohérence et l'ineffectivité.

2. L'indication tenant au perfectionnement des outils du raisonnement

Traditionnellement, mais cela est en train de changer avec de nouvelles approches juridiques (Gérard, Ost et De Kerchove, 1996 ; Ost & De Kerchove, 2002 ; Frydman, 2012), le modèle du raisonnement juridique porte sur l'interprétation des lois. On part de l'idée que le droit positif, seul pertinent, se ramène à un ensemble de textes en vigueur qu'il appartient aux juristes, et cas de litige soumis au juge, d'appliquer au cas d'espèce. Dans cette optique, interpréter consisterait à dégager du texte le sens qu'y a imprimé son auteur ; l'interprétation est « déclarative » et non « constitutive » de sens, elle se borne à dévoiler une signification préexistante, enfouie dans la lettre du texte, elle s'attache à décoder l'intention du législateur.

Cependant, les outils du raisonnement juridique se sont diversifiés et même perfectionnés. En effet, l'interprétation ne représente elle-même qu'une forme particulière d'argumentation pratique (MacCormick, 1995 : 213). À son tour, et nous l'avons vu dans les lignes précédentes, l'argumentation peut être appréhendée comme une modalité spécifique de communication, celle-ci s'imposant aujourd'hui comme l'approche discursive la mieux accordée à un droit pluraliste. Il faut donc une mise en perspective de l'interprétation, de l'argumentation et de la communication. En tout cas, les moyens de raisonnement du juriste se sont élargis et son perfectionnement permanent. Qu'il s'agisse d'établir les faits pertinents, de choisir la loi applicable, de l'interpréter au sens strict, de résoudre une antinomie ou de combler une lacune, dans chaque cas le débat judiciaire conduit à peser le pour et le contre. Les plaideurs échangent des arguments opposés que le juge met en balance avant de décider (Ost & De Kerchove, 2002 : 421).

Les arguments spécifiques prennent appui aux contextes linguistique, systémique et pragmatique. C'est ainsi que l'interprétation linguistique mobiliste l'argument classique de la séparation des pouvoirs qui veut que le juge se borne à « appliquer » la loi ; l'argument de cohérence et de rationalité est invoqué à l'appui des directives systémiques ; les intérêts et valeurs en jeu, les circonstances du moment inspireront des arguments puisés dans la pragmatique. En fonction du point de vue adopté, le juriste envisagera tantôt la loi comme « autorité » et l'ordre juridique comme « injonction », tantôt comme raison et cohérence, tantôt encore comme utilité et juste équilibre (Ost & De Kerchove, 2002 : 422-423). Au final, l'argumentation développée et la stratégie interprétative mise en œuvre montreront le raisonnement judiciaire avec un autre visage.

IV. Place de la logique dans la décision judiciaire

Indispensable pour nous de rappeler que la décision judiciaire « *est plus qu'un verdict armé ou une sentence solennellement prononcée d'une autorité socialement mandatée.* Aussi, *l'acte juridictionnel s'épanouit-il derechef au terme d'un processus de prise de décision fortement institutionnalisé, incombant à quelque autorité qualifiée (...) devant laquelle le conflit se transforme en dialogue, en procès ordonné vers la vérité des circonstances et la rectitude normative du jugement* (Stamatis, 1995 : 152).

L'observation du phénomène judiciaire dans toutes ses manifestations permet de mesurer la part relevant de la logique, soit dans les différentes sortes de jugements, soit dans les phases successives de leur élaboration.

1. Disparités ou absence de la logique dans la décision judiciaire

Si le jugement ou l'arrêt, celui qui proclame une personne propriétaire d'une chose ou créancière d'une prestation, est le type normal d'un acte pleinement et véritablement juridictionnel, ses caractères peuvent être altérés par maintes circonstances, les unes juridiques, les autres purement matérielles (Hébraud, 1969 : 42-43). L'œuvre judiciaire peut présenter plusieurs visages à logique disparate ou simplement absente. Certaines raisons justifient ce postulat :

— La décision judiciaire peut être une sentence d'équité ; pour ce faire, le rôle de la logique s'estompe et le raisonnement purement logique cède le pas à la pesée appréciative. Dans cette matière, les nuances sont souvent difficiles à saisir à cause de l'ambiguïté de la notion d'équité qui, tantôt, converge avec la justice dont elle constituerait seulement une expression plus précise, tantôt, s'oppose à la rigidité du droit (Hébraud, 1969 : 43).

— Le pouvoir discrétionnaire du juge peut procéder d'une autre logique ou si l'on veut peut échapper à la logique. En effet, il est des domaines où l'on passe de la reconnaissance d'un droit, sujette à un raisonnement logique, à des mesures de réalisation que le juge doit décider en fonction des considérations concrètes. Par exemple, l'attribution intégrale des petites exploitations agricoles, originairement conçue comme un droit pour le copartageant qui remplit les conditions légales, a dû faire place à une certaine liberté de choix du tribunal en cas de pluralité de bénéficiaires, et, en s'étendant à des nouveaux biens, est devenue purement facultative (Hébraud, 1969 : 44).

— Le jugement ou l'arrêt qui établit la responsabilité doit être complété par une condamnation pécuniaire ; sa fixation repose sur un principe juridique susceptible d'une expression rigoureuse, celui de la réparation intégrale ; mais l'évaluation du préjudice lui-même pose des problèmes d'un autre ordre. On y voit pratiquées, selon les cas, des méthodes profondément différentes, allant de l'estimation directe au calcul au point, pour les dommages corporels ; d'un côté, l'intuition quasi sentimentale s'efforce de peser, dans son individualité concrète, au préjudice moral ; de l'autre, le souci d'égalité auquel la multiplication des accidents rend de plus en plus sensible conduit à rechercher une harmonisation des décisions par l'automatisme mécanique. Là aussi, les bases logiques de la décision judiciaire sont dépassées dans l'étape complémentaire (Hébraud, 1969 : 44).

— Le rôle de la logique peut se retrouver restreint dans certains cas de répression. Les condamnations par le juge pénal offrent parfois un tableau de distribution de peines tarifées selon un barème fixé une fois pour toutes (Carbonnier, 1964 : 190-193). Mais si l'exemplarité de la peine peut s'en satisfaire, il n'en va pas de même de tout ce qui pousse à son individualisation, de tout ce qui porte à lui assigner pour but principal l'amendement du délinquant ; la rééducation psychologique ou la réinsertion sociale du délinquant exigent tout en ensemble de mesures modelées en fonction de sa personnalité. Le juge pénal doit mettre en place une politique pénale orientée vers un résultat pratique en fonction de chaque condamné (Nyabirungu, 2008 : 313 ; Akele, 2009 : 191-197) et du coup la logique devient relative.

2. La logique du juge

Nous nous proposons de faire quelques considérations sur le travail du juge. Ce dernier procède par un raisonnement qui a été examiné dans cette étude et loin de nous la prétention d'en épuiser le contenu. Un accent pourra être mis sur la place du syllogisme dans l'œuvre du juge et ce sera l'occasion de revenir sur les limites du syllogisme classique et mettre en exergue le contexte pragmatique lorsqu'il est question de faire justice.

a. Le syllogisme et la pensée du juge

1° À partir des développements précédents sur la disparité et même l'absence de la logique dans la décision judiciaire, le questionnement titillant est celui de savoir si le syllogisme rend valablement compte de la pensée du juge. La motivation logique constitue-t-elle véritablement la *ratio decidendi* (Schroeder, 1978 : 77). En tout cas, ici, c'est l'efficacité qui est mise en avant. Des auteurs, comme François Gény, professent que si le juge estime que la recherche d'une méthode de réalisation du droit est vaine, voire néfaste, que, pour y parvenir, mieux vaut « tâtonner dans l'empirisme » par une « appréciation directe des intérêts sociaux » plutôt que de se fier à la précision de principes rationnels, s'il pense qu'« à cet objectif, le tact et le doigté du praticien contribueront mieux que la pénétration du penseur » (Gény, 1919 : t. I, 192). À cet égard, le recours à la logique ne lui est pas d'un grand secours, il se pourrait même que l'utilisation de la déduction risque, à ses yeux, de faire dégénérer le droit en une « routine stérile » incapable de fournir une « réponse directe et convaincante à la solution du litige » (Gény, 1919 : t. II, 185 ; t. III, 40).

Mais si le juge, redoutant le subjectivisme, a le souci d'éviter au maximum le risque de l'arbitraire, il lui faut s'enquérir d'une méthode de réalisation du droit qui, dans toute la mesure du possible, le préserve d'un danger auquel le justiciable, n'en déplaise à certains, reste aussi sensible aujourd'hui qu'hier et qui devrait susciter autant d'appréhension chez le magistrat (Schroeder, 1978 : 77).

2° L'un des outils pour éviter l'arbitraire, disions-nous tantôt, est la *méthode de réalisation du droit*. D'après H. Motulsky, c'est « la tentative de penser un cas particulier comme contenu dans une règle de droit et la constatation du résultat positif ou négatif de la recherche » (Montulsky, 1968 : 45). Pour cet auteur, le syllogisme se formule ainsi : « Telle présupposition étant posée, tel effet juridique en découle ; or le "le cas particulier" est contenu dans cette présupposition ; donc l'effet juridique envisagé se produit dans ce cas particulier » (*Ibidem* : 50). Cette proposition s'appuie sur la pensée de Montesquieu pour qui la justice est « un rapport de convenance » et si le cas particulier est contenu dans la règle de droit, on dit que celle-ci est « applicable » et on en déduit que « l'effet juridique de la règle de droit » se produit dans le cas particulier (*Ibidem* : 49).

3° *Le syncrétisme juridique.* Pour François-Michel Schroeder, dès l'exposé des faits lors du procès, le juge possède une vue d'ensemble spontanée (Schroeder, 1978 : 78) comparable au « sentiment du savant » (Claude Bernard) ou à « l'instinct » du médecin (Paulhan) car, en effet, « l'homme sent d'abord puis raisonne ensuite » (Vico, *De universali Juris Principio et fine uno*). C'est aussi la synthèse ou mieux le mélange de tout cela qu'il faut intégrer dans la logique du juge. Par exemple, saisi d'une demande de dommages-intérêts par le piéton Swedi qui, dans un passage protégé, a été renversé par la voiture de Kambelembele, le juge a le *pressentiment* que celui-ci doit réparation du dommage. Mais cette connaissance immédiate manque de clarté et, de plus, elle peut être trompeuse.

H. Motulsky est méfiant à l'endroit du syncrétisme juridique reflétant une vue intuitive de la solution à donner au litige. Il le dit en ces termes : « Trop souvent le "flair" qui, d'emblée, voudrait embrasser le tout, risquerait d'aiguiller l'esprit vers la voie de l'erreur. Il vaut mieux, par suite, que le juriste renonce à se laisser guider par l'impression et se résigne, dès l'abord, à n'arriver à un résultat satisfaisant qu'aux prix de patientes recherches et à l'aide de raisonnements solidement enchaînés » (Motulsky, 1968 : 51). Max Rumelin va dans ce sens en notant que « la reconnaissance sentimentale ou intuition est indispensable pour les appréciations mais non décisive, car la pensée doit élaborer ce qui a été perçu par l'intuition » (Rumelin, 1920 : 79).

En tout cas, le juge doit se résoudre à rechercher une connaissance discursive en passant d'un jugement à l'autre, de la synthèse première à l'analyse pour aboutir à une nouvelle synthèse rectifiée et enrichie en sorte que, comme le dit bien H. Motulsky, « tout travail de l'esprit est une analyse entre deux synthèses » (Montulsky, 1968 : 51).

Cependant, l'on ne peut ignorer l'utilité du syncrétisme juridique qui est celle de suggérer l'hypothèse que le juge va suivre et qui permet d'engager la recherche en lui proposant la « règle possible » susceptible de s'appliquer au conflit à résoudre (Schroeder, 1978 : 79).

4° *La vérification de l'hypothèse.* Le juge doit analyser la règle de droit avancée comme prémisse majeure, analyser le cas lui soumis en décomposant les données de faits de ce litige et comparer les résultats des analyses. Par exemple, dans le cas opposant Kambelembele à Swedi que nous avons évoqué, la règle supposée applicable est celle qui résulte de l'article 258 du Code civil congolais, Livre III, établissant la responsabilité délictuelle ou quasi délictuelle de celui par la faute duquel le dommage est arrivé, que cette faute consiste en un fait volontaire ou qu'elle résulte d'une imprudence ou d'une négligence.

Il est de connaissance élémentaire en droit que, pour s'appliquer, cette règle consacrée par l'article 258 précité réclame la réunion de trois conditions : une faute, un dommage et un rapport de causalité entre la faute et le dommage. Dans l'affaire opposant Kambelembele à Swedi, le juge se demandera si les faits de la cause révèlent l'existence d'un préjudice subi par Kambelembele et provenant d'une faute de Swedi. L'étude du dossier lui apprend, au vu de l'information pénale ouverte à la suite de l'accident et close par une ordonnance de non-lieu, que Kambelembele a subi assurément un préjudice corporel important et que le dommage est dû au heurt de ce piéton par la voiture de Swedi et ce dernier reconnaît les faits. En revanche, ce que Swedi conteste est que les faits générateurs du dommage constituent une faute de sa part. S'il a heurté Kambelembele, d'après lui, c'est que les freins de sa voiture ont cédé au moment où il entreprenait de s'arrêter pour laisser le passage au piéton et, entretenant normalement son véhicule, il ne pouvait se prémunir davantage contre une défaillance mécanique imprévisible.

Poursuivant l'étude du dossier, le juge trouve dans l'expertise automobile ordonnée par le magistrat instructeur la confirmation des allégations de Swedi : les freins ont cédé brusquement en raison d'un vice de fabrication sans que cette rupture puisse être prévue par le conducteur.

En résumé, l'analyse des circonstances de la cause permet de constater : 1) qu'il existe un préjudice causé à Kambelembele ; 2) que ce préjudice est le fait de Swedi ; 3) que le fait de Swedi ne peut être tenu pour fautif.

Une fois cette double analyse achevée, il reste pour le juge à en comparer les résultats : ou bien l'analyse du cas lui soumis a mis en évidence l'ensemble des éléments requis par l'article 258 et dans ce cas, le résultat est positif : l'article 258 apparaît comme applicable ; ou bien il existe une discordance entre les éléments de l'hypothèse et les circonstances de la cause et dans ce cas, la règle provisoirement admise comme majeure (en l'occurrence l'article 258) doit être cartée. Dans ce cas, le résultat de la comparaison est négatif car la mineure (les faits) ne permet pas d'établir la faute réclamée par la majeure. Cela bien évidemment ne signifie pas, une fois que l'article 258 est écarté, qu'il n'existe, en l'espèce, aucune autre règle applicable mais ceci veut dire que la règle susceptible de justifier la demande n'est pas la règle prise comme première hypothèse. D'où l'importance de rechercher une autre règle possible.

Mais l'on peut se demander si la rupture des freins de la voiture, c'est-à-dire un défaut mécanique imprévisible pour Swedi ne constitue pas, à l'origine de l'accident, *un cas de force majeure* propre à exonérer le gardien. Dans la recherche d'une autre règle possible, le juge peut consulter par exemple la jurisprudence et apprend que, pour écarter la responsabilité née de la garde ou de la possession, le « vice interne », « l'activité propre » de la chose ne suffisent pas (V. not. Cass. Civ., 11 mars 1940, *Gaz. Pal.*, 1940.2.15) ; la force majeure exonératoire est extrinsèque. Et le raisonnement du juge pourra être ainsi libellé :

> *Il résulte de l'instruction et des débats que Kambelembele a été blessé par la voiture de Swedi ; celui-ci, détenteur des pouvoirs d'usage, de direction et de contrôle sur l'instrument du dommage, en exerçant la garde effective ;*
>
> *Or, en vertu de l'article X du Code civil livre III, le gardien d'un véhicule est responsable de plein droit du dommage causé par la chose placée sous sa garde ; Swedi est dès lors assujetti aux obligations pesant sur le gardien ;*
>
> *Il est vrai que le gardien s'exonère de la responsabilité qu'il encourt s'il établit que l'accident est dû à une cause étrangère telle qu'un cas fortuit ou de force majeure ; mais la rupture des freins de la voiture, en tant qu'elle est due à un vice interne de la voiture, ne constitue pas une cause extérieure exonératoire ;*
>
> *Il s'en suit que, faute de prouver que l'accident est dû à une cause dont il ne doit pas répondre, Swedi est responsable, conformément à la disposition susvisée, du dommage causé à Kambelembele par le véhicule soumis à sa garde.*

Ou encore de manière synthétique :

> *En vertu de l'article X du Code civil livre III, à moins de prouver que l'accident est dû à une cause étrangère, le gardien d'un véhicule est responsable de plein droit du dommage causé par la chose placée sous sa garde ;*
>
> *Or Kambelembele a été blessé par la voiture de Swedi ; celui-ci, détenteur des pouvoirs d'usage, de direction et de contrôle sur l'instrument du dommage, en exerçait la garde effective ; et dans la mesure où elle est due à un vice interne de la chose, la rupture des freins de la voiture ne constitue pas une circonstance extérieure exonératoire ;*
>
> *Swedi est donc responsable du dommage causé à Kambelembele.*

b. Entre logique et équité, le juge appelé à dire le droit et faire justice

Lorsque le juge prend une décision dont l'exécution sera imposée à un particulier avec toute la force contraignante de l'appareil étatique, cela ne résulte pas d'une pure réaction émotionnelle. Il ne décide qu'au terme d'un processus mental dont on peut dire *a priori* qu'il est à dominante rationnelle et qu'on peut désigner sous le nom de logique. Ce processus lui-même, comme l'indique bien Philippe Souleau, n'est pas laissé à l'arbitraire, il est soumis à certaines règles extérieures à son auteur (Souleau, 1969 : 53). Quelles sont ces règles et comment sont-elles observées ? Où le juge doit-il trouver les raisons de sa détermination ? Que doit être sa logique ?

Tenter de rencontrer ces interrogations, nous oblige d'abord à revenir sur la mission du juge. Cela est rappelé théoriquement par la doctrine et le Professeur François Ost le dit de la plus belle façon dans son ouvrage Ost F., (2012), *Dire le droit, faire justice*, Bruxelles, Bruylant, 2e éd. On peut soutenir que le rôle social du juge consiste à départager équitablement les intérêts en cause, à les classer, guidé par le sens du bien ; il statuerait en amiable compositeur, et c'est de motifs dont la nature serait essentiellement morale que découlerait sa décision (Souleau, 1969 : 54).

Cependant, ainsi que nous l'avons indiqué lorsque nous parlions des disparités de la logique dans l'œuvre judiciaire, bien que le souci n'en doive pas quitter le juge, la pure équité est une notion trop floue, trop subjective, trop grosse des périls de l'arbitraire pour qu'elle puisse servir d'unique fondement à ses décisions. Bien sûr que c'est la conformité de sa décision avec le droit, la réalisation du droit que doit rechercher le juge, mais on peut concevoir que ce droit soit le droit naturel (l'équité) dont les partisans soutiennent qu'il n'a pas un caractère arbitraire en raison du rapport nécessaire qui existe entre la nature intrinsèque des choses et les règles de droit qui s'y rapportent et ce droit naturel le juge ne le recevrait pas tout fait, il devrait le découvrir. Sans doute ce droit est-il préalable à la décision et se veut-il conforme à la loi naturelle, mais la loi naturelle est une loi non écrite qui demeure toujours à chercher, elle est latente dans les choses et ne saurait servir de prémisses expresses au raisonnement du juge qui serait alors essentiellement un « jurisprudent » (Souleau, 1969 : 54). Quoi qu'il en soit l'on ne devrait pas perdre de vue que le juridisme ou l'application mécanique des règles de droit n'arrive pas nécessairement et absolument à la justice. Celle-ci demeure rebelle par moment à certains principes établis. Le travail du juge est à cet égard délicat.

La subordination de la fonction judiciaire à la fonction législative est un principe fondamental. Ce qui veut dire que la source prééminente du droit se trouve dans la loi écrite et le rôle du juge est de l'appliquer aux cas particuliers qui lui sont soumis en constatant que les faits qui lui sont déférés entrent ou n'entrent pas dans le type légal prévu à l'avance par le législateur, c'est-à-dire vérifier si ces faits sont « subsumés » sous une disposition légale. Dans ce travail, le juge doit rendre compte, il lui est fait obligation de motiver ses décisions. Si celles-ci ne comportent pas l'application correcte de la loi, la violent ou ne reposent pas sur une base légale, elles pourront être annulées ou cassées.

Ramené à ce rôle mécanique, le juge est comme un automate, « la bouche de la loi », exclu de toute participation à l'élaboration du droit. Bien évidemment, il n'est pas acceptable de restreindre le rôle du juge à une simple déduction logique qui soit un pur automatisme. Bien que subsidiaire, le juge a un rôle créateur du droit découlant de l'imperfection de la loi. Son rôle principal consiste en l'application de la règle de droit à des cas concrets et sa décision se présente comme un « exercice consciencieux de logique formelle » (Souleau, 1969 : 55).

Le juge travaille par déduction, le raisonnement qu'il déploie lui est imposé par le système institutionnel qui lui demande d'être esclave de la loi, de ne pas sortir du cadre légal tracé pour lui à l'avance. Une fois qu'il a posé les prémisses, le juge ne peut que tirer rigoureusement les conclusions ; tout aménagement par lui de la situation qui lui est soumise lui est interdit : ou bien l'acte argué de nullité sera déclaré nul et ne produira aucun effet, ou bien il sera déclaré valable et il produira tous les effets que la loi en fait découler. Sauf dans le cas exceptionnel où le législateur lui donne par exemple le pouvoir d'accorder un délai de grâce, le juge ne pourra pas dire qu'en l'espèce, certains effets de l'acte valable sont excessifs et devront être tempérés. Si, pour reprendre l'exemple de tout à l'heure, Swedi a, par sa seule faute, causé préjudice à Kalembelembe, le juge ne pourra pas dire que ce préjudice ne sera pas entièrement réparé parce que la victime est riche et que l'auteur du quasi-délit est pauvre. Le raisonnement déductif ne peut qu'être rigoureux ou ne pas l'être.

L'opinion du juge doit suivre son raisonnement et non le précéder, sa décision doit être effectivement déterminée par les raisons qu'il fait publiquement connaître et dont il informe en particulier les principaux intéressés, les plaideurs. Nous y reviendrons lorsque nous parlerons de la motivation des décisions judiciaires. Il est vrai que d'aucuns se plaisent à soutenir que le juge n'obéit qu'en apparence à l'obligation d'appliquer la loi. On répète volontiers « qu'il ne puise dans les livres de droit que la formule de ses décisions » ; il statuerait uniquement d'après sa conscience et son sentiment intime de l'équité, ne cherchant qu'ensuite une justification juridique logiquement construite (Souleau, 1969 : 56). Loin s'en faut, le juge est le garant de la sécurité juridique et judiciaire. Tous les citoyens doivent pouvoir faire confiance au texte de la loi et prévoir que les conséquences juridiques de leurs actes seront bien celles que la loi leur assigne clairement. Aussi, les plaideurs ont-ils le droit de connaître les motifs réels de la décision qui repousse ou même qui accueille leurs prétentions et de trouver, dans la contexture rationnelle du jugement, une garantie contre un arbitraire qu'ils n'ont que trop tendance à redouter.

Tout en n'étant pas tenu inexorablement à la rigueur du raisonnement déductif, le juge a la latitude, la liberté d'appréciation surtout l'établissement des prémisses du syllogisme. Le juge peut faire de l'induction pour établir la majeure du syllogisme le plus général à quoi se ramène le jugement ou l'arrêt, majeure qui, avons-nous indiqué, réside dans la disposition légale applicable, laquelle comporte, en premier lieu, la présupposition d'une conduite. C'est grâce au raisonnement inductif, partant d'une hypothèse dont on veut vérifier ensuite l'exactitude, qu'on choisira la présupposition légale dont on constatera ensuite qu'elle subsume l'espèce parmi toutes les présuppositions légales possibles et qu'on retiendra aussi la qualification que les faits doivent recevoir parmi toutes celles qui pourraient être envisagées (Souleau, 1969 : 57).

Cependant, rappelons-le, tout le travail du juge n'est pas entièrement réglé par les canons de la logique formelle. Celle-ci est certes un outil indispensable mais évidemment insuffisant pour le travail du juge. Sa décision est « une aventure incertaine » (Souleau, 1969 : 58) ; elle relève sûrement de la raison théorique et doit être rationnelle, mais aussi de la prudence, de la raison pratique et le qualificatif de raisonnable doit pouvoir lui être appliqué.

Le juge trouve sa sphère d'autonomie, tout en étant prudent et inventif, dans l'établissement des prémisses. C'est pour cela que ne devient pas juge n'importe qui. Il faut au préalable une formation solide qui n'échappe pas à l'apprentissage rigoureux de l'école de la philosophie, de la sociologie et d'autres sciences humaines pertinentes. En effet, dans l'analyse des faits lui apportés, pour en apprécier la véracité, le juge civil ne jouira certes pas de la liberté qui est celle de l'historien ou du juge pénal ; il devra tenir compte des présomptions légales, il lui sera interdit de rechercher des pièces que les parties n'entendront pas produire. Mais il peut arriver que les faits amènent une grande confusion (correspondance abondante aux aspects contradictoires, voire même une seule convention contenant des clauses peu compatibles entre elles, etc.) ; à ce niveau, le juge pourra recourir à son ingéniosité juridique, à sa finesse psychologique. Lorsqu'il se trouve devant une lacune, l'obscurité ou une ambiguïté de la loi, le juge doit poser une règle qu'il appliquera ensuite par voie déductive et dont la conformité au droit positif doit être vérifiée par la plus haute juridiction, en l'occurrence la Cour de cassation (Souleau, 1969 : 59). C'est à l'aide des procédés rationnels qui n'appartiennent pas à la logique formelle mais à la dialectique, comme le raisonnement par analogie, le raisonnement *a fortiori*, le raisonnement *a contrario*, raisonnement par absurde, raisonnements utilisés à partir d'une règle certaine, que le juge civil identifie la règle de droit applicable. Notons que ces modes d'argumentation n'aboutissent pas à des conclusions logiquement contraignantes pour l'esprit. Nous avons vu par exemple que le raisonnement par analogie et le raisonnement *a contrario* peuvent conduire à des résultats invraisemblables.

Somme toute, à plusieurs niveaux de son travail, le juge se trouve en présence d'incertitudes qu'aucun processus logique strict ne lui permet de lever. Sa décision peut et doit comporter des opérations mentales complexes, et ne saurait dans la plupart des cas, étant essentiellement concrète et particulière, se ramener à des pures opérations rationnelles, la logique du juge sera nécessairement commandée par la psychologie du juge (Souleau, 1969 : 61).

c. La place du texte dans le raisonnement du juge

Nous ne dirons jamais assez, le texte (loi, ordonnance, règlement, etc.) est omniprésent dans la façon de travailler du juge. Le droit positif reste alors au cœur du travail du juge et le système pyramidal au centre de l'architecture cognitive de l'homme de la loi. À ce stade, nous nous réservons de parler de l'interprétation de ce texte à laquelle nous avons réservé tout un développement, comme tenu du rôle qui est la sienne dans le raisonnement aussi bien du juge que de l'avocat et même d'ailleurs des doctrinaires. Nous nous limitons, dans le but de montrer la logique de travail du juge, à relever l'importante allusion au texte dans les travaux préparatoires.

1° L'identification formelle du texte

Il s'agit d'une étape essentielle dans le travail du juge. Non seulement il faut trouver la loi idoine à laquelle on devra se référer, mais également et surtout la disposition appropriée susceptible d'être appliquée au litige traité. Il se pourrait que la loi identifiée soit la plus appropriée, mais pas nécessairement toutes les dispositions qu'elle contient.

Il y aura des ressemblances mais également des différences dans la manière de présenter le texte.

Des ressemblances. Lorsqu'on analyse les travaux préparatoires, on remarque des similitudes dans le raisonnement des magistrats. D'abord, on voit que le texte est toujours cité et la citation précédée par l'expression le texte « dispose », « énonce », ou « prévoit ». Plus rarement, il est fait état de la généralité de la législation applicable en vigueur au moment du litige (Vocanson, 2013 : 12). Ensuite, on peut bien voir que dans certaines citations, on découvre des passages surlignés ou soulignés. Ceci traduit la volonté du juge de mettre un accent sur le sens de ces mots pour attirer l'attention du lecteur. Enfin, le vocabulaire peut être expliqué. C'est le cas lorsque le texte utilise un terme que le juge souhaite préciser d'emblée. Il peut se référer au sens donné par un dictionnaire (Vocanson, 2013 : 12) ou un lexique des termes juridiques.

Des différences. À côté des similitudes ci-haut relevées dans la présentation du texte, des divergences peuvent être notées : la citation *in extenso* du texte, l'ordre des citations, la quasi-absence du résumé du texte et l'imprécision de la référence textuelle. Nous avons des juges qui citent *in extenso* le texte des dispositions auxquelles ils se réfèrent, alors que certains ne le font pas, se contentant de renvoyer au numéro de l'article. Dans certains cas, l'on peut se rendre compte que les juges ont tendance à abuser du recopiage des textes sans procéder à un quelconque commentaire ou résumé. Cette méthode aboutit dès lors, lorsque de nombreuses dispositions sont en cause, à une énumération qui ne permet pas au lecteur de replacer les textes dans leur ensemble, ni de connaître de leur combinaison (Vocanson, 2013 : 15). Parfois chez certains magistrats la référence au texte se révèle moins précise que chez d'autres. Par exemple, l'avocat général écrit que « le contexte législatif avait lui aussi évolué » et fait état de l'existence de deux lois (Avis sur Civ. 1re, 9 juill. 2009, n° 08-11073) alors un autre fait mention du numéro du texte et sa publication au Journal officiel (Concl. Sur CE, 2 déc. 2009, *Société NRJ Group et Société Vortex*, req. N° 308778 et 309469, *Société NRJ Group et Société Vortex*, req. N° 311903 et 311905 et *Société MCM et Société Europe 2 Entreprises*, req. N° 315699). C'est à ce niveau que l'on retrouve la faiblesse du travail des hommes de la loi qui se traduit par une négligence trahissant l'insouciance du travail bien fait.

2° La présentation matérielle

On reviendra de manière précise lorsque nous évoquerons le point sur l'interprétation des textes par le juge, mais beaucoup plus sur la motivation de ses décisions. Déjà, notons que le contenu du texte peut s'appréhender à partir de la description de son contexte et d'un exposé historique de la législation. Évidemment ce procédé diffère selon les juridictions (civile, militaire, constitutionnelle ou administrative, etc.) et même les chambres des juges.

L'analyse historique permet au juge d'exposer les motifs de l'adoption du texte. À partir de la question de savoir pourquoi cette loi (ce qui est déjà en quelque sorte donné dans l'exposé des motifs ou le préambule de la loi), le juge peut identifier les objectifs assignés à la loi, par exemple la volonté du législateur de mettre en conformité le droit interne au droit international (souvent dans le domaine des droits de l'homme ou droit des affaires : Organisation pour l'harmonisation du droit des affaires en Afrique ou Organisation mondiale du commerce par exemple), le souci d'adapter une législation aux faits sociaux après un changement de paradigme (à titre illustratif en RDC, on peut voir la Loi n° 06/018 du 20 juillet 2006 modifiant et complétant le Décret du 30 janvier 1940 portant Code pénal congolais la loi sur les violences sexuelles de 2006) qui est venu remédier à l'inadaptation du Code pénal de 1940 à une autre forme de criminalité, en l'occurrence en ce qui concerne l'infraction du viol, après le constat des pratiques, nouvelles pendant et après les guerres sur le territoire congolais, qui n'étaient pas couvertes par le paradigme criminalisant du vieux Code pénal hérité de la colonisation belge.

Somme toute, l'analyse historique permet de situer le problème de droit que soulève le litige. Le juge doit se montrer pédagogue et non simple mécanicien de droit. À défaut de participer à la naissance des lois dans le laboratoire regroupant les travaux des ingénieurs (le parlement qui fabrique les lois), le juge a le sacré devoir d'être ingénieur-mécanicien. Lorsqu'il y a lacune, nous le verrons, il crée des règles. Il devient pour ce faire ingénieur. Il applique les lois pour résoudre les problèmes lui soumis, il agit pour ce faire en mécanicien. Mais, pour revenir à l'importance de l'analyse historique, disons que dans son travail le juge peut montrer que les rédactions antérieures et postérieures applicables à l'espèce (prenons l'exemple du viol dont on a parlé tout à l'heure ou de l'autorisation maritale à la femme mariée devenue caduque dans la législation de certains pays, ou encore de la peine de mort abolie) sont souvent développées pour montrer des différences même sensibles de l'évolution du droit, mettre l'accent sur la version applicable, montrer que le texte nouveau apporte des innovations ou indiquer qu'« on assiste à un durcissement du texte nouveau par rapport au précédent » (Vocanson, 2013 : 17).

Toujours dans son travail, le magistrat peut exposer les actes (circulaires, instructions, etc.) pris en application du texte. En mettant en relief le texte applicable, le juge peut relever les rapports que ce dernier a avec les autres sources qu'il mobilise à l'appui de son raisonnement. Par exemple, le recours à la Constitution lui permet d'expliquer que le texte applicable a été pris en respect de cette dernière. Le texte applicable peut s'avérer être insuffisant dans la recherche de la solution car il se révélerait trop théorique, le magistrat, en ce cas, peut mobiliser d'autres arguments (Concl. sur CE, sect., 8 avr. 2009, *Association ALCALY et* autres, req. N° 290604, 291809 et 291810). Aussi, les indications sur les positions doctrinales peuvent ne pas être récurrentes mais ponctuelles et les allusions obligées à la jurisprudence devraient caractériser l'œuvre du juge, en indiquant que le texte qu'il veut appliquer répond aux critiques de la jurisprudence ou change l'orientation de celle-ci à travers un revirement.

Aussi, il est possible que le magistrat expose la similitude du texte avec d'autres dispositions, ce qui lui permet d'expliquer que la solution à apporter aura une portée dépassant le cadre du litige sous examen ou de mettre en exergue une différence de situation des litiges (Vocanson, 2013 : 17)

3. La logique judiciaire et l'avocat

Beaucoup d'auteurs, lorsqu'ils sont appelés à réfléchir sur cette question, mettent plus l'accent sur l'activité orale de l'avocat dans le débat judiciaire. Non pas que son activité écrite reste accessoire, mais parce qu'elle ne lui est pas exclusivement réservée étant entendu que la rédaction des conclusions est commune à l'avocat et à l'avoué et que leur logique, lorsqu'elles sont bien faites, participe de la logique du juge en ce qu'elles veulent lui fournir des éléments de la rédaction d'un jugement ou d'un arrêt, et participent aussi de la logique du pourvoi, dans la mesure où elles se situent dans la perspective de ce pourvoi (Bredin, 1969 : 93). Mais cela dit, le rôle des procédés logiques, de démonstration mathématique est indéniable dans les écrits à l'occasion de certains litiges touchant au droit fiscal, au droit des assurances, etc.

Il nous revient de rappeler ce que nous avons vu, nous appuyant sur la pensée de Georges Kalinowki, que la logique ne comprend pas seulement les règles de raisonnement logique proprement dit, qu'on a appelé les règles de la contrainte intellectuelle parce qu'elles obligent la raison à admettre leurs conclusions, mais comprend aussi certains arguments de persuasion qui n'appartiennent pas à la logique proprement dite, mais qui ont recours au raisonnement.

L'avocat a plus le rôle de persuader que de convaincre (voir supra les nuances établies à ce sujet), du moins si nous tenons pour persuasive l'argumentation qui, cherchant à mettre en exergue la dimension subjective et sentimentale, ne prétend valoir que pour un auditoire particulier, et pour convaincante une argumentation, s'appuyant sur les éléments objectifs, qui serait censée obtenir l'adhésion de tout être de raison. L'avocat n'a point à convaincre, il n'a qu'à persuader ; son rôle n'est pas nécessairement d'établir une vérité certaine, une vérité démontrée, une vérité irréfutable. Son objectif est d'obtenir l'adhésion momentanée des juges, exprimée dans un jugement qui énonce une vérité judiciaire (de Leval, 2011 : 25 et s ; Kennes et Marc, 2011 : 123 et s.), suffisante à la satisfaction de l'avocat, au moins dans son rôle d'avocat (Bredin, 1969 : 94).

C'est ainsi, même s'il a été formé à l'école des grands logiciens, l'avocat ne peut se démarquer des procédés de persuasion qui échappent parfois au raisonnement rigoureusement logique. Il y a des procédés de persuasion condamnables, comme l'amitié du juge si elle devait entraîner la complaisance, comme l'influence personnelle que l'avocat pourrait exercer ; il y a des procédés contestables, telle la séduction personnelle que Cicéron mettait au premier rang ; mais il y a des arguments irréductibles ; ainsi tous les arguments d'émotion : l'appel à la générosité, l'appel à la pitié, l'appel à la solidarité, l'appel à l'amour.

De toute façon, le travail de l'avocat doit suivre un schéma.

1° L'accord préalable

Comme l'enseigne bien Manuel Atienza, pour pouvoir développer une argumentation, il faut partir de ce que l'on admet au début, bien que le point de départ même constitue déjà un premier pas dans l'utilisation persuasive. L'échange des conclusions entre avocats est illustratif à cet égard, de sorte qu'il est difficilement envisageable une plaidoirie sans que cet échange ait eu lieu. Les « objets d'accord » peuvent être *relatifs au « Réels »* (faits, vérités ou présomptions) ou bien *relatifs au préférable* (valeurs, hiérarchies et lieux du préférable). Les premiers se veulent être valables pour l'auditoire universel, tandis que les deuxièmes ne seraient valables que pour des auditoires particuliers (Atienza, 2007 : 49).

L'accord préalable porte sur les faits, mais il y a certains d'entre eux dont la réalité ne peut être mise en cause. Par exemple, l'accident s'est produit à midi sur la route de desserte agricole entre Busanza et Rutshuru : il faisait jour ; il pleuvait, donc la chaussée était mouillée et glissante. Ceci limite le champ de la logique déductive dans la plaidoirie, car chaque fois que la réalité d'un fait est démontrée par un procédé de contrainte intellectuelle, il sort normalement du champ de la contestation pour entrer dans celui de l'accord préalable que l'avocat n'a d'autre rôle que de mesurer et de respecter (Bredin, 1969 : 96).

Les faits (il s'agit des faits d'observation ou de supposés conventionnels) se caractérisent parce qu'ils demandent une telle adhésion de l'auditoire universel qu'il serait inutile de renforcer. Ils se distinguent des vérités parce que les premiers sont des objets d'accord précis, limités, tandis que les deuxièmes sont des systèmes plus complexes, des liens de faits (par exemple, les théories scientifiques, les conceptions philosophiques, religieuses, etc.). Les présomptions, à la différence des faits, peuvent ou ont besoin d'être justifiées face à l'auditoire universel (Atienza, 2007 : 49).

L'accord préalable porte aussi sur les valeurs. Celles-ci sont des objets d'accord relatifs au préférable, dans la mesure où ils supposent au préalable une attitude face à la réalité et ne prétendent pas servir à l'auditoire universel. Ou, pour être plus précis, les valeurs les plus générales (comme la vérité, la beauté ou ce qui est juste) ne servent qu'à l'auditoire universel à condition de ne pas spécifier son contenu. Dans la mesure où on précise, ils sont conformes aux aspirations de certains groupes particuliers. Mais, et cela est compréhensible, ce qui caractérise un auditoire ce ne sont pas les valeurs qu'il admet, mais la façon de les hiérarchiser. L'une des manières de justifier une hiérarchie (ou une valeur) est d'avoir recours à des prémisses d'ordre général, c'est-à-dire à des lieux communs ou topiques (Atienza, 2007 : 49).

Le recours aux valeurs intervient tout au long de l'effort de persuasion ; les valeurs dites universelles certainement admises par le juge ou, si l'on préfère, par la société au nom de laquelle le juge rend justice : le bien préférable au mal, la vérité est supérieure au mensonge, la loyauté est préférable à l'hypocrisie. Et, si même l'avocat rejette ces valeurs dans sa conscience, il doit néanmoins les accepter pour persuader. Par exemple, il ne loue pas, normalement, son client d'avoir échappé à son devoir militaire, quand bien même, en son for intérieur, il est objecteur de conscience. Il ne fait pas l'éloge de l'adultère pour en minimiser la portée. Voici un extrait de la plaidoirie d'un avocat en faveur d'une mère qui avait fait tuer, par son domestique, un voisin qui venait trop souvent voir sa fille. L'avocat s'appuie sur toutes les valeurs qu'il considère déjà acquises : « *Si un bras s'est armé, si un coup a été porté, c'est pour défendre la paix du foyer, c'est pour défendre l'inviolabilité du domicile, c'est pour maintenir l'honneur du nom, c'est pour protéger ce que l'on peut avoir de plus cher au monde, l'honneur d'une fille. Je vous confie la sécurité de la famille, je vous confie l'inviolabilité du domicile, je vous confie la propriété, l'intégrité, je vous confie l'honneur ; je vous dis que si vous n'acquittez pas Mme de Jeufosse, cette femme, son enfant, vous mettez la société en péril, car vous brisez toutes les valeurs sur lesquelles elle est fondée* » (Bredin, 1969 : 97).

L'accord, avons-nous indiqué, porte aussi sur les hiérarchies. Les valeurs relatives aux personnes sont supérieures aux valeurs relatives aux choses, on n'écrase pas un homme pour éviter un chien ; la vie humaine vaut mieux que la propriété privée (Bredin, 1969 : 97). Hiérarchie souvent sociale : vaut mieux, à l'appui d'une thèse, produire le témoignage d'un Professeur d'université à l'éméritat ou à la retraite que celui d'un clochard en activité ; vaut mieux brandir le témoignage d'un prêtre que celui d'une prostituée.

2° La logique de l'avocat et l'argumentation de fait

Parlant de l'argumentation de fait, Jean-Denis Bredin se demande s'il n'y a pas d'antinomie à faire appel à la logique pour prouver un fait (Bredin, 1969 : 98). Car en réalité, le fait se constate, ou se vérifie par son renouvellement expérimental. Cependant, comme matière d'un litige, – cela lui confère une importance et une originalité – le fait est un fait historique, c'est-à-dire un fait qui ne peut pas être directement constaté et qui ne peut pas être expérimentalement renouvelé. L'aveu n'est qu'un récit particulièrement digne de crédit, parce qu'il émane de celui qui prétend être l'auteur du fait. La reconstitution n'est pas le renouvellement expérimental, elle n'est que la recherche d'une ressemblance. L'avocat est donc contraint d'établir le fait et de l'établir par des modes de preuve légaux qui, en réalité, ne font que rendre le fait vraisemblable ou probable sans nécessairement en apporter la démonstration.

L'avocat qui veut établir ou contester le fait passe par le procédé de déduction. Il recourt alors à tous les arguments que le raisonnement offre à qui veut persuader, mais il tente de pallier l'insuffisance relative de chaque argument par la convergence des arguments, usant de l'interaction entre des arguments qui conduisent à la même constatation. Il y a lieu de dire que tous ces arguments que l'avocat utilise présentent une certaine validité parce qu'ils ont un aspect rationnel ; ils présentent un rapport plus ou moins étroit avec certaines formules logiques ou mathématiques, par exemple :

i) *l'argument de contradiction ou d'incompatibilité* qui montre que l'adversaire soutient à la fois une proposition et sa négation, que la thèse que l'on combat conduit à une incompatibilité ;

ii) *l'argument d'identification* et *l'argument de transitivité* sur lequel est fondé tout le raisonnement syllogistique : si une même relation existe entre A et B, et B et C, elle existe nécessairement entre A et C ;

iii) *l'argument de division, l'argument d'inclusion* de la partie dans le tout (Bredin, 1969 : 100).

Cependant, en dépit de tout, la fluctuation de la démarche de l'avocat reste constatable, et, par voie de conséquence, pas d'une logique implacable au sens mathématique du terme. Aussi, cette fluctuation oblige-t-elle l'avocat à s'adapter à son auditoire. En effet, il y a des types d'argumentation qui se développent pour un auditoire non spécialisé alors que d'autres s'adressent à des auditoires particuliers qui se caractérisent par certains types d'accord spécifique valables pour eux. Toutefois, on peut parfois commettre l'erreur qui consiste à s'appuyer sur des prémisses que l'interlocuteur n'a pas admises. On encourt alors *une pétition de principe*, c'est-à-dire que l'on postule ce que l'on veut prouver.

Seulement, la pétition de principe n'est pas une erreur de type logique (une déduction logique encourant toujours dans une pétition de principe, vu que la conclusion est déjà comprise dans les prémisses), mais une erreur d'argumentation qui consiste à faire un mauvais usage de l'argument *ad hominem* : toute argumentation est – au sens large – *ad hominem*, car elle dépend de ce que l'interlocuteur est prêt à admettre ; on utilise mal ledit argument lorsque l'on suppose, de façon erronée, que l'interlocuteur a déjà accepté une thèse que l'on essaie de lui faire admettre. Pour qu'une argumentation soit possible, il faut supposer au préalable une infinie d'objets d'accord. Vu qu'il est impossible de présenter tous ces éléments, l'argumentation devra être nécessairement sélective, et de deux formes, car il faut aussi bien choisir les éléments que la manière de les présenter. C'est pourquoi la sélection est un facteur essentiel de l'argumentation. À ce stade, l'esprit intuitif du juriste doit se révéler. Cela procède d'une certaine façon de travailler par l'avocat. Ce dernier doit être méthodique et avoir à l'esprit le rôle que jouent l'interprétation, les qualifications, les épithètes et classements ainsi que l'usage des notions. Ici, Perelman donne une grande importance à l'usage des notions obscures (à son avis toutes les notions sont, plus ou moins, obscures si elles sont hors du système formel), dans la mesure où elles permettent des accords de type général. Les valeurs universelles qui sont les instruments de persuasion par excellence – par exemple, celle de la justice – sont aussi les notions les plus confuses (Perelman, 1978 : 317).

Enfin, à propos de la présentation des prémisses, Perelman et Olbrecht-Tyteca montrent quel est le rôle de l'utilisation de certaines formes verbales, des modalités d'expression de la pensée (par exemple, l'usage d'affirmation, de négation, d'assertion, d'interrogation, de prescription, etc.) et celui des figures rhétoriques. On n'évoque pas celles-ci en tant que figures de style, mais en tant que figures argumentatives, et elles sont classées en trois groupes : *figures de choix* (la définition oratoire, la périphrase, la synecdoque ou la métonymie) ; *celles de présence* (l'onomatopée, la répétition, l'amplification, la synonymie, le pseudo-discours direct) et *celle de communion* (l'allusion, la citation, l'apostrophe). Le classement assure l'effet – ou l'effet prédominant – que ces figures accomplissent dans le contexte de présentation des données et qui peut être le suivant : imposer ou suggérer un choix ; augmenter la présence d'un élément en particulier ; créer ou confirmer la communion avec l'auditoire (Atienza, 2007 : 50-51).

3° La logique de l'avocat et l'argumentation de droit

Lorsque les faits ont été établis, l'application de la règle de droit ne pose pas, en principe, de problème. Le syllogisme judiciaire s'inviterait aisément et à ce niveau on parlerait de la logique formelle qui devrait s'observer. Cependant, la majeure partie des litiges ne mettent pas en cause la règle de droit, et les parties sont au préalable d'accord sur la règle de droit applicable pour trouver la solution au litige. L'essentiel du travail de l'avocat est dans l'argumentation de fait. Il faut, disait un avocat : « *plaider trois fois le fait : le plaider en plaidant le fait, le plaider en plaidant la procédure, et le plaider en plaidant le droit* » (Bredin, 1969 : 101).

Néanmoins, en dépit du fait que nous venons de dire que les litiges ne mettent pas en cause la règle de droit, notons tout de même que l'application de la règle de droit ne va pas toujours sans difficulté. Il se peut d'abord que, la règle de droit étant certaine, le débat porte sur le point de savoir quelle est la règle de droit applicable au litige. S'agit-il d'un dommage causé par une personne ou d'un dommage causé par une chose ? Le fait visé par la poursuite constitue-t-il un abus de confiance ou une escroquerie ? Si le prix prévu dans un contrat aléatoire échappe à toute réduction, sommes-nous bien en présence d'un contrat aléatoire ? C'est la difficulté de qualification qui reste évidemment un exercice de raisonnement à ne pas mener de n'importe quelle manière. Aussi, peut-il se faire que la certitude de la règle de droit soit mise en cause et fasse l'objet de contestation. Celle-ci peut se situer à plusieurs niveaux : au niveau de l'interprétation de la règle (le conflit ne porte pas sur l'existence de la règle mais plutôt sur sa signification), au niveau de la précision de la règle de droit (elle est confuse, équivoque voire contradictoire).

Quoi que l'on dise, la logique reste présente et doit être de mise dans le d'argumentation de droit de l'avocat. Et cela pour quelques raisons. D'abord, il utilise constamment le syllogisme et même le polysyllogisme. Bien évidemment, nous l'avons dit, la vraie difficulté ne réside pas dans le raisonnement mais plutôt dans la formulation des prémisses. C'est à ce niveau, nous dit Jean-Denis Bredin, que *l'avocat doit renoncer à la certitude, ou même à l'évidence, pour faire admettre par persuasion les prémisses qu'il pose* (Bredin, 1969 : 102). Ensuite, la logique est exigée dans le travail de l'avocat, structuré sur le réel, en ce qu'elle doit fonder toutes sortes d'arguments qui essaient d'établir la solidarité aussi étroite que possible entre ce qui est admis et ce que l'avocat veut promouvoir.

Toutefois, le débat judiciaire montre que le raisonnement de l'avocat, bien qu'empruntant à la logique ses procédés de démonstration, se heurte à des obstacles. Le premier tient à la nature du fait judiciaire, ni constaté ni vérifié, seulement proposé à la conviction, admis dans l'ordre de la vraisemblance, ou dans la meilleure hypothèse, dans l'ordre de la probabilité, donc soumis à contestation. Le deuxième obstacle tient à la règle de droit qu'il faut découvrir, interpréter, et il n'est pas sûr que cette règle soit certaine dans son contenu et s'applique certainement aux faits d'une cause. D'où le rôle de l'avocat qui ne va pas développer devant le juge les moyens d'une démonstration contraignante relevant de la logique pure.

Sur cette question, Chaïm Perelman nous a donné une piste, du reste ouverte, en disant que : « Seule l'existence d'une argumentation qui ne soit ni contraignante ni arbitraire accorde un sens à la liberté humaine, condition d'exercice d'un choix raisonnable. Si la liberté n'était qu'adhésion nécessaire à un ordre naturel préalablement donné, elle exclurait toute possibilité de choix. Si l'exercice de la liberté n'était pas fondé sur des raisons, tout choix serait irrationnel et se réduirait à une décision arbitraire dans un vide intellectuel. C'est grâce à la possibilité d'une argumentation qui fournit des raisons non contraignantes, qu'il est possible d'échapper au dilemme » (Perelman, cité par Bredin, 1969 : 104).

2. Le contexte de découverte et de justification : la raison explicative et justificative

Dans la philosophie des sciences, on distingue (Reichenbach, 1951) le contexte de découverte de celui de la justification des théories scientifiques. D'un côté, l'activité qui consiste à découvrir ou à énoncer une théorie et qui, selon l'avis général, n'est pas susceptible d'une analyse de type logique ; l'on ne peut montrer ici comment les connaissances scientifiques se créent et se développent, et c'est là la tâche du sociologue ou de l'historien des sciences. Mais d'autre part, il y a le processus qui consiste à justifier ou à valider la théorie en la confrontant aux faits pour démontrer sa validité. Cette dernière tâche demande une analyse de type logique (et pas seulement logique) et elle est gouvernée par les règles de la méthode scientifique.

Cette distinction peut être transférée au champ de l'argumentation en général, et à celui de l'argumentation juridique en particulier (Wasserstrom, 1961 et Golding, 1984 : 22-23). Nous avons donc, d'un côté, le processus grâce auquel on réussit à établir une prémisse ou une conclusion et de l'autre le processus qui consiste à justifier cette prémisse ou cette conclusion. Par exemple, si nous nous en tenons à l'argument qui affirme la conclusion suivante « On doit nourrir de force les prisonniers de Makala », nous pouvons établir la différence entre les mobiles psychologiques, le contexte social, le contexte idéologique, politique, etc. qui ont poussé un certain juge à prendre cette décision, et les raisons que la juridiction a donné pour montrer que sa décision est correcte ou acceptable (qu'elle est justifiée). Si je juge a pris cette décision parce que poussé par ses fortes croyances religieuses, alors cet énoncé est une *raison explicative*, si le juge s'est basé sur une interprétation particulière de l'article X de la Constitution, de telle loi organique, etc. alors cet énoncé est une *raison justificative*. En général, les juridictions ou les services administratifs n'ont pas à expliquer leurs décisions, mais à les justifier (Atienza, 2006-2007 : 7).

L'attention devra être attirée sur le fait que la différence entre le contexte de découverte et celui de justification ne correspond pas à la différence entre le discours descriptif et prescriptif, cependant on peut adopter une attitude descriptive ou prescriptive en rapport à l'un ou l'autre des deux contextes. On peut décrire par exemple les mobiles qui ont poussé le juge à prendre une décision dans le sens indiqué (celui qui reviendrait à expliquer sa conduite), mais on peut aussi prescrire ou recommander certains changements de procédure afin d'éviter que les idéologies du juge, ses croyances puissent avoir trop d'importance dans les décisions à prendre (par exemple, en donnant plus d'importance à plus d'éléments qui font partie de la décision prise, ou en proposant d'étendre les causes de récusation des juges).

Par ailleurs, il est possible de décrire comment ce juge a fondé sa décision (il s'est basé sur l'argument suivant : la valeur de la vie humaine l'emporte sur celle de la liberté personnelle – selon la Constitution) ; ou bien de prescrire ou suggérer – ce qui exige de nouveau une justification – comment le juge aurait dû baser sa décision (son fondement devait se baser sur une autre interprétation de la Constitution qui soumet la valeur de la vie humaine à celle de la liberté personnelle).

De toute façon, la différence entre le contexte de découverte et celui de justification nous permet de remarquer à nouveau deux perspectives d'analyse des arguments. D'un côté, la perspective de certaines sciences sociales, comme la psychologie sociale, qui ont établi plusieurs modèles pour expliquer les processus de la prise de décision à laquelle on aboutit, grâce, en partie, à l'usage des arguments. Dans le champ du droit, l'un de ces modèles est celui de l'*information intégrée*, élaborée par Martin F. Kaplan (Kaplan, 1983). D'après lui, la décision prise par un juge est due à une combinaison de valeurs d'information et de l'impression initiale. Le processus de décision commence à partir de l'accumulation d'unités de preuves ou d'informations ; ensuite vient le processus d'évaluation où l'on donne à chaque item d'information une valeur à échelle spécifique pour le procès en cours. Le troisième pas à suivre consiste à donner un poids à chaque information ; puis on introduit l'information évaluée et soupesée dans un procès singulier ; enfin on prend en considération l'impression initiale, c'est-à-dire les préjugés du juge qui peuvent découler des conditions dues à sa situation (par exemple son état d'esprit au moment du procès, sa personnalité, etc.). Il y a donc là la perspective d'autres disciplines qui étudie les conditions nécessaires pour qu'un argument puisse être justifié. De nouveau il importe de remarquer une justification formelle des arguments – lorsqu'un argument est formellement correct – et une justification matérielle – lorsqu'on peut considérer un argument acceptable dans le champ particulier – (Kaplan, 1983 : 32-39).

La théorie de l'argumentation juridique se situe justement dans cette deuxième perspective, le contexte de justification des arguments et, en général elle est aussi bien descriptive que prescriptive. C'est la thèse qu'on rencontre dans les théories d'Alexy ou de MacCormick qui veulent montrer non seulement comment se justifient de fait les décisions juridiques, mais aussi (et en même temps, d'après eux) comment les décisions devraient-elles se justifier. Ils prennent comme point de départ le fait que les décisions doivent être et peuvent être justifiées et dans ce sens-là, ils s'opposent aussi au *déterminisme méthodologique* (les décisions juridiques n'ont pas à être justifiées puisqu'elles procèdent d'une autorité légitime et/ou sont le résultat de simples applications de normes générales), qu'au *décisionnisme méthodologique* (les décisions juridiques ne peuvent pas se justifier car ce ne sont que de simples actes de volonté) (Neumann, 1986 : 2-3).

3. Quelques remarques conclusives sur la logique judiciaire

À partir de ce que nous avons noté précédemment, il nous revient de constater que la justification des jugements se cristallise logiquement en forme syllogistique. Une décision comporte en premier lieu une proposition normative de base, tenant lieu de prémisse majeure. Cette proposition est constituée par les normes déduites des dispositions légales applicables. En second lieu, dans une décision s'établit une prémisse mineure, sous la forme d'un complexe d'assertions déductibles en règle générale à la base factuelle du cas envisagé. L'objectif du raisonnement juridique est la justification d'un impératif singulier d'action se rapportant à la situation concrète. Pour qu'un tel jugement soit argumentativement valide, il faut que la norme à laquelle il se réfère soit à la fois valide et appropriée au cas d'espèce (Stamatis, 1995 : 154). Le droit positif joue à cet effet un rôle essentiel.

L'intérêt primordial qui préside au fil de la constitution du raisonnement juridique revêt donc un double caractère. Premièrement, on s'efforce d'argumenter pour une proposition normative raisonnable, adaptable aux traits juridiquement importants du cas d'espèce. Deuxièmement, on éclaire l'état des faits en cause ; corrélativement on s'occupe des questions susceptibles de relevé empirique. En d'autres mots, *ce qui s'impose en final pour la solidité du raisonnement, c'est le bien-fondé et l'acceptabilité rationnelle de sa prémisse majeure d'un côté, la valeur de vérité et la raisonnabilité de la qualification juridique opérée dans la prémisse mineure de l'autre* (*Ibidem*).

Une autre remarque importante en ce qui concerne les éléments du syllogisme juridique nous vient de l'évolution de la méthodologie contemporaine du droit. En effet, celle-ci s'est détachée de l'idée simpliste selon laquelle la prémisse majeure s'identifie à la règle de droit, tandis que la prémisse mineure se consume dans la description et la qualification juridique de la situation de fait. En vérité, dans le cadre de la prémisse majeure peuvent trouver place, à côté d'arguments purement normatifs, des arguments théoriques et analytiques (par exemple des opinions doctrinales, des définitions des termes juridiques) et certains éléments de connaissance empirique (par exemple le fait qu'il existe en la matière traitée toute une série d'arrêts de la Cour suprême).

Sur le plan de la prémisse mineure, on peut aussi procéder à certaines évaluations, sur la crédibilité des témoins examinés par exemple. D'ailleurs, on met en corrélation plusieurs aspects de la situation de fait avec des éléments concomitants de la partie descriptive de la règle à appliquer. Tel est le cas d'une appréciation sur le fait de savoir si et dans quelle mesure un reportage haineux de la presse peut porter préjudice à l'intérêt d'un accusé pour se réintégrer socialement après son acquittement éventuel (*Ibidem* : 155).

Au final, nous avons indiqué que la constitution du raisonnement juridique relève d'un *processus de réflexion zététique* (Stamatis, 1995 : 155). Celle-ci étant une méthode qui permet de mettre en place les meilleures conditions pour se faire un avis sur une question qui dépasse celui des opinions pour ou contre n'importe quel sujet, le cheminement à l'aide d'hypothèses caractérisera le travail du juriste.

Section 3. **Raisonnements juridiques non-normatifs**

1. Induction complète

Elle peut être définie comme un raisonnement ayant pour prémisses, d'une part, un certain nombre de propositions singulières, affirmatives ou négatives, dont les sujets appartiennent à une même espèce d'objets (êtres), et, de l'autre, l'équivalence entre la somme logique des noms individuels figurant comme sujets dans les prémisses du premier groupe et le nom général désignant l'espèce à laquelle appartiennent les objets nommés (êtres) nommés par les noms individuels en question. Sa conclusion est une proposition universelle ayant pour sujet ce nom général et pour prédicat celui des prémisses du premier groupe. La reconnaissance de la conclusion, après celle des prémisses, se fonde sur la vérification, empirique ou autre, de l'accord à la réalité de toutes les prémisses individuelles, vérification constatant aussi que tous les individus dont parlent ces prémisses épuisent l'espèce sur laquelle porte la conclusion (Kalinowski, 1965 : 144).

L'induction complète permet d'admettre comme vraie une proposition universelle affirmative de type « Tout Magistrat (M) est juriste (J) », si nous avons antérieurement reconnues pour vraies les propositions « le Procureur général Lundimu (M_1) est juriste (J) », « le Premier Président Mukiramfi (M_2) est juriste (J) », « l'Avocat général Kwete (M_3) est juriste (J) », « l'Auditeur de garnison Rubakare (M_4) est juriste (J) » ; ou une proposition universelle négative de type « Aucun condamné (C) n'est innocent (I) », si nous avons antérieurement reconnues pour vraies les propositions « Nul prisonnier de de la CPI (C_1) n'est innocent (I), « Bosco Ntaganda (C_2) n'est pas innocent des crimes contre l'humanité

(I) », « Oussama Ben Laden (C_3) n'était pas innocent des crimes de terrorisme (I) » et si nous admettons comme vraie la proposition M_1, M_2, M_3, M_4 est J (autrement dit si l'espèce J ne contient d'autres individus que M_1, M_2, M_3) ou pour vraie la proposition C_1, C_2, C_3 n'est pas I (autrement dit si l'espèce I ne contient nullement C_1, C_2, $C_{3)}$, voici le schéma de ce raisonnement :

Pour l'universelle affirmative :

M_1 est J

M_2 est J

M_3 est J

M_4 est J

M_1, M_2, M_3, M_4 équivaut à J, donc tout M est J

Pour l'universelle négative

C_1 n'est pas I

C_2 n'est pas I

C_3 n'est pas I

C_1, C_2, C_3 équivaut à J, donc tout C n'est pas I.

Des exemples pour mieux fixer les idées.

1) Kalala est présent

    Makasi est présent

    Ngirabanzi est présent

    Kalala, Makasi et Ngirabanzi sont tous les témoins convoqués par le Tribunal.

    Donc tous les témoins convoqués sont présents.

2) Kalala n'est pas présent

    Makasi n'est pas présent

    Ngirabanzi n'est pas présent

    Kalala, Makasi et Ngirabanzi ne sont pas tous les témoins convoqués par le Tribunal.

    Donc tous les témoins convoqués ne sont pas présents.

2. *Induction amplifiante*

Elle est également appelée induction incomplète. Ce type de raisonnement a pour prémisses des propositions singulières, certaines, parlant d'objets concrets d'une même espèce, et pour conclusion une proposition universelle, mais en principe uniquement probable, étendant à l'espèce en question tout entière l'affirmation (ou la négation) des prémisses. Le « passage intellectuel » des prémisses à la conclusion se fonde sur le caractère, supposé essentiel à l'espèce donnée, de la propriété (ou de l'absence de la propriété) constatée dans les prémisses.

Voici un exemple d'une induction amplifiante à propos de la législation congolaise sur la nationalité :

La Constitution de Luluabourg de 1964 en son article 6 reconnaissait la nationalité congolaise en mettant l'accent sur son unicité et indivisibilité ainsi que sur les tribus établies sur le territoire national avant une certaine date, mais cela n'a pas empêché la fraude à la nationalité et les conflits interethniques liés à la citoyenneté.

L'ordonnance-loi n° 71-020 du 26 mars 1971 sur la nationalité congolaise a consacré l'unicité et l'indivisibilité en mettant l'accent sur l'appartenance à une des tribus établies sur le territoire national, mais cela n'a pas empêché la fraude à la nationalité et les conflits interethniques liés à la citoyenneté.

La loi n° 72-002 du 5 janvier 1972 sur la nationalité congolaise a consacré l'unicité et l'indivisibilité en mettant l'accent sur l'appartenance à une des tribus établies sur le territoire national, mais cela n'a pas empêché la fraude à la nationalité et les conflits interethniques liés à la citoyenneté.

La Loi n° 81-002 du 29 juin 1981, avec ses mesures d'applications contenues dans l'ordonnance n° 82-061 du 15 mai 1982, telle que modifiée et complétée par le Décret-loi n° 197 du 29 janvier 1999 a consacré l'unicité et l'indivisibilité en mettant l'accent sur l'appartenance à une des tribus établies sur le territoire national, mais cela n'a pas empêché la fraude à la nationalité et les conflits interethniques liés à la citoyenneté.

La Résolution n° DIC/CPR/03 de Sun City et la Constitution de Transition du 5 avril 2003 ont consacré l'unicité et l'indivisibilité de la nationalité congolaise en mettant l'accent sur l'appartenance à une des tribus établies sur le territoire national, mais cela n'a pas empêché la fraude à la nationalité et les conflits interethniques liés à la citoyenneté.

La loi n° 04-024 du 12 novembre 2004 sur la nationalité congolaise a consacré l'unicité et l'indivisibilité en mettant l'accent sur l'appartenance à une des tribus établies sur le territoire national, mais cela n'a pas empêché la fraude à la nationalité et les conflits interethniques liés à la citoyenneté.

Donc toute loi sur la nationalité congolaise consacrant l'unicité et l'indivisibilité, et mettant l'accent sur l'appartenance à une des tribus établies sur le territoire national n'empêchera pas la fraude et suscitera des conflits interethniques.

Il faut retenir que l'induction amplifiante ne donne en principe qu'une conclusion probable.

3. Raisonnement déductif

On a l'habitude de dire simplement qu'il s'agit d'une opération intellectuelle qui par du général vers le particulier. Le caractère déductif du raisonnement dépend du principe justifiant le passage de la ou des prémisses à la conclusion. Lorsque ledit passage est commandé par une règle garantie par quelque loi logique, le raisonnement en question est déductif. Tout raisonnement déductif donne une conclusion vraie et certaine, si sa ou ses prémisses sont vraies (Kalinowski, 1965 : 145). Cependant, un raisonnement déductif peut avoir pour prémisse(s) une proposition (ou des propositions) uniquement probable(s). Dans ce cas, sa conclusion sera probable, parce que dans le raisonnement déductif la conclusion ne peut être plus forte que la plus faible des prémisses.

Exemple :

> Si la Commission nationale électorale indépendante (CENI) organise l'élection présidentielle, alors elle convoque le scrutin 90 jours avant la date de l'élection
>
> Or la CENI n'a pas convoqué le scrutin
>
> Donc la CENI n'organise pas l'élection présidentielle

Ce raisonnement obéit à la règle selon laquelle celui qui admet une proposition conditionnelle de type *si p* (antécédent) *alors q* (conséquent), la négation de son conséquent (*non q*), doit admettre la négation de son antécédent (*non p*). C'est le fameux principe *modus tollendo tollens.* Dans un arrêt rendu par la Cour constitutionnelle de la République démocratique du Congo au sujet du report des élections présidentielles difficiles à organiser dans le délai constitutionnel, l'on peut retrouver ce type de raisonnement : « S'il faut organiser les élections présidentielles le 16 décembre 2016, la CENI doit disposer de la loi amendée nécessaire pour la répartition des sièges ; or jusqu'au 17 septembre 2016 (date de la requête de la CENI à la Cour constitutionnelle), la CENI ne dispose pas encore de la loi pour la répartition des sièges ; Donc les élections présidentielles n'auront pas lieu le 16 décembre 2016 » (Arrêt R. Const. 0338 du 17 octobre 2016, inédit). Sur la question, lire Djuma, Cihunda et Kapinga, 2017 : 475 et s.

4. *Raisonnement réductif*

Le raisonnement réductif est celui dont la prémisse constate un effet avec la conclusion qui indique la cause. Un même effet pouvant être souvent produit par diverses causes, le raisonnement réductif est, en principe, à conclusion probable. Il donne cependant une conclusion certaine chaque fois que l'effet en question ne peut être produit que par une cause et lorsque celui qui raisonne, en la découvrant, s'en rend compte. C'est partant de ce dernier principe que les chercheurs en théodicée appuient la certitude de leur thèse affirmant l'existence de Dieu bien que celle-ci soit démontrée, à partir de l'existence de l'être donné dans l'expérience sensible, par un raisonnement précisément réductif. Toutefois, quoi qu'il en soit du caractère de la conclusion, que celle-ci soit certaine ou probable, la reconnaissance de la conclusion consécutive à celle de la prémisse a sa justification dans le rapport de cause à effet existant entre le phénomène dont parle la conclusion et celui sur lequel porte la prémisse (Kalinowski, 1965 : 146).

Exemple :

> Un incendie s'est déclaré dans la maison les bureaux de la REJUSCO à Goma (RDC) et a consumé tous les documents y compris les conclusions de l'audit financier qui venait de se faire.
>
> Donc le Chef de mission de la REJUSCO qui a quitté le bureau le dernier a probablement laissé la cafetière branchée

Dans certains cas, ce rapport de cause à effet est particulièrement difficile à établir. D'autres raisonnements sont alors nécessaires pour corroborer la conclusion du raisonnement réductif donné. Il est possible que d'autres raisonnements réductifs figurent parmi ces raisonnements subsidiaires, s'intercalant entre la prémisse et la conclusion du raisonnement réductif principal. Voici un exemple qui peut nous aider à comprendre davantage. Admettons que Kambale Kavunumuheto soit décédé à la suite d'une blessure causée par une flèche. À la recherche de la cause, le juge qui a la charge d'instruire le dossier peut raisonner réductivement : Kambale Kavunumuheto a été tué par une flèche. Donc Kasereka Kirarahumu a probablement tué Kambale Kavunumuheto.

Pour arriver à cette conclusion réductive, le juge d'instruction doit rendre plausible le lien de cause à effet entre les actes de Kasereka Kirarahumu et la mort de Kambale Kavunumuheto. Ceci se fera peut-être au moyen de divers raisonnements inspirés par des faits connus du juge d'instruction et relatifs au meurtre de Kambale. Supposons que l'instruction criminelle ait constaté que Kasereka aimait la femme de Kambale, qu'on l'a vu sortir de chez lui la nuit où Kambale fut tué, qu'on a trouvé cachés dans son grenier des flèches de même fabrication que celle sortie du corps de Kambale. Plusieurs raisonnements peuvent traverser l'esprit du juge d'instruction.

1) Tout homme aimant la femme d'un autre peut être le tueur éventuel du mari de celle-ci.

   Or Kasereka aimait la femme de Kambale

   Donc Kasereka a pu tuer Kambale

2) Toute absence de chez soi (dans le village X) est suspecte d'être le moment où Kamabale fut tué

   Or Kasereka fut absent de chez lui vers minuit.

   Donc Kasereka est suspecté d'avoir tué Kambale

3) On a trouvé cachées dans le grenier de Kasereka des flèches de même fabrication que celle sortie du corps de Kambale

   Donc c'est probablement Kasereka qui les y cacha.

4) Toute personne cachant dans le grenier des flèches le fait parce qu'elle a peur d'être poursuivie pour des actes répréhensibles.

   Or Kasereka a probablement caché dans son grenier les flèches dont question

   Donc Kasereka a probablement peur d'être poursuivi pour un acte répréhensible.

5) Kasereka a probablement peur

   Donc Kasereka a probablement tué Kambale

L'analyse de ces raisonnements nous montre que le raisonnement (a) est déductif, mais sa conclusion n'est que probable, car sa majeure est uniquement probable. Le raisonnement (b) est également déductif. Le raisonnement (c) est réductif basé sur la supposition que les actes accomplis dans le grenier sont ceux de son propriétaire. Le raisonnement (d) est de nouveau déductif, dont la mineure, et partant la conclusion sont seulement probables. Le raisonnement (e) est un autre raisonnement réductif. Les raisonnements (c) et (d) fournissent, en l'occurrence, (c) indirectement et (d) directement, la prémisse au raisonnement (e). Les raisonnements (a), (b) et (e) sont des raisonnements qui rendent Kasereka suspect et qui justifient le raisonnement réductif principal.

5. Raisonnement par analogie

Ce type de raisonnement est particulièrement difficile à intégrer dans une modélisation car il ne jouit pas d'un statut scientifique bien établi (Tremblay, 1999 : 96). Il consiste, si l'on compare deux situations, objets, règles, etc., présentant entre eux des traits communs, à attribuer au second des propriétés du premier que le second n'a pas nécessairement. Ou, sous une autre forme, il consiste à créer un discours parallèle au discours principal pour en extraire certaines propriétés et les rattacher par inférence au discours principal (*Ibidem* : 96).

Selon Chaïm Perelman, « pour lui conserver sa spécificité, il faut interpréter l'analogie en fonction de son sens étymologique de *proportion*. Elle diffère de la proportion purement mathématique en ce qu'elle ne pose pas l'égalité de deux relations mais affirme une *similitude* de rapports. Alors qu'en algèbre on pose a/b=c/d, ce qui permet d'affirmer, par symétrie, c/d=a/b, et d'effectuer sur ces termes des opérations mathématiques qui aboutiront à des équations, comme ad-cb=0, dans l'analogie, on affirme que a est à b comme c est à d. Il ne s'agit plus d'une division, mais d'une relation quelconque que l'on assimile à une autre relation. Entre le couple a-b (le thème de l'analogie) et le couple c-d (le phore de l'analogie), on n'affirme pas une égalité symétrique par définition, mais une assimilation ayant pour but d'éclairer, de structurer et d'évaluer le thème grâce à ce que l'on sait du phore, ce qui implique que le phore relève d'un domaine hétérogène, car mieux connu que celui du thème » (Perelman, 1977 : 128).

Pour Houda Araj, « *générer une analogie, c'est avant tout trouver des similarités partielles pour ensuite projeter, à partir de cette similarité et dans des conditions qui permettent la généralisation sans un risque élevé d'erreur, un argument qui ait du bon sens* » (Araj, 1905 : 596). Cet auteur précise que « selon l'argument par analogie, la similarité partielle permet de conclure à la similarité totale. Deux objets possédant des propriétés communes peuvent être analogues sans partager tous les traits qui caractérisent chacun d'eux » (Araj, 1974 : 136-137). Ce qui nous permet de penser avec cet auteur que le raisonnement analogique produit des arguments plausibles qui détiennent un certain degré de probabilité et ne procurent pas la certitude. La mise en garde est faite : « *l'application aveugle du calcul de similarité conduit à une situation dangereuse, c'est pourquoi l'inférence analogique, telle que connue, doit être raffinée. L'obtention d'une plus grande ressemblance ne se fait pas de manière désordonnée, car ce n'est pas à partir de n'importe quelle similarité qu'il est possible de construire des analogies bien formées et utiles* » (Araj, 1996 : 189).

Georges Kalinowski note quant à lui que le raisonnement par analogie, partant de certaines ressemblances entre objets ou des relations connues, consiste à supposer qu'il existe encore d'autres ressemblances entre ces objets ou ces relations. Il a pour prémisse(s) une (des) proposition(s) singulière(s) parlant d'objet(s) appartenant à une espèce déterminée. Sa conclusion, portant sur un objet semblable au(x) précédent(s), est également une proposition singulière. L'admission de celle-ci après la reconnaissance de la conclusion, se fonde sur le caractère supposé essentiel, de la ressemblance existant entre l'objet de la conclusion et celui de la prémisse (ou ceux des prémisses), caractère supposé essentiel, c'est-à-dire jugé témoignant de l'unité spécifique des objets sur lesquels portent la (ou les) prémisse(s) et la conclusion. Cette supposition s'ajoute comme une nouvelle prémisse aux précédentes (Kalinowski, 1965 : 148-149).

Certains logiciens affirment que le raisonnement par analogie n'est pas un raisonnement spécifique, mais la combinaison d'un raisonnement par induction amplifiante et d'un raisonnement déductif (Tremblay, 1999 : 96). En fait, le raisonnement par analogie ne suit pas l'induction, mais la précède et prépare. Il sert à avancer des hypothèses, lesquelles lorsqu'elles sont suffisamment vérifiées permettent la généralisation inductive, qui reste encore une hypothèse, mais une hypothèse concernant directement une espèce et non un individu, une classe de cas et non un cas concret (Kalinowski, 1965 : 148-149).

Exemples :

1° la police de Kinshasa a pu constater la veille du Nouvel An que le cambriolage et les attaques par machettes commis dans le quartier Yolo Sud de la commune de Kalamu a eu pour auteurs un gang des Kuluna. Quelques jours plus tard, un cambriolage et des attaques semblables sont commis dans la commune de Matete, aux alentours de la paroisse Saint Alphonse. En raison des similarités frappantes existant entre les deux faits, la police conclut par analogie que le cambriolage et les attaques de Matete sont probablement l'œuvre des mêmes Kuluna.

2° lors des troubles consécutifs aux différentes réclamations de l'opposition politique à l'occasion des marches, exigeant l'organisation des élections présidentielles dans le délai constitutionnel et rappelant que le président en exercice ne doit pas se représenter, après deux mandats consécutifs, un rapport d'une ONG des droits de l'homme constate que le 19 septembre 2016 à Kinshasa, des voyous et casseurs ont été infiltrés dans la foule qui marchait vers le siège du Parlement et des dégâts énormes (incendie des sièges des partis politiques et des bus de transport public, pillage des magasins, etc.) ont été remarqués à l'issue de la marche. Un mois plus tard, cette fois dans la ville de Goma, toujours dans cet élan revendicatif du respect du délai constitutionnel pour l'organisation des élections présidentielles, l'opposition politique organise une marche avec comme but de remettre un carton jaune d'avertissement au Gouverneur de province. La police a pu constater que quelques magasins ont été pillés, des écoles évacuées et cassées, certains policiers lapidés. En raison des ressemblances perceptibles entre les deux événements, on peut conclure par analogie que les dégâts constatés à l'issue de la marche de Goma sont probablement l'œuvre des voyous et casseurs infiltrés.

Un autre cas de raisonnement par analogie est celui où il convient de combler les lacunes des textes. Prenons un exemple en matière de transfert de compétences dans le cadre de la décentralisation où la loi n'avait pas prévu l'hypothèse que des biens transférés par l'État soient des biens mis à la disposition par une autre collectivité elle-même locataire et non-propriétaire de ces biens. Les biens dont l'État est propriétaire sont transférés gratuitement, sous forme d'une mise à disposition. Par contre les biens dont l'État est locataire font l'objet d'une subrogation de telle sorte que la nouvelle collectivité compétente se trouve substituée à l'État dans ses droits et obligations de locataire. Par analogie, la loi prévoit que lorsque l'État est initialement bénéficiaire d'une mise à disposition des biens qui sont la propriété d'une autre collectivité, ces biens se trouvent mis à disposition de la collectivité nouvellement compétente, mais ne dit rien cependant du cas où le bien est loué par l'autre collectivité. Dire que dans ce cas la nouvelle collectivité compétente doit être subrogée dans les droits et obligations de la première collectivité en tant que locataire est tenir un raisonnement purement analogique (Tremblay, 1999 : 102).

6. *Raisonnement approximatif*

Le propre des raisonnements approximatifs, qu'ils partent de prémisses incertaines ou de prémisses imprécises (floues), est de produire des conclusions elles-mêmes incertaines ou imprécises. Ce qui les distingue fondamentalement du syllogisme aristotélicien, ce n'est pas l'incertitude des prémisses, mais leur aptitude à utiliser éventuellement des règles incertaines ou imprécises et de projeter cette double incertitude ou imprécision sur les conclusions, lesquelles sont ensuite susceptibles d'être réintroduites comme prémisses dans des raisonnements subséquents également incertains ou imprécis (Tremblay, 1999 : 106).

Bien que le droit manipule à longueur de temps des concepts flous – comme celui de la sécurité collective en droit international public –, la logique floue ne lui apporte pas toujours le secours que l'on pourrait attendre. La logique floue fait partie des caractéristiques du droit (Delmas-Marty, 1986), et a pour principal objet de déterminer les actions à partir des situations floues et perçues comme telles. Le droit doit décider, à partir d'ensembles d'indices, permettant une interprétation des faits ou du droit, si tel ou tel acte est constitutif ou non d'un manquement, si telle action ou telle décision comporte ou non un « grave risque de nuisance », la conséquence de la qualification juridique étant dictée par la loi ou le texte réglementaire applicable (Legrand J., cité par Tremblay, 1999 : 105).

Pour illustrer nos propos, nous nous partons de la pratique du Conseil de sécurité des Nations Unies qui offre un visage à rides remarquables et interpellateurs. En effet, revenant sur les enseignements des expériences de coercition et l'avenir de la sécurité collective, le Professeur Auguste Mampuya a noté que les situations déjà complexes en elles-mêmes qu'a eu à connaître l'ONU ont été encore plus compliquées par le fait de l'imprécision, du flou des termes par lesquels la Charte prévoit la procédure et les conditions de règlement. La tâche des organes compétents de l'ONU n'a pas été facilitée et même lorsque le cas où la coercition devait être exercée par un organisme régional, les problèmes de procédure se sont posés (Mampuya, 1986 : 86).

Le raisonnement approximatif s'invite dès lors dans cette pratique du Conseil de sécurité. En effet, en ce qui concerne la constatation de la menace à la paix, le travail du Conseil de sécurité a été rendu difficile par les termes de l'article 39 de la Charte qui, pour les trois situations (menace à la paix, rupture de la paix, agression) qu'il ne fait d'ailleurs qu'énumérer, ne donne aucune indication supplémentaire aux fins de leur définition. Pour le Professeur Auguste Mampuya, la notion de la menace contre la paix reste vague en dehors d'une définition ou d'une liste de situations devant être qualifiées de menace contre la paix et est susceptible de recouvrir de situations fort diverses (Mampuya, 1986 : 87).

L'affaire indonésienne qui a opposé l'Indonésie, alors colonie, aux Pays-Bas, la politique menée par le Portugal à l'égard de ses anciennes colonies (Résolution 218 du 23 novembre 1965 ; S/PV. 1255 § 83 et S/PV. 1266, § 4 à 20), la situation en Afrique du Sud en 1963 et en Rhodésie du Sud en 1965, etc. constituent des cas qui ont mis à nue l'opposition entre, d'une part, les États occidentaux et, d'autre part, les États moins développés, essentiellement anciennes colonies, soutenus par les Soviétiques au sujet de l'interprétation de l'article 39 sus-évoqué. Le Conseil de sécurité des Nations Unies, fait remarquer Auguste Mampuya, n'a pas pris la même décision pour des situations pourtant analogues (Mampuya, 1986 : 88-89), utilisant dans ses résolutions un raisonnement de type approximatif. Ce dernier est récurrent en droit international où la donne politique et géostratégique dicte souvent l'espèce de la norme à adopter pour résoudre tel ou tel autre conflit.

7. Raisonnement référentiel

Le raisonnement de type référentiel, avons-nous vu, consiste à confronter une proposition avec la réalité des choses et donc à en établir la vérité ou son plus ou moins haut degré de vérité ou de vraisemblance. Pour démontrer que l'union n'a pas fait la force dans certaines situations touchant la sécurité collective, Auguste Mampuya utilise ce raisonnement. Son argumentation part de l'échec de la mise en place du « Comité d'État-major », tel que prévu par l'article 47 de la Charte. La coercition militaire qui traduirait l'action collective envisagée à l'article 42, n'a eu, pour les occasions où elle a été organisée, que des résultats en demi-teinte suite aux considérations d'ordre politique et diplomatique divergentes (Mampuya, 1986 : 143-44). La coercition économique n'a pas toujours eu de résultats escomptés. En tout cas, lors du conflit italo-éthiopien, le manque de choix judicieux et l'imprécision des mesures d'embargo votées contre l'Italie ont permis à cette dernière, non seulement de continuer à faire tourner presque l'ensemble de son économie, mais encore de disposer des suffisamment de carburant pour ses navires et véhicules de guerre engagés dans l'opération contre l'Éthiopie, alors que leur inclusion aurait privé l'agresseur de moyens importants (*Ibidem* : 148). La haute finance et les marchands des canons ne facilitent toujours pas l'effectivité des sanctions économiques (*Ibidem* : 168).

Sous un autre registre, Jean-Paul Segihobe Bigira et Benoît Mutambayi Kanyuka relèvent que l'histoire retiendra qu'en plein régime d'apartheid et condamnée pour cela, l'Afrique du Sud a reçu le soutien de grandes puissances (Royaume-Uni, USA, France) et des institutions financières internationales (Banque mondiale, FMI), mettant ainsi en échec les mesures de coercition économiques qui avaient été décidées par les Nations Unies (Segihobe & Mutambayi, 2012b : 129).

Voici quelques autres exemples de type référentiel :

1° « La sécurité collective régionale souffre dans le continent africain. Sur le plan fonctionnel, l'Union africaine reste encore en réelles difficultés. Il lui manque de financement dans la réalisation de ses missions et de consensus dans la prise des décisions (Segihobe, 2015 : 312). Le domaine de la sécurité collective s'en trouve négativement affecté. Sa force d'intervention militaire au Darfour (AMIS) en 2005-2006 s'est caractérisée par les problèmes financiers et logistiques, même sous forme hybride avec l'ONU elle a du mal à s'affirmer en Somalie. Le rôle de l'organisation africaine sabordée par la France actuellement au Mali après que ce même pays européen l'ait fragilisée dans les débats à l'ONU sur la Libye à propos de l'intervention de l'OTAN et apporté l'aide aux insurgés qui ont abouti à l'assassinat du président Kadhafi. Or, l'on peut lier en partie ce qui se passe au Nord-Mali aux conséquences de la guerre en Libye qui a été loin d'amener la démocratie et le progrès tant vantés par la France et certains États occidentaux. Avec la crise en République centrafricaine, à la suite du renversement du président Bozizé par les rebelles Séléka appuyés par le Tchad et la France, l'Union africaine a du mal à tirer son épingle du jeu. La situation actuelle en République Centrafricaine constitue l'un des défis les plus graves à la sécurité collective africaine (Segihobe, 2018 : 125).

2° Dans les faits, les influences étrangères (franco-sino-américano-britanniques) apportent aux relations internationales africaines les ingrédients de dissipation d'efforts d'intégration. Philippe Hugon, observateur avisé de l'Afrique, a bien noté qu'*en Afrique, l'ordre interne est largement assuré par des puissances externes qui exercent des fonctions de sécurité, de financement voire de mise sous tutelle. Inversement, le désordre rétroagit, dans une moindre mesure, sur les relations internationales* (Lugan, 2013 : 214). La carte sécuritaire de l'Afrique est de plus préoccupante. En effet, le Mali, longtemps déchiré par des conflits internes, reste le terreau des idéologies terroristes. Par l'opération Serval, la France y a déployé, depuis janvier 2013, son armée pour combattre le terrorisme et restaurer l'intégrité territoriale du pays qui était mis en mal par des groupes indépendantistes (*Ibidem* : 237) ; le Nigéria en proie à la montée de l'islamiste (Boko Haram) qui crée de la violence au quotidien dans certaines villes (*Ibidem* : 306) ; la Corne de l'Afrique est depuis plusieurs années un lieu de non droit, notamment en Somalie après l'échec historique de l'armée américaine ; le conflit entre l'Éthiopie et l'Érythrée reste toujours latent au point de ne favoriser des rapports de bon voisinage ni des relations interafricaines pacifiques (*Ibidem* : 261).

8. Raisonnement connexionniste

L'approche connexionniste a pour principal objet l'élucidation des non-dits des textes normatifs, c'est-à-dire tous ces concepts non définis, concepts ou notions à contenu variable, qu'ils soient en instance de définition ou non susceptibles d'une définition précise, et qui pourtant font partie des normes juridiques.

Pour exemple, revenons sur la réflexion du Professeur Auguste Mampuya sur la désuétude du système de sécurité collective des Nations unies, l'on remarque que, tout en stigmatisant l'échec, l'impuissance du système de sécurité collective (Mampuya, 1986 : 189), cet enseignant de droit ne s'empêche pas, par une approche connexionniste, d'indiquer le bien-fondé de ce système, son importance pour l'ensemble des États et la possibilité d'accroître la capacité opérationnelle de l'ONU. C'est ainsi qu'au sujet du Comité d'État-major, il considère que n'ayant pas pu trouver les termes d'une organisation logistique et stratégique acceptable par tous les membres, il y a lieu de lui trouver un contenu et un sens dans les actions armées régionales, entreprises sous le champ de l'article 52 de la Charte (*Ibidem* :

187-188). La même approche est perceptible dans les analyses qu'il fait au sujet des conditions d'efficacité de la coercition économique. Dans le choix judicieux des sanctions, dit-il, l'efficacité d'une mesure de coercition, de pression ou de représailles économiques dépend beaucoup de la structure de l'économie de l'État ou du pays sanctionné ou visé. Il faut que les sanctions comprennent tous les produits qui ont quel qu'importance pour l'économie (*Ibidem* : 148 et 149).

TROISIÈME PARTIE

ANTINOMIE, LACUNE, PREUVE, PRÉSOMPTION, FICTION ET ARGUMENTATION

Chacune des notions ci-haut énumérées fera l'objet d'un chapitre dans cette partie.

CHAPITRE VII

ANTINOMIE ET ARGUMENTATION

Dans ce chapitre, nous mettrons un accent particulier sur le sens et la portée de l'antinomie ainsi que les différentes sortes qui ont été dégagées aussi bien par la jurisprudence que par la doctrine. L'examen de ces aspects aboutira à la conclusion selon laquelle l'argumentation reste un outil à mobiliser non seulement pour détecter l'antinomie, mais également pour la résoudre.

Section 1. Sens et portée

De l'antinomie, plusieurs définitions peuvent être données. C'est « la contradiction réelle ou apparente entre deux lois » (Littré), « la contradiction entre deux lois ou principes dans leur application pratique à un cas particulier » (Lalande, *Dictionnaire de la Philosophie*), « *a logical contradiction between two accepted principles, or between conclusions drawn rightly from premises which have equal claim to objective validity (...) The term, non in common use, though it is be found in application to cases of conflit of positive laws and in contraversial theological literature, has acquired a definite place in philosophy from the employment of it by Kant...* » (Baldwin, *Dictionary of philosophy and psychology*, V° *Antinomy*).

De toutes ces définitions, l'on peut relever que l'antinomie contient une opposition entre deux lois, règles ou principes, qui se manifeste à l'occasion d'un cas particulier. En d'autres termes, c'est lorsque deux règles incompatibles sont susceptibles de s'appliquer à un même cas d'espèce, sans que l'application de l'une n'apparaisse au juge comme manifestement plus appropriée ou plus équitable que l'application de l'autre. On part de la présomption selon laquelle les lois sont toutes parfaites et supposées cohérentes, et c'est uniquement le trouble résultant de l'impossibilité logique d'une commune application à une situation de fait donnée qui fait naître l'antinomie (Morgenthal, 1965 : 39).

Mais notons avec Paul Foriers que ce heurt des règles, cette collision des normes, cette situation anormale dans un système où le principe de non-contradiction est essentiel et où la cohérence logique est une exigence fondamentale ne cesse de retenir l'attention des philosophes, des législateurs, des juges et des réformateurs politiques. L'antinomie juridique est un sujet d'étude pour les premiers, de crainte pour les seconds, de perplexité pour les troisièmes, de récrimination voire d'indignation pour les derniers (Foriers, 1965 : 22). En fait, les antinomies ne sont, et ne peuvent être que des exceptions. Deux ou plusieurs règles de droit en vigueur au même moment dans un même pays ne devraient pas entrer en contradiction. Un système juridique devrait, théoriquement, former un tout cohérent, ce qui serait de nature à exclure toute contrariété de dispositions ; deux ou plusieurs éléments du système juridique, deux ou plusieurs règles de droit, deux ou plusieurs lois, ne pourraient dans un pareil système se contredire expressément ou implicitement. Le législateur essaie d'ailleurs d'atteindre ce but et d'éviter que les normes qu'il édicte se contredisent. Malheureusement, le législateur ne peut tout connaître ni tout prévoir. En légiférant, il peut perdre de vue un texte plus ancien, ou contenu dans une loi relative à un sujet différent de celui qu'il traite dans la loi nouvelle mais qui contredit cependant une partie de ce nouveau texte. Il se peut aussi qu'en édictant ce texte nouveau, le législateur n'a pas prévu que dans certaines circonstances futures, la loi sera en contradiction avec une autre disposition qui ne paraissait pas, au moment de la promulgation, être en antinomie avec elle (Silance, 1965 : 63-64).

On peut remarquer par exemple au sein d'un ordre juridique des tendances divergentes et même opposées : certaines règles du droit social reposant sur des exigences inconciliables avec les principes du Code de la Famille ou certaines lois civiles (ou pénales, ou fiscales), ou peuvent être en rupture avec les principes mêmes du droit civil (ou pénal, ou fiscal) ; différentes jurisprudences concernant une même question peuvent aller en sens opposés, une jurisprudence peut prendre une orientation étrangère à celle qui est visée par la loi.

Mais il n'y a d'antinomie que si l'incompatibilité entre les règles peut surgir à l'occasion d'un cas d'espèce en présentant au juge des directives incompatibles. Si des règles relèvent des tendances inconciliables mais ne peuvent donner lieu à une application à un même cas d'espèce, on ne parlera pas d'antinomie. C'est la raison pour laquelle nous étudions les antinomies dans le cadre de la logique de la motivation et non de la logique du système. L'antinomie n'apparaît que du point de vue du juge.

À raison de leur caractère abstrait et général, les lois peuvent conduire à des conséquences injustes, voire absurdes, mais également elles peuvent se trouver en concours dans tel cas particulier et imposer l'une et l'autre des prescriptions qui s'avèrent contradictoires, mettant en péril la cohérence logique du système tout entier. Or, ainsi que préviennent péremptoirement Chaïm Perelman et Lucie Olbrechts-Tyteca, mettre à jour l'incohérence d'un ensemble des propositions, c'est l'exposer à une condamnation sans appel (Perelman et Olbrechts-Tyteca, 2008 : 262).

Des exemples datant de l'antiquité gréco-romaine et du siècle dernier nous montrent que la question de l'antinomie est aussi vieille que la réflexion sur le droit. Hermogène et Quintilien donnent le cas du naufrage où un seul homme se sauve, en l'espèce un fils déshérité par son père. Une loi disposait que si un seul homme se sauvait et se trouvait sur le navire, le vaisseau lui appartenait. Mais une autre loi déclarait inhabile à succéder aux biens paternels le fils renoncé. Or, pareil enfant était resté seul après un naufrage sur le navire paternel. Quelle loi choisir ? Un autre cas est celui d'une loi grecque qui portait que celui qui tuait un tyran verrait son portrait exposé dans le Gymnase. Mais le tyrannicide est une femme. Or, la loi porte que jamais un portrait de femme ne pourra être exposé dans le Gymnase. Quid alors ? (Hermogène et Quintilien, cité par Foriers, 1965 : 22). Un autre exemple qui déchire souvent interniste et internationaliste est celui de la collision entre une loi et un traité. Rappelons le principe selon lequel une convention internationale dûment ratifiée par un État fait partie du droit positif de celui-ci. Une situation antinomique s'est produite en Belgique, résultant précisément de ce qu'en vertu de la Convention internationale sur la circulation routière signée à Genève et approuvée par la Belgique par la loi du 1er avril 1954, publiée au *Moniteur belge* des 19, 20, 21 avril 1954, les étrangers bénéficient de la priorité normale de droite alors qu'aux termes des dispositions de l'article 16-1 du Règlement belge sur le roulage du 8 avril 1954 (aujourd'hui abrogé), l'usager qui circulait sur une voie comportant des voies ferrées jouissait d'une priorité exceptionnelle. Un accident était survenu dans les circonstances suivantes : un conducteur suédois s'était engagé à Bruxelles sur une voie prioritaire au sens du Règlement sur le roulage d'avril 1954 après le passage d'une file, mais invoquait que cette priorité ne lui était pas opposable étant lui-même prioritaire comme venant de droite et ce en vertu des dispositions de la Convention internationale. Par contre, les demandeurs belges victimes de l'accident soutenaient que c'était eux qui bénéficiaient d'une priorité exceptionnelle en vertu du Règlement d'avril 1954, puisque leur véhicule roulait sur une avenue comportant des voies ferrées. D'après eux, c'était au mépris le plus évident de cette priorité que le conducteur suédois s'était engagé sur l'avenue et avait par sa faute provoqué le dommage. La question dès lors était de savoir ce qu'il fallait préférer. Le Règlement ou le Traité, tous deux d'application en Belgique et faisant partie du droit positif belge ? Le tribunal se prononça en faveur de la Convention internationale à laquelle il reconnut une autorité supérieure à celle de la loi interne même lorsqu'elle est postérieure (Cass. Fr., 4 février 1956, Sir., I, 237).

Eu égard de ce que nous venons de montrer, il va sans dire que la volonté de résoudre ces antinomies, la nécessité aussi de restituer à un système juridique son unité logique passera par l'argumentation. Celle-ci utilisera des procédés techniques de solution aux contrariétés que renferme l'antinomie pour aboutir finalement au choix de l'une des règles ou lois au détriment de l'autre.

Lorsqu'une antinomie, c'est-à-dire une opposition, apparaît entre deux directives, le juge est bien obligé de prendre position *indépendamment* de ce que la loi prescrit. Par exemple un guérisseur peut-il intervenir s'il se sait capable de venir en aide à un malade, alors que sa pratique est interdite par l'Ordre des médecins ? (Perelman : *Logique juridique*, 40-41). Un guérisseur, appelé *Roux*, n'avait pas le droit de s'immiscer dans les soins médicaux en l'absence d'un titre universitaire de médecin. Il n'était pas poursuivi pour charlatanisme dans la mesure où il avait réussi à guérir des malades incurables. Par ailleurs, il est interdit à quiconque de s'abstenir s'il sait pouvoir venir en aide à quelqu'un en danger. Il y a ici conflit entre une action interdite (l'exercice illégal de la médecine) et une abstention également interdite (la non-assistance à personne en danger). D'où l'antinomie. En l'occurrence, le tribunal avait tranché en faveur de l'obligation d'assistance et donc n'avait pas condamné Roux pour exercice illégal de la médecine. D'une manière générale, les antinomies sont relativement rares en droit (Perelman : *Logique juridique*, 42 ; Foriers, 1965 : 30-32), sinon dans certaines branches du droit où se recoupent des règles de droit interne et des règles de droit étranger, de droit religieux ou de droit international (comme en matière de divorce si les législations des époux de pays différents se contredisent) (Goltzberg : 2013 b, 25-26).

Au final, faisons remarquer que lorsqu'il y a antinomie, il faut deux règles incompatibles qui sont susceptibles de s'appliquer qui n'émanent pas nécessairement de deux textes distincts (une même loi un même décret, ou un même arrêté, ou encore un même règlement peut contenir deux dispositions incompatibles) mais on ne dira pas qu'il y a antinomie si ces deux règles, tout en étant susceptibles de s'appliquer en même temps, l'une doit s'effacer au profit de l'autre, soit par sa nature, soit par sa forme.

Exemples :

- S'il y a incompatibilité entre une loi (au sens strict) et un acte de l'exécutif, le juge ne pourra pas appliquer celui-ci (art. 153 al. 4 de la Constitution congolaise) qui stipule que « Les Cours et Tribunaux, civils et militaires, appliquent (…) les actes réglementaires pour autant qu'ils soient conformes aux lois ainsi que la coutume pour autant que celle-ci ne soit pas contraire à l'ordre public ou aux bonnes mœurs ».

- S'il y a incompatibilité entre deux lois dont l'une est antérieure à l'autre, le juge pourra déduire de cette incompatibilité même que le législateur a voulu, par la nouvelle loi, abroger la loi antérieure, même s'il n'a pas manifesté expressément sa volonté d'abroger celle-ci ;

- S'il y a incompatibilité entre une loi générale et une loi spéciale, le juge pourra considérer que le législateur a voulu abroger la loi générale par la loi spéciale ou plus précisément, le législateur a voulu en quelque sorte apporter une exception à la règle générale et limiter ainsi son champ d'application ;

Par contre, si pour éviter l'application littérale d'une loi qui conduirait manifestement à une solution juridiquement inacceptable, le juge opposera à la lettre de cette loi sa finalité ou plus exactement son esprit, et recourra à un principe général du droit ou à la volonté réelle du législateur. Ici l'on ne considérera pas qu'il y a antinomie, bien qu'il y ait opposition et incompatibilité entre la loi et le principe invoqué par le juge, car cette opposition est établie par le juge lui-même en vue d'éviter l'application de la disposition légale.

Section 2. Quelques types d'antinomies

Il existe plusieurs sortes d'antinomies. Elles peuvent être étudiées soit en fonction de la nature des règles qui se contredisent, soit suivant leurs sources, ou encore soit à partir des solutions qui sont données à l'antinomie (choix d'une des deux règles, cumul alternatif, extensif ou restrictif de celles-ci, choix d'une loi tierce...), soit en fonction de l'intensité antinomique (antinomies apparentes, relatives, réelles ou absolues) (Vander Elst, 1965 : 162).

1. Antinomie entre deux traités internationaux, ou entre deux lois internes ou encore entre deux dispositions d'une même loi

Les conflits entre traités sont monnaie courante en droit international. Rappelons qu'il n'y a pas de législateur international coordonnant la création des traités ; celle-ci est, tant du point de vue individuel que collectif, anarchique et désordonnée (Salmon, 1965 : 292). D'après le Professeur Jean Salmon, ce problème peut avoir diverses facettes :

— *le facteur temps* : la création de traités est continue depuis de siècles, d'une part, et d'autre part, à l'époque contemporaine, l'accélération du processus de création suscite des initiatives concomitantes sur des sujets identiques.

— *l'absence de coordination* : un traité est œuvre humaine. En l'absence de coordination et codifications semblables aux droits internes où la situation est déjà assez complexe, il est difficile de savoir, à un moment donné, quel est l'état exact de la création normative internationale sur un problème déterminé.

— *le facteur évolution* : l'absence de législateur international touche au problème de l'évolution des normes, de la modification du droit pour tenir compte des situations nouvelles. Ceci a comme inconvénient de créer un droit à la fois anarchique et sclérosé qui confère au problème des antinomies en matière de traités une physionomie particulière (*Ibidem* : 293).

À propos de l'antinomie entre deux lois internes, prenons l'exemple tiré de l'histoire judiciaire belge : un militaire, nommé Pirson, avait soustrait frauduleusement au préjudice de l'État en septembre 1881 un certain nombre de coupons de chemin de fer destinés à être remis aux soldats rentrant en congé, puis avait revêtu plusieurs de ces coupons de la signature fausse de son lieutenant et avait utilisé ces titres de transport. Cette infraction a suscité des controverses. D'abord, la qualification exacte qu'il convenait de lui donner : faux en écritures publiques ou falsification de feuilles de route ? Ensuite, application simultanée faite par la Cour militaire qui disposait qu'en cas de circonstances atténuantes la dégradation militaire sera obligatoirement remplacée par l'incorporation dans une compagnie de correction et l'article 84 du Code pénal ordinaire qui laissa la faculté au juge de condamner les coupables dont la peine criminelle a été commuée en un emprisonnement « à l'interdiction de tout ou partie des droits mentionnés à l'article 31 du présent code, pendant cinq ans au moins et dix ans au plus ». Or, parmi les interdictions de droit figurant à l'article 31 précité, se trouve sous le sexto, le droit « de port d'armes, de faire partie de la garde civique ou de servir dans l'armée ». La Cour a accordé à Pirson des circonstances atténuantes et appliqué simultanément les deux dispositions contradictoires. En effet, l'auteur du faux, transformé en simple délit correctionnel, a été puni d'une prison légère (3 mois), d'une amende (26 francs), d'incorporation (dont l'arrêt a omis de préciser la durée). L'arrêt a écarté la dégradation militaire qui aurait eu pour effet d'expulser à perpétuité de l'armée le condamné, après avoir admis l'incorporation qui conserve à l'armée ce même condamné (dans un but d'amendement moral), l'arrêt s'est armé de l'article 84 du Code pénal ordinaire pour l'expulser de l'armée et lui interdire le droit d'y servir pendant dix ans ; puis le considérant comme n'étant plus militaire, il lui applique l'article 60 du Code pénal militaire et le condamne à six mois de prison pour tenir lieu de l'incorporation (Foriers, 1965 : 25-26 ; Silance, 1965 ; 66-67).

Il va sans dire que cette décision a été soumise à la cassation. Dans son avis, le Procureur général a proposé à la Cour suprême de retenir seulement la loi militaire, en vertu de deux principes : a) parce que le Code pénal militaire est postérieur à l'autre ; b) parce que la loi militaire étant spéciale à l'armée doit être admise comme dérogeant à la loi commune. Voici comment s'articule son argumentation : « Il faut dire nécessairement que si le Code pénal militaire (art. 59) admet l'incorporation à la place de la dégradation, le Code pénal ordinaire n'a pu *en même temps* substituer à l'incorporation une autre espèce de dégradation qualifiée interdiction de service dans l'armée pendant dix ans (C. pén. Ordin. Art. 31, n° 6). Cette sorte de fluctuation aurait quelque chose d'absurde : or, *vitenda est interpretatio quae absurdos redderet legislatores…* Le devoir du juge qui doit concilier les lois contradictoires, qui doit appliquer les principes de dérogation lorsqu'il ne peut concilier ces lois, ce devoir est d'appliquer l'article 59 du Code pénal militaire et de reconnaître que l'invocation de l'article 84 du Code pénal ordinaire est impossible parce qu'il existe une dérogation » (Pasicrisie, 1882, I, 240).

Au fait, pourquoi attaque-t-on cet arrêt et préfère-t-on l'article 59 du Code pénal militaire ? Parce que le condamné n'étant pas expulsé de l'armée, on ne peut considérer qu'il le soit en même temps. Au même moment on lui dit « vous ne serez pas expulsé de l'armée, vous y servirez correctionnellement pendant un temps déterminé, vous en serez immédiatement expulsé pour dix ans ». C'est une antinomie légale, fondée sur une contradiction illogique (Foriers, 1965 : 27). Paul Foriers en dégage le syllogisme suivant : *Je ne suis pas frappé de dégradation, or je suis frappé d'incorporation, donc je suis frappé d'interdiction* ; en d'autres termes : *je ne suis pas dégradé, or je suis incorporé, donc je suis expulsé* (*Ibidem*).

La Cour de cassation, pour résoudre l'antinomie, a utilisé des moyens strictement logiques : l'une des lois est antérieure à l'autre. Cette dernière est, au surplus, destinée à régler des cas particuliers alors que la première règle la situation générale de tous les citoyens. Pour ces deux motifs, le Code pénal militaire devait être préféré à la loi générale à laquelle il déroge, avec le motif supplémentaire que la loi particulière est une loi postérieure (Silance, 1965 : 67). La Cour le dit en ces termes : « Considérant que les articles cités sont inconciliables ; qu'on ne put être à la fois indigne du service militaire et tenu de le fournir, la Cour estime que dans le conflit de ces dispositions contraires, le Code pénal militaire doit l'emporter pour un double motif : – postérieur au code du 8 juin 1867 – il est de plus, une loi *spéciale* organisant en matière de circonstances atténuantes un système complet qui tient compte d'intérêts auxquels la loi *générale* n'a pas eu particulièrement à pourvoir, la discipline et la composition de l'armée ». (Cass. 8 juin 1882, Pas. 1882-I-235).

2. *Antinomie entre deux lois étrangères ou entre une loi interne et une loi étrangère*

Le droit international privé offre, de par sa spécificité, plusieurs cas d'antinomies, en l'occurrence résultant des conflits des lois (Vander Elst, 1965 : 138 et s). L'une des de ses finalités consiste d'ailleurs en grande partie à rechercher les moyens de résoudre les conflits de la loi et les conflits de juridiction.

En effet, dès qu'il existe un élément d'extranéité et que les parties intéressées n'ont pas fait usage d'un droit éventuel qui leur appartient, dans le cadre de l'autonomie des volontés, de choisir la loi applicable, deux ou plusieurs dispositions relevant de législations différentes peuvent trouver leur application. Si celles-ci sont impératives ou si les intéressés n'ont pas choisi à leur gré la loi supplétive à laquelle ils se réfèrent, le juge qui sera appelé à connaître des conventions conclues ou la situation de droit existante, devra résoudre le conflit des lois, c'est-à-dire l'antinomie entre lois de nationalités différentes (Silance, 1965 : 88).

Le juge appelé à résoudre le conflit devra bien entendu choisir l'une des lois et l'appliquer. Pour guider son choix, il ne suivra pas nécessairement le même raisonnement que le magistrat appelé à résoudre une antinomie entre deux normes de droit interne. Son argumentation sera différente, la démarche de l'esprit sera plus longue, le problème étant plus complexe même si dans les deux processus il y a lieu d'y trouver une analogie (*Ibidem*). Raymond Vander Elst note que le raisonnement à emprunter sera polysyllogistique, cependant il ne sera pas à l'abri d'un certain arbitraire (Vander Elts, 1965 : 143).

Pour illustrer la gradation du raisonnement, arrêtons-nous sur le cas du mariage.

1) Premier stade du raisonnement : vérifier si le rapport de droit envisagé échappe au droit interne et entre dans la sphère d'action du droit international privé par l'existence d'un élément d'extranéité. Exemple : mariage conclu à l'étranger entre deux Congolais, ou mariage entre Congolais et étranger ou apatride au Congo.

2) Deuxième stade : qualifier l'institution pour la classer dans un statut propre au droit international privé. Exemple : le mariage se rattache à l'état des personnes, donc il doit être rangé dans le « statut personnel » (Vander Elst, 1968 : 143).

3) Troisième stade : déterminer, selon le facteur de rattachement propre au statut choisi, la règle de droit interne applicable. Indiquons que chaque

statut de droit international privé a son facteur de rattachement particulier : la nationalité pour le statut personnel, la situation du bien pour le statut réel, le lieu de l'acte juridique pour le statut « *locus regit actum* », la volonté pour le statut d'autonomie et le lieu de la commission du fait juridique pour le statut des lois de police (Vander Elst : 151). Exemple : si le facteur de rattachement est la nationalité, on appliquera donc la nationalité des époux.

4) Quatrième stade : découvrir dans la loi interne applicable des dispositions qui donnent à la question posée la solution concrète recherchée. Exemple : examiner si le divorce est admis, pour quelles causes et dans quelles conditions (problème mixte, de droit international privé pour la preuve et de droit comparé pour la recherche du contenu de la loi étrangère).

Prenons un autre cas, celui du divorce de deux personnes de nationalités différentes. Le juge peut se trouver en présence de deux lois identiques ou ayant des caractères de similitude, mais très souvent les lois respectives de chacune des parties en présence sont contradictoires et le juge devra résoudre l'antinomie. Son argumentation peut prendre plusieurs orientations pour trouver une solution. Elle peut consister : a) dans le cumul de deux lois et l'application de la loi la plus restrictive ; b) dans l'application de la loi du demandeur ; c) dans l'application de la loi du mari ; d) dans l'application de la loi de la femme ; e) dans l'application de la loi du domicile ; f) dans l'application de la loi du mariage ; g) dans l'application de la loi de l'époux innocent (*Ibidem* : 89).

3. *Antinomie entre une loi interne et un traité*

Il s'agit d'un conflit entre règles provenant de systèmes juridiques différents. Le plus fréquent est celui de la loi interne contraire à un traité international. Si le conflit entre le droit interne et le droit international est soulevé devant un juge ou l'arbitre international, la solution paraît moins compliquée. La jurisprudence internationale consacre la supériorité du droit international sur le droit interne (Marek, 1962 : 260-298). Par contre, si le conflit est soulevé devant le juge interne, tout dépendra de la place reconnue, dans le système constitutionnel et national de ce juge, aux règles de droit international par rapport aux normes internes et au pouvoir de contrôle du juge sur les normes internes (annulation ou inapplication). En réalité, le juge interne ne pourra connaître que des traités « *self executing* », c'est-à-dire des traités comportant des droits et obligations pour les sujets de l'ordre interne (Salmon, 1965 : 315).

Cependant, des différences peuvent apparaître d'un État à un autre en fonction du système constitutionnel de chacun. On peut avoir affaire à un système constitutionnel qui admet une autorité relative du traité et des autres sources de droit dans l'ordre interne ; dans ce cas, le traité une fois introduit dans l'ordre interne se voit reconnaître la même autorité que la loi. Mais, il est entendu que le juge doit toujours interpréter la loi comme si le législateur n'avait pas entendu violer le traité. Ce n'est donc que dans les cas extrêmes où le législateur a clairement montré qu'il voulait écarter le traité que le juge donnera la préférence à la loi (Salmon, 1965 : 315).

Par ailleurs, il existe des systèmes dans lesquels le traité se voit reconnaître par la Constitution une autorité supérieure à la loi plus récente en date ; mais cette supériorité n'est pas assortie expressément d'un contrôle juridictionnel de la constitutionnalité de la loi. Par exemple, la compréhension des articles 26 et 28 la Constitution française de 1946 s'inscrit dans ce contexte. Article 26 : « *Les traités diplomatiques régulièrement ratifiés et publiés ont force de loi dans le cas même où ils seraient contraires à des lois internes françaises, sans qu'il soit besoin pour en assurer l'exécution d'autres dispositions législatives, modifiées ou suspendues qu'à la suite d'une dénonciation régulière notifiée par voie diplomatique* ». Article 28 : « *Les traités diplomatiques régulièrement ratifiés et publiés ayant une autorité supérieure à celle des lois internes leurs dispositions ne peuvent être abrogées, modifiées ou suspendues qu'à la suite d'une dénonciation régulière notifiée par voie diplomatique* ». Un autre exemple provient de la Constitution congolaise de 2006 en ses articles 215 et 216 dont l'interprétation amène à penser à la supériorité du traité sur la loi interne sans préjudice de date. L'article 215 : « *Les traités et accords internationaux régulièrement conclus ont, dès leur publication, une autorité supérieure à celle des lois, sous réserve pour chaque traité ou accord, de son application par l'autre partie* ». L'article 216 : « *Si la Cour constitutionnelle consultée par le Président de la République, par le Premier ministre, le Président de l'Assemblée nationale ou le Président du Sénat, par un dixième des députés ou un dixième des sénateurs, déclare qu'un traité ou accord international comporte une clause contraire à la Constitution, la ratification ou l'approbation ne peut intervenir qu'après la révision de la Constitution* ».

Somme toute, une chose est de savoir que deux règles sont antinomiques et ne peuvent donc pas être appliquées toutes les deux au même cas ; autre chose est de savoir laquelle des deux doit être appliquée de préférence, lorsqu'il s'agit d'antinomie par contradiction, ou bien s'il n'est pas préférable de n'appliquer ni l'une ni l'autre, lorsqu'il s'agit d'antinomies contraires.

Dans son effort de résoudre une antinomie, le juge doit utiliser des critères (Bobbio, 1965 : 237 et s) et en fonction du critère appliqué ou préféré, il doit justifier, argumenter. Parmi ces outils, l'on pourra citer, entre autres, le critère de vérité (en vertu duquel on accepte la proposition vraie et on rejette la fausse), les critères chronologique, hiérarchique et de spécialité (*Ibidem* : 241-244).

CHAPITRE VIII

LACUNE ET ARGUMENTATION

On a l'habitude de dire, et c'est vrai, que le droit ne résout pas tout et davantage ne dispose pas de toutes les règles susceptibles à donner réponse à tous les litiges qui se présentent.

Résultant de l'œuvre humaine, un système juridique pourrait souffrir des apories dans son articulation, lesquelles pousseraient les personnes chargées d'appliquer la loi à procéder par certains mécanismes pour les combler. Il s'agit des lacunes dont nous indiquerons le sens et la portée, la typologie ainsi que les mécanismes pour les résoudre dans les lignes suivantes.

Section 1. Sens et portée

Plusieurs sens sont donnés à la lacune : il y a lacune du droit (ou encore lacune en droit) lorsque manque dans un ordonnancement juridique une norme dont le juge puisse faire usage pour résoudre un cas déterminé. Ou encore, on peut dire qu'il existe une lacune du droit lorsque la règle figurant dans l'ordonnancement juridique pour résoudre un cas déterminé n'apparaît pas opportune, satisfaisante ou juste (Foriers, 1968 : 9). Pour Claus-Wilhelm Canaris, il y a lacune lorsqu'un règlement légal fait défaut alors que l'ordre juridique dans son ensemble – c'est-à-dire y compris les principes supra légaux et les idées juridiques tirées de la nature des choses – exigent un règlement (Canris, 1968 : 167).

Certaines dispositions légales peuvent renfermer des lacunes. Prenons le cas de l'article 133 du Code civil III congolais portant sur le paiement : « *Tout paiement suppose une dette ; ce qui a été payé sans être dû est sujet à répétition. La répétition n'est pas admise à l'égard des obligations naturelles qui ont été volontairement acquittées* ». En effet, à ce sujet l'on peut se poser la question de savoir qu'est-ce qu'une obligation naturelle ? Où est-elle définie ? Quels sont ses caractéristiques, ses limites et ses effets ? Le Code garde un silence à ce sujet. Un autre exemple nous est donné par l'article 3 de la Loi 15.003 du 3 juin 2015 portant création de la Cour pénale spéciale de Bangui en République Centrafricaine qui dispose : « *La Cour Pénale spéciale peut se référer aux dispositions substantives et aux règles de procédure établies au niveau international, lorsque la législation en vigueur ne traite pas d'une question particulière, qu'il existe une incertitude concernant l'interprétation ou l'application d'une règle de droit centrafricain ou encore que se pose la question de la compatibilité de celui-ci avec les normes internationales* ». Tout le problème est celui de comprendre le sens que le législateur centrafricain donne à ce qu'il appelle « incertitude concernant l'interprétation ».

Sans entrer dans une catégorisation qui sera faite dans les lignes qui suivent, relevons d'ores et déjà avec Paul Foriers qu'il y a des fausses et des vraies lacunes, des lacunes techniques et celles qu'il qualifie de pratiques. On parle de *fausse lacune* puisqu'il existe formellement une règle mais cette règle va être écartée par celui qui a pour mission de juger, autrement dit, il existe une norme mais dont on conteste l'opportunité. La *vraie lacune* est dès lors celle qui est subie (manque de norme pour trancher le conflit), la fausse lacune étant créée. La première s'impose comme le fruit d'une constatation, la seconde comme le résultat d'une décision, d'un acte de volonté (*Ibidem* : 9 et 23). La lacune est *technique* lorsqu'il y a absence pure et simple de règlementation ; la lacune peut être *pratique* lorsqu'il y a présence d'une norme que le juge considère comme inadéquate et qu'il écarte (*Ibidem* : 23).

Pour Amedeo Comte, la lacune est une inadéquation dérivant de l'absence d'une norme par rapport à quelque chose (Comte, 1968 : 68), alors que Jean Salmon considère qu'on parle de lacune lorsqu'il y a manque dans un système de référence (Salmon, 1968 : 320).

La lacune est le silence de la loi sur l'état de choses qui engendre un vide juridique. Perelman précise que l'on pourrait ranger l'antinomie sous la catégorie de lacune, puisqu'une antinomie n'apparaît qu'en l'absence d'une règle indiquant quelle loi l'emporterait dans le conflit de lois (cité par Goltzberg : 2013 b, 26-27). Paul Foriers, tout en tentant de situer le point sous examen dans le cadre d'une réflexion méthodologique du droit, fait d'ailleurs un parallélisme entre antinomie et lacune. À propos de la première, il dit qu'elle pose le problème de la cohérence du droit et de la seconde se présente la question de la plénitude logique du droit, c'est-à-dire de son caractère soi-disant nécessairement complet (Foriers, 1968 : 10). L'argumentation s'avère, dans les deux cas, l'un des moyens pour les constater et tenter d'y apporter solution.

L'existence même des lacunes est un phénomène directement tributaire de la séparation des pouvoirs législatif et judiciaire. C'est donc d'une part cette séparation des pouvoirs et d'autre part l'obligation de motiver ses jugements qui conduisent le juge à rencontrer des lacunes. Cette situation donne alors au juge l'opportunité de jouer un rôle actif, puisqu'il doit combler ce que le législateur ne dit pas (Goltzberg : 2013 b, 26-27).

Les antinomies et les lacunes livrent désormais le juge à la difficile tâche de prendre des décisions non directement cautionnées par la loi. Le risque existe du coup pour le juge de verser dans l'arbitraire.

Pour terminer ces considérations générales, indiquons quelques remarques aux allures redondantes mais utiles et nécessaires :

1°. Pour qu'il puisse y avoir lacune en droit, il faut que le juge ait pour mission d'appliquer un système de droit qui, en principe, lui est donné. Dans un système juridique qui accorde au juge le pouvoir de créer les règles qu'il doit appliquer, une absence de règle ne peut jamais être interprétée comme une lacune. Autrement dit, on ne peut pas parler de lacune en droit quand le législatif et le judiciaire sont concentrés dans un seul et même pouvoir. Le problème des lacunes suppose le principe de séparation des pouvoirs.

2°. Il faut que le juge estime devoir aborder la mission générale qui lui est, en principe, confiée d'appliquer les règles données pour que l'on puisse considérer qu'il comble une lacune. Allant au-delà de l'application stricte d'une règle donnée quand il comble une lacune, le juge participe à l'élaboration du droit mais d'une manière plus active que par le biais d'une interprétation de la règle. Il est vrai que la limite est parfois difficile à tracer entre, d'une part, une interprétation qui revient à accorder à la loi un sens auquel le législateur n'a pas songé, et d'autre part, l'élaboration d'une règle qu'il n'a pas prévue.

3°. Quand il comble une lacune, le juge doit viser à rendre une décision conforme au système de droit auquel la règle est absente. En ce sens, la création par le juge de la règle qu'il applique n'est jamais entière. Autrement dit, une lacune n'est jamais simplement une absence totale de la règle. C'est pourquoi, il nous paraît abusif de considérer comme lacune ce que la tradition appelle des lacunes « *praeter legem* » et des lacunes « *contra legem* ». Il existe aussi, comme nous le verrons dans les lignes suivantes, une lacune « *intra legem* » qui résulte d'une omission du législateur, et qui peut donc être comblée.

Section 2. **Quelques types de lacunes**

Diverses sortes de lacunes ont été relevées aussi bien par la jurisprudence que par la doctrine. Une certaine typologie en est résultée. Il ne nous revient pas, dans le cadre de cette étude, d'en faire un inventaire exhaustif. Nous nous limiterons à un certain nombre, l'objectif pour nous étant de montrer, *in fine*, la nécessité de l'argumentation lorsqu'on doit combler ces lacunes.

Amedeo G. Comte indique deux sortes de critères pour trouver des lacunes : les critères *transcendants*, extrinsèques à l'ordre normatif, et des critères *immanents*, intrinsèques. Il appelle *idéologiques* les lacunes subsistant par rapport à un critère transcendant ; *téléologiques* les lacunes subsistant par rapport à un critère immanent (Comte, 1968 : 69). Bien évidemment, d'autres auteurs, comme Ulrich Klug, ont ajouté à ces critères d'autres éléments qui ont permis de trouver d'autres sortes de lacunes (Klug, 1968 : 85 et s). En voici quelques-unes :

1. Lacune idéologique

C'est une inadéquation par rapport à une idée, à un idéal, à un principe de justice, à une idéologie de l'ordre normatif. Cette inadéquation peut consister en une absence de valeur, en une quelconque injustice de l'ordre normatif. Il peut s'agir d'une *injustice matérielle* consistant en la présence, en la validité d'une certaine norme dépourvue de valeur (par exemple, la norme opérant une discrimination raciale) ou encore d'une *injustice formelle* qui consiste en l'absence, en l'invalidité de toute norme, en la non-validité de quelque norme que ce soit au sujet d'un comportement qui, au contraire, réclame une norme (Comte, 1968 : 69-70).

2. Lacune téléologique

Il s'agit d'une inadéquation par rapport à une fin, à un but immanent à l'ordre normatif même. Exemples : dans un ordre prescrivant la fréquentation scolaire jusqu'à quatorze ans, il y a une lacune téléologique s'il n'y a pas de norme qui prescrive la construction d'un nombre d'écoles suffisant ; il y a une lacune téléologique si une norme prescrit quelque chose sans qu'aucune norme ne prévoie une sanction ; dans un ordre normatif prescrivant que le droit de grève s'exerce dans le cadre des lois qui le règlent, il y a une lacune téléologique s'il n'y a pas de normes qui règlent ce droit (*Ibidem* : 70).

Les lacunes idéologiques et celles qualifiées de téléologiques se distinguent par le fait que les premières entraînent une absence de valeur (l'absence de la sécurité par exemple), les secondes, au contraire, entraînent une absence d'efficacité (déterminent l'inefficacité et l'inefficience de l'ordre, car il propose un but sans donner le moyen pour l'atteindre) (*Ibidem* : 70-71).

3. *Lacune véritable et lacune non véritable*

Il y a lacune véritable lorsque la solution attendue de l'état de choses, S, dans le système normatif, N, fait défaut. On admet, par opposition, qu'il y a une lacune non véritable ou non proprement dite, lorsque S est réglé par N mais que la solution est considérée comme fausse. C'est pourquoi la lacune non véritable ou non proprement dite est souvent dénommée une lacune de politique juridique ou critique. Il se peut que le règlement S par N fasse défaut et qu'en même temps la proposition soit admise que tous les S qui ne sont pas réglés ne doivent pas l'être : dans cette conception l'on a aussi affaire à une lacune non véritable puisque S est alors réglé par N en ce que N n'intervient pas, mais abandonne le règlement de S à l'arbitraire des intéressés. On parlera alors de lacune quand ce règlement négatif est considéré comme erroné (Klug, 1968 : 85-86).

Pour simplifier les choses, la clé de compréhension est la déficience en ce qui concerne N. Cette déficience peut être soit une lacune, soit une faute. Par lacune on entendra seulement la lacune véritable, alors que la lacune non véritable doit être nommée une faute (English, 1955 : 94).

4. *Lacune intentionnelle et non intentionnelle*

C'est une espèce de lacune qui dépend de la volonté de celui qui a établi un système normatif. S'il a voulu une lacune pour qu'elle soit comblée par d'autres, par exemple le juge, alors la lacune est intentionnelle. C'est pourquoi cette lacune est souvent désignée comme voulue ou consciente. La conception opposée est celle de la lacune non intentionnelle, ou non voulue ou non consciente (Klug, 1968 : 86).

5. *Lacune primaire et secondaire*

La lacune primaire est celle qui existait déjà au moment de la naissance du système normatif (N). Par contre, la lacune secondaire est celle qui ne s'est manifestée que plus tard, peut être comme conséquence d'une modification postérieure de l'état des choses (S). D'après Ulrich Klug, il y a des sous-distinctions dans les lacunes primaires et les secondaires. Les lacunes primaires sont occasionnellement divisées en non-excusables et en excusables suivant que celui qui a établi le système normatif (N) a ou n'a pas été attentif dans l'observation des faits de la vie. Les non-excusables sont principalement des lacunes de la prévision. S'agissant des lacunes secondaires, d'un côté, on trouve celles qui sont nées de la modification de S, plus spécialement du progrès technique, d'un autre côté, celles qui se produisent à la suite d'une appréciation modifiée, par exemple lorsqu'un fait n'est pas considéré comme punissable, alors qu'il l'était au moment où la norme considérée a été établie (Klug, 1968 : 87).

6. *Lacune dans la loi*

On l'appelle encore lacune « *intra legem* ». Elle résulte d'une omission du législateur, et peut donc être comblée en élaborant la règle qui aurait dû être formulée par le législateur lui-même, s'il avait été plus attentif. Ce genre d'insuffisance est assez régulier dans les lois et affecte évidemment le système normatif. S'agissant du Code pénal militaire congolais, on en relève certaines lacunes à propos des crimes contre l'humanité et crimes de guerre. Par exemple s'agissant du crime contre l'humanité, l'alinéa 1er de l'article 165 du Code pénal militaire dispose que les crimes contre l'humanité sont des violations graves du droit international humanitaire commises contre toutes populations civiles avant ou pendant la guerre. Cela ne nous permet pas de voir en quoi ils sont différents des crimes de guerre, ceux-ci faisant aussi partie des violations graves du droit international humanitaire. Bien plus, le même alinéa lie les crimes contre l'humanité à la guerre, car il s'agit des violations commises avant ou pendant la guerre, mais ce lien est aussitôt nié par l'alinéa 2 du même article qui dispose que « les crimes contre l'humanité ne sont pas liés nécessairement à l'État de guerre ». L'article 172 du Code pénal militaire, qui punit l'emploi des boucliers humains, semble faire la différence entre le temps de paix et le temps de guerre. Or, il est difficile d'employer des boucliers humains si ce n'est pendant la guerre. Dès lors, l'aggravation résultant de l'état de guerre paraît un non-sens (Nyabirungu, 2013 : 189).

Un autre exemple nous est toujours donné par le Code pénal militaire congolais au sujet des actes constitutifs du crime contre l'humanité. L'article 166 de ce Code procède par l'énumération de ces actes. Une lecture attentive nous permet de découvrir qu'il s'agit d'une série d'actes qui, dans le Statut de la Cour pénale internationale, en son article 8, constitue une partie de l'énumération des crimes de guerre. Alors que le Statut de la Cour pénale internationale commence par l'homicide intentionnel, celui-ci ne figure pas à l'article 166 du Code pénal militaire. Alors que l'objet de l'article 166 paraissait être l'énumération de tous les actes constitutifs des crimes contre l'humanité, et que les deux articles suivants étaient consacrés aux pénalités, voici qu'apparaît à l'article 169 une nouvelle définition du crime contre l'humanité, qui aurait dû apparaître beaucoup plus tôt car étant la seule proche de la définition portée par le Statut de Rome, d'autant plus qu'elle donne un élément essentiel des crimes contre l'humanité, à savoir qu'ils se commettent « dans le cadre d'une attaque généralisée ou systématique lancée sciemment contre une population civile » (*Ibidem*). Enfin, toujours dans ce code, l'on constate la lacune sous examen frisant la violation du principe de la légalité des peines pourtant après avoir donné une définition du crime de guerre. Cette loi congolaise de 2002 n'a pas prévu les pénalités en cas de crimes de guerre. Comme l'indique le Professeur Nyabirungu mwene Songa, il s'agit d'une situation difficile à comprendre ou à expliquer, lorsque, d'une part, nous savons que toute peine doit être prévue préalablement à la commission de l'infraction en vertu de la légalité des peines et de la maxime « *Nulla poena sine lege* » et que, d'autre part, toute interdiction non assortie de sanction peut tout être et tout devenir, une recommandation, une exhortation, notamment, sauf une infraction (*Ibidem* : 190).

Sur cette lacune dans la loi et analysant la mission du juge de la combler, la littérature a tendance à rapprocher deux types de lacunes qui sont créées par le juge ou l'interprète de la loi. Il s'agit de la lacune *praeter legem* et celle dite *contra legem*. Il y a lacune « *praeter legem* » quand le juge estime qu'un domaine qui a été considéré (par le législateur) comme relevant du non-droit devrait dorénavant revenir au droit. Tous les rapports sociaux ne sont pas régis par le droit, les règles dont se désintéresse le droit appartiennent au non-droit (Segihobe, 2016 : 113). La lacune « *contra legem* » apparaît quant à elle lorsque le juge, pour éviter l'application d'une règle à un cas d'espèce, en restreint la portée. C'est la limitation par le juge du domaine d'application de cette règle de droit qui est alors constitutive de la lacune (*Ibidem*).

7. Lacunes de conflit

C'est quand deux normes d'un système normatif sont contradictoires ou contraires sans que soit réglé le point de savoir laquelle des deux normes doit être appliquée. Que deux normes contradictoires d'un même système N puissent être en vigueur en même temps est logiquement impossible. H. Nawiasky est péremptoire à ce propos : « ou bien l'une d'elle ou bien les deux doivent céder. Laquelle des deux conclusions doit être tirée dépend de la conception discernable ou présumée de l'auteur de la norme » (Nawiasky, 1948 : 142). En somme, note Ulrich Klug, si donc l'on ne peut établir laquelle des deux normes élimine l'autre, aucune des deux n'est valable. Il en résulte une lacune de conflit (Klug, 1968 : 89).

8. Lacune technique

Elle existe lorsque le créateur de la norme a établi une norme générale sans avoir en même temps réglé son expression la plus directe. Par exemple, si un système normatif ordonne qu'en cas d'une situation S il faut payer une taxe sans qu'il soit dit quelle est l'autorité compétente pour la prélever. Dans la plupart des cas l'on songera à une négligence de l'auteur de la norme. Cela n'est toutefois pas l'essentiel de la conception de la lacune technique. L'imperfection peut reposer sur une intention et il peut par conséquent s'agir d'une lacune intentionnelle (Klug, 1968 : 89). La lacune technique concorde plus à la lacune *intra legem.*

Pour illustration, mentionnons les cas dans lesquels la conséquence juridique n'est pas entièrement réglée. Imaginons que la loi ordonne que la dette porte intérêt, mais ne fixe pas le taux d'intérêt, qu'elle fixe un délai, mais n'en détermine pas la durée, qu'elle prescrive un choix, mais n'en règle pas la procédure. Dans ces cas, le juge se trouve placé devant trois possibilités : ou refuser toute décision juridique ou ne pas appliquer la norme incomplète, ou la compléter. La première possibilité lui est défendue par l'interdiction du déni de justice ; la deuxième lui est défendue parce qu'il est soumis à la loi et qu'une norme n'est pas, en général, nulle pour la seule raison qu'elle serait incomplète (sauf dans des cas exceptionnels, par exemple en droit pénal). Il ne lui reste donc que la troisième possibilité : compléter la norme. Or parfois, ainsi que le note Claus-Wilhelm Canaris, ce qui manque dans la loi, ce n'est pas seulement une conséquence juridique complète, mais bien toute une norme sans laquelle la décision est impossible (Canaris, 1968 : 168).

Lacune

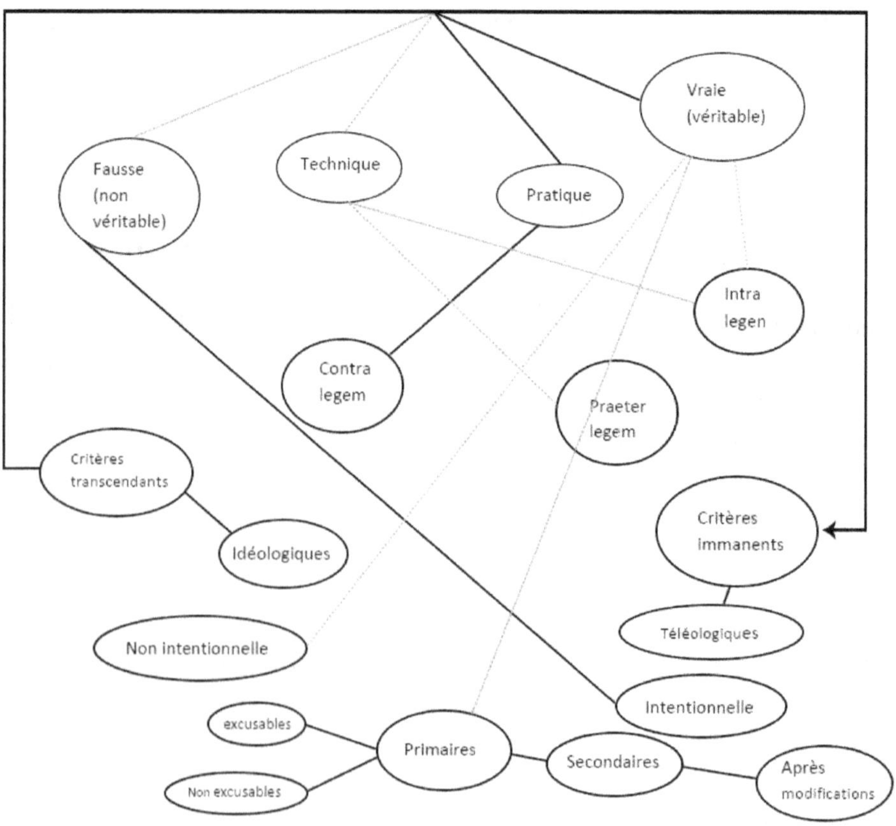

Section 3. Mécanismes pour combler les lacunes

Le problème d'élimination des lacunes en droit a trouvé plusieurs réponses dans la jurisprudence et dans la doctrine, surtout en théorie du droit (English, 1959 : 150 et s ; Meier-Hayoz, 1962 : 156 et s ; Salmon, 2014 : 243 et s). Signalons d'ores et déjà que non seulement des institutions ont été mises en relief comme étant habilitées à pouvoir combler les lacunes, c'est le cas, en l'occurrence, du parlement en droit interne, des États et Organisations internationales en droit des gens, des juges nationaux ou internationaux, mais également et surtout la manière, les méthodes utilisées pour ce faire. À cet effet, indiquons-le, l'argumentation occupe une place centrale que ce soit dans les débats au parlement avant de voter une loi pour apporter réponse à une lacune, que ce soit dans les négociations sur un traité ou lors des travaux de codifications de la Commission du droit international ou encore dans les multiples décisions judiciaires à travers leurs motivations.

Le plus souvent, il est fait recours à l'argument *a simili* et à l'argument *a contrario*. Si on ne parvient pas, à l'aide de cette argumentation ou d'une argumentation analogue à combler la lacune en connexion avec la loi, alors on peut faire appel aux principes généraux du droit (English, 1959 : 151).

Sans prétentions d'être exhaustif, indiquons quelques mécanismes institués pour combler les lacunes.

1. Le référé législatif

Les lacunes posent de sérieux problèmes aux organes chargés d'appliquer la loi et, en dernier ressort, si des litiges surgissent, au juge chargé de les trancher. L'un des mécanismes à sa portée est de se référer au législateur soit pour interpréter la loi, soit pour en faire une nouvelle. Cependant, il faut indiquer que ce procédé a perdu de sa pertinence à travers le temps (Salmon, 2014 : 243). Le recours au législateur entraîne des longueurs fatales aux justiciables ; les juges deviennent paresseux, comprennent dans un sens restrictif leur pouvoir et sont enclins à une trop grande prudence.

2. L'analogie

Le juge doit d'abord essayer de trouver dans la loi une prescription à laquelle il puisse rattacher une analogie ou un argument *a fortiori*, ou emprunter à la loi un principe de droit qui s'applique aussi au fait non réglé. Si cela ne réussit pas, il peut par exemple essayer de transposer à son cas des appréciations légales d'intérêt – procédé étroitement apparenté à l'analogie – ou développer le sens immanent d'une institution juridique. Le juge doit donc, dans toute la mesure du possible, rester dans le cadre des appréciations de la loi, car celles-ci le lient comme les normes elles-mêmes, et de plus c'est seulement ainsi qu'on peut garantir qu'en comblant la lacune l'unité interne de l'ordre juridique ne sera pas détruit (Canaris, 1968 : 175).

3. *L'obligation pour le juge de statuer*

Le juge est obligé de résoudre le litige qui lui est soumis. Plusieurs législations le chargent de statuer même en cas d'obscurité ou de silence de la loi, et de résoudre lui-même la difficulté que font surgir ces cas. Ainsi, si le législateur a voté une loi ambiguë, il appartient au juge de définir, pour le cas en litige, par la voie d'une interprétation, le sens exact de ce texte qui est présumé en avoir un. Et si le législateur a omis de régler un cas, comme le juge est néanmoins tenu de rendre sa sentence, il lui incombe de donner une solution à ce cas (Huberlant, 1968 : 50).

Toutefois, d'après une certaine doctrine, en agissant ainsi, le juge aura fait un « acte judiciaire et non un acte législatif » (*Ibidem*). Et pour montrer le rôle que doit jouer le juge et l'importance de lui confier le devoir de combler la lacune, Locré dit : « *La loi statue sur tous : elle considère les hommes en masse, jamais en particulier ; elle ne doit point se mêler des faits individuels ni des litiges qui divisent les citoyens. S'il en était autrement, la multitude des lois étoufferait leur dignité et les intérêts particuliers assiégeraient la puissance législative (…). Il est impossible au législateur de pourvoir à tout… une foule de choses sont nécessairement abandonnées à l'empire de l'usage, à la discussion des hommes instruits, à l'arbitrage des juges* » (Locré, Tome 1 : 156-159).

Il existe des législations qui non seulement reconnaissent au juge le pouvoir et le devoir de combler la lacune, mais également qui lui donnent des directives. Doit-on voir dans ces législations la prise en compte de la pensée d'Aristote dans l'Éthique *à Nicomaque* ? C'est possible. En tout cas, beaucoup de législations relevant du système romano-germanique (la Suisse[21], l'Autriche, les Pays-Bas, la France, la Belgique) disposent des codes qui soumettent le juge à des directives pour résoudre le problème de lacune qui se présente à lui. Beaucoup de pays africains ayant été influencés par ces législations, se sont inscrits dans cette perspective. C'est le cas du juge congolais. Cette démarche s'inscrit dans la ligne droite

21 L'article 1er du Code civil suisse dispose : « La loi régit toutes les matières auxquelles se rapportent la lettre ou l'esprit de l'une de ses dispositions. À défaut d'une disposition légale applicable, le juge se prononce selon le droit coutumier et, à défaut d'une coutume, selon les règles qu'il établirait s'il avait à faire acte de législateur. Il s'inspire des solutions consacrées par la doctrine et la jurisprudence »

dégagée par Aristote pour qui il est légitime pour l'autorité chargée d'appliquer la loi de se prononcer en cas de silence de celle-ci, et en même temps de rester en accord avec l'ordonnancement établi par la loi. Il le dit en ces termes : « Quand la loi pose une règle universelle et que survient ensuite un cas particulier qui échappe à cette règle universelle, il est alors légitime d'apporter un correctif pour subvenir à cette omission, en édictant ce que le législateur édicterait lui-même s'il était là, et ce qu'il aurait prescrit dans la loi s'il avait eu connaissance du cas en question » (Aristote, Éthique *à Nicomaque*, 1958 : 157).

4. *Non liquet*

Il s'agit d'une impossibilité pour le juge ou un arbitre de statuer sur le fond de l'affaire à cause d'une insuffisance d'informations sur les faits ou faute de base suffisante relative au droit en vigueur entre les parties pour prendre une décision ou encore parce que ce qui lui est demandé lui semble dépasser sa fonction judiciaire (Salmon, 2001 : 747).

La pratique de la Cour international de Justice connaît, bien que rarement, cette situation. Nous citerons deux cas. Le premier cas est l'affaire des *Réparations des dommages subis au service des Nations Unies*. Dans son examen sur le fait de savoir comment il fallait résoudre la concurrence entre protection nationale et protection fonctionnelle de la victime du dommage, la Cour internationale de Justice dit que : « En pareil cas, il n'existe pas de règle de droit qui attribue une priorité à l'un ou à l'autre, ou qui oblige soit l'État soit l'Organisation à s'abstenir de présenter une réclamation internationale » (CIJ, avis du 11 avril 1949, *Rec. 1949*, p. 185). La Cour procède presque de la même manière dans l'affaire sur le *Licéité de la menace ou de l'emploi d'armes nucléaires*, décision dans laquelle la juridiction internationale a décidé de ne pas décider. De l'avis de certains critiques, il semble que la Cour internationale de Justice se trouvait sur une terre inconnue, à savoir le terrain du droit international humanitaire ; cependant, nous ne pensons pas que cela soit un motif suffisant qui a amené cette instance judiciaire à s'abstenir de prendre une décision courageuse qui aurait marqué l'histoire ; ce fut une occasion ratée pour la Cour. Dans une partie de son dispositif, elle dit : « *Il ressort des exigences susmentionnées que la menace ou l'emploi d'armes nucléaires serait généralement contraire aux règles du droit international applicables dans les conflits armés et spécialement aux règles et principes du droit humanitaire. Au vu de l'état actuel du droit international, ainsi que des éléments de fait dont elle dispose, la Cour ne peut cependant conclure de façon définitive que la menace ou l'emploi d'armes nucléaires serait licite ou illicite dans une circonstance extrême de légitime défense dans laquelle la survie même d'un* État *serait en cause* » (CIJ, avis 8 juillet 1996, *Rec. 1996*, p. 266, § 105).

D'après une partie de la doctrine (Lauterpacht, 1958 ; Stone, 1968 ; Salmon, 2014), l'ordre juridique international contient une interdiction faite au juge de prononcer un *non liquet*, c'est-à-dire de refuser une affaire, motif pris qu'il n'y a pas de règle juridique pour la trancher ou que les règles sont incertaines ou controversées (Salmon, 2014 : 234).

CHAPITRE IX

PREUVE ET ARGUMENTATION JURIDIQUE

Les lignes qui suivent seront consacrées à l'analyse de la portée sémantique de la preuve en droit. L'occasion sera aussi saisie pour indiquer les enjeux et quelques spécificités de la question examinée et le rôle que joue l'argumentation à cet effet.

Section 1. Sens et portée de la preuve

Prouver, c'est faire connaître en justice la vérité d'une allégation par laquelle on affirme un fait d'où découlent des conséquences juridiques (Colin et Capitant, 1965 : n° 718). C'est faire connaître quelque chose comme vrai, réel, certain. En matière judiciaire, c'est par le juge qu'il s'agit de faire reconnaître la véracité de ses allégations, puisque la preuve est toujours envisagée, directement ou par référence, comme celle qui est administrée en justice. Or, le principe en matière judiciaire, est que tout fait allégué à l'appui d'une prétention, s'il est contesté par l'adversaire, doit être prouvé. À défaut, la simple dénégation de l'adversaire suffit à interdire au juge de prendre ce fait en considération, ce qui signifie pratiquement le rejet de la prétention. Amasser des éléments de preuve et les présenter au juge en vue d'entraîner sa conviction est donc une condition nécessaire au triomphe du droit (Goubeaux, 1981 : 277). La présentation, l'ordonnancement et la justification de ces éléments de preuve requièrent absolument une argumentation.

Sans nous y attarder, rappelons qu'il existe différents modes de preuve : la preuve écrite (ou littérale), la preuve par témoin (ou testimoniale), les présomptions, l'aveu, le serment (modes classiques en droit civil), l'expertise, l'enquête, la descente sur les lieux, la comparution des parties, vérification des écritures, l'inscription de faux et toutes les règles de procédure relatives à l'administration de la preuve en droit judiciaire et la facture acceptée et la comptabilité en droit commercial.

Le principe de la preuve réglementée en droit civil est que la preuve doit être rapportée suivant les modalités et les formes prévues par la loi. Ce principe était en fait dirigé contre la preuve par témoignages, compte tenu de son incertitude susceptible de compromettre la sécurité juridique. Il s'oppose au régime de la preuve libre. Ainsi, le degré de sincérité qui s'attache à l'écrit est jugé supérieur à celui des témoignages : l'écrit préconstitué « *in tempore non suspecto* » peut en principe difficilement encourir le soupçon d'avoir été établi pour les besoins suscités par le litige.

Contrairement à ce qui existe en matière civile où la preuve doit être rapportée selon les modalités et les formes prévues par la loi, dans d'autres domaines du droit, l'intime conviction du juge peut suffire à fonder sa décision. Tel est le cas en matière pénale. Bien entendu, à côté de la classification des preuves (Levy, 1981 : 27-58), signalons qu'il existe une règlementation normative de la preuve juridique aussi bien en droit interne (Wroblewski, 1981 : 339 ; Foriers, 1981 : 123-147 ; Legros, 1981 : 149-173) qu'international (Lachs, 1981 : 109-122). Ces aspects concernent moins nos propos qui ne sont pas consacrés à l'étude quidditative de la preuve, mais nous aident plutôt dans notre démarche à montrer le rôle que joue l'argumentation dans la présentation des éléments de preuve. Cette dernière se servira absolument de l'interprétation et pourra orienter la qualification. En effet, il y a un jumelage qui doit se faire entre ces opérations. Nous avons vu que prouver c'est établir la vérité d'un fait allégué et qu'interpréter consiste à établir la signification ou le sens d'un fait. Certes, il existe une différence d'objet entre la preuve et l'interprétation dans la mesure où le fait soumis à l'exigence de la preuve est une réalité concrète, sensible ou observable, alors que la signification ou le sens d'un fait est une réalité abstraite, qui se manifeste à travers le fait mais qui est distincte de lui (Causin, 1981 : 197), d'où l'importance de l'interprétation.

Néanmoins, cette distinction doit être nuancée compte tenu de plusieurs liens unissant l'opération de prouver et celle d'interpréter. Pour quelques motifs que nous pouvons avancer, nous dirons que la preuve et l'interprétation sont soumises aux mêmes techniques de base (adéquation, conformité aux règles élémentaires de la logique ou du raisonnement, règles d'expérience qui sont dynamiques), la preuve prend appui sur l'interprétation (*interpretatio ad probationem*) et l'interprétation prend appui sur la preuve (*interpretatio ab probatione*), enfin, les règles de preuve et celles d'interprétation sont soumises aux mêmes limites (le caractère indirect de la preuve et de l'interprétation, manque de stabilité de règles d'expérience) (Causin, 1981 : 198-216).

La présentation des faits qui sont l'objet de la preuve est fondée sur des raisons finalistiques : la preuve sert pour parvenir à la décision judiciaire. Les raisons axiologiques demandent qu'on s'occupe des faits qui sont importants, utiles et nécessaires pour la décision. Or l'estimation de l'importance, de l'utilité et de la nécessité n'est pas laissée à l'évaluation arbitraire du tribunal. Il est vrai que le droit indique de façon générale les faits qui doivent être démontrés, à savoir : a) les faits contestés par les parties, b) les faits non contestés mais douteux, c) les faits qui renversent une présomption juridique (Wroblewski, 1981 : 339), mais l'argumentation et la force de son déploiement joueront un rôle déterminant pour le résultat recherché.

Devant le juge, la possibilité de confrontation des parties présentant les arguments à l'appui de leur position implique des controverses concernant les faits. Cette opposition se lira aussi à travers l'argumentation déployée par chacune des parties. Si l'on présente des arguments pour ou contre l'existence d'un fait qui est important pour la décision, il faudra le prouver ou au moins discréditer les preuves présentées par la partie adverse.

Section 2. **Des enjeux de la preuve : entre vérité et justice**

D'après Chaïm Perelman, l'étude de l'argumentation en droit se décompose traditionnellement en trois étapes : « Dans tout litige d'ordre juridique, il y a lieu d'envisager, en ce qui concerne le raisonnement, et indépendamment des questions de procédure, trois aspects qui sont : la preuve des faits, leur qualification, et les conséquences légales qui en découlent eu égard au système du droit en vigueur » (Perelman, 1990 : 591). Cette façon de parler habituelle pourrait laisser croire que la preuve des faits est un simple constat passif, et qu'elle n'est pas déjà orientée par des principes de la raison pratique. Il suffirait alors au juge de connaître les lois pour savoir si l'une d'entre elles s'applique en l'occurrence.

La question de la preuve en droit permet d'abord de souligner l'écart qui sépare la recherche de la justice de la recherche de la vérité. La compréhension de la nature de la preuve juridique est, en effet, souvent obscurcie par l'idée fausse selon laquelle le juge opérerait comme un enquêteur chargé de faire jaillir la vérité. Dans cette optique, le juge devrait ressembler à Sherlock Holmes, et être doué au premier chef d'une puissante mémoire et d'un brillant esprit d'analyse pour dégager le vrai du faux dans l'écheveau des témoignages, des expertises et des indices. On se représente alors le juge comme un historien ou un détective « s'efforçant de reconstituer le passé tel qu'il a été » (Perelman, 1990 : 608 ; Perelman, 1978 : 26).

Il faut éviter cette illusion. En réalité, la preuve ne permet de présenter la vérité que de manière déterminée et même limitée. Ce qui distingue le juge de l'historien, c'est justement que « des règles précises peuvent imposer à l'une des parties la charge de la preuve, ainsi que limiter, de diverses façons, l'admissibilité de la preuve » (Perelman, 1990 : 599). En effet, la preuve d'un fait peut être refusée ou exclue par les règles de procédure. Ainsi, la preuve n'est pas admise pour les faits sans rapport avec l'issue du procès, pour des faits diffamatoires, ou encore pour des faits « auxquels s'oppose une présomption légale irréfragable, telle que l'autorité de la chose jugée. De même, le mari, présumé père de l'enfant conçu pendant le mariage, est le seul à pouvoir le désavouer, et ceci uniquement en prouvant qu'il était dans l'impossibilité physique de cohabiter avec sa femme entre le 10e et le 6e mois précédent la naissance ; il ne dispose d'ailleurs, pour son action, que d'un délai très bref, d'un ou deux mois (…). Ces quelques exemples montrent comment *la considération d'un intérêt social supérieur peut s'opposer à l'établissement de la « vérité objective »* (Perelman, 1990 : 579).

En somme, la vérité est à la fois construite et filtrée par les dispositions qui règlent la preuve dans le procès. La justice l'emporte donc sur la prétention à la connaissance de la réalité, ou de toute la vérité (Vannier, 2001 : 148).

Section 3. **Des spécificités de la preuve en droit**

Partant de ce que nous venons d'indiquer ci-haut (Perelman, 1990 : 608), une des idées qui viennent à l'esprit de quelqu'un qui ignore le droit est d'assimiler l'action du juge, qui doit se former une conviction quant à la matérialité des faits dont dépend l'issue du procès, à celle de l'historien ou du détective s'efforçant de reconstituer le passé tel qu'il a été. René Poirier n'hésite d'ailleurs pas à dire : « Il est clair que la preuve des faits en justice, en dehors des cas comme celui des présomptions légales, relève des mêmes méthodes que celle des faits historiques, paléontologiques, géologiques, etc. Les règles de critique des documents ou des témoignages sont universelles » (Poirier, 1978 : 24). C'est pourquoi, il importe d'insister sur les différences qui distinguent le raisonnement du juge, assujetti à des règles de procédure civile ou criminelle, du raisonnement du chercheur, dont seules les préoccupations sont d'ordre scientifique, à savoir : l'établissement de la vérité objective.

Les différences qui distinguent le raisonnement du juge (qui établit les faits) de celui du chercheur (tel l'historien qui reconstitue le passé) étaient plus nombreuses quand dominait le système de la preuve réglementée, mais malgré tout, actuellement encore, les différences essentielles subsistent :

1° *Des présomptions légales dispensent de la preuve ceux à qui elles profitent.* Les historiens connaissent certes l'équivalent des présomptions de l'homme puisque, comme les juges, ils se basent sur des indices (précis et concordants) pour tirer des conséquences concernant un fait inconnu ou contesté, mais ils ne recourent à aucun mode de preuve comparable à la présomption légale, car jamais ils ne peuvent donner, par principe et *a priori*, comme en droit, l'avantage à une « partie » d'être dispensée de toute preuve. En histoire, les modes de raisonnement similaires aux présomptions d'« innocence » et de paternité en droit ne sont jamais que des présomptions de l'homme, elles ne sont pas établies préalablement à la recherche, comme c'est le cas en droit (Perelman, 1990 : 580).

2° *En droit, certains témoins sont exclus* : « Nul ne pourra être assigné comme témoin, s'il est parent ou allié en ligne directe de l'une des parties, ou son conjoint, même divorcé »

3° *En droit, la preuve de certains faits est inadmissible* : les faits rapportés par diffamation « celui qui a méchamment imputé à une personne un fait précis qui est de nature à porter atteinte à l'honneur de cette personne ou à l'exposer au mépris public, et dont la preuve légale n'est pas rapportée, est coupable de calomnie lorsque la loi admet la preuve du fait imputé et de diffamation lorsque la loi n'admet pas cette preuve ». Les faits auxquels s'oppose une présomption légale est irréfragable : l'autorité de la chose jugée (autorité relative au civil : entre les mêmes parties, agissant en même qualité, à propos de la même cause, et absolue au pénal : à l'égard de tous), la présomption de durée de grossesse, etc. En histoire, après une certaine période (50 ans), tous les faits sont susceptibles d'être prouvés (*Ibidem*).

4° En droit, la preuve de certains faits ne peut être apportée que par certaines personnes : le mari présumé père de l'enfant conçu pendant le mariage, est le seul à pouvoir désavouer, et dans certaines conditions (délai de six mois à partir de la connaissance du fait). L'historien, en revanche, pourra recueillir sur toute question les témoignages (nécessairement écrits s'il ne s'agit pas d'une période récente) qui lui sembleront intéressants (*Ibidem*).

5° Le juge est limité par le temps : alors que l'historien peut poursuivre sa recherche aussi longtemps qu'il ne détient pas les preuves suffisantes, le juge est tenu de mettre fin au litige après un certain temps afin d'aboutir à la « paix judiciaire » (*Ibidem*).

En définitive, ce qui est significatif pour nos propos est que la présentation de la preuve avec ses caractéristiques telles qu'examinées ainsi que sa réfutation se font par l'argumentation.

CHAPITRE X

PRÉSOMPTION ET ARGUMENTATION JURIDIQUE

La tâche, dans ce chapitre, sera de donner la portée sémantique ainsi que la typologie de la présomption en droit. Cette analyse sera faite avec comme toile de fond montrant le rôle que joue l'argumentation dans l'utilisation de la présomption dans le raisonnement juridique.

Section 1. **Sens et portée**

La présomption est souvent définie comme une *affirmation tenue pour vraie jusqu'à preuve du contraire (unless and until futher development should show that it is not)* (Rescher, 2006). Pour Pablo Pandonato de Léon, elle constitue une sorte de *connexion établie par l'esprit entre deux réalités* : l'une, connue, ou au moins reconnue ; l'autre, inconnue, ou encore méconnue (Pablo Pandonoto, 2015 : 1). Dans le cadre de la présomption, cette connexion est *basée sur la connaissance du fait connu et la vraisemblance du fait inconnu, et donc de son caractère probable et raisonnable* (*Ibidem*).

La doctrine présente la présomption comme est un procédé central de l'argumentation juridique en ce sens qu'il jette des ponts entre le raisonnement général et le raisonnement juridique. Ce procédé, quoique très courant, est souvent défini dans des termes vagues. D'après Perelman : « À côté de faits et de vérités, nous tablons souvent sur des présomptions qui, tout en n'étant pas présentées comme aussi assurées que ceux-là, fournissent néanmoins des bases suffisantes pour asseoir une conviction raisonnable. Les présomptions sont associées d'*habitude à ce qui se produit normalement, et sur quoi il est raisonnable de tabler. Si ces présomptions, liées à l'expérience commune, au sens commun, permettent de s'orienter dans la vie, elles peuvent néanmoins être contredites par les faits : car inattendu n'est pas à exclure* » (*L'Empire rhétorique*, pp. 38-39).

La finalité de la présomption n'est pas à dissocier avec la connaissance. Or, comme le dit pertinemment le Pape Jean-Paul II, toute connaissance humaine est basée soit sur la connaissance directe, soit sur la foi dans la connaissance d'autrui (Jean-Paul II, 1998 : 31). Mais la véritable *connaissance* d'un fait, dans ses quatre causes individualisées par Aristote, efficiente, matérielle, formelle, finale, est rare. La plupart du temps, l'homme, qui cherche naturellement la vérité, doit se contenter de l'expression la plus proche de la vérité, et l'accepter comme la vérité elle-même. On aperçoit assurément la présomption comme un outil visant à cette fin (Pablo Pandonoto, 2015 : 1). En même temps, il importe de voir un certain degré de témérité, si l'on veut, car on affirme une vérité alors qu'on ne la *connaît* point. La difficulté naturelle de la présomption est perceptible : elle s'*oppose, de manière intrinsèque, et même manifeste, aux postulats fondamentaux d'une méthode strictement pure de la connaissance* (*Ibidem*).

La fonction des présomptions est de combler l'absence de faits et de vérités. Ce sont donc, en quelque sorte, des éléments de connaissance moins convaincants, mais néanmoins suffisants pour asseoir une conviction raisonnable (Goltzberg, 2013 b : 72). En outre, la présomption est associée à ce qui « se produit normalement », ce « sur quoi il est raisonnable de tabler ». C'est dire si la présomption est une base de la discussion moins objective que le fait ou la vérité : ce qui se produit normalement semble, en effet, sujet à discussion et dépendra des standards de chacun, de ce qui est considéré, à telle époque, dans tel lieu, par telle personne, comme « normal ». « *Les présomptions sont fondées sur l'idée que c'est le normal qui se produit. Mais la notion de normal étant susceptible d'interprétations variées, une discussion peut s'engager sur le point de savoir si la présomption est applicable en l'occurrence, étant donnés les faits de la cause* » (Perelman, *L'Empire rhétorique*, p. 39).

La normalité est liée pour Perelman au raisonnable : il est raisonnable de s'attendre à ce qui arrive normalement. On comprend que la présomption parie sur un état de chose que nous ignorons. Ce pari n'est pas sans risque. Ainsi, il ajoute que ces présomptions, liées à l'expérience commune, au sens commun, ont pour but de « s'orienter dans la vie » et sont susceptibles d'être contredites par les faits, car, ajoute Perelman, « l'inattendu n'est pas à exclure ». Les présomptions sont donc des hypothèses, des suppositions, qui tablent sur ce qui est normal, qui permettent de mieux s'orienter mais qui n'en demeurent pas moins falsifiables (Goltzberg, 2013 b : 73).

Voici quelques exemples de présomptions d'ordre général : « *La présomption que la qualité d'un acte manifeste est celle de la personne qui l'a posé ; la présomption de crédulité naturelle, qui fait que notre premier mouvement est d'accueillir comme vrai ce que l'on nous dit ; la présomption d'intérêt d'après laquelle nous concluons que tout énoncé porté à notre connaissance est censé nous intéresser ; la présomption concernant le caractère sensé de toute action humaine* » (Perelman, *L'Empire rhétorique*, pp. 38-39).

Ces présomptions sont assez différentes les unes des autres. Il y a là celles qui passent par la projection de la qualité des actes sur celle de l'agent, projection qui a cours en théorie de l'action et qui en effet régit l'interprétation des agissements humains. Ensuite, la crédulité fait l'objet d'une présomption, comme l'indiquent les principes de bienveillance en théorie de la coopération, qui supposent les vrais énoncés jusqu'à preuve du contraire (Goltzberg, 2013 b : 74).

Toutes ces présomptions, outre leur caractère très général, ont en commun de pouvoir être renversées par les faits. Il est donc possible qu'une personne ne soit, en fait, pas sensée, ou que ses propos ne soient pas fiables. Le mécanisme de la présomption nous permet de nous positionner face à une situation où nous sommes dans l'ignorance de certaines informations. La raison pour laquelle nous postulons la sincérité des interlocuteurs plutôt que leur insincérité tiendrait, selon Perelman, au caractère « raisonnable » et « normal » de ce choix. L'effet pragmatique de ce choix est d'indiquer à l'interlocuteur la charge de la preuve : « *C'est à l'effet le plus immédiat d'une présomption : elle impose la charge de la preuve à celui qui veut s'opposer à son application* » (Perelman, *L'Empire rhétorique*, p. 39).

Somme toute, la présomption peut être considérée comme un traitement de l'incertitude et relève du probable, impliquant le renversement de la charge de la preuve. Dès lors, il y a lieu de s'interroger sur la façon d'argumenter lorsqu'on est en face d'une telle situation. Nous sommes loin des résultats obtenus après un simple raisonnement de logique formelle. Tablant sur l'incertitude, le probable, la défaisabilité des arguments, l'argumentation n'a pas une voie toute tracée. Elle devra se ressourcer dans la complexité qui mariera arguments du raisonnement non-normatif et normatif et puisera, s'il échet, dans les stratégies sophistiques.

Section 2. **Les types de présomptions**

Le droit distingue deux types de présomptions, selon qu'elles sont prévues par la loi ou non. Les premières sont appelées présomptions légales et les secondes présomptions de l'homme (ou humaines). Perelman s'arrête plus sur les secondes parce qu'elles relèvent du sens commun et qu'elles ne sont pas prévues comme telles par la loi. À partir des textes juridiques, on pourrait dresser la liste compètes des présomptions légales et cela semble déjà fixe et déterminé ; par contre il se dégage une liberté beaucoup plus grande lors de l'établissement des présomptions de l'homme, qui sont laissées à l'appréciation du magistrat (Goltzberg, 2013 b : 74-75).

Une autre différence entre les deux types de présomption tient à la notion de qualification que nous avons examinée dans cette étude. Dans sa décision, pour que la loi soit applicable au cas d'espèce, le juge doit d'abord s'assurer que les faits ont été décrits dans les termes juridiques adéquats, c'est-à-dire, bien qualifiés. Ainsi, les « présomptions de l'homme tendent à faire admettre certains *faits non qualifiés* » alors que les présomptions légales « concerneront toujours des *faits qualifiés* » (Goltzberg, 2013 b : 75). Ce paramètre qualifié/non qualifié distingue donc les présomptions humaines et légales : « *Alors que les présomptions de l'homme ne concernent que des faits non qualifiés juridiquement, les présomptions légales* juris tantum, *celles qui peuvent être renversées par une preuve contraire, déterminent aussi longtemps qu'elles ne l'ont pas été, les effets juridiques d'une situation donnée. Leur rôle est de faciliter la tâche du juge ou de l'administrateur, de celui qui se trouve dans l'obligation de juger ou de décider, alors que la preuve des faits est fort difficile à fournir. L'institution de telles présomptions se justifie essentiellement par des préoccupations de sécurité juridique* » (Perelman, *Logique juridique*, p. 32).

Mais au-delà de ces deux types de présomptions (légale et humaine), disons qu'il y a plusieurs autres sortes et leur classification varie en fonction de celui qui le fait. Par exemple, l'on en trouve deux selon le *Code civil*, trois selon la science juridique et quatre d'après certains auteurs.

1. Pour le Code civil, il existe deux types de présomptions

Des comparaisons faites des Codes civils français, belge et congolais, il se remarque que la définition donnée est la même : « *Les présomptions sont des conséquences que la loi ou le magistrat tire d'un fait connu à un fait inconnu* » (*Code civil belge*, art. 1349 ; *Code civil congolais, Livre III*, art. 225).

Cette définition appelle quelques observations. Premièrement, elle contient la distinction que le Code civil fait sur la présomption établie par la loi ou non. Il est à la fois du magistrat (présomption de l'homme) et de la loi (présomption légale). D'après certains auteurs, notamment Van Ommeslaghe, cette présentation constitue une « erreur de méthode certaine » dans la mesure où seules les présomptions de l'homme constituent un moyen de preuve : la définition du Code civil suppose donc une homogénéité qui n'existe pas (Ommeslaghe, 2010 : 2416).

Deuxièmement, on remarque que la définition civiliste fait de la présomption une sorte de conséquence si on s'en tient à la définition que donne *Le Petit Robert* qui dit que la conséquence est « la suite qu'une action, un fait entraîne » ou encore, en logique, comme « ce qui découle d'un principe ». Dès lors, il n'est pas aisé de saisir la nature de la conséquence : est-ce un fait, la suite d'un fait, ce qui découle d'un principe ? Comme l'indique bien Stefan Goltzberg, le terme « conséquence » n'éclaire qu'imparfaitement la nature de la présomption. On ne voit pas beaucoup plus clairement de quelle façon le magistrat ou la loi « tirerait » ladite conséquence : par induction, par déduction ? (Goltzberg, 2012 : 56-57). La qualité de cette définition civiliste est mise en question.

Troisièmement, le Code civil oppose, ici, ce qui est présumé à ce qui est exprès. Voici un exemple : « Le cautionnement ne se présume point ; il doit être exprès, et on ne peut pas l'étendre au-delà des limites dans lesquelles il a été contracté » (article 2015, Code civil belge). Cette opposition ponctuelle entre *présumé* et *exprès* indique que la présomption peut avoir partie liée avec l'implicite : elle est l'une des manières de coder l'implicite, de lui donner une fonction visant à éliminer l'incertitude (*Ibidem* : 57).

En somme, la définition du Code civil présente beaucoup d'anomalies : elle ne semble ni entièrement claire, ni parfaitement viable du point de vue théorique. Aussi, ne mentionne-t-elle pas le caractère renversable ou non du procédé. Par ailleurs, elle présuppose connues ou aisément compréhensibles des notions aussi floues que « fait connu » et « fait inconnu » : s'agit-il de faits particuliers ou généraux, de faits construits, sociaux ou « bruts » ? Ces faits sont-ils connus ou inconnus du magistrat, du législateur, du justiciable, de l'expert, de l'homme raisonnable ? (*Ibidem*). Eu égard à ce qui vient d'être dit, il y a lieu de noter que l'argumentation n'aura pas une tâche aisée, il faudra dès lors compter sur la maîtrise du droit et l'ingéniosité des interlocuteurs pour tirer le meilleur parti.

2. *Trois présomptions selon la science juridique*

La science juridique quant à elle distingue trois types de présomptions : *praesumptiones hominis, praesumtiones juris tantum* et *praesumptiones juris et de jure.*

La présomption de l'homme est celle qui n'est pas prévue par la loi, mais abandonnée à la lumière du magistrat ; la présomption *juris tantum* est celle qui est réfragable, c'est-à-dire qui admet la preuve du contraire ; la présomption *juris et de jure* est irréfragable, c'est-à-dire n'admet pas la preuve du contraire (Wroblewski, 1974 : 44). En d'autres termes, il s'agit des présomptions qui admettent la preuve contraire et celles qui ne l'admettent pas, ou encore des présomptions simples ou absolues (Foriers, 1974 : 9).

Les présomptions simples, si elles posent certains problèmes aux logiciens du droit, n'en suscitent que des mineurs. Sur le plan des présomptions simples c'est un vrai hypothétique qui sera sans doute un vrai tout court. Ce sera aussi un vrai induit par un juge de situations ou de faits fragmentaires mais considérés comme significatifs. Dans une société où les conflits doivent être tranchés, la recherche de la vérité ne peut être la seule valeur à prendre en considération et partant il importe d'assurer au juge une technique de preuve qui, pour n'être pas toujours à l'abri de la critique, lui permet néanmoins de fonder sa décision (Foriers, 1974 : 9).

Les présomptions absolues ou irréfragables, par contre, posent au logicien du droit nombre de questions particulièrement intéressantes. L'article 228 du Code civil congolais livre III dispose en son alinéa 1er que « La présomption légale dispense de toute preuve celui au profit duquel elle existe ». Bien sûr, dans certains cas nommément désignés, la preuve contraire est néanmoins admise, mais ce n'est là qu'une exception à la règle générale. Nous cessons à partir de ce moment de pouvoir considérer la présomption comme un élément de preuve au sens où l'entend le logicien. C'est un artifice technique tout au plus, qui permet de considérer comme vrai ce qui peut tout aussi bien être faux et qui de plus pose comme vrai dans tous les cas ce qui n'est pas absolument vrai (Foriers, 1974 : 10).

Prenons pour exemple, l'article 602 de la Loi n° 87-010 du 1er août 1987 portant Code de la famille telle que modifiée et complétée par la loi n° 16/008 du 15 Juillet 2016 au Congo/Kinshasa : « *Nonobstant toute convention contraire, l'enfant né pendant le mariage ou dans les trois cents jours après la dissolution du mariage a pour père le mari de sa mère* ». Le raisonnement n'est guère douteux : le mari d'une femme est réputé le père des enfants de cette femme auxquels celle-ci a donné naissance en mariage. Le fait inconnu c'est la paternité. Le raisonnement est fondé sur une vérité générale : en général, une femme mariée a des relations avec son mari et rien qu'avec lui, on peut donc conclure avec une grande probabilité à la paternité du mari. L'enfant sera donc dispensé dans ce cas de fournir une preuve indirecte très difficile à admettre. Cette vérité générale est tout de même à ce point suspecte au point que le législateur a entendu limiter dans une certaine mesure les effets de la règle. Le Code de la Famille introduit en effet la notion de la contestation de paternité. Les articles 604 à 607 en donnent les éléments :

> Art. 604 – « L'enfant, issu d'une femme dont le mariage antérieur est dissout depuis moins de trois cents jours et qui est né après la célébration du mariage subséquent de sa mère, est tenu pour enfant des nouveaux époux, sauf contestation de paternité ».
>
> Art. 605 – « La filiation paternelle établie en vertu des articles 601 et suivants ne peut être contestée qu'au moyen d'une action judiciaire en contestation de paternité ».
>
> Art. 606 – « La paternité peut être contestée s'il est prouvé que pendant le temps qui a couru depuis le trois centième jour jusqu'au cent quatre-vingtième jour inclusivement avant la naissance de l'enfant, le père était

soit pour cause d'éloignement, soit pour toute autre cause établie de façon certaine, dans l'impossibilité physique de procréer ».

Art. 607 – « La paternité peut être aussi contestée lorsque, à la suite de l'inconduite de la mère et de tous autres indices ou faits constants et notoires, la preuve certaine est rapportée que le mari n'est pas le père de l'enfant ».

Pour Stefan Goltzberg, cette tripartition semble déséquilibrée. Premièrement, alors que les présomptions légales sont subdivisées entre réfragables et irréfragables, les présomptions de l'homme ne le sont pas. Tout se passe comme si les présomptions prévues par la loi étaient assorties de deux types de clauses (recevabilité et irrecevabilité de la preuve du contraire), alors que les présomptions abandonnées aux lumières et à la prudence du magistrat rendraient toujours recevable la preuve du contraire. Un traitement plus équilibré serait souhaitable, qui rendrait compte de la totalité des types de présomption (Goltzberg, 2012 : 58). Deuxièmement, cette tripartition est déséquilibrée par la confusion introduite par le Code civil à propos de la fonction des présomptions. À l'analyse, on peut considérer que les présomptions de l'homme sont un moyen de preuve, alors que les deux types de présomptions légales (réfragable et irréfragable) ne sont pas un moyen de preuve, mais régissent « la modification des règles concernant la charge de la preuve » (Ommeslaghe, 2010 : 2270).

3. *La typologie poussée de la doctrine : quatre présomptions*

La doctrine tente d'échafauder quatre types de présomptions. Elle considère que deux paramètres régissent la présomption : le caractère légal ou humain (c'est-à-dire judiciaire ou jurisprudentiel) d'une part, et le caractère défaisable ou indéfaisable d'autre part. En d'autres termes, pour lui, toute présomption est légale (prévue par la loi) ou non légale (humaine ou de fait), toute présomption est défaisable (réfutable) ou indéfaisable (irréfutable) (Goltzberg, 2012 : 58).

Stefan Goltzberg met un accent singulier sur le caractère relatif de l'indéfaisabilité auquel il donne des observations. D'abord, il faut garder à l'esprit qu'il s'agit d'arguments et pas de thèses. Ce serait du dogmatisme que de dire qu'il y a des thèses indéfaisables, mais il s'agit plutôt des arguments qui les soutiennent qui sont défaisables ou indéfaisables. Ensuite, il va de soi que tout argument peut être renversé ; tout argument dit indéfaisable ne l'est que relativement (*Ibidem*). Van Ommeslaghe fait d'ailleurs remarquer que même la présomption irréfragable, par définition irréfutable, peut être renversée par « l'aveu et le serment » (Ommeslaghe, 2010 : 2272). Enfin, le caractère défaisable d'un argument est une question de *présentation*. Les arguments ne sont pas défaisables ou indéfaisables en soi, mais toujours *présentés comme* défaisables ou indéfaisables. Ainsi, il n'est pas impossible de présenter comme indéfaisables des arguments auxquels peu de personnes seraient prêtes à souscrire par ailleurs. Par exemple, l'article 909 du Code civil belge établit une présomption irréfragable de « captation dans le chef des docteurs, officiers de santé et pharmaciens ayant traité une personne pendant la maladie dont elle meurt, au cas où ils bénéficient de libéralités de la part de cette personne ». Cette présomption présente comme indéfaisable l'idée que tel est le cas. Or, on peut facilement envisager que le patient le fasse en toute bonne foi et en connaissance de cause. La loi, indépendamment de la réalité extra-juridique, présente cette captation comme certaine, – du point de vue juridique. Inversement, il est loisible, quoique maladroit, d'appuyer par une argumentation défaisable une thèse admise par tout le monde (Goltzberg, 2012 : 59).

D'après Stefan Goltzberg, étant aux prises de deux paramètres (légal ou humain et défaisable ou non), il n'existe non pas deux ou trois, mais quatre types de présomptions. Cette quadripartition suppose que les présomptions non prévues par la loi sont également de deux sortes : défaisables et indéfaisables. On imagine sans doute difficilement à quoi ressemblerait une présomption humaine indéfaisable. Pourtant, la présomption de non-ubiquité des individus est une présomption non prévue par la loi et qui supporterait cependant difficilement la preuve du contraire. Cette quadripartition entend respecter la tripartition des présomptions en droit : présomption légale réfragable, présomption légale irréfrageble et présomption de l'homme. Elle en ajoute simplement une : la présomption humaine indéfaisable. En outre, les présomptions humaines sont, par défaut, défaisables – sauf preuve du contraire. Inversement, si rien n'est, précisé d'un certain type de présomption légale (annulation d'un acte ou refus d'une action en justice), on peut présumer qu'elle est irréfragable. Pour les autres types de présomptions légales, on présumera qu'elles sont réfragables (*Ibidem* : 60).

Van Ommeslaghe l'affirme en se basant sur la lecture qu'il fait de l'article 1352 du Code civil belge : « Le législateur peut préciser dans tel ou tel cas si la présomption qu'il institue est irréfragable ou non. À défaut, une présomption légale est, selon le droit commun, considéré comme irréfragable, lorsque sur le fondement de cette présomption, la loi annule certains actes ou dénie une action en justice (art. 1352). Dans les autres cas, une présomption doit, dans le silence du législateur, être considérée comme *juris tantum*, c'est-à-dire réfragable » (Ommeslaghe, 2010 : 2272).

Section 3. **Les nuances entre présupposé et présomption**

Par définition, le présupposé est une information qui est *incluse* dans un énoncé sans pourtant l'être explicitement et que l'on ne peut pas nier (Goltzberg, 2013a : 71). Si un témoin dit : « Je ne prends plus de drogue depuis deux ans », cela présupposé qu'il en prenait auparavant. Si un témoin dit avoir transmis un document à son frère, cela présuppose qu'il a – ou qu'il a eu – un frère. Les présupposés font donc partie de ce qui est dit, au sens où le locuteur est responsable de s'être engagé sur tout ce qu'il a dit, y compris sur tout ce qu'il a présupposé. Si un témoin a intentionnellement présupposé une information qu'il sait fausse, il a menti. Ainsi, même si le témoin ne dit pas explicitement : « J'ai un frère et lui ai transmis le document », mais se contente de dire : « J'ai transmis le document à mon frère », il a menti s'il sait ou croit savoir qu'il n'a pas de frère. En d'autres termes, nous sommes immédiatement responsables de ce que nous présupposons. Tout ce qui est présupposé est considéré comme si cela avait été exprimé explicitement (*Ibidem*).

Lors de la description des faits, les présuppositions abondent.

– Si l'accusé dit regretter d'avoir tué son voisin, son témoignage présuppose qu'il a tué son voisin

– Si un client dit avoir oublié de fermer la voiture, cela présupposé qu'il était censé fermer la porte.

– Si un document atteste qu'une personne est divorcée, cela présuppose que cette personne a été mariée.

– Si un juge considère une demande fondée, cela présuppose qu'elle est recevable (ce qui n'empêche pas un juge de considérer la demande irrecevable mais de soutenir que si la demande avait été recevable elle aurait été fondée ou non).

– L'accès à la profession d'avocat présuppose l'obtention d'un diplôme de licencié en droit et la prestation du serment d'avocat (*Ibidem*).

La présomption est également une manière pour le juge ou la loi de *supposer* une information, mais il est le plus souvent possible de renverser une présomption, alors qu'un présupposé n'est jamais niable. Comme nous l'avons indiqué, les présomptions sont de divers types, selon qu'elles trouvent leur origine dans la loi ou non. Les premières sont dites présomptions légales et les secondes présomptions humaines. Les présomptions légales sont réfragables, avons-nous dit, lorsque la loi autorise à les renverser. Si la loi interdit de les renverser, elles sont irréfragables (*Ibidem* : 72).

La présomption d'innocence est, par excellence, une présomption réfragable. Si elle était irréfragable, il serait illégal de condamner qui que ce soit – ce qui n'est pas le cas. L'immunité dont jouissent certaines fonctions peut s'apparenter (quelque peu abusivement) à une présomption d'innocence irréfragable.

On le voit, et cela a été souligné, la notion de présomption est liée à celle de charge de la preuve, du moins la présomption légale peut être décrite comme un mode de preuve. Pour diverses raisons, mais notamment pour optimiser la gestion des ressources humaines limitées, une série d'éléments sont présumés. Il est nécessaire et il suffit de réunir un certain nombre d'éléments pour renverser une présomption. Si le seuil minimal n'est pas atteint, la présomption reste valable. Si le seuil est atteint, la charge de la preuve est déplacée.

Quelques exemples :

1) *Dans les contrats conclus entre des professionnels et des non professionnels ou des consommateurs, sont de manière irréfragable présumées abusives (...) et dès lors interdites les clauses ayant pour objet ou effet (...) d'imposer au non-professionnel ou au consommateur la charge de la preuve, qui, en vertu du droit applicable, devrait incomber normalement à l'autre partie au contrat* (C. consom., art. R. 132-1) (*Ibidem*).

Ce passage présente le phénomène de la présomption d'une manière complète : la présomption première est irréfragable, ce qui signifie qu'il est illégal de prouver le contraire – et donc inutile également. En revanche, la suite montre que la clause abusive porte sur un renversement de la charge de la preuve lorsque celle-ci est prévue autrement par le droit applicable (*Ibidem* : 73).

2) À propos du droit à l'image : *Le consentement de celui dont l'image est utilisée ne peut être présumé et doit être établi par celui qui s'en prévaut* (Le Tribunal civil de Bruxelles, 16 déc. 1997, *JLMB*, 1998/05, p. 204). Cela signifie que celui dont l'image est utilisée n'a pas à démontrer le fait qu'il n'était pas consentant ; il revient à celui qui utilise cette image de produire la preuve du consentement de l'intéressé (*Ibidem*).

3) Dans un litige touchant à l'urbanisme, si le titulaire d'un permis de bâtir a attendu 15 ans avant de réaliser son projet, on ne peut pas en déduire qu'il a renoncé à ce permis. Un principe énonce en effet qu'une renonciation à un droit ne se présume pas et ne peut d'ailleurs se déduire que d'éléments non susceptibles d'une autre interprétation. Rien ne permettrait de dire que le titulaire d'un permis de bâtir non périmé aurait renoncé à son intention de construire après 15 ans. Au contraire, de son projet en considération de circonstances d'ordre économique ou finan-

cier, il demeure. Bien que 15 ans aient passé, le titulaire d'un droit donné n'a toujours pas à prouver qu'il n'a pas renoncé à son droit (*Ibidem*).

CHAPITRE XI

FICTION ET ARGUMENTATION EN DROIT

Nous examinerons le sens et la portée avant d'identifier les différentes sortes de fiction. L'analysera montrera l'importance de l'argumentation dans l'utilisation de la fiction dans le raisonnement juridique.

Section 1. **Sens et portée**

Pour le Professeur Jean Salmon, la fiction est un procédé qui consiste à qualifier un fait ou une situation contrairement à ce qui est admis comme objectivement vrai, en fait ou en droit (Salmon (dir), 2001 : 503). Dans une étude consacrée sur le fait dans l'application du droit international, cet internationaliste belge indique que « la fiction est un procédé de technique juridique par lequel on qualifie une situation soit de manière contraire au réel, soit de manière contraire aux éléments constitutifs d'une catégorie juridique dont cette situation devrait relever, en vue de lui attribuer les conséquences juridiques de la qualification fictive » (Salmon, 1982 : 290).

Selon Maximilien Philonenko, la fiction est un moyen opératoire de faire progresser le droit sans heurter les habitudes reçues (*Les actes de spoliation et le droit*, chap. IV, n° 179 et *Intentio dans les formules in factum conceptae*, dans *Mélanges F. De Visscher*, 1950, I, p. 231 et suiv. spécialement 244). René Dekkers considère quant à lui la fiction comme « un procédé technique qui consiste à placer par la pensée un fait, une chose ou une personne dans une catégorie juridique sciemment impropre pour la faire bénéficier, par voie de conséquence, de telle solution pratique propre à cette catégorie » (Dekkers : 1935, n° 137). De son côté, Henri Capitant (*Vocabulaire juridique*, V° fiction), note que la fiction est « un procédé de technique juridique consistant à supposer un fait ou une situation différente de la réalité pour en déduire des conséquences juridiques ». Dans mon cours de *Logique et argumentation juridique*, j'enseigne que « La fiction est un mode de raisonnement par lequel, pour éviter les conséquences injustes qui résulteraient d'une application stricte de la loi, le juge introduit, soit dans la description même du fait, soit dans l'application du droit un élément qui ne correspond pas soit au fait, soit à la réalité » (Segihobe, 2016 : 118).

L'analyse de ces définitions nous pousse à relever deux aspects essentiels au sujet de la fiction juridique :

1° lorsque, la catégorie juridique prenant pour base le réel, le juriste qualifie une situation de manière contraire au réel

2° lorsque, la catégorie juridique ne s'appuyant pas sur le réel mais sur une définition conventionnelle, le juriste qualifie une situation de manière contraire aux éléments constitutifs de la catégorie (Salmon, 1982 : 338).

Dans plusieurs cas, la fiction reste un procédé technique de raisonnement, d'argumentation et de simplification légistique permettant l'application d'une règle à un objet qui normalement ne tomberait pas dans la catégorie visée par la règle en question. Ce procédé est habituellement relevé par l'usage de la locution « **comme si** » ou du verbe « **réputé** ».

Ainsi, « les naissances en cours de vol, à bord des aéronefs belges, sont réputées survenues sur le territoire du Royaume » (loi belge du 27 juin 1937, art. 7) ; *Ordonnance-loi n° 86-033 du 5 avril 1986 portant protection des droits d'auteurs et droits voisins* en RDC, les articles : 2.- L'œuvre est **réputée** créée, indépendamment de toute divulgation publique, du seul fait de la réalisation, même inachevée, de la conception de l'auteur ; 12.– L'auteur d'une œuvre pseudonyme ou anonyme jouit sur celle-ci des droits reconnus par la présente ordonnance-loi. Toutefois, tant que l'auteur n'a pas révélé son identité, l'éditeur dont le nom est indiqué sur l'œuvre est, sans autre preuve, **réputé** représenter l'auteur et est fondé, en cette qualité, à sauvegarder et à faire valoir les droits de celui-ci ; le Code de la Famille congolais contient plusieurs exemples : Art. 7. – Est Congolais, l'enfant nouveau-né trouvé en République démocratique du Congo. Il est toutefois **réputé** n'avoir jamais été Congolais si, au cours de sa minorité, sa filiation est établie à l'égard d'un étranger ; Art. 173. – L'absence est la situation d'une personne disparue de son domicile ou de sa résidence, sans donner de ses nouvelles et sans avoir constitué un mandataire général.

Cette personne est **réputée** vivante pendant un an à partir des dernières nouvelles positives que l'on a eues de son existence. Si elle a constitué un mandataire général, la présomption de vie lui est acquise pendant trois ans ; Art. 422. – Toutefois, pour l'application des dispositions relatives à la protection de la jeune fille impubère, toute fille âgée de quatorze ans accomplis est **réputée** pubère ; Art. 776. – Sauf stipulation contraire prévue par la présente loi, le testateur dans son testament peut exhéréder de façon expresse ses héritiers *ab intestat* ou l'un d'eux sans désigner de légataire universel. La succession est réglée dans ce cas **comme si** l'héritier ou les héritiers exclus étaient décédés avant le testateur ; L'article 298 *in fine* de la Loi n° 73-021 du 20 juillet 1973 portant régime général des biens, régime foncier et immobilier et régime des sûretés, telle que modifiée et complétée par la loi n° 80-008 du 18 juillet 1980 prévoit que la succession est réglée dans ce cas **comme si** l'héritier ou les héritiers exclus étaient décédés avant le testateur ; le Code civil congolais, Livre III dans son article 118 dispose que l'obligation qui est susceptible de division doit être exécutée entre le créancier et le débiteur, **comme si** elle était indivisible. La divisibilité n'a d'application qu'à l'égard de leurs héritiers, qui ne peuvent demander la dette ou qui ne sont tenus de la payer, que pour les parts dont ils sont saisis ou dont ils sont tenus comme représentant le créancier ou le débiteur. Pour arrêter avec cette série d'exemples, notons que la Loi du 18 novembre 2002 portant Code judiciaire militaire congolais, à son article 240 prévoit que le président peut faire expulser de la salle d'audience et reconduire en prison, ou garder par la force publique à la disposition du tribunal, jusqu'à la fin des débats, le prévenu qui, par ses clameurs ou par tout autre moyen propre à causer tumulte, fait obstacle au cours normal de l'audience. Le prévenu peut être condamné sur-le-champ, pour ce seul fait, aux peines prévues pour rébellion. Il est ensuite procédé aux débats et jugement **comme si** le prévenu était présent. Dans la fiction de l'extraterritorialité, on fera *comme si* les locaux d'une ambassade n'étaient pas sur le territoire de l'État hôte bien que cela ne soit pas ; dans la fiction de l'égale souveraineté des États, on fera *comme si* les États-Unis, la Russie, les Comores, le Mali, l'Équateur, etc. disposaient des pouvoirs égaux et représentaient des entités juridiquement égales bien que cela ne soit pas ; dans la reconnaissance de certains gouvernements fictifs, on fera *comme si* tel groupe d'hommes détenait les compétences gouvernementales sur un peuple et un territoire bien qu'ils ne les détiennent pas » (Chemillier-Gendreau, 1987 : 154-155).

Une précision de la fiction par rapport à la présomption s'avère nécessaire. Dans la légistique de certaines lois, il arrive qu'on donne le titre de présomption à un point dont le contenu renvoie également à une fiction. C'est le cas de l'article 7 du Code de la Famille congolais que nous avons cité comme cas de fiction pourtant le titre que le législateur a donné à ce point est « *Des Congolais par présomption de la* loi ». Ce qu'il importe de noter est que présomptions et fictions, si elles présentent une certaine analogie du point de vue de la vérité, ressortissent pourtant à des catégories distinctes. Les présomptions se rattachent à la théorie de la preuve, les fictions à théorie de l'extension de la norme en droit, voire à celle de la création ou de la légitimation de celle-ci.

Section 2. Typologie de fictions

1. Prolégomènes

Partant des sens et portée établis à propos de la fiction, une distinction en deux catégories s'impose à la réflexion. Il existe une fiction qui porte sur le fait et celle portant sur le droit. Les cas que nous donnons dans les lignes suivantes illustrent bien cette réalité qui ne peut être bien comprise que par les juristes donnant pour les non-initiés l'occasion de controverse et de critiques adressées au droit.

A. Quelques exemples de la fiction par rapport au fait

— *En Angleterre* : la révolte des juges anglais, opposés à la législation en vigueur au début du XIXe siècle, qui prévoyait la peine de mort pour tous les coupables de grand « larceny » c'est-à-dire crime majeur. Cette loi énumérait parmi les crimes majeurs tout vol d'un quelconque objet valant au moins 40 shillings ou plus exactement tout vol d'une valeur de 40 shillings au moins. Pendant des années, les juges ont estimé à 39 shillings au plus, tout vol quel qu'il soit, de peur de ne devoir punir le vol de la peine de mort. Jusqu'au jour où, dans un procès plaidé en 1808, ayant évalué à 30 shillings le vol de 10 livres sterlings, c'est-à-dire de 200 shillings, la fiction devint éclatante, et la loi fut modifiée après (Carbonnier, 1976 : 5).

— *En Belgique et en France*, dans plusieurs cas d'euthanasie, alors que les faits étaient patents et non controversés, le jury a répondu négativement à la question « l'accusé est-il coupable de la mort de telle personne ? » (*Ibidem* : 6). C'est ainsi qu'une mère de famille respectée, ayant sciemment, à l'aide de son médecin catholique, provoqué la mort de son enfant, né monstrueux par suite des effets néfastes mais inconnus à l'époque, d'une drogue, le softénon, a été déclarée non-coupable par le juge de Liège, alors que ni la loi belge, ni la loi française ne distinguent les cas d'euthanasie d'un meurtre pur et simple (*Ibidem*).

B. Quelques exemples de fiction par rapport à la réalité juridique

Nous avons pu comprendre qu'une présomption légale peut être fausse par rapport à la réalité, mais est par principe toujours conforme à la réalité juridique, puisqu'elle est établie par la loi. En revanche, la fiction, elle, introduit un élément qui ne correspond pas à la réalité juridique. Quand le juge romain, en dépit de la loi romaine qui assimilait l'esclave à une chose, reconnaît à celui-ci la possibilité de se marier ou d'hériter, il le traite certes comme un homme donc conformément à la réalité, mais il introduit, par rapport à la réalité juridique, une fiction.

On peut distinguer trois sortes de fiction par rapport à la réalité juridique :

1. Attribution fictive

Le juge attribue une catégorie juridique à un individu ou à une personne qui, du point de vue du droit, relève d'une catégorie. *Exemple* : Esclave selon le droit, à qui le juge reconnaît la qualité d'homme pour lui permettre d'accomplir certains actes. « Aux environs de 1900, en la Mairie de Montrouge, l'officier d'état civil qui, en l'absence du maire avait marié une série de jeunes gens, était bien un adjoint, mais, hélas ! Il n'était pas l'adjoint le plus proche dans l'ordre du Tableau des adjoints présents. Or, la loi municipale de 1884 précise que si le maire peut déléguer expressément ses pouvoirs à un adjoint ou à un conseiller municipal de son choix, sans tenir compte du fameux Tableau, au contraire, à défaut de délégation spéciale, c'est l'ordre du Tableau qui définit la compétence. Le maire "empêché", c'est le premier adjoint qui marie, le premier adjoint empêché, c'est le deuxième adjoint, etc. Les époux avaient été unis par le troisième adjoint, par exemple, au lieu de l'être par le second. Drame ! Le procureur a poursuivi la nullité des mariages. Le temps passe, les époux deviennent concubins, les enfants devinrent bâtards, mais impavide et serein, le train de la procédure continua de rouler jusqu'à la Cour de cassation qui, bien qu'inspirée déclara l'instance idiote, estimant que les choses devaient rester en l'état. Et par l'opération du Saint-Esprit juridique, les bâtards devinrent légitimes, les conjoints redevinrent époux. La réalité avait pris le pas sur la fiction » (Casamayor, 1957 : 154-155).

Pour une autre illustration de cette attribution fictive, Chaïm Perelman a mis en exergue la *théorie du fonctionnaire de fait* : « Si la Cour de cassation a pu éviter les conséquences déplorables d'une erreur ridicule, pour revenir à la "réalité", c'est en recourant à une fiction juridique, celle du "fonctionnaire de fait" : "un individu, à la suite des circonstances qui peuvent être fort diverses, a été amené, pendant un certain laps de temps, à exercer une fonction publique. Tous ceux qui ont eu affaire à lui ont cru, de bonne foi, à la régularité de son investiture. Et pourtant, il n'est pas fonctionnaire, et aucun de ses actes ne présentait, en droit, la moindre valeur. Cette qualité qu'il n'avait pas réellement, le juge la lui attribue fictivement, et il traite comme si elles émanaient d'un véritable fonctionnaire celles de ses décisions qui intéressent des administrés de bonne foi » (Perelman, 1979 : 168).

II. La référence fictive

Pour éviter l'application d'une règle de droit, il arrive que le juge se réfère à une loi qui ne présente que des rapports lointains avec le cas d'espèce.

L'histoire du droit français et belge révèle que jusqu'à un moment donné, la jurisprudence constante de la Cour de cassation de France et de Belgique a été de casser le jugement uniquement dans le cas de violation de la loi et non dans celui de la violation d'une règle de droit, comme le fait depuis la dernière guerre la Cour de cassation de l'Allemagne. Mais, bien souvent, devant une décision qui violait non pas une loi, mais un principe général du droit, les Cours de Cassation belge ou française, n'hésitent plus à casser les jugements, en motivant leur arrêt par la violation fictive d'un article du Code, avec lequel le jugement cassé n'avait que des rapports forts lointains, mais que néanmoins la requête en cassation devait indiquer » (*Ibidem* : 63).

III. L'interprétation fictive

On peut également parler de fiction quand le juge, pour éviter l'application d'une loi, accorde à celle-ci un sens dont il sait bien qu'il ne correspond nullement à celui que le législateur a voulu lui donner.

La fiction est un mode de motivation qui met bien en lumière la spécificité du raisonnement juridique. Si le juge pouvait se contenter d'appliquer la loi en justifiant par la simple présentation du syllogisme judiciaire, il ne devrait jamais recourir à la fiction. Mais s'il pouvait se considérer comme étant à la source des règles qu'il applique, il ne devrait pas non plus user de fictions. Dans le premier cas, l'équité serait sacrifiée, dans le second, la sécurité qu'offre le légalisme juridique disparaîtrait. L'usage de la fiction révèle que la motivation doit être à la fois application du droit et élaboration du droit (*Ibidem* : 63).

Pas plus que le raisonnement mathématique, le raisonnement juridique ne se réduit à l'application des règles données, car, c'est dans et à partir du raisonnement lui-même que se constituent les règles. L'étude du raisonnement déductif ou du raisonnement juridique permet de dénoncer ce que Merleau-Ponty appelait « le petit rationalisme », selon lequel on pourrait parvenir à un système tel que l'esprit « comme en état de réplétion, demeurerait désormais en repos, ou n'aurait plus qu'à tirer les conséquences d'un savoir définitif, et à parer, par quelques applications des mêmes principes, aux derniers soubresauts de l'imprévisible » (Merleau-Ponty, 1990 : 185).

2. *Les fictions légales et jurisprudentielles*

Il arrive que dans des nomenclatures, le législateur prévoie des fictions. Elles sont généralement fixes, statiques. D'autres fictions, comme nous l'avons vu dans les exemples précédents, peuvent être du fait du juge ; elles sont quant à elles dynamiques.

A. La fiction législative

Elle peut donner lieu au moins à une sous-distinction : la fiction terminologique et la fiction normative.

1° Il y a ***fiction terminologique*** lorsque le législateur utilise le procédé pour qualifier certaines situations de fait qui manifestement sont contraires à la réalité conceptuelle communément admise. Un regard sur la catégorisation des biens en République démocratique du Congo par la Loi n° 73-021 du 20 juillet 1973 portant régime général des biens, régime foncier et immobilier et régime des sûretés, telle que modifiée et complétée par la loi n° 80-008 du 18 juillet 1980, *Journal officiel de la République Démocratique du Congo*, numéro spécial, Kinshasa, 45e année, 1er décembre 2004 pourrait illustrer certains de nos propos. Nous reprenons *in extenso* quelques dispositions dont certains aspects seront commentés dans les lignes qui suivent.

> Article 2 : Tous les biens sont mobiliers ou immobiliers.
>
> Article 3 : Sont immobiliers tous les droits réels qui ont pour objet des immeubles, ainsi que les droits de créance tendant à acquérir ou à recouvrer un droit réel sur un immeuble.
>
> Article 4 : Sont mobiliers tous les autres droits patrimoniaux et notamment les actions ou intérêts dans les sociétés, associations ou communautés qui jouissent de la personnalité civile encore que des immeubles appartiennent à l'être moral.
>
> Article 5 : Les choses sont immeubles soit par leur nature, soit par leur incorporation, soit par leur destination.
>
> Article 6 : Le sol et les mines sont immeubles par leur nature.
>
> Article 7 : Sont immeubles par incorporation :
>
> 1° les bâtiments et leurs accessoires nécessaires, tels que les tuyaux servant à la conduite des eaux, de la vapeur ou du gaz et des fils conducteurs de l'électricité ;
>
> 2° toutes constructions inhérentes au sol ;
>
> 3° les arbres et plantes quelconques, tant qu'ils ne sont pas détachés du sol ;

> 4° les fruits et récoltes, tant qu'ils n'ont pas d'existence séparée.
>
> Article 8 : Sont immeubles par destination, les objets mobiliers placés par leur propriétaire dans un immeuble qui lui appartient ou sur lequel il exerce un droit réel immobilier qui est de nature à lui permettre d'user ou de jouir de l'immeuble, soit pour les nécessités de l'exploitation dudit immeuble, soit à perpétuelle demeure pour son utilité ou son agrément.
>
> Tels sont :
>
> 1°. les animaux attachés à la culture ou à l'exploitation agricole, les instruments et ustensiles aratoires, les animaux, machines, ustensiles et autres objets nécessaires à l'exploitation industrielle ou commerciale ;
>
> 2°. les objets attachés par un travail de maçonnerie quelconque ; ceux qui ne peuvent être détachés sans être fracturés ou détériorés, ou sans briser ou détériorer la partie de l'immeuble à laquelle ils sont attachés ; les glaces, tableaux et autres ornements lorsque l'intention du propriétaire de les laisser à perpétuelle demeure résulte clairement de leurs dimensions et de leur agencement dans l'immeuble.
>
> L'immobilisation par destination qui est l'œuvre du titulaire d'un droit réel s'effectue dans les limites de ce droit et prend fin lorsque celui-ci vient à l'expiration.

À travers ces dispositions, particulièrement les articles 5 et suivants, il se remarque que « les biens sont immeubles, ou par leur nature, ou par leur incorporation, ou par leur destination, ou par l'objet auquel ils s'appliquent ». Relevons en passant que contrairement au droit français, les bâtiments sont des immeubles par incorporation (art. 7) et que seuls le sol et les mines sont immeubles par nature (art. 6).

Ce qui est remarquable pour le point que nous traitons est que le législateur a étendu la notion d'immeubles à une série de situations qui s'éloignent de plus en plus du concept primitif. La gradation est symptomatique : les accessoires nécessaires aux bâtiments, tels que les tuyaux servant à la conduite des eaux, de la vapeur ou du gaz et des fils conducteurs de l'électricité ; toutes constructions inhérentes au sol ; les arbres et plantes quelconques, tant qu'ils ne sont pas détachés du sol ; les fruits et récoltes, tant qu'ils n'ont pas d'existence séparée sont des « immeubles » par incorporation. Soit ! Mais les animaux attachés à la culture ou à l'exploitation agricole, les instruments et ustensiles aratoires, les animaux, machines, ustensiles et autres objets nécessaires à l'exploitation industrielle ou commerciale ; les objets attachés par un travail de maçonnerie quelconque ; les glaces, tableaux et autres ornements, etc. sont censés immeubles tant que l'intention du propriétaire de les laisser à perpétuelle demeure résulte clairement de leurs dimensions et de leur agencement.

Comme le dit bien Paul Foriers, nous sommes en pleine irréalité ou impropriété (Foriers, 1974 : 18) car les animaux sont évidemment mobiles et tellement mobiles que l'on clôture les prairies où ils paissent et les écuries ou étables où ils séjournent. Cette gradation se poursuit : la volonté dirigée vers un but va permettre au propriétaire de faire passer avec le concours du législateur, en interprétant largement l'article 8 précité, des objets mobiliers au rang d'immeubles. Si nous comprenons que cette disposition veut que les objets que le propriétaire d'un fonds y a placés pour le service et l'exploitation de ce fonds, sont immeubles par destination et que, sont immeubles par destination, quand ils ont été placés par le propriétaire pour le service et l'exploitation du fonds, les animaux attachés à la culture ; les ustensiles aratoires ; les semences données aux fermiers ; les pigeons des colombiers ; les lapins des garennes ; les ruches à miel avec les abeilles ; les poissons des étangs..., le caractère fictif apparaît plus ou moins accentué mais parfois exceptionnellement intense. Que l'on songe aux pigeons des colombiers, aux abeilles et aux lapins des garennes, n'y a-t-il rien de plus mobile et par conséquent de plus meuble ?

Somme toute, l'idée fondamentale qui préside à cette opération est celle de simplification, d'unité, celle aussi d'affectation à une même fin débouchant sur l'identité de traitement juridique. Cette méthode ne manque pas d'intérêt : elle peut être utile, mais elle peut aussi devenir stérilisante. (*Ibidem* : 19).

2° Pour les ***fictions normatives,*** leur processus ne peut conduire au résultat que par l'adjonction d'une norme complémentaire, car sans elle le mensonge n'est pas techniquement possible (*Ibidem.* : 19). Donnons l'exemple de l'usufruit. En droit congolais, l'usufruit est défini lorsqu'il porte sur le fonds. C'est l'article 132 de la loi n° 73-021 du 20 juillet 1973 telle que modifiée à ce jour qui en donne la définition : « *L'usufruit concédé par l'*État *à une personne sur un fonds est le droit pour elle d'user et de jouir de ce fonds, comme l'*État *lui-même, mais à la charge de le conserver dans son état* ». L'histoire du droit nous montre que c'est plutôt l'article 578 du Code civil Napoléon, repris textuellement au Code civil français actuel et même belge qui a influencé celui de la République démocratique du Congo, qui en donne une définition générale : « *L'usufruit est le droit de jouir des choses dont un autre a la propriété, comme le propriétaire lui-même, mais à la charge d'en conserver la substance* ». Cette disposition s'applique au Congo/Kinshasa à titre de principe général de droit régissant l'usufruit sur les biens autres que le sol (Lukombe Nghenda, *Droit civil. Les biens*, Publications des Facultés de Droit des Universités du Congo, Kinshsasa, 2003, p. 581, n° 267).

Cette définition est vivement critiquée par la doctrine, mais elle s'entend au moins sur un point : c'est que l'usufruitier doit conserver la substance de la chose. Or l'article 578 précité règle le problème de l'usufruit « des choses dont on ne peut faire usage sans les consommer, comme l'argent, les grains, les liqueurs... ». La fiction est ici certaine. Bien que consomptibles ces choses vont être susceptibles d'usufruit (Foriers, 1974 : 19).

Le législateur ne pourra pourtant pas purement et simplement violenter la nature de l'institution et devra prévoir une règle spécifique supplémentaire, à savoir qu'à la sortie de l'usufruit, l'usufruitier aura la charge de rendre à la place des choses consommées, des choses de pareille quantité, qualité et valeur ou à défaut leur estimation. La fiction a donc joué son rôle dans la mesure où elle a permis d'intégrer des choses consomptibles dans le régime usufructuaire, mais le législateur a été obligé d'ajouter une métarègle pour compléter le régime car la violence faite à l'institution a été telle qu'il n'y avait pas possibilité de résoudre la difficulté par la seule extension de celle-ci (*Ibidem* : 20).

Remarque : ce qui vient d'être dit est simplement valable en droit interne. La transposition de ces catégories en droit international est peu recommandable car elles impliquent une analogie entre les deux systèmes. Le concept de législateur est inexistant en droit international. En effet, dans ce système juridique, il n'y a pas de législateur dont la volonté s'imposerait à celle des États ; il y a simplement des accords entre les sujets de droit, les États, pour créer entre eux des règles qui les lieront pourvu qu'ils aient participé à l'établissement de la règle conventionnelle ou coutumière ou y aient donné ultérieurement leur consentement. Ainsi, la fiction en droit international public sera l'œuvre de ceux qui créent les règles, c'est-à-dire non pas un législateur, mais les États parties à l'accord (Salmon, 1974 : 115).

B. La fiction jurisprudentielle

Il s'agit d'un processus opératoire qui fait progresser le droit et qui est utilisé par le juge lorsqu'il désire créer une assimilation évidemment inexacte mais nécessaire pour obtenir un résultat souhaité. Un exemple peut être donné sur la question des immunités des agents diplomatiques. En effet, ces derniers bénéficient de certaines prérogatives. Le droit international leur confère l'inviolabilité, l'exemption de juridiction locale, l'exemption d'impôts. La convention de Vienne de 1961 sur les relations diplomatiques consacre ces privilèges et les précise. De leur côté, la doctrine et la jurisprudence s'efforcent de justifier ce système et essentiellement au départ en recourant à la fiction. Louis Cavaré (*Le droit international public positif*, t. II, 1962, p. 22) s'exprime dans ces termes : « *Pendant longtemps on a prétendu leur donner (à ces privilèges) pour base de la fiction d'exterritorialité. Unissant dans un lien étroit l'autorité de l'*État *et le territoire, on partait de l'idée que tout ce qui est sur le territoire doit être soumis à l'autorité de l'*État *et que tout ce qui est en dehors du territoire doit lui être soustrait. Les personnes qui vivent sur le territoire de l'*État *et qui sont exemptes de son autorité sont donc traitées* ***comme si*** *elles étaient hors du territoire. Faisant un pas de plus, on finit par les regarder comme* *vivant hors du territoire. Et comme il fallait les situer quelque part, on les supposa restées dans leur pays d'origine. Là est la fiction. Donc l'hôtel de l'Ambassade était territoire étranger, l'Agent diplomatique résidait à l'*étranger ».

Il faut se rendre à l'évidence que la fiction n'explique pas tout et peut aboutir à des conséquences absurdes (les naissances à l'hôtel de l'Ambassade sont réputées à l'étranger) ou dangereuses (le criminel qui se réfugie à l'ambassade est réputé à l'étranger). Dans son arrêt du 20 novembre 1950 sur l'*Affaire du droit d'asile*, la Cour internationale de Justice a pris une position qui a implicitement écorché les effets de la fiction qui dérogent à la souveraineté territoriale d'un État : « *Dans le cas de l'asile diplomatique, le réfugié se trouve sur le territoire de l'*État *dans lequel il a commis le délit. La décision d'octroyer l'asile diplomatique comporte une dérogation à la souveraineté de cet* État. *Elle soustrait le délinquant à la justice de celui-ci et constitue une intervention dans un domaine qui relève exclusivement de la compétence de l'*État *territorial. Une telle dérogation à la souveraineté territoriale ne saurait être admise, à moins que le fondement juridique n'en soit établi dans chaque cas particulier* » (CIJ, *Droit d'asile, Colombie/Pérou*, arrêt du 20 novembre 1350, Rec. 1950, p. 274).

Section 3. **Quelques caractéristiques de la fiction**

1. La fiction comme assimilation

À partir des définitions données ci-haut et des éléments constitutifs qui s'en sont dégagés, l'une des caractéristiques à retenir est que la fiction est un procédé technique d'assimilation des rapports différents afin d'aboutir à la même solution pratique (Ripert, 1955 : 387). On fait « comme si », on « suppose que », etc. En cherchant à éviter des conséquences déplorables, le juge recourt à la fiction en en « supposant que », en prenant une situation « comme si ».

René Dekkers attire notre attention en disant que : « ... si la fiction est une assimilation nécessaire, c'est parce qu'elle place un cas exceptionnel, non prévu, sous l'empire consacré, tenu pour essentiel et immuable. C'est dans cette extension analogique que nous voyons le rôle propre de la fiction » (Dekkers, 1935 : 92).

2. La fiction comme égalisation

En concevant la fiction dans le sens d'assimilation de situations voisines qui présentent des caractères essentiels analogues, s'impose la distinction entre l'analogie et la fiction. En ce qui concerne l'analogie, Enneccerus et Nipperdey notent : « Le juge doit, lui-même, créer d'abord, en parlant de l'esprit de la loi, des principes et des tendances généraux, c'est-à-dire des évaluations d'intérêts qui se manifestent dans leurs prescriptions. Cette création juridique en partant de la loi est l'analogie... l'analogie, avons-nous vu, est l'extension (application extensive) de principes qui peuvent s'obtenir de la loi, à des cas qui sont juridiquement semblables à ceux qui sont résolus par la loi, c'est-à-dire qu'ils sont égaux en ce qui concerne les parties relevantes pour le fondement de la décision... » (cité par Delgado-Ocando : 1974, 80).

Il n'est pas inopportun de distinguer ici l'analogie de l'interprétation extensive. En effet, indépendamment du fait que la première est un moyen d'intégration et la seconde d'interprétation, les deux recours partent du droit établi, afin de résoudre analogiquement l'imprévoyance explicite de la règle générale.

Analysons quelques exemples. Quand on lit au-dessus de la porte d'entrée de la Cathédrale de Goma, ville où circulent beaucoup de vélos en bois appelés Tshukudu, l'affiche suivante : « *Ni Tshukudu, ni vélos* », l'énoncé de l'interdiction n'empêche que l'accès soit défendu, par analogie, aux motos. Un vélo est essentiellement égal à une moto pour ce qui est de l'interdiction de l'entrée dans la cathédrale de Goma. En argumentant de cette façon on déclare égales les situations voisines et on leur impute les mêmes conséquences prévues par la loi. L'interprète peut aussi utiliser une autre modalité de l'argumentation juridique (l'argument *a fortiori*) en soutenant que l'interdiction pour les motos se justifie non seulement parce que l'accès est défendu aux vélos, en raison de la similitude entre l'un et l'autre, mais aussi parce que l'entrée des motos dans la cathédrale de Goma est plus inconvenante.

Pourtant l'application de l'argument analogique n'est pas forcée dans certains cas. Voici un exemple qui nous vient de l'Allemagne : l'ancien Tribunal du Reich s'est refusé à punir en tant que vol, la soustraction de l'électricité, attendu que l'électricité ne pouvait être incluse dans le concept de chose. Seulement des considérations d'ordre axiologique peuvent justifier le choix de l'argument *a contrario* afin d'empêcher l'extension du précepte interprété. Le Tribunal du Reich refusa l'application de l'analogie et restreignit la portée de la loi à travers l'argumentation *a contrario*, malgré l'évidence de la fraude et le sentiment que l'intérêt de l'entreprise exigeait une protection contre le fraudeur (Engisch, cité par Delgado-Ocando : 1974, 81). Or les conséquences de ce mode de raisonnement ne se limitent pas à la solution du cas, mais elles s'étendent à tout l'ordre juridique. En effet, l'application de l'argument *a contrario* dans le cas considéré et le sentiment que la fraude devait être punie, a promu la réforme de la législation en vigueur. Il y eut dans le cas cité par conséquent, un clair conflit de valeurs qui fut résolu à travers l'absolution de l'inculpé et le déclenchement du mécanisme législatif qui devrait aboutir à la réforme du Code pénal allemand. L'évaluation du Tribunal limita la portée de la loi, mais, en même temps, incita le législateur à punir au moyen d'une loi spéciale, la soustraction subreptice du fluide électrique. La technique de l'argument *a simili* peut donner les mêmes résultats, quand une herméneutique audacieuse déclare l'égalité essentielle des cas semblables (Delgado-Ocando, 1974 : 81).

Mais ainsi que l'analogie se distingue nettement de l'argument *a contrario*, le Professeur José Manuel Delgado-Ocando note que la fiction ne doit pas être confondue, du point de vue technique avec l'extension analogique. Théoriquement, les différences entre l'analogie et la fiction peuvent se résumer de la manière suivante : a) l'analogie implique une égalité des rapports sociaux compris dans la même catégorie ; b) l'égalité consiste à déclarer que le cas extraordinaire est essentiellement égal aux cas résolus par la loi c'est-à-dire égal en ce qui concerne les parties relevantes pour le fondement de la décision ; c) l'égalité permet de concevoir la solution du cas extraordinaire en tant que subsomption, bien qu'elle soit une subsomption nouvelle, unique, distincte de la subsomption simple et routinière qui n'exige pas de procédé d'intégration.

De son côté, par contre, a') la fiction implique une égalisation ou assimilation des rapports sociaux quant à leurs fonctions respectives mais non pas quant à la « nature » des cas considérés ; b') la fiction, à cet égard, est plus artificielle que l'analogie, car le procédé technique qui la constitue ne suppose pas l'égalité des rapports, mais au contraire, leur différence essentielle. L'égalisation ne part pas de la coïncidence des rapports égalisés en raison de leurs analogies essentielles ; elle part plutôt d'une exigence de traitement analogique, malgré la reconnaissance explicite de l'inégalité des rapports considérés ; c') cette égalisation fonctionnelle ou « fictive » conduit à la construction juridique, c'est-à-dire à la genèse de nouvelles catégories et de nouveaux schémas de comportement. La fiction modifie formellement le droit en vigueur sans qu'il faille l'intervention législative, bien que la fiction incite à la réforme de la loi et en apparaisse à la fin comme sa justification rationnelle (Delgado-Ocando, 1974 : 82).

Dans la conjoncture qui résulte de l'alternative qui se présente entre l'utilisation analogique et l'argumentation *a contrario*, la fiction, accomplit sa tâche « égalitaire » sans solution de continuité, en déclarant que la subsomption n'en procède pas (ce qui équivaut à raisonner *a contrario*), mais en assimilant le nouveau rapport au schéma primaire de comportement choisi (ce qui implique un raisonnement *a simili*), pour obtenir la même solution pratique (*Ibidem*).

3. La fiction comme emploi sciemment inexact de catégories en vigueur

Nous avons vu que la fiction recourt à l'emploi sciemment inexact de catégories juridiques, soit en la concrétisation d'une irréalité naturelle, soit en l'affirmation d'une hypothèse fausse ou en la dérogation au droit en vigueur. René Dekkers ne s'empêche pas de noter qu'« à la différence de maint auteur... nous considérons la fiction juridique non point comme une "contravention aux faits naturels", non point comme une chose "contraire à la science", ou "artificielle" – le droit tout entier est artificiel en sa forme –, mais plus simplement comme un emploi sciemment inexact des catégories en vigueur » (Dekkers, 1935 : 23 et 25).

Plus loin, cet auteur dit que la fiction est un procédé technique qui place par la pensée un fait, une chose ou une personne, dans une catégorie sciemment impropre, pour leur faire bénéficier, par voie de conséquence, de telle solution pratique, propre à cette catégorie (*Ibidem* : 86).

Ainsi, par exemple, l'article 8 de la Loi n° 73-021 du 20 juillet 1973 portant régime général des biens, régime foncier et immobilier et régime des sûretés, telle que modifiée et complétée par la loi n° 80-008 du 18 juillet 1980 considère immeubles par destination les animaux attachés à la culture d'un fonds. Voici comment il est libellé : « *Sont immeubles par destination les objets mobiliers placés par leur propriétaire dans un immeuble qui lui appartient ou sur lequel il exerce un droit réel immobilier qui est de nature à lui permettre d'user ou de jouir de l'immeuble, soit pour les nécessités de l'exploitation dudit immeuble, soit à perpétuelle demeure pour son utilité ou son agrément. Tels sont :*

1° les animaux attachés à la culture ou à l'exploitation agricole, les instruments et ustensiles aratoires, les animaux, machines, ustensiles et autres objets nécessaires à l'exploitation industrielle ou commerciale ;

2° les objets attachés par un travail de maçonnerie quelconque ; ceux qui ne peuvent être détachés sans être fracturés ou détériorés, ou sans briser ou détériorer la partie de l'immeuble à laquelle ils sont attachés ; les glaces, tableaux et autres ornements lorsque l'intention du propriétaire de les laisser à perpétuelle demeure résulte clairement de leurs dimensions et de leur agencement dans l'immeuble. L'immobilisation par destination qui est l'œuvre du titulaire d'un droit réel s'effectue dans les limites de ce droit et prend fin lorsque celui-ci vient à l'expiration ».

Un autre exemple de cette fiction concerne la nationalité congolaise. Les articles 3, 7 et 8 en sont une illustration.

> **Art. 3.** – L'expression « enfant né au Congo » vise toute la naissance survenue sur le territoire de la République démocratique du Congo ou à bord d'un aéronef ou d'un navire congolais. L'expression « enfant nouveau-né trouvé au Congo » s'entend de tout enfant nouveau-né issu de parents inconnus et trouvé sur le territoire de la République démocratique du Congo ou à bord d'un aéronef ou d'un navire congolais.

Art. 7. – Est Congolais, l'enfant nouveau-né trouvé en République démocratique du Congo. Il est toutefois réputé n'avoir jamais été Congolais si, au cours de sa minorité, sa filiation est établie à l'égard d'un étranger.

Art. 8. – L'enfant qui est Congolais en vertu des dispositions du présent chapitre est réputé avoir été Congolais dès sa naissance même si l'existence des conditions requises par la loi n'a été établie que postérieurement. Toutefois, l'établissement de la qualité de Congolais ultérieurement à la naissance ne porte pas atteinte à la validité des actes antérieure ment passés par l'intéressé ni aux droits antérieurement acquis aux tiers sur la nationalité apparente de l'enfant.

4. *La fiction est une opération intellectuelle dérivée*

En considérant divers cas d'assimilation, celle-ci prend comme point de repère, une catégorie qui permet l'égalisation fonctionnelle des rapports assimilés. Mais en égalisant les rapports, une nouvelle modalité de la catégorie émerge de manière que le rapport assimilé s'intègre à un nouveau schéma de comportement. C'est ce qui arrive avec les figures du domicile, de l'immobilisation des biens meubles par destination, de la représentation ou de la personne morale par exemple. La technique de la construction juridique n'élabore pas les nouvelles catégories directement, par abstraction des moments essentiels des rapports considérés et schématisation du type respectif, mais médiatement, en dérivant les nouveaux schémas des catégories existantes (Delgado-Ocando : 1974, 85).

Il est évident que ce mode de construction obéit à diverses raisons. D'une part, il s'agit d'une manière commode de profiter de l'appareil conceptuel du juriste dans le cas où l'interprétation est possible avec les recours disponibles. D'autre part, l'on satisfait les soucis de continuité et de sécurité propres à la pensée juridique, en concevant le déroulement du droit comme un déploiement progressif de principes rationnels. C'est pour cela que l'on peut parler, sans contradiction, de mariage putatif, de sociétés de fait ou de gage de bétail sans dépossession du propriétaire. Donc, au lieu de construire expressément une nouvelle catégorie, la technique juridique part du schéma déjà établi, en dérivant par assimilation de celui-là les nouvelles structures (*Ibidem* : 85).

À partir des définitions données au début de l'analyse de ce point, nous avons pu constater que des auteurs expliquent différemment le sens de la fiction. François Gény considère par exemple qu'à travers la fiction, le juriste rend hommage à une théorie périmée qui a laissé dans le droit actuel des vestiges suffisamment notables pour qu'il paraisse raisonnable de la conserver (Gény, 1930 : 378-379). De son côté, René Dekkers parle de la fiction comme une opération intellectuelle dérivée, au second degré (Dekkers, 1935 : 23). Ce qui nous intéresse dans le cadre de l'objectif assigné à cet ouvrage, est que le raisonnement du législateur ou juge est au rendez-vous de la fiction. L'argumentation reste de mise et indispensable dans cette opération intellectuelle relevant du second degré.

5. La fiction comme résultat d'une nécessité interne

Le fait que la fiction soit une égalisation fonctionnelle de rapports sociaux distincts ne veut pas dire que ladite égalisation puisse être arbitraire. Il ne s'agit pas, comme l'indique J. M. Delgado-Ocando, de poser ici l'épineux problème de la nature des choses, soit comme l'essence des concepts juridiques fondamentaux, soit comme le sens des rapports vitaux humains (Delgado-Ocando, 1974 : 86), il s'agit plutôt de s'enquérir si l'usage de la technique « fictive » tel qu'on le constate dans l'analyse de certaines législations, comme le Code de la Famille congolais, obéit à une certaine nécessité interne ou est le résultat de la libre volonté du législateur. Il va de soi que de cette façon le problème n'est pas entièrement bien posé car l'existence d'un *nexus* interne entre les rapports égalisés ne peut dépendre du fait de sa constatation dans le texte positif, si ce qu'on veut élucider c'est la portée du pouvoir de l'organe envers la construction des catégories.

Néanmoins, il y a lieu d'analyser la rationalité d'égalisation dans chaque cas, afin de voir si les rapports égalisés révèlent quelque connexion nécessaire. En effet, si l'on considère le domicile élu, on remarque que les parties constituent une relation « topique » spéciale pour certaines affaires ou certains actes, indépendamment de leur résidence effective ou de leur domicile légal. La détermination du domicile est le produit d'une technique « fabulatrice » (Delgado-Ocando : 1974, 86). Mais le domicile élu a une dimension conventionnelle puisque son élection tombe dans le domaine de l'autonomie de la volonté. Il y a lieu de se demander s'il existe une connexion interne entre « résidence » et « domicile » ou entre « domicile légal » et « domicile élu ». La réponse affirmative est de mise. À la base de ces figures, on trouve le principe de conditionnalité « topique », du rapport juridique. Si le domicile élu est une modalité du domicile ce n'est pas parce qu'il constitue d'une certaine manière un aspect du domaine spatial de l'acte juridique ; c'est plutôt parce que la détermination conventionnelle du domicile est une clause « négotielle » qui facilite l'accomplissement et l'exécution de l'obligation contractée (*Ibidem* : 87).

Un autre exemple pour étayer nos propos peut être trouvé dans les biens immeubles par destination. En fait, l'immobilisation des biens meubles par destination montre une connexion interne entre la condition du meuble, sa fonction et la condition juridique de l'immeuble. Les juristes civilistes expliquent cette connexion « par condition » imposée pour le législateur afin que les meubles considérés comme immeubles ne se séparent pas au détriment de l'utilité qu'ils rendent à la propriété immeuble dont ils sont des accessoires (*Ibidem*).

6. La fiction comme conséquence du manque d'imagination du juriste utilisant des concepts inadéquats mais commodes, parce que connus, la qualification erronée utilisée par peur du neuf, par tradition, pour l'explication de la règle

Ce long titre est emprunté *in extenso* au Professeur Jean Salmon (1974 : 120). Il donne l'exemple de la notion d'« exterritorialité » ou d'« extraterritorialité » que nous avons évoquée précédemment. Cette notion est appliquée aux hôtels diplomatiques, aux résidences des chefs de mission, voire aux diplomates eux-mêmes.

Jean Salmon écrit que pour autant que l'on puisse limiter le contenu de la notion à l'idée que l'hôtel diplomatique et la résidence des chefs de mission sont, par une fiction, considérés comme une parcelle du territoire de l'État accréditant, il a été démontré que la notion est non seulement fausse – par définition – mais totalement inacceptable de rendre compte du phénomène que la notion contemporaine d'immunité recouvre au contraire fort bien (Salmon, 1974 : 120-121).

L'internationaliste belge rappelle quelques arguments critiques :

— La notion n'explique pas les immunités des agents lorsqu'ils sont en dehors des locaux ;

— Elle n'explique pas certaines limites particulières aux immunités alors que les agents sont dans les locaux (en matière de taxation, de juridiction civile et pénale, etc.) ;

— Elle n'explique pas le fait que l'inviolabilité implique non seulement un devoir d'abstention mais encore une obligation de protection de la part de l'État accréditaire.

Et de conclure : « espérons que les conventions de Vienne de 1961 et 1963 sur les relations diplomatiques et consulaires qui ont totalement exclu ce concept finiront par imposer celui d'immunité dont le maniement souple et affiné répond mieux aux exigences des relations à régir (*Ibidem* : 121).

Le même auteur s'insurge contre la notion d'exterritorialité utilisée pour tenter d'expliquer les immunités des chefs d'État étrangers, du souverain pontife et des troupes étrangères stationnées sur le territoire national. Il considère que cette fiction utilisée par paresse mentale et par manque d'imagination apparaît aujourd'hui totalement dépassée et devra être remplacée par le concept souple, varié et relatif d'immunité (*Ibidem*).

Dans son élan critique, Jean Salmon invoque l'opinion dissidente du juge Lord Finlay dans l'affaire du *Lotus* pour récuser la notion d'exterritorialité qu'on a mise en avant pour expliquer la situation juridique des navires de mer. Rappelons que la Cour permanente de justice internationale avait soutenu que le principe de la liberté de la mer a pour conséquence que le navire en haute mer est assimilé au territoire de l'État dont il porte le pavillon, car, comme dans le territoire, cet État y fait valoir son autorité, et aucun autre État ne peut y exercer la sienne (Série A, n° 10, p. 25). Justement dans son opinion dissidente, Lord Finlay a montré le caractère fictif de cette assimilation : « *Un bateau est un bien meuble ; ce n'est pas un lieu ; lorsqu'il navigue il change de place jour par jour et heure par heure, et, dans un port, c'est un bien meuble qui, temporairement, se trouve être dans un endroit déterminé La compétence pour connaître des crimes commis à bord d'un navire en mer n'est pas du tout de nature territoriale ; elle dépend de la législation qui, par commodité et par consentement mutuel, s'applique dans le cas de ces biens meubles de nature très spéciale que sont les navires. Il me paraît impossible d'appliquer, avec quelque raison, le principe du* locus delicti *en cas de collision entre navires* » (Série A, n° 10, p. 25).

7. Les fictions comme reflet de l'idéologie

Le raisonnement produit en droit interne, rappelons-le, n'est pas nécessairement transposable en droit international public. Il va sans dire que l'argumentation n'échapperait pas à cette réalité. En droit des gens, l'idéologie accompagne le plus souvent les comportements des États. C'est ainsi que les fictions peuvent provenir du fait que le droit international ne réglemente pas les conséquences que les États doivent tirer du réel et par voie de conséquence, une qualification erronée peut être utilisée par les États dans l'exercice de prérogatives souveraines qui leur permettent d'apprécier le réel, voire de le refuser (Salmon, 1974 : 128).

Par exemple, un État peut refuser de reconnaître la réalité. Prenons le cas de l'État d'Israël qui n'est pas reconnu par certains États arabes ; certains pays comme l'Algérie, ne reconnaissent pas que le Sahara occidental fait partie du territoire marocain. On a vu, par contre, des États reconnaître l'irréel, c'est-à-dire considérer comme existant ce qui ne l'est pas, ne l'est plus ou ne l'est pas encore. Parmi les cas les plus connus, on peut citer l'État de la Cité du Vatican créé par les accords du Latran du 11 février 1929 et l'État Indépendant du Congo (1885-1908), considéré comme un État fictif, un être juridique *sui generis* (Segihobe, 2011 : 89).

Par ailleurs, les fictions peuvent être la conséquence du fait que les États n'osent pas dire la vérité ou la reconnaître comme telle, de telle sorte que la qualification erronée sera utilisée par courtoisie ou hypocrisie pour cacher le réel (Salmon, 1974 : 133). Jean Salmon donne l'exemple du colonialisme et l'impérialisme qui ont utilisé constamment des procédés des fictions, sous le label d'une « œuvre de civilisation pacifique dans l'intérêt général de l'humanité et du commerce international », pour couvrir d'un manteau de respectabilité des entreprises de pure rapine. Les cas illustratifs sont les occupations des territoires sans maîtres, le protectorat international, les cessions d'administration ou de bail de territoire, les mandats et tutelles des territoires non autonomes, l'intervention sollicitée, humanitaire ou fraternelle (*Ibidem* : 134-139). L'idéologie est à la base des fictions que les États font.

QUATRIÈME PARTIE

PRATIQUE JUDICIAIRE ET ARGUMENTATION

Trois chapitres constitueront l'ossature de cette partie à savoir : 1° la qualification et la motivation des décisions judiciaires ; 2° la vérité judiciaire ; 3° les stratagèmes paralogiques et sophistiques.

CHAPITRE XII

QUALIFICATION ET MOTIVATION DES DÉCISIONS JUDICIAIRES

L'opération de qualification reste une étape nécessaire dans le raisonnement juridique et conditionnement le reste de la décision à prendre. La motivation de celle-ci ne pourra qu'être, en réalité, une conséquence logique de la qualification retenue en ce sens qu'elle donnera, de manière argumentée, les raisons qui ont amené le magistrat à prendre sa décision. Nous y revenons dans les lignes qui suivent.

Section 1. Qualification et argumentation

La qualification, appelée aussi par certains « subsomption » (Salmon, 2014 : 361), est une opération intellectuelle qui consiste à classer un fait, une action, une institution, une relation juridique déterminée en vue de lui appliquer le régime juridique correspondant à cette catégorie. Par exemple la qualification d'un fait comme internationalement illicite, comme crime de droit commun ou crime politique, d'une règle de droit comme règle de forme ou de fond (Basdevant, 1960 : 493). Pour des pénalistes comme Merle et Vitu, la qualification exige une confrontation rigoureuse de faits poursuivis avec les divers types de faits incriminés par la législation pénale (Merle et Vitu, 1997, n° 384).

Une mise en garde s'avère utile : la qualification n'a rien d'une opération automatique. Elle se résume rarement à l'opération logique d'un syllogisme du style : « pour tout comportement X alors Y, or le comportement A est X, donc le comportement A emporte la conséquence Y ou doit être classé dans la catégorie Y » (Salmon, 1978 : 345-346). L'analyse de la pratique montre que la qualification en droit est une opération beaucoup plus complexe (Perelman, 1961 : 269-278 ; Perelman, 1976, §23 et § 24 ; Likulia, 1978 : 6). Comme l'indique bien Jean Salmon, celui qui doit y procéder aura tendance, en fonction du résultat recherché, à manipuler, consciemment ou non, le fait ou le concept juridique ou la relation entre les deux (Salmon, 1978 : 346). Il y a là un travail de raisonnement, de construction et même de déconstruction et le tout passe par l'argumentation.

L'opération de qualification se fait grâce à une délimitation des contours de la catégorie juridique et suppose dès lors une interprétation de la règle dans laquelle on retrouve cette catégorie (Salmon, 2001 : 915). Il y a lieu de rapprocher la notion de qualification de celle de l'interprétation, même s'il importe évidemment de les nuancer. Nous dirions qu'il y a, entre elles, une endosmose épistémologique. Dans tous les deux cas, il faut argumenter. Les actes de qualification sont une forme d'interprétation et l'interprétation d'une notion dans un sens déterminé restreindra ou élargira le champ de qualification (Salmon, 1978 : 355). Aussi, importe-t-il d'indiquer que la qualification opérée en droit international peut être différente de celle faite en droit interne. Par exemple, la qualification du fait d'un État comme internationalement illicite relève du droit international alors qu'une telle opération n'est pas affectée par la qualification du même fait comme licite en droit interne (CDI, projet d'articles sur la responsabilité des États (version 2001), article 3).

S'agissant des nuances entre qualification et interprétation, Raymond Vander Elst reste alerte : il ne faut pas les confondre. Pour lui, déterminer ce que la loi veut dire, c'est-à-dire découvrir le sens et la portée d'un mot, d'une locution, d'une disposition de la loi, c'est interpréter. Qualifier c'est classer un fait, une institution, un rapport de droit, une règle légale, dans une catégorie juridique pour lui appliquer le régime correspondant. Dans le premier cas on passe du genre à l'examen des espèces qu'il contient. Dans le second cas on passe de l'espèce au genre qui la contient, du particulier au général, ou du moins général au plus général. Quoique les deux opérations intellectuelles puissent se rejoindre au stade final, elles restent opposées dans leur processus logique (Vander Elst, 1965 : 162).

Dans certains domaines juridiques, en l'occurrence le droit criminel, la qualification peut emprunter divers chemins soit par la *requalification* (lorsqu'elle aggrave le sort du prévenu), soit par la *disqualification* (lorsqu'elle retient une autre infraction que celle premièrement donnée). Elle peut même être dite d'incompatible[22] ou d'alternative[23], notamment lorsqu'elle est rattachée à des faits multiples

---

22 Lorsqu'une infraction objectivement imputable à l'agent est la conséquence logique et en quelque sorte naturelle d'une première infraction avec laquelle elle se confond intimement au point que l'on hésite à la retenir dans la poursuite. Cette situation se présente dans le cas d'un individu qui porte des coups et cause des blessures volontaires et n'assiste pas par la suite sa victime. On considère qu'il serait absurde de reprocher à quelqu'un de n'avoir pas apporté secours à celui qu'il a par ailleurs volontairement agressé. On retiendra donc les coups et blessures volontaires, mais on rejettera l'omission de porter secours à une personne en danger (Nyabirungu, 2007 : 152).

23 Certains faits sont différemment qualifiés en fonction de la nature ou du degré de l'élément moral exigé, « selon la nature ou le degré de la faute imputable à leur auteur ». Ainsi, *les coups mortels*

(Nyabirungu, 2007, 151-152). Dans tout cela, le recours à l'argumentation reste de mise pour retenir telle ou telle autre qualification.

Enfin, l'on peut avoir affaire à des qualifications inexactes. En plus des critiques qui ont été formulées sur la jurisprudence congolaise de l'affaire *Kilwa* sus-évoquée, il importe de relever qu'ici encore les juges n'ont pas cherché à établir l'existence d'un conflit armé. Ils ont appliqué à un conflit armé non international des dispositions du Code pénal ordinaire (Nyabirungu, 2013 : 186). Ils n'ont pas cherché à savoir si le Mouvement révolutionnaire pour la libération du Katanga (MRLK) constituait un groupe organisé, opérant sous un commandant responsable, disposant d'un contrôle territorial, etc. Il est vrai que le MRLK a eu le contrôle de la localité de Kilwa pendant près des deux jours. Néanmoins, les problèmes qui restaient posés sont liés au fait que ledit conflit se serait-il déroulé de *manière prolongée* et à la capacité du MRLK à mener des opérations militaires de *manière prolongée* puisque deux jours ont suffi pour l'anéantir (Mbokani, 2014 : 18 ; Nyabirungu, 2013 : 186).

Section 2. **Motivation et argumentation**

1. La motivation est consubstantielle au travail de trancher les litiges

La motivation des décisions judiciaires consécutives à la qualification est une activité relevant de l'argumentation juridique. L'on dirait même que motiver signifie argumenter, donner les raisons de la décision prise. Et comme la motivation reste consubstantielle à toute décision prise, ainsi que le disent les articles 21 de la Constitution congolaise (« Tout jugement est écrit et motivé ») et 56, § 1 du Statut de la Cour internationale de Justice (L'arrêt est motivé), il y a lieu de comprendre qu'il ne saurait y avoir de motivation qui ne soit argumentative, de sorte que l'absence de motivation, motif d'invalidation d'une décision judiciaire, rimerait avec l'absence d'argumentation.

tombent sous la qualification de meurtre s'ils ont été portés dans l'intention de tuer (art. 44 du Code pénal congolais). Ils constitueront un assassinat si l'intention était accompagnée de la préméditation (article 45). Les mêmes faits formeront l'homicide préterintentionnel si la mort est survenue alors que l'agent n'avait aucune intention de la causer (article 48). Enfin, on appliquera aux mêmes faits la qualification d'homicide par imprudence prévu par les articles 52-53 du Code pénal congolais si la mort résulte d'un défaut de prévoyance ou de précaution (Nyabirungu, 2007 : 152).

Le juge doit donner les raisons de sa décision, de la position qu'il adopte, justifier son dispositif, le rejet de prétentions, de moyens. Parlant de la nécessité de motivation, Robert Legros indique que les fondements de cette obligation à laquelle est assujetti le juge sont, entre autres, la garantie contre l'arbitraire, contre l'influence des vues personnelles, le respect des droits de la défense, le contrôle obligé du raisonnement, les indications précises en vue des recours (Legros, 1978 : 7). La motivation est consubstantielle au travail du juge.

Revenant sur le principe qui veut que l'absence de motivation ou la motivation insuffisante équivaut à l'absence de motivation, et par voie de conséquence, un motif de cassation, le Professeur Nyabirungu mwene Songa reste critique à l'égard de l'arrêt pris par la Cour militaire du Katanga dans l'affaire *Kilwa*. Ce doctrinaire congolais regrette que dans la décision, les arguments des parties ne sont exposés ni discutés, et spécialement, il n'est fait nulle part de l'argumentation de la défense (Nyabirungu, 2013 : 185). La Cour militaire de Katanga prend des positions brusques sans renvoi à aucune jurisprudence ou doctrine, avec bonhomie et légèreté qui frisent le ridicule et enlèvent à l'arrêt tout sérieux et toute crédibilité lorsqu'il s'agit des faits d'une gravité comme celle des crimes de guerre ou de crimes contre l'humanité (*Ibidem*). Voici comment se présentent quelques attendus de cet arrêt. Pour le cas du meurtre de Kabwebwe Katanika, on constate des problèmes portant à la qualité du raisonnement, de la motivation ainsi que celui de la valeur probante des éléments invoqués. Pour la mort de Shimpundu Pilati et Kamona Marie, il y a des affirmations gratuites, absence de motivation, absence de référence aux arguments des parties :

> Attendu que Mr Mukulumanya Katalika montra, à plus ou moins trente mètres la route, la tombe de son père Kabwebwe Katanika Stanislas ;
>
> Attendu que si cet amas de terre était la tombe de leur père et juge coutumier Kabwebwe Katanika Stanislas, les membres de la famille auraient déjà construit un mausolée, à défaut, placé une croix avec épitaphe (Arrêt R.P. n° 010/2006, rendu le 28 juin 2007 dans les événements de Kilwa 2004, p. 17).
>
> (...) Attendu que personne ne prend sa boisson alcoolique au milieu des affrontements armés ; qu'en outre, qui pouvait ouvrir son débit de boisson ou son bistrot et se mettre à vendre dans l'après-midi du 15 octobre 2004, en pleine guerre armée ? Et pourquoi n'avait-il pas quitté Kilwa comme tout le monde ? Qu'ainsi sa mort survenue à Kilwa ne peut être imputée au prévenu Ilunga Adémar ni à ses hommes (Arrêt R.P. n° 010/2006, p. 19).
>
> (...) Attendu que Kamona Marie fut morte par noyage sur le lac Moero à cause de la tempête qui avait renversé leur embarcation en voulant atteindre l'île Shimba ;

> Attendu que l'île Shimba ne se trouve à Nsensele et qu'aucun militaire n'avait soulevé la tempête sur le lac Moero ; que, contrairement au ministère public, la mort par noyage de Kamona Marie ne peut être imputée à personne ;
>
> Attendu que Pake, Kasongo Mwape,..., sont des noms fictifs que le Ministère public tira de nulle part ;
>
> Attendu que l'instruction à l'audience menée à Lubumbashi, à Kilwa et à Nsensele révéla qu'aucune exécution n'eut lieu à Nsensele avant, pendant et après la guerre ; que la Croix Rouge n'amena, pour l'enterrement à Nsensele, que des cadavres des belligérants tombés sur le champ de bataille, et que la même Croix Rouge n'avait enterré aucun vivant (Arrêt R.P. n° 010/2006, pp. 21 et 25).

Toujours à propos de la motivation, un débat a eu lieu au sujet des décisions de classement sans suite en matière disciplinaire des avocats, certains soutenant que le classement sans suite se présentant généralement sous forme de lettre ne devait pas être motivé, d'autres montrant la nécessité de motiver (Shebele, 2011 : 53). Maître Nkulu Kilombo prend position en disant : « *la pratique révèle que les décisions de classement sans suite se présentent généralement sous forme de lettre ne contenant aucune motivation et adressée à l'avocat mis en cause, au Procureur* général et au plaignant. Non seulement pour satisfaire à l'obligation *de loyauté et d'impartialité qui doit animer le Bâtonnier mais également en vue de lui éviter toute suspicion, il est souhaitable que la décision de classement sans suite comporte en elle-même sa propre justification. Autrement dit, elle doit être motivée. Le Bâtonnier sera ainsi à l'abri d'accusations parfois fantaisistes de partialité et selon lesquelles il utiliserait le mécanisme disciplinaire à des fins électorales et surtout pour récompenser "les siens". L'obligation de motiver permettra, en cas de recours devant le Conseil National de l'Ordre, un meilleur contrôle et même une meilleure appréciation pour celui qui envisage de déférer les faits à la connaissance du juge d'appel* » (Nkulu Kilombo, 1979 : 51).

Maître Michel Shebele prend également position dans ce débat en indiquant que « *l'obligation de motiver une décision de classement sans suite s'avère nécessaire pour une bonne distribution de la justice principalement à l'égard de la partie plaignante* » (Shebele, 2011 : 54).

2. Des dimensions de la motivation

Le travail de motivation du juge a des arrière-plans qu'il faut situer à plusieurs dimensions.

A. La dimension psychologique

Elle est essentielle à la démarche intellectuelle du juge. Quels que soient les problèmes qui se posent dans la pratique judiciaire et la perspective dans laquelle on se place pour les envisager, la solution à ces problèmes ne peut être acquise ni par une démonstration de type mathématique ni par une vérification expérimentale de type de celles sur lesquelles se fonde la certitude des sciences positives. Elle relève d'une argumentation ; car ils prêtent tous à une controverse, dans laquelle s'opposent des raisons dont il s'agit de peser les poids respectifs, et entre lesquelles il fut finalement trancher par une décision. Et cette décision est fonction de plusieurs essentiels (Wroblewski, 1978 : 117) : la biographie du juge, son éducation, sa situation existentielle, sa culture, sa mentalité et la polarisation de son attention. Ainsi que le note pertinemment bien Léon Husson, « *il n'est pas au pouvoir d'un esprit humain, qui utilise un langage dont les mots impliquent un appareil conceptuel constitué lentement et sans cesse remanié au cours des âges et dont la syntaxe implique certaines façons de penser, et dans lequel l'éducation, l'expérience et la vie sociale ont implanté une multitude d'opinions, de faire table rase de tout cet acquis* » (Husson, 1978 : 74).

S'agissant du juge qui doit prendre une décision, sa fonction requiert qu'il se place dans une perspective bien différente : il doit passer les arguments qui lui sont présentés au crible d'une critique aiguisée, en écartant ceux qui sont spécieux et en faisant dans ceux-là même qu'il retient la part de ce qui est fondé en le dégageant de ce qui ne l'est pas. Toutefois, ce travail n'en exige pas moins qu'il commence par les prendre en considération ; car, si l'intérêt de ceux qui les invoquent et le rôle que jouent ceux qui les développent constituent une raison de ne les accueillir qu'avec circonspection, cette raison ne saurait constituer une preuve de fausseté. Il s'agit pour lui de peser leurs poids respectifs en vue de découvrir une solution équitable (Husson, 1978 : 75). Cela suppose que le juge se garde de l'entraînement de ses sentiments et qu'il domine ses préjugés ; car, étant homme lui aussi, il ne peut éviter d'éprouver des sentiments et d'avoir des préjugés. Il lui est indispensable de contrôler les mouvements de sa sensibilité et de ne pas se laisser entraîner aveuglément par les réactions de l'opinion publique. Ce travail sur soi n'est pas du tout aisé car le juge ne peut éviter que sa pensée s'alimente dans la pensée sociale de son époque, et pour autant qu'elle s'en dégage, il est normal qu'elle mette en œuvre les idées qu'il a reçues de la tradition et celles qui ont été imprimées à son esprit par l'expérience et la réflexion.

B. La dimension institutionnelle

Le juge travaille en étant encadré par des règles mises en place par l'organisation politique, judiciaire et sociale qui l'a désigné. Sa désignation s'est faite conformément à des procédures qui ont tenu compte de sa formation, du régime politique et social ainsi que des mentalités collectives du milieu dans lequel il est appelé à exercer sa fonction (Husson, 1978 : 82). Il va de soi que cela a un impact considérable sur le travail du juge.

L'organisation judiciaire de certains États, en l'occurrence la RDC, a confié au juge un rôle précis : celui d'appliquer aux litiges qui lui sont soumis la loi. Ce rôle presque mécanique, mais qui a évolué dans beaucoup de sociétés, traduit dans bien des cas la pensée de Charles Montesquieu pour qui « *si les tribunaux ne doivent pas être fixes, les jugements doivent l'être à tel point qu'ils ne soient jamais qu'un texte précis de la loi. S'ils étaient une opinion particulière du juge, on vivrait dans une société sans savoir précisément les engagements que l'on y contracte… Les juges de la nation ne sont que la bouche qui prononce les paroles de la loi, des êtres inanimés qui n'en peuvent modérer ni la force, ni la rigueur* » (Montesquieu, *De l'esprit des lois*, livre XI, chap. VI). Autrement dit, le cadre institutionnel dans lequel le juge doit exercer sa fonction est celui prévu par la loi qui lui attribue des compétences en dehors desquelles in ne peut travailler. Son raisonnement, la motivation de ses décisions ne peut se faire que dans ce cadre.

C. La dimension doctrinale

La référence à la doctrine reste utile et même nécessaire pour la motivation. Selon les matières (droit pénal, droit civil, droit économique, droit international, etc.), il y a une diversité des types de motivation. Plusieurs écoles (sociologique, exégétique, etc.) ont vu le jour s'agissant du rôle et de la manière de raisonner du juge. La doctrine y a joué un grand rôle. Rappelons que pour l'école exégétique, la motivation de la décision du juge doit prendre la forme d'un ensemble de syllogisme, subsumant par une série plus ou moins longue de propositions intermédiaires une ou plusieurs constatations de fait à une ou plusieurs règles de droit. Cette conception formaliste du raisonnement judiciaire peut être insuffisante lorsque le sens de la formule qui énonce la règle est obscur ou ambigu, lorsque son application stricte conduirait manifestement à des effets contraires à l'équité ou bien encore lorsque, en raison de la complexité des faits en cause et des disparités qu'introduit dans le corps d'une législation la diversité des objets qu'elle vise et celle des circonstances dans lesquelles sont élaborés les textes qui les concernent, l'affaire se trouve tomber dans les champs d'application des règles divergentes, entre lesquelles le choix ne peut être opéré simplement en fonction de critères techniques[24] (Husson, 1978 : 97).

24 Critère chronologique : la loi la plus récente l'emporte ; critère hiérarchique : c'est la loi du plus haut niveau qui l'emporte ; critère de spécialité (*specialia generalibus derogant*).

La difficulté devient davantage compliquée lorsqu'il n'existe pas de textes visant explicitement ou implicitement les faits en cause. Il va dès lors de soi que, à partir du moment où les juges ne disposent pas de la faculté d'en appeler au législateur et sont par suite tenus de se prononcer, pour s'acquitter de leur mission, sur tous les litiges à eux soumis (pourvu seulement qu'ils relèvent de leur compétence), leurs décisions ne peuvent manquer de se référer à la doctrine.

D. La dimension épistémologique

Elle met à contribution la dimension critique, s'appuie sur le point de vue interne mais également externe. La motivation qui se traduit par l'argumentation ne peut se passer, ainsi que relevé précédemment, de l'outil critique. En effet, les informations qui parviennent au juge sont de sources diverses et concernent différentes matières, elles peuvent porter sur la loi et le droit en vigueur, sur les faits du cas décidé et d'autres faits qui peuvent influencer sa décision. Le juge devra opérer une sélection et justifier son choix. Ainsi, ses facultés sur le plan cognitif, ses capacités intellectuelles pour comprendre, combiner les informations et en tirer des inférences (Wroblewski, 1978 : 117) sont d'une importance on ne peut plus capitale.

E. La dimension évaluative

Elle n'est pas à séparer des précédentes et est liée particulièrement au facteur épistémologique. Elle détermine comment le juge fait ses estimations, quelle valeur il préfère en cas de conflit, quel est le degré de sa « sensibilité » aux nuances des estimations qu'il doit faire selon la loi ou qu'il fait d'une façon indépendante de la loi (Wroblewski, 1978 : 117).

CHAPITRE XIII

VÉRITÉ JUDICIAIRE ET ARGUMENTATION

> « *La vérité et la justice sont deux pointes si subtiles que nos instruments sont trop émoussés pour y toucher exactement* » (B. Pascal, *Pensées, chap. XXV,* Faiblesse de l'homme, Paris, G. Deprey, G. Cavelier, 1784, p. 160.

La notion de la vérité judiciaire est à mettre en corrélation avec les questions de l'autorité de la chose jugée et de l'autorité de la chose interprétée. Il s'agit, pour faire court, du résultat d'une décision de justice. Avant d'indiquer les rapports qu'elle pourrait avoir avec des notions proches comme la vérité scientifique et les nuances à établir avec la question de la validité, nous indiquerons d'abord la relativité qui accompagne le sujet de vérité judiciaire.

Section 1. La relativité de la vérité judiciaire

Le problème de la vérité judiciaire reste sujet à discussion particulièrement pour les non-juristes qui ne peuvent pas comprendre que par moment pour des raisons de procédure mal respectée, un assassin ou une personne qu'on pense être l'auteur d'un crime ou commanditaire soit acquittée. Le cas de l'affaire Jean-Pierre Bemba Gombo à la Cour pénale internationale laisse justement perplexes beaucoup de Centrafricains, surtout victimes des atrocités commises par les forces rebelles du mouvement de libération du Congo dirigé par Jean-Pierre Bemba, qui voyaient purement et simplement la culpabilité du précité. Cependant, la vérité judiciaire dans cette affaire est que Bemba n'est pas coupable des crimes de guerre et crimes contre l'humanité que le Bureau du Procureur près la Cour pénale internationale lui imputait. Est-ce pour autant que ces crimes ne se sont pas commis ? Là est une autre question.

Dans un procès, avons-nous indiqué, si le socle factuel est contesté par le défendeur, le demandeur a la charge de prouver les faits qu'il allègue.

Autant le principe est limpide, autant la vérité judiciaire est, en ce cas, difficile. C'est en connaissance de cause que Vital Mareille note que « *la vérité n'émerge pas toute seule, nue et souriante, de son puits ; c'est une déesse rebelle que de longs efforts et d'ardentes prières peuvent seuls faire apparaître et triompher* » (Mareille, 1907 : 5). En sus, dirait-on, « La science est l'asymptote de la vérité. Elle approche sans cesse et ne touche jamais » (Hugo). *A fortiori*, cette règle est transposable en matière judiciaire. Au demeurant, l'autorité de la chose jugée ne s'identifie pas à la vérité, mais elle est seulement tenue pour vérité judiciaire. En un mot, le juge ne peut prétendre avoir atteint la vérité mais, dans le respect du droit substantiel et procédural applicable, il a tout mis en œuvre.

Le Professeur Perrot (2009) utilise l'expression « vérité reconstituée » et relève que le juge est soumis à des contraintes que ne connaît pas l'historien (lequel prospecte aussi le passé en s'efforçant d'en restituer l'image), à savoir des contraintes décisionnelles (il doit trancher sous peine de déni de justice), probatoires (droit substantiel et droit procédural de la preuve) et institutionnelles (l'office du juge) (de Leval : 2011, 27).

En fait, dans le combat judiciaire les parties ne sont pas des enfants de chœur. Chacune défend sa raison. Rappelons que toutes les parties utilisent un raisonnement juridique constitué d'un syllogisme, où la majeure – la norme de droit – s'applique à la mineure – le fait – pour déterminer la conclusion : la décision de justice. La vérité – prémisse mineure – constitue pour les parties une arme dialectique utilisée par les uns et combattue par les autres, et ce par l'oblitération de la réalité à travers l'adoucissement verbal, l'amplification, la présentation partielle ou tendancieuse des faits ou encore par la communication incomplète ou tardive du dossier (Souris, 2011 : 7-52). Par ailleurs, cette arme dialectique peut être déployée à travers l'altération des règles de la logique (*Ibidem* : 53-148) et de l'image de l'adversaire (*Ibidem* : 231-268) ou encore par la subjectivation du rapport au juge (*Ibidem* : 149-229).

En droit, il arrive qu'on se retrouve face à « *des vérités improuvables* ». En effet, tous les moyens ne sont pas permis. La complexité des rapports entre le droit et la vérité se remarque également dans les règles neutralisant la preuve. L'essor de la jurisprudence relative à la loyauté des moyens de preuve relativise « le droit de la preuve » (de Leval : 2011, 37-38).

De tout temps, les hommes ont cherché au travers de la justice, divine ou humaine, à satisfaire leur besoin d'établir ou de faire connaître la « vérité ». Pourtant, malgré l'évolution des techniques de recherche de la vérité, tout le monde s'accorde pour constater les limites de cette démarche. La justice ne peut toujours être l'expression de la vérité. Le pouvoir judiciaire ne peut exprimer qu'une « vérité judiciaire » au terme d'un débat confrontant deux thèses empreintes de subjectivité. En ce sens, la vérité judiciaire est relative dans la mesure où elle est la résultante d'un débat fondé sur la base de preuves et non sur la base de certitudes (Kennes et Marc : 2011, 124)

Section 2. Vérité scientifique et vérité judiciaire : quelques nuances

Des nuances existent entre ces notions. Contrairement au discours scientifique qui poursuit la vérité, le droit cherche, plus que la vérité, la justice. Gaëlle Dalbignat-Deharo note qu'il faut « découvrir la vérité pour dire le droit » (Dalbignat-Deharo, 2009 : 41). La recherche de la vérité s'avère dès lors une condition essentielle pour bien juger (Garapon, 2001 : 38). On ne le dira jamais assez, une solution juste repose sur une bonne connaissance des faits passés, pertinents et efficaces qu'il convient de reconstituer à partir d'indices (Bourcier, 1999 : 11 ; Frison-Roche, 1997 : 82). À cet effet, le juge dispose de diverses possibilités de démêler le bon grain de l'ivraie et améliorer sa connaissance : vérifications personnelles, déclarations de tiers, comparution personnelle des parties, commission rogatoire, etc. (Dalbignat-Deharo, 2009 : 41).

Cependant, de manière particulière dans le domaine judiciaire, toute connaissance implique une mise à jour permanente des outils du savoir qui se perfectionnent sans cesse et, corrélativement, une adaptation du droit à l'évolution de ces outils. Dans la réalité de certains ordre juridiques nationaux, particulièrement ceux des États peu développés, le droit garde la peau de chagrin, continuant à afficher le vieux visage d'un droit colonial qui a, pourtant, bien évolué dans les anciens pays colonisateurs ; par moment pour des procédures qui requièrent des expertises nécessitant la pointe de la technologie, des tâtonnements caractérisent les enquêteurs, impactant de manière négative sur la justice à rendre dans la mesure où il reste difficile d'accéder à la vérité (ontologique, ontique et classique) des faits.

La doctrine abondante sur ces notions révèle que des auteurs s'illustrent bien avec leurs opinions à distinguer catégoriquement « vérité judiciaire » et « vérité scientifique ». J. D. Bredin note par exemple qu'en s'appuyant sur un ordre naturel préexistant et rationnel qui lui permettrait de raisonner logiquement, la science apporte une vérité dont la vocation empirique et généralisée, voire universelle, se distingue de la vocation particulière et formelle de la vérité judiciaire (Bredin, 1999 : n° 233). Le droit, avons-nous dit, repose sur la connaissance des faits humains pour lesquels il n'existe aucun ordre rationnel préexistant (Geouffre de La

Pradelle, 1990 : 302). Pour réagir *a posteriori* le droit a élaboré son propre ordre rationnel et artificiel sur lequel il raisonne et constitué par un ensemble cohérent de règles juridiques correspondant à des critères particuliers de validité qui rappellent le modèle scientifique. La vraisemblance de la vérité judiciaire (Villey, 1995 : 47 ; Pech, 2000 : 63 ; Perelman, 1999 : 107 et 119) s'oppose pourtant à la certitude scientifique (Rawls, 1987 : 27-29 ; Carbonnier, 1999 : 66 ; Perelman, 1999 : 119) fondée sur des questions idéales et répétables qui ne souffrent pas des vicissitudes et des incertitudes du comportement humain.

La vérité judiciaire est une vérité connaissance, mais une connaissance approchée. Elle ne prétend qu'à la vraisemblance, à la différence de la vérité scientifique qui exige la certitude (Carbonnier, 1999 : 66). La science procède à une approche empirique du phénomène étudié et à une réflexion démonstrative qui le conduit à tirer une conséquence universelle d'une série d'observations. En matière judiciaire, il faut s'en tenir à plus de modestie, convenir que l'imprévisibilité humaine ne permet pas d'accéder à une certitude absolue et renoncer à toute ambition de généralisation de la solution (Dalbignat-Deharo, 2009 : 35). Les multiples erreurs judiciaires (Vergès, 2002) en sont un témoignage éloquent. Il va sans dire qu'à défaut de pouvoir démontrer la certitude d'une solution par un syllogisme scientifique partant des prémisses vraies, le droit se contentera d'un syllogisme dialectique fondé sur des prémisses probables allant à une conclusion probable exprimant non un « être », comme c'est le cas en matière scientifique, mais un « devoir-être » (Batiffol, 1984 : IX).

À la différence du droit qui dit ce qui *doit être* et sanctionne ce qui ne doit pas être, la science, empirique et universelle, a vocation à dire ce qui *est*. Elle repose sur l'expérience et l'observation, ne considère pas l'existence du particulier et ne s'intéressera au cas que par le passage du singulier au régulier et dans la mesure de répétitions suffisantes pour représenter une constante. Cette mutation permettra seule d'universaliser suffisamment pour induire une règle générale, une connaissance. Le droit, quant à lui, se satisfait d'un fait isolé auquel il va appliquer une logique formelle préexistante par un raisonnement conduisant à une conclusion déduite de l'application de cette logique au fait particulier constaté (Ghirardi, 1999 : 45).

Section 3. **Validité et vérité : l'argumentation reste de mise**

L'on a vu qu'un syllogisme peut être valide sans être nécessairement vrai, c'est-à-dire que ce qu'il dit ne correspond pas à la réalité. Que ce soit pour la validité ou prouver la vérité d'un fait, l'argumentation joue un rôle essentiel. Toutefois, l'on ne doit pas tomber dans l'erreur de croire que l'appréciation d'une argumentation juridique n'est pas aussi dépendante de la vérité qu'on pourrait penser. En effet, la qualité d'un argument dépend de sa forme plus que de son fond. La notion de validité s'oppose ainsi à celle de vérité. Alors que chaque énoncé descriptif peut être évalué quant à sa vérité (il sera alors déclaré vrai ou faux), l'argumentation est l'articulation de ces énoncés entre eux, *indépendamment de leur vérité* (Goltzberg, 2013 a : 87).

Voici un cas de justice datant du mois de septembre 2016 en France qui nous fait réfléchir les nuances à établir entre validité et vérité : « un tribunal de Perpignan a remis en liberté un Marocain intercepté à la frontière franco-espagnole, car son avocat a démontré que le contrôle avait été effectué… de 10 cm en territoire espagnol, a indiqué ce dernier. L'affaire remonte à fin août. L'homme qui voyageait à bord d'un autocar d'Eurolines, a été intercepté par la police sans aucune autorisation de séjour en France. Il a donc été placé en centre de rétention. Mais selon son avocat, s'appuyant sur des plans et données historiques, l'arrêt de bus où avait été effectué le contrôle se situait en Espagne, environ dix centimètres derrière la ligne marquant la frontière. La justice a donc annulé le contrôle et remis le ressortissant en liberté » (« Libéré pour dix centimètres », in *Metro Belgique*, vendredi 16 septembre 2016, n° 3464, p. 19). Un débat peut se faire à la suite de cette affaire. L'on peut dire que le contrôle effectué par la police française à 10 centimètres sur le territoire espagnol n'était pas valide en ce sens qu'elle n'avait pas compétence de poser des actes dans un pays étranger, néanmoins la vérité reste que le voyageur marocain n'avait pas de document l'autorisant à entrer en France.

Lorsque nous étudions le raisonnement, nous avons montré qu'un syllogisme peut être valide sans que les prémisses soient vraies. Prenons l'exemple suivant : *Tout homme est musulman, or le Pape François est un homme, donc le Pape François est musulman.* Ce syllogisme est valide même si l'on peut bien dire que la première prémisse est fausse et a influencé la fausseté de la conclusion. En revanche, il ne suffit pas que les prémisses soient vraies pour que la conclusion le soit. Il ne suffit même pas que les prémisses soient vraies et la conclusion vraie également pour que le raisonnement soit valide. Ainsi, de nombreux arguments sont invalides alors que chaque prémisse est vraie : *Il était sur les lieux du crime et il en voulait beaucoup à la victime, il l'a donc tuée.* Même si les prémisses sont vraies, c'est un *non sequitur* : la conclusion ne suit pas des prémisses. Admettons que chacune des prémisses *et* la conclusion (*il l'a tuée*) soient vraies, cela ne fait pas de ce raisonnement valide (Goltzberg, 2013a : 88).

En matière judiciaire, une décision de justice n'a pas pour objectif de dire une vérité au sens où l'on parle de vérité extrajudiciaire, morale, ontologique ou métaphysique. En effet, le rôle du juge est de dire le droit, ce qui ne signifie pas absolument que ce qu'il dit soit une description de la réalité. Certes, lorsque le juge déclare l'accusé coupable, l'accusé est effectivement coupable même si en réalité il peut ne pas l'être. Mais le juge *ne décrit pas* la situation, il la *cause*. Le journaliste qui, après l'annonce de la culpabilité de l'accusé, transmet l'information selon laquelle il est coupable, lui, décrit. En l'occurrence, il décrit une réalité judiciaire : est coupable celui est déclaré tel (Goltzber, 2013 a : 88).

Comme nous le verrons dans les lignes qui suivent, le procédé de présomption est souvent défini comme un outil visant à s'approcher de la vérité en cas d'incertitude. Mais cela est-il en effet le cas ? La présomption d'innocence vise-t-elle véritablement à *décrire* le monde le mieux possible ? Quel sens aurait-il du reste de considérer, par avance, que les citoyens ne sont pas coupables, puisque nous avons dit que la culpabilité était une catégorie appliquée précisément par le juge ? Il s'agirait dès lors d'un énoncé trivial : n'est pas coupable toute personne n'ayant pas été déclarée coupable. Il est inutile de forger des présomptions pour exprimer de telles trivialités. Le rôle de la présomption semble bien plutôt être du ressort de la justice, ou plutôt d'une bonne gestion de la justice. Il est préférable, pour toutes sortes de raisons (n'incluant pas nécessairement la *vérité*), de présumer quiconque innocent d'emblée, quitte à ce que cette présomption – réfragable – soit renversée. La présomption ne vise donc pas tant le vrai que le juste (*Ibidem* : 88-89).

Par ailleurs, il est judicieux de noter, comme le dit bien Stefan Goltzberg, que détenir la vérité n'est ni nécessaire ni suffisant pour élaborer une argumentation convaincante, en tout cas pour ce qui est de l'argumentation juridique. Une certaine illusion cognitive pousse d'ailleurs souvent les gens à surestimer leur capacité à trouver la vérité. Les illusions optiques bien connues nous montrent combien la vue peut nous tromper. Mais une fois que nous avons mesuré les segments semblant de longueur différente et que nous apprenons qu'ils sont de même longueur, nous savons et admettons qu'ils sont de même longueur. Les illusions cognitives sont plus tenaces, dans la mesure où il nous arrive de continuer à croire vrai un énoncé dont on nous a prouvé la fausseté. Contre cette illusion de validité, le droit met en place une procédure visant à déléguer la gestion des preuves et des modalités judiciaires à un appareil qui, s'il n'est pas parfait, nous épargne à tout le moins les problèmes liés à la certitude subjective de posséder la vérité, laquelle certitude peut conduire, le cas échéant, à une mauvaise administration de la justice (*Ibidem* : 90).

CHAPITRE XIV

LES STRATAGÈMES PARALOGIQUES ET SOPHISTIQUES

Le paralogisme ainsi que le sophisme participent des erreurs du raisonnement. Les juristes n'en sont pas épargnés ; très souvent ils y recourent bon gré mal gré dans la pratique de tous les jours. Dans un premier temps, nous distinguons le sophisme du paralogisme ; dans un second moment nous donnons quelques exemples de stratagèmes utilisés dans l'argumentation juridiques.

Section 1. **Les erreurs de raisonnement : paralogisme et sophisme**

1. Le paralogisme

Dans les *Réfutations sophistiques* d'Aristote et à sa suite, la distinction entre les syllogismes valides et les paralogismes, considérés comme des syllogismes apparemment valides mais pas en réalité, a été marquée. Les considérations aristotéliciennes au sujet de cette question ont été à la base de ce l'on classe aujourd'hui comme argument fallacieux (dit dans la traduction anglo-saxonne *fallacy*) et généralement nommé en français paralogisme. Les deux termes (anglais et français) viennent du latin *fallacia* qui signifie tromperie, ruse.

Il y a lieu de faire une confusion entre paralogisme et sophisme dans la mesure où les deux peuvent aboutir à tromper ou à induire en erreur. Christian Plantin différencie le sophisme du paralogisme à partir de *l'intention de l'orateur* : le sophiste commet sciemment une faute qui est censée lui profiter, le paralogisme relève de l'erreur (Plantin, 1995 : 251). Cependant, qu'il s'agisse de manipulation ou d'incompétence, il y a dans tous les cas un raisonnement vicieux.

Le paralogisme est un argument logiquement défectueux qui se donne pour valide, c'est-à-dire qui paraît valide dans la communication et possède de ce fait un pouvoir de persuasion. Autrement dit, il s'agit d'un argument *psychologiquement* persuasif mais *logiquement* incorrect ; qui dans la réalité persuade mais qui, en vertu de certains standards argumentatifs ne devraient pas persuader (Amossy, 2006 : 138).

Bon nombre de ces arguments fallacieux pèchent au niveau de leur construction formelle, et peuvent être détectés par un examen de leur structure. Néanmoins, beaucoup sont informels en ce sens que leur structure de surface ne montre pas leur défaut si bien qu'il faut analyser le contexte et la substance de l'argument pour déceler la faute logique.

Quelques exemples du paralogisme peuvent être donnés et on en dénombre une pluralité. Toutefois, certains auteurs comme Irving Copie et Keith Burgerss-Jackson préviennent que leur classification reste ardue à réaliser en vertu de la difficulté de savoir comment l'erreur advient (Copie et Burgess-Jackson, 1996 : 99-162). Les critères de leur catégorisation sont tantôt linguistiques, comme l'ambiguïté, tantôt relatifs aux opérations logiques, comme les relations de causalité.

A. L'équivoque

C'est un paralogisme d'origine langagière puisqu'il repose sur une ambiguïté. Il y a équivocité lorsqu'un concept s'applique à plusieurs sujets dans un sens totalement différent. Plus exactement, un concept ou un terme est équivoque s'il a une compréhension différente lorsqu'on l'attribue à des sujets différents. Ainsi, dans le syllogisme : « Le pouvoir tend à corrompre (*majeure*), le savoir est un pouvoir (*mineure*), donc le savoir tend à corrompre (*conclusion*) », la défaillance logique provient du fait que « pouvoir » signifie « capacité à contrôler et commander les autres » dans la première prémisse, et « capacité à contrôler les choses » dans l'autre. Dans le même ordre d'idées, on trouve l'*amphibolie*, ou équivoque grammaticale (Amossy, 2006 : 139).

B. Le cercle vicieux

Il consiste à poser comme prémisse ce qui est en fait la conclusion. Certains autres éléments seront abordés dans la partie qui concerne les sophismes. Voici quelques exemples : l'argument proposé à un athée : Dieu existe parce que la Bible l'affirme, et la Bible doit être crue puisqu'elle est la parle de Dieu ; la loi est dure mais c'est la loi et la loi ne peut qu'être dure car c'est comme cela qu'elle est ; un chat est un animal à fourrure et la fourrure est ce que porte un chat.

C. La question complexe

Elle comprend des présupposés qui offrent déjà une réponse. Cela arrive souvent lors des instructions au tribunal ou à la cour lorsque le juge pose des questions ou une partie au procès fait poser des questions à l'inculpé. Exemple : à quel moment avez-vous pris la décision de tuer votre femme ? Ou encore, avec qui et à l'aide de quoi avez-vous cassé la porte du magasin pour voler ?

D. L'homme de paille

C'est un raisonnement qui consiste à attaquer l'adversaire sur un argument qui est en réalité mal compris ou mal reconstruit par celui qui le réfute.

E. La division

Elle consiste à transférer vers un élément du tout une propriété non transférable de ce tout. Exemple : mon ordinateur est lourd, donc chacune des pièces qui la composent est lourde. Ou encore, le *de cujus* a laissé à ses enfants un immense héritage immobilier et foncier, donc chaque maison et parcelle de cet héritage est immense.

F. La composition

C'est un procédé de transférer au tout la propriété des éléments qui le composent. Exemple : chaque joueur de Tout Puissant Mazembe est bon, donc le Tout Puissant Mazembe est une bonne équipe de football. Mais l'excellence des individualités ne suffit pas à faire celle de TP Mazembe comme telle.

G. L'argument de la pente savonneuse

Il est apparenté à l'argument de la pente glissante examiné précédemment. Cependant, ce qui pourrait les différencier réside dans le caractère paralogique qu'on retrouve dans celui de la pente savonneuse. Ce dernier emprunte le raisonnement suivant : si A, alors on pourra en déduire B et C, etc. Si on permet à une femme de travailler, on l'autorise à revenir tard à la maison, de ne pas préparer à manger, de ne pas veiller aux enfants et au mari et d'être infidèle.

H. La généralisation abusive

Il s'agit d'une induction vicieuse. Par exemple, à propos de la nationalité des certains Congolais qui était mise en doute, quelques intellectuels considéraient que tous les Hutu et Tutsi étaient des Rwandais dans la mesure où ces ethnies se retrouvent au Rwanda. La même erreur serait de dire que puisqu'en Zambie il y a des populations de l'ethnie hemba, tous les « Bahemba » qui se trouvent en RDC sont zambiens ou encore puisque les Bateke se trouvent au Gabon et que le Président gabonais est chef des Bateke, les Bateke se trouvant à Brazzaville sont des Gabonais.

2. Le sophisme

On désigne sous le nom de sophistes quelques intellectuels d'un type original qui vécurent dans le monde grec, au Ve siècle avant J.-C. Cette étiquette qu'ils s'appliquaient à eux-mêmes, n'avait primitivement rien de péjoratif. Par *sophia*, on entendait d'abord toute espèce de compétence, tout ce qui donne à certains hommes la capacité d'accomplir des actes et des performances hors de la portée des autres hommes ; le mot tend ensuite à se spécialiser dans le domaine des compétences intellectuelles et morales ; le *sophos* est un habile homme savant et un sage. Le *sophistès,* lui, est en quelque sorte un professionnel de la *sophia,* un *maestro* de la compétence (Encycopedia universalis, 1965 : 171).

Plus que par leurs doctrines, qui ne constituent pas un système philosophique unifié, les sophistes se ressemblent par leur genre de vie, par leur fonction idéologique et sociale. Une de leurs innovations marquantes est de se faire payer, et souvent fort cher, leurs exhibitions et leur enseignement : ce sont les premiers intellectuels de métier. Leur vie ressemble assez à celle de nos virtuoses itinérants, qui vont de ville en ville, donnant des récitals publics, des cours en petit comité, des leçons particulières. Méprisés par les traditionnalistes, suspects aux conservateurs, ils soulèvent l'admiration des foules, et attirent de nombreux élèves, notamment parmi la jeunesse dorée, qui voient en eux des dispensateurs d'une technique de la parole dont la possession leur livrera, dans le milieu et les institutions de la cité, les clés du prestige social et du pouvoir politique (*Ibidem*).

Quelques figures ont marqué la sophistique, celles de Protagoras d'Abdère, de Gorgias de Leontinoi, de Prodicos de Céos et d'Hippias d'Elis. Les sophistes se proposaient de soutenir indifféremment toutes les thèses de justifier tous les points de vue. Ils utilisaient leur intelligence pour tromper sciemment leurs interlocuteurs. Ils étaient des hommes de l'apparence et de la relativité. L'on peut bien le percevoir par exemple dans cette pensée de Protagoras : « De toutes choses, l'homme est la mesure : de celles qui sont, qu'elles sont ; et de celles qui ne sont pas, qu'elles ne sont pas » (*Ibidem*).

La pensée sophistique a été combattue par des philosophes comme Socrate, Platon et Aristote. L'analyse de cette pensée a décelé plusieurs sortes de sophisme.

A. Le sophisme *non causa pro causa*

C'est un procédé qui prend la cause de ce qui n'est pas, allègue un prétexte en invoquant un lien de causalité inexistant.

Exemple : Roger Knobelspiess doit comparaître devant un juge d'instruction. Il se refuse à toute collaboration, il pratique « la grève d'instruction », pour des motifs étrangers à l'affaire (la mort de son frère Jean, abattu lors d'un vol, et une condamnation définitive, qu'il conteste) : « *une nouvelle fois, monsieur Knobelspiess, je vous le demande, êtes-vous prêt à vous expliquer sur les faits qui vous sont reprochés ? – Mais absolument, je suis prêt à m'expliquer et collaborer avec la justice dans mesure où elle instruira à double degré à charge et à décharge. Qu'on me règle cette incalculable facture de douze années d'erreur judiciaire, que l'on fasse venir devant moi les auteurs de cette erreur, que l'on fasse la lumière sur la façon dont elle a pu avoir lieu, sur les trafics d'influence greffés à cette affaire suite à l'assassinat de mon frère Jean. C'est inséparable des motifs qui m'amènent ici* » (Knoblespiess, 1981 : 93-94).

L'argument *non causa pro causa* est aussi utilisé quand la tolérance d'une infraction est plaidée comme cause de son absolution : souffrir un manquement, ce n'est pas l'accepter (Souris, 2011 : 80). Voici un exemple rapporté par Maurice Garçon au sujet de la plaidoirie de Jean Appleton, partie civile dans l'affaire Stavisky « *Ce que l'on ne saurait admettre, c'est que les escrocs et leurs complices puissent se prétendre non coupables, sous prétexte qu'on ne les a pas surveillés. Le défaut de vigilance des administrations, la carence de la justice, moi j'ai le droit de l'incriminer. Les accusés, non !* » (Garçon, 1957 : 163).

Par ailleurs, le sophisme *non causa pro causa* peut constituer, pour certains plaideurs, une arme de diversion, par laquelle le contradicteur esquive l'argument de son adversaire en abordant un sujet extérieur au débat. Cet argument peut permettre aussi la contestation du fondement d'une thèse adverse avérée, par la destruction des mauvais moyens qui auront été utilisés pour la soutenir (Souris, 2011 : 81). Arthur Schopenhauer considère que ce sophisme peut être un moyen par lequel de mauvais avocats perdent une juste cause : ils veulent la justifier par une loi qui n'est pas adéquate, et la loi adéquate ne leur vient pas à l'esprit (Schopenhauer, 2000 : 60). Comme quoi, il est nécessaire et indispensable pour un avocat comme pour tout autre plaideur de connaître les règles juridiques qu'il utilise.

B. Le sophisme *post hoc ergo propter hoc*

Il s'agit d'une variante de l'argument *non causa pro causa*. Lorsque deux événements se succèdent, l'un est supposé être la cause de l'autre, la cause du second est attribuée au premier (Souris, 2009 : 119 ; Id, 2011 : 83). Il s'agit d'une fausse causalité. Cet argument confond la causalité et la succession. On considère que l'événement A est la cause de l'événement B parce que A précède B. Ce qui vient après A (*post hoc*) est causé par A (*propter hoc*). Toutes les superstitions reposent sur une telle confusion. Il ne faut jamais être treize à table car le Christ est mort juste après la dernière Cène qui rassemblait treize convives, le Christ et ses douze apôtres. Ou encore tout ce qui se raconte à Kinshasa ou dans certaines provinces aux approches des fêtes (il y aurait des mauvais esprits qui chercheraient à « manger », « sacrifier » des gens ou encore les spéculations autour des décès (croyance aux forces mystiques : telle personne est décédée parce qu'elle n'a pas donné en sacrifice telle autre personne lui demandée, etc.).

C. Sophisme de la pétition de principe

Appelé aussi sophisme du cercle vicieux ou raisonnement circulaire, il consiste à utiliser dans la démonstration ce qui, justement, doit être démontré. En supposant ce qu'il doit prouver, le raisonnement revient sur lui-même comme dans un mouvement circulaire (en latin, *petitio principii* = appel au début).

Exemples :

1) Étant donné que je ne suis pas voleur, vous ne pouvez pas m'accuser d'avoir dérobé cet argent. Donc, je suis innocent.

   Cela revient plus ou moins à dire : « je suis innocent puisque je suis innocent ».

2) Tous les hommes sont mortels

   Socrate est un homme

   Donc, Socrate est mortel.

On veut démontrer que Socrate est mortel et on commence par affirmer, dans la majeure, que tous les hommes sont mortels, ce qui suppose évidemment que la conclusion soit déjà admise. Ce raisonnement logique classique met en évidence le caractère circulaire et tautologique de la logique. Les démonstrations logiques n'apportent jamais rien de nouveau. Elles sont, en fait, des traitements de l'information où il s'agit d'analyser ce qui est posé au départ.

En somme, pour ce sophisme, on postule ce que l'on aurait à prouver, soit 1) sous un autre nom, par exemple « bonne réputation » à la place de « honneur », « vertu » à la place de « virginité », etc. ou en changeant de concept soit 2) en faisant admettre comme vérité générale ce qui est contesté à un niveau particulier, par exemple affirmer l'incertitude de la médecine en postulant l'incertitude de tout savoir humain ; 3) quand vice-versa deux propositions découlent l'une de l'autre et qu'on doit démontrer l'une d'elles, il faut postuler l'autre ; 4) quand il faut prouver une vérité générale et qu'on arrive à obtenir toutes les vérités particulières (Schopenhauer, 2000 : 31).

D. *Ignoratio elenchi* ou ignorance du sujet

Il s'agit d'un raisonnement qui démontre autre chose que la question à prouver, d'un faux-fuyant. On déplace la discussion pour prouver autre chose que ce qui était mis en question. Par exemple l'Avocat pour défendre son client accusé de mutinerie sur un bateau, montre que le capitaine était un déséquilibré ou un malade mental. Ou encore, un prévenu de vol présenté au tribunal pour vol d'une montre en or et lui réplique pour sa défense en disant que la montre était en argent. En fait, ici l'innocence du vol n'est pas démontrée par la preuve de l'erreur sur la matière dérobée.

E. Rétorsion

Avec ce stratagème, le locuteur ne prouve pas son point de vue, mais retourne l'argument de son interlocuteur contre lui-même. Quelques exemples :

- « C'est un enfant, il faut être indulgent avec lui », la rétorsion serait : « *c'est justement parce que c'est un enfant qu'il faut le châtier pour qu'il ne s'encroûte pas dans ses mauvaises habitudes* » (Schopenhauer, 2000 : 44).
- Henri Fischer était un avocat corpulent, doué d'un bel esprit de répartie. Il interrompait un jour son contradicteur qui, vexé, exhala sa méchante humeur : « Voilà Fischer qui intervient dans le débat comme un éléphant dans un magasin de porcelaine. Un éléphant, oui, rétorqua Fischer, ma corpulence vous permet cette comparaison, mais comparer votre plaidoirie à un magasin de porcelaines, cela prouve, mon cher confrère, à quel point vous avez conscience de la fragilité de vos arguments ! » (Hesse, 1950 : 104).

F. Le sophisme de la double faute

Il consiste à justifier un comportement condamnable par la référence à d'autres comportements répréhensibles restés impunis. C'est en quelque sorte dénoncer la « politique de deux poids deux mesures ». Exemples :

- *On accuse Ali Bongo d'avoir fraudé les élections présidentielles gabonaises de 2016 et usé de la violence pour réprimer les opposants ? Comme tout président africain en exercice qui se respecte. On ne voit pas pourquoi il serait le seul pointé par la communauté internationale ! Pourquoi on n'a pas interpellé Paul Kagame au Rwanda ou Yoweri Museveni en Uganda ?*

- *On me reproche de fréquenter Laurent Bagbo (…). Guillaume Soro, qui a été son Premier ministre et allaité aux seins politiques de Laurent Bagbo (…), fréquentait Bagbo plus que moi. Pourquoi il n'est pas ici ? (…) Laurent Bagbo était considéré comme quelqu'un qui avait la main ouverte. J'étais là samedi quand il recevait Ouattara, pourquoi lui n'est pas ici ?* (Défense de Charles Blé Goudé devant la Cour pénale internationale).

- « Certes, je ne demande des poursuites contre personne, et l'on ne peut supposer que ce soit là ma pensée ; l'interpréter ainsi, ce serait la dénaturer ; ce que je veux dire c'est qu'il ne peut y avoir deux poids deux mesures, la morale publique est une et quand elle n'est pas outragée par tant d'œuvres qui remplissent nos bibliothèques, qui s'impriment et se réimpriment sans cesse et sous vos yeux, par tant d'autres qui naissent chaque jour, soit en vers, soit en prose, comment la morale publique serait-elle outragée par les quelques morceaux que le ministère public *vous demande de condamner dans l'œuvre de Baudelaire* » (Corato, 2005 : 548).

- « *Après avoir fait une procédure dans laquelle les seuls auteurs des crimes que l'on nous imputait n'ont point paru, on prononce contre nous la mort, quoique les vrais coupables n'aient pas été que déportés ! Où est la justice ?* » (Castelnau, 1950 : 262).

G. Affirmation sans preuve

Il s'agit d'un sophisme où la conclusion est donnée sans lien avec une majeure et une mineure telles que l'enseignent les règles de la logique aristotélicienne. C'est une stratégie de guerre psychologique. Cela revient régulièrement dans des combats aux finalités politiques. Par exemple, lorsqu'on veut charger son adversaire et jeter l'opprobre sur lui, on dit qu'il a commis les crimes les plus graves que l'humanité ne tolère pas : c'est un génocidaire ! Simplement parce qu'il est fils d'un ancien dignitaire d'un régime qui a organisé des massacres, alors que ce fils n'avait que cinq ans au moment des faits. Ou encore, et c'est courant en Afrique Centrale, certains citoyens dont les noms possèdent la consonne R sont souvent victimes de discrimination ou de moquerie, au motif qu'ils sont Rwandais. Cela est fréquent au Congo-Kinshasa, avec des conséquences désagréables dans la mesure où cette affirmation sans preuve peut arriver à nier la nationalité congolaise d'un citoyen quidam.

Comme l'indique G. Le Bon, parlant des effets sur la psychologie des foules, « l'affirmation pure et simple, dégagée de tout raisonnement et de toute preuve, constitue un sûr moyen de faire pénétrer une idée dans l'esprit des foules. Plus l'affirmation est concise, dépourvue de preuves et de démonstrations, plus elle a d'autorité. Les livres religieux et les codes de tous les âges ont toujours procédé par simple affirmation. Les hommes d'État appelés à défendre une cause politique quelconque, les industriels propageant leurs produits par l'annonce, connaissent la valeur de l'affirmation. Cette dernière n'acquiert cependant d'influence réelle qu'à la condition d'être constamment répétée, et le plus possible, dans les mêmes termes » (Le Bon G., cité par Souris, 2011 : 54).

Évidemment, comme disent les latinistes, *quid quid gratis affirmatur, gratis negatur* (tout ce qui est gratuitement affirmé, est gratuitement nié). Autrement dit, la logique à l'affirmation sans preuve, c'est la négation (*Ibidem*).

3. *Altération de la réalité*

A. L'adoucissement verbal

C'est en langage imagé ce que fait la souris (*panya puliza* en Kiswahili). La souris qui mord en même temps qui souffle sur sa victime afin d'atténuer la souffrance dans le but de se dissimuler en ayant atteint son objectif. D'après Pascal Souris, l'adoucissement est un voile diaphane que le locuteur jette sur ses propos, pour les rendre plus admissibles (Souris, 2011 : 9). Il peut se faire de plusieurs manières, en l'occurrence par :

1° l'*utilisation des formes conditionnelles ou interrogatives* (Paveau, 2008 : 129) : *in specie*, on se contente de rappeler les faits et le droit. Le mode de rédaction des écrits ne doit pas être directement accusatoire. Préférer utiliser les verbes conjugués au « mode conditionnel » et formuler les accusations sous la « forme interrogative ». Par exemple, au lieu d'écrire : « J'ai eu connaissance de faits ou de preuves, qui vous mettent en cause », on écrit : « J'ai eu connaissance de faits ou de preuves qui pourraient ou sembleraient vous mettre en cause ». Éviter d'être péremptoire comme « J'affirme ou je pense que vous êtes complice du stellionat des terres rurales de Jomba » et préférer la forme interrogative comme « Je me demande si vous ne pourriez pas être complice du stellionat des terres rurales de Jomba ».

2° *la multiplication des formules de respect ou de regrets* : la littérature judiciaire nous offre beaucoup d'exemples comme cette lettre de Albert Naud au président du Tribunal lors du procès Laval en France : « Les déclarations que vous auriez faites hier et qui sont reproduites dans la presse ne nous permettent aucun doute. En effet, vous auriez déclaré que vous étiez décidé à siéger, s'il le fallait, le matin, l'après-midi et le soir afin que le procès fût terminé pour les élections. Par ailleurs, il n'a jamais été dans notre pensée d'user des moyens dilatoires dont parle la presse et auxquels vous auriez ajouté foi. *Permettez-nous de vous dire respectueusement que nous sommes profondément blessés, l'un et l'autre, par le terme de "chantage" que vous auriez employé pour qualifier une méthode de défense qui n'a jamais été dans nos intentions. C'est avec tristesse que nous renonçons à la mission qui nous a été confiée. Nous exprimons tous nos regrets de ne pouvoir apporter à l'œuvre de justice une contribution que nous aurions voulue conforme aux traditions de notre Ordre* » (Naud, 1948 : 62-63).

3° *la circonlocution*

Quelques exemples :

- (Comment un Évêque de Tarbes annonce qu'il ne prestera pas le service qu'on lui demande) « Quand j'étais procureur général à Pau, disait M. Falconnet, j'avais eu une affaire importante à traiter avec l'évêque de Tarbes, et l'évêque m'avait dit : « Laissez-moi votre affaire, j'en chargerai mon troisième grand vicaire ». L'affaire se termina bien, et j'allai en remercier l'évêque : « Monseigneur, lui dis-je en le quittant, permettez-moi de vous demander une chose, si ce n'est pas indiscret : quel est donc le troisième grand vicaire dont vous m'avez parlé ? Je ne vous en connais que deux. Mon troisième grand vicaire, répondit l'évêque, c'est le temps : celui-ci arrange les choses que les autres ont manquées » (Berard des Glajeux, 1892 : 185).

- Lors du procès du curé d'Uruffe, Guy Desnoyers, en janvier 1958, « Quelques mois plus tard, Desnoyers jette son dévolu sur une veuve, mère de quatre enfants, qui fait pour lui de gros sacrifices matériels. Elle lui prête 200.000 francs, toutes ses économies, pour acheter une 4 CV.

  Desnoyers : – J'avais l'intention de rendre cette somme.

  Le président : – L'avez-vous rendue ?

  Desnoyers: – Pas encore…

  Le président rappelle encore que l'accusé, une fois nommé à Uruffe, ne craignit pas de séduire une enfant de seize ans, Michèle.

  Le président : – Qui a fait le premier pas ?

  Desnoyers : – Je pense que c'est moi (Bertrand Poirot-Delpech, 2009 : 136).

4° *l'euphémisme* : c'est en fait une expression atténuée à la place d'une autre plus dure, qui pourrait faire mal, choquer. Dans son *Les grands procès de l'histoire,* F. Pottecher revient sur la formule euphémique de l'avocat général Dupin qui réclamait la tête de Petiot « J'exprime le vœu que Petiot rejoigne promptement ses victimes » (Pottecher, 1981 : 258). Cet exemple peut être rapproché des propos des villageois de Makobola et Rutshuru (RDC), où des personnes vivantes ou des morts ont été enterrées dans des fosses communes lors des guerres de 1998 et 2008 ; les familles des victimes ont réclamé que les auteurs de ces faits soient traités de la même manière, autrement dit que les criminels soient aussi enterrés vivants ou dans des fausses communes une fois sauvagement tués.

Un autre exemple est celui de la lettre du Recteur de l'Université de Goma qui, répondant à la demande de mesure de grâce « rectorale » d'un étudiant pour que son inscription en quatrième année de doctorat en médecine humaine soit reconduite à l'issue de quatre sessions, l'autorité de l'université sachant que cela était interdit par le règlement mais qu'en même temps il était très pénible pour un étudiant de voir ses études arrêtées à l'issue du dernier cycle, sans diplôme, après huit ans de formation, utilise le style euphémique suivant : « Très cher étudiant, *(….) le Comité de gestion a examiné votre recours à la suite de la délibération vous proclamant non admis à la filière par le jury d'examens de l'année 205-2016 et s'est réservé de ne pas empiéter dans les compétences du jury* ».

B. L'amplification

Il s'agit d'une exagération, une extension, un accroissement de paroles, que l'on peut tirer de toutes les circonstances particulières des choses et de tous les lieux par ce qui a déjà été dit (Souris, 2011 : 14). Les hyperboles participent de cette stratégie.

Quelques exemples :

- Mademoiselle Penicaud aime un jeune homme, du nom d'André-Théophile Racle. Mais elle se voit contrainte d'épouser un sieur Lanefranque. Le jour du mariage, le mari est victime d'une grave attaque, qui le paralyse. Le mariage n'est pas consommé. La jeune épouse fuit maisons conjugale et paternelle. Elle retrouve celui qu'elle aimait avant le mariage forcé. Le couple adultère conçoit plusieurs enfants. Marie Catherine Penicaud poursuivit une procédure en nullité du mariage. Son avocat, Maître Delamalle, conjuguera amplification, *pathos*, arguments *ad consequentiam*. À la nouvelle de ce fatal jugement, le malheureux Théophile Racle a contemplé ses enfants ; ses yeux se sont remplis de larmes, et son cœur oppressé n'a pu contenir sa douleur profonde. Saisissant le premier né de ses enfants entre ses bras : « Quoi ! s'est-il écrié, un jugement prononce que tu n'es plus mon enfant, et qu'on te peut venir arracher de mes mains ! Quoi ! Ta mère, dans les douleurs de l'enfantement, a reconnu mes droits : je t'ai reçu de ses mains pour te présenter aux magistrats, je t'ai reconnu aux tables publiques de la naissance ; moi seul je t'ai recueilli, nourri, soigné ; je t'ai veillé malade ; j'ai respiré la contagion de ta maladie mortelle et j'ai touché avec toi les portes du tombeau ; tu n'as connu que moi, tu ne respires que par moi, tu ne vis que par moi ; et un jugement prononce que tu seras remis à l'homme que jamais n'a connu ta mère, qui ne voulut être que son tyran, qui ne t'a jamais vu, qui ne fit rien pour toi, qui ne peut que te haïr dans son cœur, et qui ne te réclame en ce moment que pour le triomphe de son orgueil et le succès de son ambition ! Et le jugement dit qu'il a le droit de venir t'arracher de mes mains ! Ah ! Que plutôt le tombeau, qui s'était ouvert, se rouvre une dernière fois et m'ensevelisse pour jamais ! Puis, jetant un regard de douleurs sur ses autres enfants : « Et vous, qu'allez-vous devenir, et que serez-vous donc ? Vous serez les déplorables enfants de l'adultère ! … (Delamalle, 1838 : 596).

- Un homme est poursuivi devant le tribunal correctionnel de Tournai du chef de menaces, coups et blessures à l'égard de son ancienne compagne, laquelle l'avait trompé. L'avocat souligne la pénibilité de l'infidélité, perpétrée avec le meilleur ami du prévenu. Il plaide que son client sera handicapé « sentimentalement à vie » (*La Dernière Heure*, 10 avril 2010, p. 21 ; Souris, 2011 : 16).

C. La relativisation ou la minutio

C'est le procédé inverse de l'amplification. Le souvenir de cette opposition reste d'ailleurs dans la formule utilisée en droit à propos des « circonstances aggravantes » ou « atténuantes » qui renvoient au couple équivalent de l'exagération et de l'atténuation. Dans tous les cas, le problème est la valeur qu'on donne aux faits : si on considère qu'ils sont graves ou pas. Bien évidemment, pour la *minutio*, la stratégie est de minimiser, relativiser et même minimaliser les choses (Souris, 2009 : 174 et s). Les faits peuvent être relativisés par humour, réduction (on évoque un petit fouet à la place d'un pilon utilisé pour commettre un meurtre), par comparaison, etc.

Il importe, néanmoins, de dire qu'il arrive que la *minutio* soit mal employée et se retourne contre son utilisateur. C'est notamment quand la relativisation apparaît comme de l'indifférence ou du mépris (Souris, 2011 : 37). Un exemple nous est tiré de la célèbre affaire Adolf Eichmann. Son avocat,

Dr Servatius, a tenté une minimisation que le juge a retourné contre lui et qui a été mal appréciée par l'assistance : « C'est indirectement seulement que l'accusé est impliqué dans l'affaire des stérilisations… Tout comme pour les autres affaires de caractère médical, c'est-à-dire l'extermination par les gaz et la fourniture de squelettes » (…). Le juge Halevy intervient : « Docteur Servatius », dit-il, « vous avez dit que l'extermination par les gaz est une affaire médicale. Je suppose qu'il s'agit d'un lapsus ? » L'avocat précise sa pensée : « L'affaire est de caractère médical dans la mesure où elle a été préparée par des médecins ». Et pour compléter son explication, il ajoute : « Car n'est-ce pas, la mise à mort est elle aussi une affaire médicale ». Silence pesant dans la salle. Quelque chose de suffocant nous prend à la gorge, quelque chose d'insupportable, car on est en train de dénier à la mort son dernier droit : le droit à la dignité (Gouri, 1995 : 266).

D. La communication incomplète ou tardive du dossier

La communication des pièces est on ne peut plus capitale dans un procès. Elle est *sine qua non* aux débats et devra être complète. La non communication des pièces reste coupable surtout lorsque l'avocat y recourt pour dissimuler la vérité. Aussi, une communication tardive ou incomplète des pièces peut-elle léser les intérêts de la défense.

E. Le mensonge

Le mensonge contribue à l'oblitération ou à l'altération de la réalité par la contre-vérité qui est, en fait, une allégation inexacte. L'histoire judiciaire regorge beaucoup de cas malheureux du fait du mensonge par lequel précisément la victime est devenue bourreau et inversement, où le tribunal a dû acquitter celui qui n'aurait pas dû l'être et condamner un innocent. Les erreurs judiciaires sont, parfois, consécutifs au mensonge entretenu lors des procès.

Saint Augustin attire notre attention en mettant l'accent sur le caractère délibéré : « Il faut donc voir ce que c'est le mensonge. Car dire une chose fausse n'est pas mentir, quand on croit ou qu'on s'imagine dire la vérité (…). Ainsi donc mentir, c'est avoir une chose dans l'esprit, et en énoncer une autre soit en paroles, soit en signes quelconques. C'est pourquoi on dit du menteur qu'il a le cœur double, c'est-à-dire une double pesée : la pensée de la chose qu'il sait ou croit être vraie et qu'il n'exprime point, et celle de la chose qu'il lui substitue, bien qu'il la sache ou la croie fausse » (Saint Augustin, *Du mensonge*, chapitre III).

Le mensonge peut également se faire par une omission. On omet volontairement un fait pour en tirer un quelconque profit. Pour Isidore de Séville « celui qui cache la vérité et celui qui ment sont l'un et l'autre coupables, l'un parce qu'il ne veut pas être utile, l'autre parce qu'il cherche à nuire » (Isidore de Séville, *Liber III Sententiarum*, chap. 55, n° 3).

Le juge devra jouer un rôle important dans l'appréciation du mensonge. Au-delà des principes essentiels garantissant les droits de la défense, comme la présomption d'innocence[25], et de certains actes posés par les témoins, en l'occurrence le serment[26], le magistrat doit disposer des indices pour démasquer le mensonge. C'est, entre autres, se méfier de toute apparence, soumettre au doute méthodique tous les éléments du dossier : déclarations du client ou de l'adversaire, avis ou constats d'experts, allégations juridiques, s'intéresser au défaut d'utilisation de la première personne, à l'usage d'adverbes de propagande, au ralentissement ou à la modification du débit, à la modification de l'intonation, à l'absence d'erreurs apparentes ou de corrections, à la dilatation des pupilles, au clignement des yeux, à l'anticipation itérative du reproche, à la volubilité, à la contradiction avec une

---

25 Pour le Bâtonnier Sixte Ugolini : « Être présumé innocent, ne veut pas dire que l'on soit innocent. Confondre présomption et réalité, c'est ce que tentent de nous faire admettre tous les braillards médiatisés et plus particulièrement nos hommes politiques, mais seulement quand ils sont eux-mêmes concernés. La présomption d'innocence n'est qu'une protection destinée à permettre le plein et entier exercice des droits de la défense (…) En fait, cette notion n'est qu'une règle de procédure qui permet à toute personne mise en accusation de se défendre en choisissant librement son système de défense, et même d'en changer donc, sans qu'il puisse lui en être tenu rigueur. C'est la conséquence du système pénal basé sur la recherche de la vérité. C'est à l'accusation d'apporter des preuves de la culpabilité, la personne mise en cause se défend en utilisant tous les procédés que la loi met à sa disposition, y compris les plus choquants, sans que la loi puisse lui en faire reproche. L'exercice de la défense n'est pas une circonstance aggravante. (…) En résumé, le principe de présomption d'innocence permet à chacun d'exercer tous les droits de la défense, y compris le droit de nier et même de mentir, sans que la loi ajoute une pénalité supplémentaire au maximum prévu par les textes en vigueur » (Ugolini S., *Derrière le Barreau*, Autres Temps, 2009, pp. 209-210).

26 Le serment, « *cette vaine formalité qui ne s'impose point aux scélérats et n'ajoute rien aux engagements des âmes honnêtes* » selon Helvétius, ne confère pas au témoin, la vocation d'être cru. Les juges partagent le pessimisme de Corneille : « *Un menteur est toujours prodigue de serments* », voir Lombard P., *Ma vérité sur le mensonge*, Plon, 1997, pp. 35-36.

« (…) Il est clair que le menteur, qui a intérêt à mentir, prêtera tous les serments qu'on voudra, tandis que l'homme sincère n'a nul besoin de jurer pour dire la vérité. Le serment est un vestige des vieilles traditions religieuses. C'était un acte par lequel le témoin engageait le salut de son âme et appelait sur lui les châtiments de la Divinité, pour le cas où il ne dirait pas la vérité. Mais aujourd'hui, il n'intimide plus personne. On ne pense pas que le mensonge soit plus grave quand il est accompagné de ce geste sacramentel. On lève la main aussi facilement qu'on lève la jambe » Vital-Mireille ? *L'assassinat triomphant*, Société Française d'Imprimerie et de Librairie, 1913, pp. 127 à 129.

version antérieure (Souris, 2011 : 32-34 ; Souris, 2009 : 55-57 ; Labigne, 2007 : 33, 36, 42 ; Floriot, 1959 : 31).

4. D'autres vices liés à la modification de la logique

Nous ne le dirons jamais assez, l'argumentation ne peut se passer de la logique, de la cohérence. Cependant, la logique peut être altérée par plusieurs astuces aux fins de gagner l'auditoire par celui qui l'utilise. Le monde judiciaire se trouve être le lieu de prédilection des plaideurs, certes éminents, utilisant leur intelligence et connaissance pour gagner, à tout prix, y compris par le sophisme. Comme qui dirait, la fin justifie le moyen. Nous revenons sur quelques erreurs. Disons néanmoins qu'il n'est pas toujours aisé de faire la différence entre un raisonnement sciemment invalide et un raisonnement involontairement déficient ; les nuances à propos du paralogisme et du sophisme ont été rappelées tout à l'heure. Le plus important, dans ce cas, est d'acquérir la capacité de détecter l'anomalie, en expliciter la forme et réfuter l'argument en question. Les règles de logique restent d'une grande utilité à cet effet.

Un raisonnement peut être invalidé de plusieurs façons. Tantôt la conclusion ne découle pas des prémisses (*non sequitur*) ; tantôt, bien que la conclusion découle des prémisses, celles-ci ne sont pas pertinentes et ratent la cible. L'adversaire peut réfuter parfois une thèse qui non seulement n'est pas celle que l'on défend, mais qui est proprement indéfendable. Il faut montrer que dès lors que son argumentation n'aurait pas atteint la thèse que l'on défend, elle constitue une erreur et n'est pas viable. Une argumentation juridique dont toutes les prémisses sont bien établies mais qui procède par glissement ou par amalgame peut et doit être écartée. Ce n'est donc pas tant une quelconque vérité matérielle qui doit emporter l'adhésion qu'une forme valide d'argumentation (Goltzberg, 2013a : 59).

Nous voulons revenir sur certaines des erreurs qui peuvent être commises dans un raisonnement juridique. Une fois de plus, loin de nous la prétention d'être exhaustif dans l'énumération et l'analyse de ces vices.

A. Non sequitur

Il y a erreur *non sequitur* quand la conclusion n'est pas la conséquence des prémisses. L'expression *non sequitur*, « cela ne s'ensuit pas », signifie qu'une conclusion a été obtenue sans que les prémisses (les points de départ du raisonnement) autorisent une telle conclusion. Cela ne veut pas dire que la conclusion est fausse, mais qu'elle ne découle pas de ce qui a été dit précédemment. Un cas typique est celui d'un lien de causalité qui ne serait pas démontré. Si lors d'un accident de la route entre X et Z, il est prouvé que le conducteur X était en état d'ébriété, il ne s'ensuit pas que le conducteur Z n'était pas en tort (Goltzberg, 2015 : 66).

Au prétoire surtout, les avocats se livrent à ce genre de raisonnement. Dans *Les grands procès de l'histoire*, Tome 1, Librairie Artheme Fayard, 1981, F. Pottecher nous livre quelques exemples :

1° Paul Villain, poursuivi pour avoir commis un assassinat politique sur la personne de Jean Jaurès : « *Plus sérieuse, plus déterminante pour la suite des événements, est son adhésion à la ligue des jeunes amis de l'Alsace-Lorraine, dont les membres honoraires sont Maurice Barrès, Paul Déroulède et Jules Siegfried. Une ligne réactionnaire que Villain tente de présenter comme une association des plus anodines. – Ah non, monsieur le président ! Je n'ai jamais fait de politique ! J'ai cela en horreur ! Avec mes amis de la ligue, nous soutenons seulement que la guerre éclate au plus vite pour que nous puissions enfin arracher l'Alsace et la Lorraine à l'Allemagne. – Tout de même, s'étonne le président, vous lisiez les journaux ! Vous saviez bien que vouloir ou non la guerre, c'était faire la politique* « (Pottecher, 1981 : 19).

2° « *Pour comprendre ce drame, il faut se rappeler les émois que chacun a connus dans la traversée, dans l'odyssée de l'adolescence. Car le crime de Violette Nozière est la réaction brutale d'une adolescence égarée* » (Pottecher, 1981 : 189). L'analyse de ce raisonnement donne le résultat suivant : La majeure – l'adolescence est une période difficile –, et la mineure – Violette Nozière est une adolescente – devaient emporter comme conclusion : « l'intéressé a souffert de sa jeunesse », et non pas « il faut comprendre que Violette Nozière ait tué son père et tenté d'assassiner sa mère ».

Indiquons qu'une erreur de type *non sequitur* apparaît lorsqu'un argument *a contrario* va au-delà des limites posées par la culture d'un système juridique donné. Si une loi interdit « les actes de violence et la torture infligés sans raison », cela ne signifie pas que cette loi autorise *ipso facto* les actes de violence et la torture infligés *avec une raison*. Cette conclusion ne découle pas (ou pas nécessairement) de la formulation de la loi, malgré la redondance manifeste de la précision *sans raison* (Goltzberg, 2015 : 66).

Dans sa défense devant la Cour pénale internationale, Charles Blé Goudé trouve dans l'accusation un raisonnement de type *non sequitur*. Voici comment il le montre : « Madame la Présidente, j'ai entendu beaucoup d'énormités ici. On a dit ici que Blé Goudé a accusé Monsieur Ouattara d'être un farceur, Blé Goudé a pris un matelas pour aller faire une grève de la faim devant l'ambassade de France. Madame la Présidente, est-ce qu'il y a une action plus pacifique qu'une grève de la faim ? Pourquoi on célèbre alors Mahatma Ghandi ? J'ai fait une grève de la faim avec un matelas, c'est pour cela qu'on m'a amené ici ? (...) Est-ce qu'il y a un article dans le Statut de Rome qui qualifie le fait de traiter un adversaire politique de farceur pour nous convoquer ici ? Est-ce qu'il y a un article qui condamne le fait de prendre un matelas pour faire la grève de la faim (...). Pourquoi vous m'avez amené ici ? Pour faire le procès d'une casquette noire ? ».

B. « L'inverse n'est pas vrai »

Cette erreur est une variante du vice *non sequitur* illustré par le proverbe : *Tout ce qui brille n'est pas or.* On peut souvent réécrire les phrases sous la forme d'un sujet et d'un prédicat : *S est P ; Les hommes (S) sont mortels (P)* et les inverser. Cette technique d'inverser les sujet et le prédicat est étudiée en logique classique. C'est la règle de la conversion simple ou parfaite consistant en une opération qui, sans modifier la qualité de la proposition, permute le sujet et le prédicat et vice-versa. Autrement dit, c'est une déduction par transposition des termes, en mettant le prédicat à la place du sujet et réciproquement (Dirven, 1990 : 38).

Lorsqu'elle est légitime, la conversion parfaite ne change pas la valeur de vérité de la prémisse et permet donc de conclure de la vérité de la prémisse à la vérité de la conclusion et de la fausseté de la prémisse à la fausseté de la conclusion et vice-versa. La conversion a une « grande loi » selon laquelle la proposition déduite ne peut affirmer rien de plus que la proposition primitive et donc aucun terme ne peut recevoir une extension plus grande que celle qu'il avait dans la (ou les) prémisse(s). C'est la règle du « *latius hos* » (*quam praemissae conclusion non vult*). Si dans l'antécédent un terme était particulier, dans le conséquent il ne peut pas être universel. La quantité doit donc parfois être adaptée ; la qualité au contraire ne change pas.

Il arrive que l'inversion dont nous parlons crée des difficultés, confirmant le postulat selon lequel « l'inverse n'est pas nécessairement vrai ». C'est ce qu'on appelle techniquement le problème de la « conversion des énoncés prédicatifs » comme ceux qui suivent :

– *S'il est vrai que certains alcooliques sont condamnés pour assassinat, il est vrai que certaines personnes condamnées pour assassinat sont alcooliques.*

– *S'il est vrai, comme le dit un slogan célèbre, que « tous les gagnants ont tenté leur chance », il n'est pas vrai, ou du moins on ne peut pas déduire, que tous ceux qui ont tenté leur chance ont été gagnants.*

– Si le fait de ne pas avoir été dans l'immeuble où s'est déroulé un assassinat rend impossible d'avoir assassiné quelqu'un, il ne s'ensuit pas que quiconque étant dans cet immeuble ait pris part à l'assassinat.

– Si l'entrée d'un lieu est interdite à quiconque n'est pas muni de papiers d'identité, il ne s'en suit pas que des papiers d'identité soient suffisants pour en permettre l'entrée.

D'une manière générale, on peut lier la question de l'interversion du sujet et du prédicat aux notions de conditions nécessaires et suffisantes. En effet, ce n'est pas parce qu'une condition nécessaire autrefois absente est maintenant présente que la condition suffisante est remplie. On peut résumer les choses ainsi : *l'absence d'une condition nécessaire est rédhibitoire, mais sa présence n'est pas nécessairement suffisante* (Goltzberg : 2015, 67-68).

C. Un raisonnement circulaire

Il s'appuie en fait sur ce qu'il doit démontrer. C'est en réalité une pétition de principe sur lequel nous reviendrons lors de l'examen des sophismes. Ainsi, reprocher à une décision de justice son formalisme *sans expliquer en quoi une erreur* a été commise est circulaire. Ou encore, reprocher à une décision de justice son arbitraire alors que la décision est accompagnée d'une motivation, c'est suggérer que cette motivation n'est pas satisfaisante. Si ce reproche n'est pas accompagné d'arguments montrant en quoi la motivation est insuffisante, le raisonnement est circulaire.

Un autre exemple de pétition de principe peut être perçu dans l'exemple suivant : *la décision de déduire du fait – avéré – que quelqu'un n'a pas acquitté la facture, que cette personne est actuellement redevable du montant de la facture constitue une pétition de principe et non une motivation relative à l'existence de la dette litigieuse.* En réalité, s'il s'agit de prouver l'existence de la dette litigieuse, il ne saurait être suffisant d'indiquer que la personne n'a pas payé la somme réclamée (Goltzberg, 2013 a : 62).

D. Un raisonnement trivial

Selon Stefan Goltzgerg, c'est celui qui s'appuie sur un énoncé vulgaire, facile, rebattu, extrêmement commun, dès lors qu'il invoque un point que personne ne songerait à remettre en question. Est frappé de trivialité l'argument reposant sur l'idée qu'il est mal de mal faire. Par exemple, qu'il est mauvais d'être trop strict ou trop laxiste : le mot *trop* contient déjà la condamnation. N'importe quel énoncé commençant par *Il est mauvais de trop + verbe* sera vrai. Comme il ne transmet aucune information, il est trivial (*Ibidem* : 63).

Illustrons par la défense de Charles Blé Goudé devant la Cour pénale internationale qui tente de montrer la trivialité d'un raisonnement de l'accusation : « Blé Goudé a dit qu'il a l'Éternel des armés. Madame la Présidente, vraiment c'est ici à La Haye que je suis en train d'apprendre beaucoup de choses. Donc avoir l'Éternel des armées est un crime contre l'humanité ? Je ne savais pas ! Que fait-on du fameux et célèbre psaume 23 (*L'Éternel est mon berger, je ne crains aucun mal*) ; cela n'est pas de moi, c'est dans un livre saint. C'est pour cela qu'on m'a amené ici ? Donc tout ça pour ça ? ».

E. Un raisonnement contradictoire

Il présente deux énoncés ou deux idées qui ne peuvent être vraies en même temps. Certains raisonnements ne sont pas immédiatement contradictoires bien que l'on ressente tout de suite une sorte de contradiction. Typiquement, on appelle *argument du chaudron*, un raisonnement composé de plusieurs parties qui, bien qu'acceptables individuellement, sont contradictoires les unes avec les autres.

– Argument du chaudron : *Un homme dit à son ami : Je ne suis pas content, car je t'ai prêté un chaudron et tu me l'as rendu abîmé ! L'autre répond : premièrement, je ne t'ai jamais emprunté de chaudron ; deuxièmement, je te l'ai rendu intact ; troisièmement, le chaudron était déjà abîmé lorsque je te l'ai emprunté !*

– La Chutspah : *Un jeune homme, ayant assassiné ses deux parents, plaide devant le juge une circonstance atténuante en invoquant le fait qu'il est... orphelin !*

– La double accusation : *L'auteur x reproche à l'auteur y d'avoir plagié l'auteur x et de n'avoir du reste rien dit de valable ni d'original* (Goltzberg, 2013 a : 63).

Section 2. Quelques stratagèmes argumentatifs

Nous avons examiné certains arguments auxquels on recourt souvent pour l'interprétation des règles juridiques. L'analyse y consacrée n'a pas épuisé l'existence d'autres arguments utilisés par des plaideurs et autres orateurs. Dans les lignes suivantes, nous nous proposons de mentionner quelques-uns en lien surtout avec les stratégies paralogiques et sophistiques sous examen.

1. *Argument* ad antiquitatem

C'est aussi une stratégie sophistique consistant en la justification d'une pratique par son usage, par l'habitude. Elle s'exprime par les phrases : « *la tradition veut que…. Et l'on ne peut aller à son* encontre » ; « *tout le monde agit de cette* façon » ; « *l'on pratique toujours ainsi* ». Il est vrai qu'en droit la coutume est une source qui ne peut être ignorée par tout juriste, y compris celui du système de droit romano-germanique. Mais lorsque, indiquant les éléments matériel et psychologique de la coutume (la pratique constante et répétée ainsi que l'*opinio juris sive necessitatis*), cette pratique n'est pas acceptée comme telle, après sa constante répétition, comme constituant du droit auquel on est soumis, il est nécessaire de dire que toute tradition n'équivaut pas automatiquement à une coutume ou à un usage. Dans le système de la *Common Law* le précédent a force de loi, en d'autres termes, la coutume est une source principale, mais plusieurs critères doivent être strictement observés. Il n'en va pas de même dans le système judiciaire du droit continental où la pérennité d'une pratique ne la légalise pas. Effectivement, une pratique peut être *contra legem* et ce n'est pas parce qu'elle est répétée qu'elle devient, par ce fait, légale.

Pour exemple, ceux des Avocats qui ont introduit des demandes de grâce présidentielle pour leurs clients s'impatientent souvent de voir des jours passer sans réponse positive à leurs requêtes. Néanmoins, ils ne manquent pas de dire aux proches des clients en prison que « de coutume, le Chef de l'État le fait soit à l'approche des fêtes de l'année, soit la veille de la fête nationale de l'indépendance ». L'argument des Avocats est avancé compte tenu du fait que par le passé, le Chef de l'État l'a fait à l'occasion des événements précités. Cependant, cela ne doit pas être tenu pour légal et donc obligatoire, au point de s'en prévaloir comme motif pour soutenir la requête. Dans son *Dictionnaire amoureux de la justice*, Jacques Vergès donne un cas qui corrobore nos propos : « Le général de Gaule refusa le 19 mars 1944 qu'on lui opposât une habitude lors de l'examen du recours en grâce de Pierre Pecheu, ancien ministre de l'Intérieur du gouvernement de Vichy condamné à mort, qui selon les communistes, avait procédé à la sélection des otages exécutés par les Allemands à Châteaubriant après l'attentat commis à Nantes contre un de leurs officiers. (…). Devant de Gaulle à Alger, le plus notable des défenseurs avança pour le plaidoyer l'argument suivant : "*Il existe une tradition royale : le roi gracie le premier condamné dont le cas lui est présenté. Le droit de grâce est un droit régalien. Vous êtes en ce moment, comme Chef de l'*État, *héritier des rois de France, vous n'avez de comptes à rendre à personne. Seule la tradition vous lie, qui fait que le* *roi gracie toujours le prisonnier dont le cas lui est soumis le premier après son avènement*". De Gaulle leur aurait dit : "*cette tradition, messieurs, vient d'être purgée*" ». (Verges, 2002 : 31-311). Toujours concernant cette affaire, Buttin rapporte les propos de de Gaulle : « Ma personnalité, celle de M. Pucheu ne comptent pas. Je suis moi-même condamné à mort. Vous avez parlé du jugement de l'Histoire, Maître, l'Histoire c'est l'avenir ; seule l'Histoire nous jugera tous les deux. Je voudrai que vous ajoutiez ceci encore ; dites à Monsieur Pucheu, dites-lui bien que si un jour je vais en France, je lui donne l'assurance la plus formelle sur mon honneur ; j'en prends l'engagement devant vous : j'ai des enfants, M. Pucheu en a ; je ferai personnellement, j'insiste, personnellement, tout ce que je pourrai humainement faire pour assurer leur éducation physique et mentale ; je ferai tout pour qu'ils n'aient pas à souffrir trop de la décision que je peux être appelé à prendre » (Buttin, 1948 : 232-233).

2. Argument ad auditores

On avance des allégations conscientes, inexactes, destinées à abuser un auditoire inapte à apprécier leur pertinence. L'argument consiste en une allégation qui n'est pas conforme à la réalité, utilisée pour imposer un point de vue inexact à une personne qui n'est pas spécialiste en la matière (Souris, 2009 : 86). Arthur Schopenhauer note que ce stratagème est surtout utilisé quand les savants se disputent devant des auditeurs ignorants : « Quand on n'a pas d'argumentum *ad rem* et même pas d'argumentum *ad hominem*, il faut en avancer un *ad auditores*, c'est-à-dire une objection non valable mais dont seul le spécialiste reconnaît le manque de validité ; celui qui est le spécialiste, c'est l'adversaire, pas les auditeurs. Aux yeux de ces derniers, c'est donc lui qui est battu, surtout si l'objection fait apparaître son affirmation sous un jour ridicule. Les gens sont toujours prêts à rire, et on a alors les rieurs de son côté. Pour démontrer la nullité de l'objection, il faudrait que l'adversaire fasse une longue démonstration et remonte aux principes scientifiques ou à d'autres faits, et il lui sera difficile de se faire entendre » (Schopenhauer, 2000 : 45).

Il nous importe de signaler que cet argument peut provoquer une victoire, mais également un discrédit de son utilisateur. Comme le dit bien M. Garçon, *on gagne toujours à discuter loyalement, et c'est une erreur de croire qu'on peut tenter de tromper impunément. Il y a toujours à gagner à marquer ce qu'on dit du sceau de l'honnêteté, et l'on acquiert d'autant plus d'autorité qu'on parvient à faire comprendre, dès le début, qu'on ne cherche pas à induire en erreur, mais qu'on se propose d'aider à découvrir la vérité. On n'attache aucune valeur aux paroles de l'avocat qui essaie de soutenir l'impossible et, si même il se glisse dans ses explications quelque argument sérieux, on n'y prête pas attention. S'il fait illusion un jour, il perd ensuite son crédit. Lorsque ceux qu'il a dupés s'aperçoivent de la fraude, rien de ce qu'il dira plus tard n'inspirera plu confiance* (Garçon, 1941 : 213-214).

3. *Argument* ad baculum

Ici on use de la menace (Mossy, 2006 : 140). Cette menace peut n'exprimer que la colère face à une attitude ressentie comme injuste ou prendre la forme d'un ultimatum, ou encore toucher à la carrière du magistrat et même concerner l'intégrité physique du juge (Souris, 2011 : 173-177). La technique est d'utiliser la force, la pression ou la peur comme moyen de persuasion. L'injonction hiérarchique, la menace de sanctions, l'évocation de graves conséquences, procèdent de cet argument (Souris, 2009 : 88). Certains titres des livres ou autres écrits peuvent constituer en soi ce type de stratagème. C'est dans ce cadre que l'on peut comprendre, dans une certaine mesure, le titre assez évocateur de l'ouvrage du Professeur Évariste Boshab de l'Université de Kinshasa *Entre la révision de la Constitution et l'inanition de la nation*, Bruxelles, Larcier, 2013. L'on peut bien comprendre que cet auteur attire l'attention sur la menace qui pèse sur l'État au cas où il n'y aurait pas révision constitutionnelle. La nation serait en danger.

Pour cet argument, l'on peut bien reprendre les propos de Cicéron de son catilinaire : « *Jusques à quand abuseras-tu de notre patience, Catilina ? Combien de temps encore serons-nous le jouet de ta fureur ? Jusqu'où s'emportera ton audace effrénée ? Quoi ! ni la garde qui veille la nuit sur le mont Palatin, ni les forces répandues dans toute la ville, ni la consternation du peuple, ni ce concours de tous les bons citoyens, ni le lieu fortifié choisi pour cette assemblée, ni les regards indignés de tous les sénateurs, rien n'a pu t'*ébranler *! Tu ne vois pas que tes projets sont découverts ? Que ta conjuration est ici environnée de témoins, enchaînée de toutes parts ? Penses-tu qu'aucun de nous ignore ce que tu as fait la nuit dernière et celle qui l'a précédée ; dans quelle maison tu t'es rendu ; quels complices tu as réunis ; quelles résolutions tu as prises ?* » (Cicéron, 1848, I).

4. *Argument* ad consequentiam

Il affirme une conclusion par l'énonciation des conséquences (bonnes ou mauvaises) de la proposition à démontrer. Ici, on pousse le raisonnement de l'adversaire jusqu'au bout de la logique en l'élargissant, en montrant ce qu'en seraient les suites, notamment si on peut lui donner une application générale, cela conduira à devoir en repousser la solution. L'avocat qui choisit cet argument prend sur son adversaire un avantage certain. Il ne cherche plus à prouver que son client a spécialement raison, mais plutôt qu'en donnant raison à son client on fait triompher une idée générale juste et nécessaire (Garçon, 1941 : 49-50).

R. Hesse donne un exemple comparable à ce qui arrive souvent dans ce qu'on reproche à la rédaction des jugements ou arrêts, à l'inattention des greffiers qui tiennent les plumitifs et aux juges indélicats. « Une autre fois, le jugement avait été rendu, et le délinquant condamné à six mois de prison, le Président n'ayant pas vu que le nom de l'avocat était inscrit sur la feuille d'audience. Moro arrive et fait un violent incident : "Voyons, Maître, conclut le Président conciliant, le tribunal va rabattre son jugement et reprendre l'affaire. Vous avez la parole". Alors Moro : "Messieurs. Je suis fort embarrassé. Vous venez de décider que six mois de prison était le juste salaire du délit commis par mon client. Si après m'avoir entendu, vous élevez la peine, vous montrerez que ma plaidoirie justifie toutes les représailles. Si vous le maintenez, vous manifesterez par-là l'inutilité de mon ministère et l'inanité de mon effort. Il ne vous reste donc plus qu'à le diminuer…". Alors, après une étincelante plaidoirie, Moro fait descendre la sanction à deux mois de prison avec sursis » (Hesse, 1950 : 161).

5. Argument **ad crumenam**

Il s'agit d'une tentative de prouver une assertion, sans majeure, par référence à la mineure : la fortune de celui au profit ou à l'initiative de qui l'affirmation est énoncée. Autrement dit, pour établir la validité d'une proposition, l'argument se réfère à la fortune de celui qui l'émet. *L'auteur de l'affirmation ne peut se tromper, puisqu'il est riche ; il ne peut avoir raison, puisqu'il est pauvre* (Souris, 2009 : 95). Dans le *Plaidoyer pour A. Licinius Archias,* Cicéron avait à plaider la cause d'un poète. Il démontre donc qu'Archias, ne fût-il pas citoyen romain, mériterait de l'être par son talent. Il le dit en ces termes : « *Mais pour qu'on ne s'*étonne point que, dans une question de droit, dans une cause plaidée en public, devant un personnage de la plus haute distinction, le préteur du peuple romain, devant des juges respectables, en présence d'*une aussi grande affluence d'auditeurs, j'emploie un style étranger aux coutumes des tribunaux, et même à l'*éloquence judiciaire *; je vous demanderai une grâce que vous ne me refuserez pas sans doute, par égard pour l'accusé, et dont, je l'espère, vous ne vous repentirez pas vous-mêmes : c'est qu'ayant à plaider pour un grand poète, pour un savant, devant un auditoire si instruit, en présence de juges si éclairés, et surtout d'un tel préteur, vous me permettiez de m'*étendre avec quelque liberté sur le mérite des sciences et des lettres, et de me servir, en parlant au nom d'*un homme qu'une vie tranquille et studieuse a rendu étranger aux affaires et aux orages du barreau, d'un style extraordinaire, et inconnu jusqu'*à présent. Si vous m'*accordez cette demande, cette faveur, je vous ferai voir que vous ne devez pas retrancher du nombre des citoyens A. Licinius, puisqu'il est véritablement citoyen ; et même que, s'il ne l'*était pas, vous devriez l'*adopter* » (Cicéron, 1848 : Pro Archia, II). Ce genre d'argument *ad crumenam* est retrouvé dans le langage courant. C'est en fait ce qu'il faut comprendre derrière la traduction de ces adages swahili qui véhiculent cette pensée : *mali (franka, makuta) ni musema kweli* (celui qui a l'argent dit la vérité) ; *mbuzi ya maskini haizalake* (la chèvre du pauvre ne met pas bat, ne se reproduit pas). Ou encore ces proverbes en lingala : *Mwana ya Mokonzi akotaka boloko te* (L'enfant du Chef ou du Roi ne peut être condamné et emprisonné) ; *Mutu asimbi manduki, batunaka mbula naye te* (On ne demande jamais à celui qui porte une arme, de quel âge est-il).

La littérature renseigne que l'*ad crumenam* est la variante de l'argument *ad verecundiam,* appelée « *la raison du plus riche* ».

6. *Argument* ad verecundiam

C'est l'argument d'autorité, portant sur l'honneur. Au lieu de faire appel à des raisons, il faut se servir d'autorités reconnues en la matière selon le degré des connaissances de l'adversaire (Schopenhauer, 2000 : 48). La logique ne justifie pas une idée, mais bien son utilisation par des personnes dignes de respect.

L'*ad verecundiam* peut, comme l'indique Pascal Souris, emprunter les formes de la prosopopée[27] ; il peut aussi être avancé à la barre par la référence à l'autorité de ceux qui, confrères ou parties, partagent le sentiment du locuteur (Souris, 2011 : 74). Beaucoup d'avocats font comme l'indique Maître Henri Géraud dans l'*Affaire Gorguloff* : « Tout est dit… et je suis cependant obligé de prendre la parole… La défense, que mon jeune confrère Marcel Roger a présentée, contenait, en germe, tous les éléments de la discussion. Elle s'est terminée par un noble appel à la générosité de vos cœurs. Je me permets d'être l'écho de tous en remerciant Roger, et, s'il le permet, en le félicitant ! Mon cher ami, votre esprit chercheur, qui, déjà mûr, déconcerte votre jeunesse, a fait notre admiration. J'aborde la barre avec plus de tranquillité que je ne l'aurais fait il y a une demi-heure » (Géraud, 1933 : 11).

27 La prosopopée est la figure de rhétorique par laquelle l'orateur fait agir des personnes soit présentes, soit absentes ou mortes, et même des choses inanimées. Elle implique — par définition — moins de risque que l'apostrophe, où l'apostrophé peut répondre. La prosopopée permet ainsi des audaces paradoxales, comme l'utilisation de la victime comme caution, témoin, ou juge clément de son meurtrier (Souris, 2009 : 228).

Aussi, n'est-il pas rare qu'un délinquant avoue une infraction, mineure, pour contester un manquement plus grave. Grâce à cette confession sans risque, il revendique l'autorité de sa propre parole quand il nie : son crédit serait démontré par ses aveux. Par exemple : « *Je suis escroc, je le reconnais, mais je ne suis pas un assassin et j'attends les preuves que vous devez produire avant de me juger* » (Souris, 2011 : 75). Ou encore, la défense de ce prévenu : « *Ma confession sera brève : j'ai volé. Mais hors cela, que peut-on me reprocher ? Ma pitié était sincère. Je n'ai jamais eu l'intention de faire de mal à qui que ce fût. J'aimais tous ceux qu'on dit avoir été mes victimes ; je les ai assistés avec dévouement, au prix de ma santé et de mes veilles. Je me suis trop attachée à mes maîtres. Je n'ai jamais attenté à leurs jours ; je n'ai, de ma vie, jalousé personne et surtout je ne connais aucun poison. En trois mots, je suis innocente. Condamnée des hommes, abandonnée de tous sur la terre, Dieu m'absoudra. Dans cette protestation, rien n'est vrai que l'aveu des vols* » (Bouchardon, 1937 : 203-204).

7. *Argument* ad hominem

Il s'agit d'un raisonnement développé par un orateur opposant à son adversaire ses propres propos, écrits ou actes ; il lui emprunte ses armes pour le combattre. Le *tu quoque* qui consiste en la réfutation d'une critique en la retournant à celui qui l'émet, participe de cet argument.

Traditionnellement considéré comme un paralogisme, l'argument *ad hominem* est l'une des armes privilégiées du discours polémique. Il existe quand un cas est discuté sur la base non de ses mérites propres mais à partir de l'analyse (en général défavorable) des motifs ou des circonstances de ceux qui le défendent ou l'attaquent (Amossy, 2006 : 142). C'est principalement la validité logique de l'argument *ad hominem* qui est mise en cause. Dans la mesure où le polémiqueur s'en prend à la personne de son adversaire plutôt qu'au sujet même de la controverse (il n'est pas *ad rem*), il est accusé de manquer de pertinence. Mais c'est aussi du point de vue d'une éthique de la discussion (Habermas, 1987 : 228 et s) que l'ad *hominem* pèche. Ainsi, le pragma-dialectique soutient qu'une règle essentielle du débat critique est de permettre à l'autre d'avancer ses arguments, ce qui interdit de le discréditer personnellement en mettant en doute son impartialité, sa compétence, son intégrité ou sa fiabilité (Amossy, 2006 : 142).

Par exemple pour les écrits, un cas s'est produit surtout dans des débats politiques de la vie congolaise dans les années 2011-2016 au sujet de l'appartenance à l'opposition de Monsieur Vital Kamerhe, Président honoraire de l'Assemblée nationale et ancien proche du Président Joseph Kabila. Du temps où il s'entendait bien avec J. Kabila, V. Kamerhe avait publié en 2006 un ouvrage intitulé *Pourquoi j'ai choisi Joseph Kabila.* Devenu opposant à son ancien chef et allié, V. Kamerhe a été chaque fois confronté à son écrit par un groupe de l'opposition qui doutait de son engagement politique contre les idées de la majorité présidentielle et de J. Kabila.

Un autre exemple des écrits est tiré du livre de Madeleine Jacob, À *vous de juger*, Les yeux ouverts, 1962, pp. 224-225 : « N'écrivez jamais, messieurs les avocats. La partie civile utilise des citations empruntées à son confrère Floriot. Les avocats ont depuis quelque temps cédé à la manie d'écrire, de publier. Le dernier ouvrage de Me Floriot est consacré à ses souvenirs. Et que lit-on sous sa plume : "*La plupart des erreurs judiciaires ont été commises à l'égard d'inculpés, qui avaient avoué ce qu'on voulait. Le client n'aime pas plaider coupable, surtout s'il l'est. Les supplications de son défenseur n'y changeront rien. 'N'avouez jamais' a fait de nombreux adeptes. On est persuadé qu'en niant énergiquement on crée un doute dans l'esprit des Juges*". Me Floriot paraît fort affairé à son dossier. N'écrivez jamais, mon cher Floriot, n'écrivez jamais. Vous voyez comme c'est dangereux ».

Concernant les actes, un célèbre exemple nous vient du procès de Nuremberg qui jugeait les criminels nazis où l'accusation et le tribunal se sont retrouvés à maintes reprises pointés par les accusés qui usèrent du *tu quoque*. « Les jours suivants, Seidl déposa une petite bombe dans le Tribunal. Sans tenir compte des protestations indignées du juge et du procureur russes, il révéla que les Soviétiques avaient signé un protocole secret jusqu'à présent inconnu et joint au fameux pacte germano-soviétique. En deux clauses qui tenaient sur une seule feuille de papier, ce document signé huit jours avant le déclenchement de la guerre établissait les lignes de partage de la Pologne et de cinq autres pays de l'Europe de l'Est entre l'Allemagne nazie et l'Union soviétique. Et c'étaient les mêmes hommes qui avaient signé ce document qui maintenant se dressaient, impassible, pour juger leurs anciens complices… Cela, les Russes ne le pardonnèrent jamais à Hess » (Irving, 1988 : 403-404).

En fait, pour le moins que nous soyons critique, il importe de noter que l'argument *ad hominem* est une « bassesse » qui utilise une certaine violence, interdisant tout raisonnement (Amossy, 2006 : 142). C'est dans cet ordre d'idées qu'Olivier Reboul le compare à l'*apodioxie*, argument consistant à repousser tout argument, « refus argumenté d'argumenter soit au nom de la supériorité de l'orateur : *Je n'ai aucune leçon à recevoir…*, soit au nom de l'infériorité de l'auditoire : *ce n'est pas à vous de me donner des leçons…* » et qui « est aussi une sorte de violence verbale » (Reboul, 1991 : 141).

Toutefois, son défaut logique et le caractère douteux de sa qualité éthique n'empêchent pas l'efficacité rhétorique de l'argument *ad hominem*. Ces tactiques du débat sont la plupart du temps fautives en ce qui concerne la logique, mais elles sont souvent pratiquement et rhétoriquement très efficaces, note Trudy Govier qui constate par ailleurs que plus d'une proposition a été battue en brèche parce que la personne qui la soutenait n'était pas de l'âge, du sexe, de la race (de la tribu) ou de la classe qu'il faut (Govier, 1988 : 108).

Par ailleurs, l'argument *ad hominem* a été étudié comme parfaitement valide à condition qu'il soit soutenu pour des faits prouvant que le locuteur « n'a pas l'autorité morale exigée sur la question dont on traite, n'est pas enclin à bien délibérer ou à peser les choses prudemment en raison de motifs ultérieurs, ne partage pas vraiment les valeurs ou les croyances ou encore les principes présupposés dans le contexte, ou est déficient en *ethos* de toute autre manière (Brinton, 1985 : 56).

En fin, une certaine classification a été faite : 1° l'argument *ad hominem* est **logique** lorsqu'on attaque un interlocuteur à propos d'une contradiction formelle, dans son propos, entre deux positions ; 2° il est **circonstanciel** quand on attaque quelqu'un en raison « d'une inconsistance supposée entre une position qu'il affiche et quelque trait de sa personnalité ou de son comportement ; 3° il est **personnel** quand il y a attaque frontale de l'adversaire (l'attaque personnelle, surtout quand elle confine à l'insulte, est parfois dite *ad personam*) (Gauthier, 1995 : 22 et 24).

8. Argument ad ignoratiam

Il vise un renversement de la charge de la preuve. Souvent ce renversement de la charge de la preuve est plaidé par ceux qui ont fait disparaître les preuves. Celui qui utilise cet argument prétend prouver la véracité d'une proposition par l'impossibilité de démontrer son inexactitude. On prétend qu'une chose est vraie car il n'a pas été démontré qu'elle est fausse (Amossy, 2006 : 140). « Nous ne sommes pas des historiens, il appartiendra à ceux-ci, dans l'avenir, de faire des recherches soigneuses (…) ; il ne convient pas de s'attacher à des dépouillements d'archives trop poussées. Dans une affaire, il suffit de rassembler un ou deux documents apportant la preuve de un ou deux faits pour lesquels il est impossible d'opposer la preuve contraire » (Procureur général André Mornet, *Archives nationales*, 3 W-26 cité par Bancaud A., « La justice politique sous Vichy et à la Libération : les procès de Riom et en Haute Cour », in *Les ministres devant la justice*, Acte Sud, 1997, p. 223).

Quelques autres exemples :

> 1° À propos des meubles appartenant à une de ses victimes et retrouvés chez le pilleur Titi Kasereka, après la journée ville morte décrétée par l'opposition politique à Kinshasa : *Ces congélateur et téléviseur ont été*

retrouvés chez vous, à Mombele. Pourriez-vous nous dire pourquoi ? Titi Kasereka répond : ces meubles étaient à moi, puisqu'ils étaient chez moi. En tout cas, en fait de meuble, possession vaut titre. Qu'on me prouve donc que ces congélateur et téléviseur étaient chez moi sans aucun droit !

2° L'abbé Delacollonge qui avait morcelé sa maîtresse après l'avoir étranglée, se vit objecter par l'avocat général : *Peut-il me répondre : « Montrez-moi les coups que j'ai portés, les blessures que j'ai faites. Je déclare, moi, que Fanny Besson a été frappée de mort naturelle et subite, et je dois être cru, parce que vous êtes impuissants à prouver le contraire ». Non. Ce raisonnement n'aurait quelque force que si le cadavre était représenté dans son intégrité, si la justice avait pu reconnaître et constater les véritables causes de la mort (...) Viendra-t-on audacieusement réclamer l'impunité pour prix de la mutilation féroce, à l'aide de laquelle on s'est efforcé de cacher une mort dont on doit répondre ? À l'accusé donc de se justifier, puisque toutes les obscurités sont de son fait, puisque tous les doutes doivent s'interpréter contre lui* (Bouchardon, 1931 : 118-119).

9. *Argument* ad lazarum

Il cherche à prouver une assertion par l'infortune de celui au profit ou à l'initiative de qui elle est émise (Souris, 2011 : 64). Par exemple, on dit « Croyez-le dans ses affirmations, il ne peut se tromper car il est pauvre ». Il s'agit d'une variante de l'argument *ad verecundiam* appelée « *la raison du plus* pauvre » (Souris, 2009 : 102) mais également l'inverse de ce que nous avons relevé à propos de l'argument *ad crumenam*.

Exemples :

- Maître Berryer défendait des charpentiers qui avaient commis le délit de grève qui seront tout de même condamnés. Voici ce qu'il avança comme argument dans sa plaidoirie : « *Et, à ce propos, rappelez-vous qu'un entrepreneur a évalué à trente mille francs les pertes que lui a fait subir une simple interruption de deux mois dans les travaux de charpente... Quoi ! En moins de deux mois, un seul entrepreneur aurait pu réaliser trente mille francs de bénéfice net, et il s'étonne que les ouvriers auxquels il aurait dû ces immenses profits réclament dix centimes de plus par heure ! Est-ce que vous n'êtes pas frappés de ce contraste ?* » (Berryer cité in Trémolet, de Villers, 1997 : 302-303).

- Un autre cas est tiré du procès d'André Armand, accusé faussement de tentative d'assassinat par son cocher Maurice Roux : « (...) C'est entre ces deux hommes, conclut-il, que vous avez à choisir. Tous les deux s'accusent. Acquitter l'un, c'est moralement condamner l'autre. Un verdict, qui proclamera l'innocence d'Armand, impliquera ceci aux yeux du monde. Il dira à Maurice Roux : « Vous avez froidement conçu, froidement exécuté la plus odieuse des spéculations. Pour vous procurer de l'argent, ce qui est le plus vil des mobiles, vous êtes descendu à la cave et vous y avez simulé un assassinat. Cette fable indigne, vous l'avez soutenue avec audace devant votre victime, dont les protestations ne vous ont pas ébranlé, dont l'innocence ne vous a pas touché, dont le malheur ne vous a pas fait fondre en larmes. Cette fable, vous l'avez soutenue devant la justice, au milieu de ses solennités ; vous l'avez soutenu devant Dieu, le jour même où il est venu vous visiter sur votre lit de douleur, outrageant ainsi à la fois, et sa bonté et sa puissance. Vous êtes un scélérat, vous êtes un monstre, et, il n'y a pas dans notre langue, d'expression assez énergique pour vous fléchir. Voilà, Messieurs, le sens qui sera donné à votre verdict si vous croyez devoir le rendre. Mais, avant, regardez-y à deux fois, surtout lorsque des deux hommes entre lesquels le conflit est engagé, l'un est pauvre, isolé, dénué de tout, l'autre, riche, puissant, secondé par toutes les influences » (Bouchardon, 1930 : 153-154).

10. *Argument* ad nauseam

Cet argument consiste en la répétition d'une affirmation pour esquiver une argumentation. On ne rencontre pas une réponse en répétant l'argument auquel la réponse s'attache. La répétition pourrait en être une stratégie illustrative. « Napoléon disait qu'il n'existe qu'une seule figure sérieuse de rhétorique, la répétition. La chose affirmée arrive, par la répétition, à s'établir dans les esprits au point d'être acceptée comme une vérité démontrée » (Le Bon, cité par Souris, 2011 : 66-67). Baillargeon qui cite Joseph Goebbels va dans le même sens en disant qu'« à force de répétitions et à l'aide d'une bonne connaissance du psychisme des personnes concernées, il devrait être tout à fait possible de prouver qu'un carré est en fait un cercle. Car après tout, que sont "cercle" et "carré". De simples mots. Et les mots peuvent être façonnés jusqu'à rendre méconnaissables les idées qu'ils véhiculent » (Baillargeon, 2005-2006 : 19)

11. *Argument* ad odium *ou argument* ad misericordiam

C'est une stratégie qui recherche l'adhésion de l'interlocuteur, en faisant appel à ses sentiments : de dégoût ou de pitié (Amossy, 2006 : 140). Cet argument tend à écarter la thèse adverse en la formulant de façon péjorative, sans en aborder le fond. Cicéron, dans sa plaidoirie *Pro Rabirio* illustre bien cette stratégie : « *Eh bien ! Lequel de nous, Labienus est l'ami du peuple ? Est-ce vous qui voulez que, dans l'assemblée même, on livre les citoyens au bourreau et qu'on les charge de fers ;*

vous qui voulez qu'au champ de Mars, dans les comices centuriates, on plante et on élève une croix pour les supplices des citoyens ? Ou moi qui défends de profaner l'assemblée publique par la présence funeste d'un bourreau ; moi qui veux qu'on efface les vestiges d'un crime odieux de la place où se réunit le peuple romain, moi qui soutiens qu'il ne faut point laisser porter atteinte au caractère sacré de vos assemblées, à la sainteté du champ de Mars, à l'inviolabilité de la personne de tous les citoyens romains, à l'intégrité de leurs droits et de leur liberté ? » (Cicéron, *Pro Rabirio*, in Schmidt, 2005 : 89).

D'autres exemples : « Des diffamations contre ma femme ! Moi dont le désespoir, dans les excès de la sévérité la plus chagrine, de ma jalousie la plus injuste, fut de penser que je ne pouvais plus la rendre heureuse ! Des diffamations ! Eh ! N'aurais-je pas été la première victime de ma vengeance ? Quel mal aurai-je fait à ma femme que je n'eusse pas senti ? » (Corato, 2005 : 201). « *Voici la cause que je vais plaider : c'est l'humanité, messieurs, c'est l'humanité ! Elle vous intéresse tous et vous la vengerez. Si c'est un crime de défendre les malheureux : sensibilité, compassion pour les êtres indigents, faibles et opprimés, il faudra donc vous exiler du cœur de l'homme de bien…* » (Berryer, 1838 : 201).

L'on peut dire que l'argumentation principalement émotionnelle, qui fait appel à la miséricorde et à la pitié, constitue souvent l'aveu de la matérialité de l'infraction ou à tout le moins la reconnaissance de l'impertinence d'une argumentation logique. Dans la pratique, on constatera que tout événement ou motif quelconque est exploité à des fins stratégiques : la jeunesse comme la vieillesse, l'enfance malheureuse ou trop heureuse, l'absence d'autorité parentale aussi bien que l'éducation trop sévère, le défaut d'antécédents judiciaires sinon la dernière chance à accorder au multirécidiviste, etc. (Souris, 2011 : 185-220).

12. Argument ad novitatem

Il s'agit d'une stratégie de confronter le passé et le présent et plaider pour la nouveauté. Par exemple, on soutient une proposition jurisprudentielle en raison de sa nouveauté ou encore on plaide pour l'invalidité d'un point de vue à cause de son ancienneté.

À ce propos, il faudra faire attention car, comme nous le disait le Professeur Nyabirungu mwene Songa dans ses enseignements de droit pénal général, ce n'est pas parce qu'un livre est vieux qu'il ne contient pas de vérité actuelle. Il nous l'a dit en réaction à l'opinion des étudiants qui justifiaient la non fréquentation de la bibliothèque de la Faculté de droit de l'Université de Kinshasa des années 1990 au motif qu'elle n'avait que de vieux ouvrages. De toute façon, la vérité ne vieillit pas. Cependant, il est également nécessaire de ne pas tomber dans l'autre revers qui expose à la mode, privilégiant ce qui est neuf. Tout ce qui est nouveau n'est pas nécessairement valide et utile. La critique devra être mise à contribution.

13. Argument ad numeram ou ad populum

Cet argument soutient la vérité d'une thèse par la référence à l'opinion publique, aux croyances populaires – lesquelles reposeraient sur un fond de vérité – ou à l'avis du plus grand nombre (Souris, 2009 : 106). Pour Arthur Schopenhauer, il s'agit d'une variante de l'argument *ad verecundiam* que nous avons évoqué. Il en donne un exemple à son stratagème 30 : « *Il faut aussi utiliser en matière d'autorités les préjugés les plus répandus. Car la plupart des gens pensent avec Aristote : "ce qui paraît juste à une multitude, nous disons que c'est vrai"* (Éthique *à Nicomaque) : il n'y a en effet aucune opinion, aussi absurde soit-elle, que les hommes n'aient pas rapidement adoptée dès qu'on a réussi à les persuader qu'elle était généralement acceptée. L'exemple agit sur leur pensée comme sur leurs actes. Ce sont les moutons qui suivent le bélier de tête, où qu'il les conduise : il leur est plus facile de mourir que de penser* » (Schopenhauer, 2000 : 49).

À propos de l'argument *ad numeram*, retenons ces autres exemples : « *L'aigle marche toujours seul, le dindon fait troupe* » (Marat) et « *On invoque, on réclame la sagesse de nos pères, comme si l'histoire n'était pas le résultat et le témoin de leurs barbares rites et de leur ignorance* » (Gandhi) (Corato, 2005 : 157) et pour l'argument *ad populum* : « *Si tu n'as pas encore traversé vers l'autre rive, ne te moque pas de celui qui se noie ; on ne vend pas la peau du léopard sans l'avoir égorgé* ».

En conclusion, nous disons que l'argumentation juridique reste un champ complexe usant de tous les moyens du raisonnement valide, parfois invalide, pour se déployer. Il reviendra au juriste d'en connaître les contours qu'il utilisera soit pour charger la partie adverse ou se décharger des allégations le concernant. Le juge comme le conseiller juridique sont appelés à maîtriser ces techniques argumentatives qui restent, disons-le, utiles et nécessaires pour le travail qu'ils sont appelés à réaliser.

BIBLIOGRAPHIE

AJDUKIEWICZ K., (1934), *Logiczne podstawy nauczania*, Nakładem « Naszej Księgarni », Sp. Akc. Związku Nauczycielstwa Pol- skiego, Warszawa.

AKELE ADAU P., (2009), « Options axiologiques et techniques fondamentales », in AKELE ADAU P., (dir), *Réforme du Code pénal congolais*, Tome III, Kinshasa, Éditions du CEPAS.

AMOSSY R., (2006), *L'argumentation dans le discours*, 2e édition, Paris, Armand Colin.

AMSELEK P., (1997), « La part de la science dans les activités des juristes », in *Chronique*, 1-2, pp. 339-352.

ANSCOMBRE J.-C., (1983), *L'argumentation dans la langue*, Liège, Mardaga.

ARISTOTE, (1968), « Analytique Prior, IV, 25b, 35-37 », *Analytique*, Paris, PUF.

ARISTOTE, (1968), « Analytique Posterior, II, XI, 94 à 20, b 26 », *Analytique*, Paris, PUF.

ARISTOTE, (1969), *Réfutations sophistiques*, (trad. de Tricot), Paris, Vrin.

ARISTOTE, (1974), *Topiques*, (trad. de Tricot), Paris, Vrin

ATIAS C., (2002), *Épistémologie juridique*, Paris, Dalloz.

ATIENZA M., (2006-2007), *Cours d'Argumentation juridique*, Académie Européenne de Théorie du Droit, Bruxelles.

BACHELARD G., (2011), *La formation de l'esprit scientifique*, Paris, Vrin.

BAILLARGEON N., (2005-2006), *Petit cours d'autodéfense intellectuelle*, Paris, Lux.

BALLOT B. (1904), *Le Centenaire du Code civil*, Paris, Imprimerie nationale.

BASDEVANT J., (1960), *Dictionnaire de la terminologie du droit international*, Paris, Sirey.

BATIFFOL H., (1984), « Sur l'œuvre de L. Husson », in *Dialogue, dialectique, en philosophie et en droit : Archives de Philosophie du droit.*

BENTHAM J., (1840), Œuvres, Bruxelles, Société belge de Librairie, Hauman & Cie, 3e éd.

BERARD DES GLAJEUX A. (1892), *Souvenirs d'un président d'assises, accusés et juges-accusateurs et avocats*, Paris, Plon.

BERGEL J.-L., (2003), *Théorie générale du droit*, 4e éd., Paris, Dalloz, « Méthode du droit ».

BERTRAND POIROT-DELPECH C., (2009), in ROBERD-DIARD P. et RIOUX D., *Le Monde Les grands procès 1944-2010*, Paris, Les Arènes.

BOBBIO N. , (1965), « Des critères pour résoudre les antinomies », in PERELMAN C. (dir), *Les antinomies en droit*, Bruxelles, Bruylant, pp. 237-258.

BOBBIO N., (1954), « Considérations introductives sur le raisonnement des juristes », in *Revue Internationale de Philosophie*, n° 8, 67-83.

BOSHAB E., (2013), *Entre la révision de la Constitution et l'inanition de la nation*, Bruxelles, Larcier.

BOSSELET S. et BILLARD V., (2016), *Arguments politiques. Décryptez la langue de bois*, Paris, Bréal.

BOUCHARDON P., (1930), *Le cocher de M. Armand*, Paris, les Portiques.

BOUCHARDON P., (1931), *L'abbé Delacollonge*, Paris, Lemerre.

BOUCHARDON P., (1937), *Hélène Jégardo*, Paris, Albin Michel.

BOYER A., (1995), « De usu argumentorum », in *Argumentation et rhétorique (I). HERMES 15 Cognition, Communication, Politique*, Paris, CNRS Éditions, pp. 22-39.

BREDIN J. D., (1999), « La dignité de chacun », in *Le Monde*, 4 décembre.

BREDIN J.-D., (1969), « La logique judiciaire et l'avocat », in *La logique judiaiciaire*, 5e Colloque des Instituts d'Études judiciaires, Paris, PUF, pp. 93-103.

BRINTON A., (1985), « A Rhetorical View of the ad hominem », in *Australian Journal of Philosophy*, 63, 1, pp. 51-63.

BUCH H., (1968), « Les lacunes en droit administratif », in PERELMAN C., (dir), *Le problème des lacunes en droit*, Bruxelles, Bruylant, pp. 441-462.

BUTTIN P., (1948), *Le procès Pucheu*, Paris, Amiot-Dumont.

CANARIS C.-W., (1968), « De la manière de constater et de combler les lacunes de la loi en droit allemand » in, PERELMAN C., (dir), *Le problème des lacunes en droit*, Bruxelles, Bruylant, pp. 161-179.

CARBONNIER J., (1976), *Sociologie juridique*, Paris, PUF.

CARBONNIER J., (1999), *Droit civil. Introduction*, 26e éd., Paris, PUF.

CARBONNIER, J., (1976), *Flexible du droit*, 2e éd., Paris, LGDJ.

CASAMAYOR, (1957), *Les juges*, Paris, Seuil.

CAUSIN E., (1981), « La preuve et l'interprétation en droit privé », in PERELMAN C. et FORIERS F. (dir), *La preuve en droit*, Bruxelles, Bruylant, pp.197-236.

CECCALDI C., (1969), *La criminalistique*, Paris, PUF.

CHAUMONT Ch., (1970), « A la recherche du fondement du caractère obligatoire du droit international », in *RCADI*, pp. 3-21.

CHAUMONT Ch., (1970 a), « Cours général de droit international public », in *RCADI*, pp. 338-389.

CHAUMONT Ch., (1975), « Méthode d'analyse du droit international », in *Revue belge de droit international*, pp. 32-52.

CHEMILLIER-DENDREAU M. et COURVOISIER Cl., (1978), *Introduction à la sociologie politique*, Paris, Dalloz, 2e éd.

CHEMILLIER-GENDREAU M., (1978 a), « Le droit international : droit proclamatoire et droit exécutoire (idéologie et/ou superstructure) », in *La relation du droit international avec la structure économique et sociale*. Actes de la quatrième rencontre de Reims, *Réalités du droit international contemporain*, ARERS, pp. 45-63.

CHEMILLIER-GENDREAU M., (1987), « Origine et rôle de la fiction en droit international public », in *Archives de philosophie du droit*, pp. 150-164.

CHENIQUE F., (2006), *Éléments de Logique Classique. L'art de penser, de juger et de raisonner*, Paris, L'Harmattan.

CHRISTIE G. C., (2005), *L'auditoire universel dans l'argumentation juridique*, trad. angl. et présenté par Guy Haarscher, Bruxelles, Bruylant.

CICÉRON, (1848), Œuvres complètes, Tome 2, Paris, J. J. Dubochet, Le Chevalier.

COMTE A. G., (1968), « Décision, Complétude, Clôture. À propos des lacunes en droit », in PERELMAN C., (dir), *Le problème des lacunes en droit*, Bruxelles, Bruylant, pp. 67-84.

COPI I. et BURGESS-JACKSON K., (1992), *Informal Logic*, NJ, Prentice Hall.

CORATO N., (2005), *Grandes plaidoiries et Grands procès du XV au XXe siècle*, Paris, Prat.

CORNU G., (1990), *Linguistique juridique*, Paris, Montchrestien.

CORNU G., (2013), *Vocabulaire juridique*, Paris, PUF.

DALBIGNAT-DEHARO G., (2009), *Vérité scientifique et vérité judiciaire en droit privé*, Montchrestien, Paris, LGDJ.

DAMETTE E. & DARGIROLLE F., (2012), *Méthode de français juridique*, Paris, Dalloz.

de LEVAL G., (2011), « Les techniques d'approche de la vérité judiciaire en matière civile », in de LEVAL G.(dir), *La preuve et la difficile quête de la vérité judiciaire*, Liège, Arthemis, pp. 25-54.

DEKKERS R., 1935, *Le fiction juridique : étude de droit romain et de droit comparé*, Paris, Sirey.

DELAMALLE M., (1838), *Leçons et modèles d'éloquence judiciaire*, Québec, J. L'Henry & Cie.

DELGADO-OCANDO J. M., 1974, « La fiction juridique dans le Code civil vénézuélien avec quelques références à la législation comparée », in PERELMAN Ch. et FORIERS P. (dir), *Les présomptions et les fictions en droit*, Bruxelles, Bruylant, pp. 73-100.

DELMAS-MARTY M., (1986), *Le flou du droit*, Paris, PUF.

DEVAUX V., (1968), « Les lacunes de la loi dans le Droit de l'ancien Congo belge », in PERELMAN C., (dir), *Le problème des lacunes en droit*, Bruxelles, Bruylant, pp. 247-274.

DIBUNDA KABUINJI, (1979), *Langage et technique de la Cour Suprême de Justice en instance de cassation*, Kinshasa, SEJZ.

DIRVEN E., (1990), *Introduction aux logiques*, Kinshasa, Loyola, 3e éd.

DISTEFANO D. et BUZZINI G. P., (2005), *Bréviaire de jurisprudence internationale*, Bruxelles, Bruylant.

DIUMI SHUTSHA D., (2013), *L'accès à la justice administrative congolaise : pour l'instauration des modes alternatifs de règlement des conflits*, Éditions universitaires européennes.

DJUMA BILALI LOKEMA P., CIHUNDA HENGELELA J., KAPINGA K. NKASHAMA S., (2017), « Contentieux du calendrier électoral devant la Cour constitutionnelle sous l'arrêt R. Const. 0338 du 17 octobre 2016. Examen de principales questions juridiques de forme et de fond », in *Annuaire congolais de justice constitutionnelle*, vol. 2, pp. 475-488.

DOMINICY M., (1996), « Le genre épidictique : une argumentation sans questionnement ? », in HOOEGAERT C. (dir), *Argumentation et questionnement*, Paris, PUF, pp. 1-12.

DOUCHY-OUDOT M., (2013), *Droit civil 1re année. Introduction, Personnes, Famille*, Paris, Dalloz, 7e édition.

DUCHATELET L., (1968), « Le problème de la lacune en législation sociale », in PERELMAN C., (dir), *Le problème des lacunes en droit*, Bruxelles, Bruylant, pp. 425-440.

DUCROT O., (1980), *Les échelles argumentatives*, Paris, Minuit.

DUHEM P., (1981), *La théorie physique*, Paris, Vrin.

DUPREEL E., (1949), *Essais pluralistes*, Paris, PUF.

DWORKIN R., (1994), *L'empire du droit*, Paris, PUF.

DWORKIN R., (1996), *Une question de principe*, Paris, PUF.

EBERHARD C., (2005), « Redéfinir nos responsabilités entre globalités et localités. Dialogues introductifs », in *Droit, gouvernance et développement durable*, (sous la direction de C. Eberhard), Cahiers d'Anthropologie du droit, LAJP, Paris, Karthala, 2005.

EBERHARD C., (2006), *Le droit au miroir des cultures. Pour une autre mondialisation*, Paris, LGDJ, 2006.

ECO U., (2011), *Sémiotique et philosophie du langage*, Paris, PUF.

ESTOUP P., (1990), « Réflexions sur l'art de conclure », in *Gazette du Palais*, 5 mai, n° 15, pp. 237-242.

FISS O., (1982), « Objectivity and Interpretation », in *Standford Law Review*, 34, pp. 739-736.

FLORIOT R., (1959), *Au banc de la défense*, Paris, Gallimard.

FORIERS P. A., (1981), « La preuve du fait devant la Cour de cassation » in PERELMAN C. et FORIERS F. (dir), *La preuve en droit*, Bruxelles, Bruylant, pp. 123-147

FORIERS P., (1965), « Les antinomies en droit », in PERELMAN C. (dir), *Les antinomies en droit*, Bruxelles, Bruylant, pp. 20-38.

FORIERS P., (1968), « Les lacunes en droit », in PERELMAN C., (dir), *Le problème des lacunes en droit*, Bruxelles, Bruylant, pp. 9-29.

FORIERS P., (1974), « Présomptions et fictions », in PERELMAN Ch. et FORIERS P. (dir), *Les présomptions et les fictions en droit*, Bruxelles, Bruylant, pp. 7-26.

FOUCAULT M., (1990), « Qu'est-ce que la critique ? », Compte-rendu de la séance du 27 mai 1978, *Bulletin de la société française de philosophie*, vol. 84, n° 2, pp. 29-41.

FRANÇOIS L., (2001), *Le cap des tempêtes. Essai de microscopie du droit*, Bruxelles/Paris, Bruylant/LGDJ.

FRYDMAN B., (2011 a), *Le sens des lois. Histoire de l'interprétation et de la raison juridique*, Bruxelles, Bruylant, 3e éd.

FRYDMAN B., (2011), « Préface », in GOLTZBERG S., *Théorie bidimensionnelle de l'argumentation juridique. Présomption et argument* a fortiori, Bruxelles, Bruylant.

GADAMER H. G., (1965), *Vérité et méthode*, Paris, PUF.

GADAMER H. G., (1978), *Vérité et méthode*, Paris, Gallimard.

GARAPON A., (2001), *Bien juger. Essai sur le rituel judiciaire,* Paris, Odile Jacob.

GARCON M., (1941), *Essai sur l'éloquence judiciaire*, Paris, Mercure de France.

GARÇON M., (1957), *Histoire de la justice sous la troisième* république, Paris, Fayard.

GAUTHIER G., (1995), « L'argumentation périphérique dans la communication politique : le cas de l'argument "ad hominem" », in *Hermes* 16. *Argumentation et rhétorique*, pp. 149-152.

GENETTE G., (1982), *Palimpsestes. La littérature au second degré*, Paris, Seuil.

GENY F., (1930), *Science et technique et droit privé positif*, Paris, Sirey.

GENY, Fr., (1919), *Méthode d'interprétation et sources en droit privé positif*, Paris, LGDJ, 2e éd.

GEOUFFRE DE LA PRADELLE G., (1990), *Introduction au droit français*, Paris, Érasme.

GÉRAUD H., (1933), *Affaire Gorguloff, Plaidoiries de Me Henri Géraud et Marcel Roger*, Paris, LGDJ.

GHIRARDI O. A., (1999), *Le raisonnement judiciaire*, Pompignac, Bière.

GHOZALI N. E., (1984), « Les fondements du droit international public – approche critique di formalisme classique », in *Mélanges offerts à Charles Chaumont. Le droit des peuples à disposer d'eux-mêmes. Méthodes d'analyse du droit international*, Paris, Pedone, pp. 295-315.

GODINEC P.-Fr., (1984), « Dialectique du droit international et de la politique internationale », in *Mélanges offerts à Charles Chaumont. Le droit des peuples à disposer d'eux-mêmes. Méthodes d'analyse du droit international*, Paris, Pedone, pp. 316-340.

GOLTZBERG S., (2008), « Esquisse de typologie de l'argumentation juridique », in *International Journal for the Semiotics of Law*, 2008/21, pp. 363-375.

GOLTZBERG S., (2012 a), *Théorie bidimensionnelle de l'argumentation juridique. Présomption et argument* a fortiori, Bruxelles, Bruylant.

GOLTZBERG S., (2012), *Théorie bidimensionnelle de l'argumentation juridique. Présomption et argument* a fortiori, Bruxelles, Bruylant.

GOLTZBERG S., (2013 a), *L'argumentation juridique*, Paris, Dalloz.

GOLTZBERG S., (2013 b), *Chaïm Perelman. L'argumentation juridique*, Paris, Michalon.

GOLTZBERG S., (2015), *L'argumentation juridique*, 2e éd., Paris, Dalloz.

GOUBEAU G., (1981), « Le droit à la preuve », in PERELMAN C. et FORIERS F. (dir), *La preuve en droit*, Bruxelles, Bruylant, pp. 277-301.

GOURI H., (1995), *Face à la cage de verre*, Paris, Tiresias.

GOVIER T., (1988), *A pratical Study of Arguments*, Belmont Californie, Wadsworth.

GRONDIN J., (1993), *L'horizon herméneutique de la pensée contemporaine*, Paris, Vrin.

HABERMAS J., (1976), *Connaissance et intérêt*, Paris, Gallimard.

HABERMAS J., (1987), *Théorie de l'agir communicationnel.* Tome 1. *Rationalité de l'agir et rationalisation de la société*, Paris, Fayard.

HABERMAS J., (1997), *Droit et démocratie*, trad. Par R. Rochlitz et C. Bouchindhomme, Paris, Gallimard.

HART H. L. A., (1968), *The concept of law*, Oxford, Clarendon Law Series.

HEBRAUD P., (1969), « Rapport introductif », in *La logique judiciaire*, 5e Colloque des Instituts d'Études judiciaires (Paris, 18-20 mai 1967), Paris, PUF.

HENNESSY PICARD M. et BENGHELLAB N., (2013), « Extériorisation de la sociologie critique du droit et intériorisation de la mondialisation du droit dans le champ doctrinal français », in BACHAND R. (dir), *Théories critiques et droit international*, Bruxelles, Bruylant, pp. 57-71.

HESSE R., (1950), *Quarante ans de palais*, Paris, J. Peyronnet & Cie.

HOECKE V. M., (2002), *Law as Communication*, Oxford, Portland, Oregon.

HUBERLANT C., (1968), « Les mécanismes institués pour combler les lacunes de la loi », in PERELMAN C., (dir), *Le problème des lacunes en droit*, Bruxelles, Bruylant, pp. 31-66.

HUSSON L., (1973), « L'infrastructure du raisonnement juridique », in Études *de logiques juridiques*, publiées par Ch. PERELMAN, Bruxelles, Bruylant.

HUSSON L., (1978), « Les trois dimensions de la motivation judiciaire », in PERELMAN C. et FORIERS P. (dir), *La motivation des décisions de justice*, Bruxelles, Bruylant, pp. 69-109.

HUSSON, (1967), « Les apories de la logique juridique », in *Annales de la Faculté de Droit de Toulouse*, n° 44, pp. 26-42.

HUSSON, (1964), « Le fait et le droit », in *Archives de philosophie du droit*, n° 239-240, pp. 229-240.

IRVIND D., (1988), *Rudolf Hess*, Paris, Albin Michel.

JEAN-PAUL II, (1998), Encyclique *Fides et Ratio*, du 14 septembre.

JONHSTONE H., (1963), « Some Reflections on Argumentation », in *La Théorie de l'argumentation*, Louvain, Nauwelaerts, 1963, pp. 30-39.

KALINOWSKI G., (1965), *Introduction à la logique juridique.* Éléments *de sémiotique juridique, logique des normes et logique juridique*, Paris, LGDJ.

KANT E., (1965), *Critique de la raison pure*, 4e éd., Paris, PUF, Bibliothèque de la philosophie contemporaine.

KARL POPER, (1962), *The Open Society and its Enemies*, Londres, Routledge

KARL POPER, (1990), *Le Réalisme et la science*, trad. Boyer et Andler, Paris, Hermann.

KATUALA KABA KASHALA, LUMBALA ILUNGA Victor et MWANZA KATUALA, (2009), *Arrêts de principe et autres principales décisions de la Cour suprême de justice*, Kinshasa, Batena Ntambua.

KELSEN H., (1962), *Théorie pure du droit*, trad. Ch. Eisenmann, Paris, Dalloz.

KENNES L. et MARC A., (2011), « Vérité et preuve pénale », in de LEVAL G. (dir), *La preuve et la difficile quête de la vérité judiciaire*, Liège, Arthemis, pp. 123-190.

KLUG U., (1968), « Observations sur les problèmes des lacunes en droit », in PERELMAN C., (dir), *Le problème des lacunes en droit*, Bruxelles, Bruylant, pp. 85-104.

KNOBELSPIESS R., (1981), *L'acharnement ou la volonté d'erreur judiciaire*, Stock.

KOLB R., (2005), « Mondialisation et droit international », in *Relations internationales*, 3, pp. 65-86.

KOLB R., (2006), *Interprétation et création en droit international. Esquisse d'une herméneutique juridique moderne pour le droit international public*, Bruxelles, Bruylant, Éditions de l'Université de Bruxelles.

KRINGS E., (1968), « Les lacunes en droit fiscal », in PERELMAN C., (dir), *Le problème des lacunes en droit*, Bruxelles, Bruylant, pp. 463-488.

LABIGNE J., (2007), *Astuces et manipulations mentales*, Paris, Alternatives.

LAGERWALL A., (2013), « Kennedy et moi : qu'est-ce qu'une internationaliste francophone peut apprendre des Nail qu'elle n'aurait pas déjà appris de l'école de Reims à propos de la guerre en Libye ? », in BACHAND R. (dir), *Théories critiques et droit international*, Bruxelles, Bruylant, pp. 16-28.

LALANDE A., (1972), *Vocabulaire technique et critique de la philosophie*, Paris, PUF.

LAUTERPACHT H., (1958), « Some Observations on the Prohibition of *Non Liquet* and the Completeness of the Law », in *Symbolae Verzijl*, La Haye, M. Nijhof, pp. 196-221.

LECLERC J., (2001), « Le Juste confronté aux "Réflexes" interprétatifs du juge », in *Les petites affiches*, 19 déc. 2001, n° 252.

LEGROS R., (1968), « Considérations sur les lacunes et l'interprétation en droit pénal », in PERELMAN C., (dir), *Le problème des lacunes en droit*, Bruxelles, Bruylant, pp. 363-400.

LEGROS R., (1978), « Considérations sur les motifs », in PERELMAN C. et FORIERS P. (dir), *La motivation des décisions de justice*, Bruxelles, Bruylant, pp. 7-22.

LEGROS R., (1981), « La preuve légale en droit pénal », in PERELMAN C. et FORIERS F. (dir), *La preuve en droit*, Bruxelles, Bruylant, pp.149-173.

LEVASSEUR G., (1981), « Le droit de la preuve en droit pénal français » in PERELMAN C. et FORIERS F. (dir), *La preuve en droit*, Bruxelles, Bruylant, pp.175-195.

LIKULIA BOLONGO, (1978), *Méthodes d'approche de la qualification des faits en droit pénal*, Kinshasa, Presses universitaires du Zaïre.

LUGAN B., (2013), *Les guerres d'Afrique. Des origines à nos jours*, Paris, Rocher.

MacCORMICK N., (1995), « Les contraintes argumentatives dans l'interprétation juridique », in AMSELEK P, (dir), *Interprétation et droit*, Aix-Marseille-Bruxelles, Bruylant-Presses universitaires d'Aix-Marseille.

MALLIEUX F., (1908), *L'exégèse des codes et la nature du raisonnement juridique*, Paris, Giard et Brière.

MAMPUYA KANUNK'a TSHIABO A., (1986), *Désuétude du système de sécurité collective*, Kinshasa, Presses universitaires du Zaïre.

MAMPUYA KANUNK'A TSHIABO A., (2016), *Traité de droit international public*, Kinshasa, Mediaspaul.

MAMPUYA KANUNK'a TSHIABO, (2016), *Les sanctions américaines violent le droit international*, Kinshasa, Mediaspaul.

MAREILLE V., (1907), *La plaidoirie sentimentale en France*, Paris, Pedone.

MARTINEAU F., (2012), *Petit traité d'argumentation judicaire et de plaidoirie*, 5e éd., Paris, Dalloz.

MARTY, (1929), *La distinction du fait et du droit devant la Cour de cassation*, thèse, Toulouse.

MATHIEU-IZORCHE M.-L., (2001), *Le raisonnement juridique*, Paris, PUF.

MERLE R. et VITU A., (1997), *Traité de droit criminel*, Paris, Cujas.

MERLEAU-PONTY, (1990), *Signes*, Paris, Gallimard, 1990.

MEYER M., (1996), « Les fondements de l'argumentation », in HOOEGAERT C. (dir), *Argumentation et questionnement*, Paris, PUF, pp. 13-36.

MEYER M., (1996), « Les fondements de l'argumentation », in HOOEGAERT C. (dir), *Argumentation et questionnement*, Paris, PUF, pp. 13-36.

MEYER M., (2008), *Qu'est-ce que l'argumentation ?*, Paris, Vrin.

MINGASHANG I., (2007-2008), *L'actualité de l'affaire de la* Caroline *en droit international public. La doctrine de la légitime défense préventive en procès*, Thèse, Université Libre de Bruxelles.

MOREAU J., (1963), « Rhétorique, dialectique et exigence première », in *Théorie de l'argumentation*, Louvain, Nauwelaerts.

MORGENTHAL L., (1965), « Les antinomies en droit social », in PERELMAN C. (dir), *Les antinomies en droit*, Bruxelles, Bruylant, pp. 39-62.

MOTTE M.-T., (1954), « La rigueur du raisonnement dans les débats juridiques », in *Revue Internationale de Philosophie*, n° 8, 84-92.

MOTUSKLY, (1948), *Principes d'une réalisation méthodique du droit privé. La théorie des éléments générateurs des droits subjectifs*, thèse, Lyon.

MUKADI BONYI et KATUALA KABA KASHALA, (1999), *Procédure civile*, Kinshasa, Batena Ntambua.

NADEAU R., (1999), *Vocabulaire technique et analytique de l'épistémologie*, Paris, PUF.

NAUD A., (1948), *Pourquoi je n'ai pas défendu Pierre Laval*, Paris, Fayard.

NKULU KILOMBO, (1979), *Profession d'avocat* : règles *et usages en matière disciplinaire*, Collection : Études et Enseignement, éd. SECCO.

NYABIRUNGU mwene SONGA, (2007), *Traité de droit pénal* général congolais, Kinshasa, 2e, Éditions universitaires africaines.

NYABIRUNGU mwene SONGA, (2008), « L'infraction, la responsabilité, la sanction et la réparation dans la réforme du droit pénal congolais », in AKELE ADAU P. (dir), *Réforme du Code pénal congolais. À la recherche des options fondamentales du Code pénal congolais*, Tome II, Kinshasa, Éditions du CEPAS, pp. 301-320.

NYABIRUNGU mwene SONGA, (2013), *Droit international pénal. Crimes contre la paix et la sécurité de l'humanité*, Kinshasa, Droit et Société.

OST F. et de KERCHOVE M. V., (1987), *Jalons pour une théorie critique du droit*, Bruxelles, Facultés universitaires Saint-Louis.

OST F. et de KERCHOVE M. V., (2002), *De la pyramide au réseau ? Pour une théorie dialectique du droit*, Bruxelles, Facultés universitaires Saint-Louis.

OST F., (2012), *Dire le droit, faire justice*, Bruxelles, Bruylant, 2e éd.

PABLO SANDONATO DE LEON, (2015), *Les présomptions judiciaires en droit international public*, Paris, Pedone.

PARAIN-VIAL, (1967), « Logique juridique et fondement du droit », in *Annales de la Faculté de droit de Toulouse*, n° 177, fasc. 1, pp. 160-172.

PASCAL B., (1936), *Pensées*, Paris, NRF « La Pléiade ».

PAVEAU M.-A., (2008), « J'irai cracher sur ta France » – Discours d'outrage aux emblèmes et symboles de l'État, in DESMONS, PAVEAU M.-A., et consorts, *Outrages, insultes, blasphèmes et injures : violences du langage et polices du discours*, Paris, L'Harmattan, pp. 129-140.

PECH T., (2000), « L'épreuve du jugement », in *Esprit*, mars-avril.

PEDROT P. (dir), (2008), « Le sens des mots en droit des personnes et de la santé », in *Revue générale de droit médical*, pp. 154-171.

PELLET A. et CHEMILLIER-GENDREAU M., (1982), « L'analyse du phénomène de libération nationale », in *Discours juridique sur l'agression et réalité contemporaine*. Actes de la sixième rencontre de Reims, *Réalités du droit international contemporain*, Paris, ARERS, pp. 122-146.

PERELMAN C. et OLBRECHTS-TYTECA L., (1988), *Traité de l'argumentation*, Bruxelles, Éditions de l'Université de Bruxelles, 5e éd.

PERELMAN C. et OLBRECHTS-TYTECA L., (1992), *La nouvelle rhétorique. Traité de l'argumentation*, Bruxelles, Éditions de l'Université de Bruxelles.

PERELMAN C. et OLBRECHTS-TYTECA L., (2008), *Traité de l'argumentation. La nouvelle rhétorique*, Bruxelles, Éditions de l'Université de Bruxelles, 8e éd.

PERELMAN C., (1989), *Rhétoriques*, Bruxelles, Éditions de l'Université de Bruxelles.

PERELMAN C., (1961), « La distinction du fait et du droit. Le point de vue du logicien », in *Le fait et le droit*. Études *de logique juridique*, Bruxelles, Bruylant.

PERELMAN C., (1963), *Justice et raison*, Bruxelles, Bruylant.

PERELMAN C., (1976), *Logique juridique. Nouvelle rhétorique*, Paris, Dalloz.

PERELMAN C., (1978), *Logique juridique. Nouvelle rhétorique*, Paris, Dalloz.

PERELMAN C., (1979), *Logique juridique* : nouvelle rhétorique, 2e éd., Paris, Dalloz.

PERELMAN C., (1990), Éthique *et droit*, Bruxelles, Éditions de l'Université de Bruxelles.

PERELMAN Ch., (1954), « Introduction au colloque sur la théorie de la preuve », in *Revue Internationale de Philosophie*, n° 8, pp. 2-8.

PERELMAN, C, (1978), *Logique juridique. Nouvelle rhétorique*, Paris, Dalloz.

PFERSMANN O., (2006-2007), « Le sophisme onomastique : changer au lieu de connaître. L'interprétation de la Constitution », in *La question des idéologies constitutionnelles*, cours à l'Académie Européenne de Théorie du Droit, Bruxelles.

PIGEAU, (1779), *Procédure civile du Châtelet de Paris*, Paris, Chez La Veuve Desaint.

PLANTIN C., (1995), « L'argument du paralogisme », in *Hermès* 15, *Argumentation et Rhétorique* I, pp. 245-269.

PLATON, (1936), *Euthyphron*, Paris, NRF, « La Pléiade ».

POIRIER R., (1978), « Rationalité juridique et scientifique » in *Archives de philosophie du droit*, tome 23, Paris, Sirey, pp. 19-38.

POPPER K., (1985), *Conjectures et réfutations. La croissance du savoir scientifique*, Paris, Payot.

POPPER K., (1988), *Misère de l'historicisme*, Paris, Plon.

POTTECHER F., (1981), *Les grands procès de l'histoire*, Tome 1, Paris, Fayard.

POURTOIS H., (1992), « Théorie sociale et jugement juridique », in *Archives de Philosophie du Droit*, 1992, pp. 308-326.

PROST M., (2013), « Ruptures éthiques et ruptures esthétiques : la pensée critique doit-elle continuer de s'écrire dans un langage critique ? », in HENNESSY PICARD M. et BENGHELLAB N., « Extériorisation de la sociologie critique du droit et intériorisation de la mondialisation du droit dans le champ doctrinal français », in BACHAND R. (dir), *Théories critiques et droit international*, Bruxelles, Bruylant, pp. 193-215.

PROTT L. V., (1978), « The Justification of decisions in the International Court of Justice », in PERELMAN C. et FORIERS P. (dir), *La motivation des décisions de justice*, Bruxelles, Bruylant, pp. 331-344.

QUINTILIEN et PLINE LE JEUNE, (1875), *Institutions oratoires*, œuvres complètes de Quintilien, trad. M. Nisard, Paris, Firmin Didot.

RAWLS J., (1987), *Théorie de la justice*, Paris, Points.

REBOUL O., (1991), *Introduction à la rhétorique*, Paris, PUF.

REUTER P., (1970), « Quelques réflexions sur le vocabulaire en droit international », in *Mélanges offerts à Monsieur le Doyen Louis Trotabas*, Paris, LGDJ, pp. 423-445.

RIGAUX F., (1956), *La Théorie des qualifications,* Bruxelles, Bruylant.

RIGAUX F., (1966), *La nature du contrôle de la Cour de cassation*, Bruxelles, Bruylant.

RIGAUX F., (1974), *Introduction à la science du droit*, Bruxelles, Vie ouvrière.

RIPERT G., 1955, *Les forces créatrices du droit*, Paris, LGDJ.

RUBI-CAVAGNA E., (2013), « Les arguments d'opportunité », in DEUMIER P., (dir), *Le raisonnement juridique*, Paris, Dalloz, pp. 217-247.

SALMON J ; (1979), « Les contradictions entre fait et droit en droit international », in *Estudios de derecho internacional. Homenaje al Profesor Miaja de la Muela*, Madrid, Tecnos, pp. 130-137.

SALMON J. (dir), (2001), *Dictionnaire du droit international public*, Bruxelles, Bruylant.

SALMON J., (1982), « Le fait dans l'application du droit international », in *RCADI*, vol. 175, pp. 349-350.

SALMON J., (1986), « Accords internationaux et contradictions interétatiques », in *Justice et argumentation. Essais à la mémoire de Chaïm Perelman*, Bruxelles, Éditions de l'Université de Bruxelles, pp. 65-89.

SALMON J., (1965), « Les antinomies en droit international public », in PERELMAN C. (dir), *Les antinomies en droit*, Bruxelles, Bruylant, pp. 285-319.

SALMON J., (1968), « Quelques observations sur les lacunes en droit international public », in PERELMAN C., (dir), *Le problème des lacunes en droit*, Bruxelles, Bruylant, pp. 313-337.

SALMON J., (1978), « Quelques observations sur la qualification en droit international public », in PERELMAN C. et FORIERS P. (dir), *La motivation des décisions de justice*, Bruxelles, Bruylant, pp. 345-365.

SALMON J., (1981), « L'État, réalité et fiction », in *Discours juridique et pouvoir dans les relations internationales.* Actes de la cinquième rencontre de Reims, *Réalités du droit international contemporain*, Paris, ARERS, pp. 10-37.

SALMON J., (1982), « Le fait dans l'application du droit international », in *RCADI*, II, t. 175, pp. 261-414.

SALMON J., (2014), *Droit international et argumentation*, Bruxelles, Bruylant.

SALMON J., 1982, « Le fait dans l'application du droit international », in *RCADI*, II, t. 175.

SCHMETZ R., (2000), *L'argumentation selon Perelman. Pour une raison au cœur de la rhétorique,* Namur, Presses universitaires de Namur.

SCHMIDT J., (2005), *Jules César*, Paris, Gallimard.

SCHOPENHAUER A., (2000), *L'art d'avoir toujours raison*, Paris, Mille et une nuits.

SCHROEDER F.-M., (1978), *Le nouveau style judiciaire*, Paris, Dalloz.

SEGIHOBE BIGIRA J.-P & MUTAMBAYI KANYUKA B., (2012), « La dette des pays en développement à l'aune des alternatives. Vers un "plurivers" de contestations ? », in EBERHARD C. (dir), *Le courage des alternatives,* Paris, Karthala, pp. 121-140.

SEGIHOBE BIGIRA J.-P., (2007), « Les forêts du Bassin du Congo entre patrimonialisation commune souhaitée et nécessités locales de développement : pour un diatopisme entre le global et le local », in *Revue de Droit Africain*, n° 44, pp. 387-407.

SEGIHOBE BIGIRA J.-P., (2011), *Le Congo en droit international. Essai d'histoire agonistique d'un* État *multinational*, Bruxelles, Presses universitaires Ryckmans.

SEGIHOBE BIGIRA J.-P., (2012), « "Congolité" dans un pays d'instabilité politique et législative. Regards croisés sur l'évolution du droit de la nationalité en RDC », in NDESHYO RURIHOSE (dir), *La République Démocratique du Congo : les défis récurrents de décolonisation, de l'état de droit et du développement économique et social,* Mélanges offerts à Célestin Nguya-Ndila, Kinshasa, CEDESURK, pp. 207-268.

SEGIHOBE BIGIRA J.-P., (2012a), « Crimes, justice et amnisties en République démocratique du Congo. Quand recourir aux armes c'est fabriquer des droits », in *Cahiers Africains des Droits de l'Homme et de la Démocratie*, n° 037, vol. I, octobre-décembre 2012, pp. 33-63.

SEGIHOBE BIGIRA J.-P., (2014), « L'Afrique dans les relations internationales. Heuristique dialectique et agonistique », in BAKANDEJA WA MPUNGU G. (dir), *Quelle politique d'intégration pour quelle unité de l'Afrique. Débats théoriques et défis pour les* États *africains. Mélanges en hommage au Professeur Oswald NDESHYO RURIHOSE,* Kinshasa, Presse de l'Université de Kinshasa, pp. 320-261.

SEGIHOBE BIGIRA J.-P., (2018), « En droit, l'union ne fait pas *nécessairement* la force. Regards croisés sur la "Désuétude du système de sécurité collective de Mampuya Kanunk'a T." », in MINGASHANG I. (dir), *La responsabilité du juriste face aux manifestations de la crise dans la société contemporaine. Un regard croisé autour de la pratique du droit par le professeur Auguste Mampuya*, Bruxelles, Bruylant, pp. 271-302.

SEROUSSI R., (2007), *Introduction aux droits anglais et américain*, Paris, Dunod, 4e éd.

SHEBELE M., (2011), *Régime disciplinaire et pratique de l'honoraire de l'avocat congolais*, Kinshasa, Éditions NGSHLaw.

SHEBELE M., (sans date), *Petit guide pratique de l'avocat congolais en matières de droits, de devoirs et d'interdits professionnels. (Primauté de devoirs et d'interdits)*, Kinshasa, Éditions NGSHLaw.

SILANCE L., (1965), « Quelques exemples d'antinomies et essai de classement », in PERELMAN C. (dir), *Les antinomies en droit*, Bruxelles, Bruylant, pp. 63-137.

SILANCE L., (1968), « Un moyen de combler les lacunes en droit : l'induction amplifiante », in PERELMAN C., (dir), *Le problème des lacunes en droit*, Bruxelles, Bruylant, pp. 489-512.

SOULEAU Ph., (1969), « La logique du juge », in *La logique judiciaire*, 5e Colloque des Instituts d'Études Judiciaires, Paris, PUF, pp. 53-70.

SOURIS P., (2009), *Tactiques et stratégies judiciaires*, Bruxelles, Bruylant.

SOURIS P., (2011), *Manipulations dialectiques. La raison du plus fort*, Bruxelles, Bruylant.

STAMATIS C. M., (1995), *Argumenter en droit. Une théorie critique de l'argumentation juridique*, Paris, Publisud.

STONE J., (1959), « *Non Liquet* and the Function of Laws in the International Community », in *British Yearbook of International Law*, pp. 124-161.

STONE J., (1959), *Legal Controls of International Conflicts. A Treatise of the Dynamics of Disputes and War Law*, 2e éd., Londres, Stevens & Sons.

STONE J., (1968), « *Non liquet* and the International Judicial Function », in PERELMAN C., (dir), *Le problème des lacunes en droit*, Bruxelles, Bruylant, pp. 305-312.

SUN TZU, (2000), *L'art de la guerre*, Paris, Mille et une nuits, 2000.

TARANTINO A., (1971), « Raisonnement et décision dans le droit », in HERAUSGEGEBEN V. et HUBIEN H. (ed), *Le raisonnement juridique. Actes du Congrès mondial de philosophie du droit et de philosophie sociale*, Bruxelles, Bruylant, pp. 155-158.

THIRY P., (1996), *Notions de logique*, Bruxelles, De boeck, 2e éd.

TOULMIN St., (1993), *Les usages de l'argumentation*, Cambridge Univ. Press, Paris, PUF.

TREMBLAY C., (1990), *Le raisonnement juridique*, Montréal, Yvon Blais.

TREMBLAY R., (2004), *L'essentiel de l'interprétation des lois*, Cowansville, Montréal, Yvon Blais.

TREMOLET DE VILLERS J., (1997), *Aux marches du palais*, Poitiers, DMM.

TROPER M., (1985), « Le positivisme juridique », in *Philosophie et épistémologie juridique, Revue de synthèse*, IIIe s., t. CVI, n° 118-119, pp. 185-198.

Van de KERCHOVE M., (2005), *Quand dire c'est punir. Essai sur le jugement pénal*, Bruxelles, Facultés universitaires Saint-Louis.

VAN OMMESLAGHE P., (2010), *Droit des obligations*, 3 tomes, Bruylant, Bruxelles.

VANDER ELST R., (1965), « Antinomies en droit international privé », in PERELMAN C. (dir), *Les antinomies en droit*, Bruxelles, Bruylant, pp. 138-175.

VANDER ELST R., (1968), « Lacunes en droit international privé », in PERELMAN C., (dir), *Le problème des lacunes en droit*, Bruxelles, Bruylant, pp. 401-423.

VANNIER G., (2001), *Argumentation et droit. Introduction à la Nouvelle Rhétorique de PERELMAN*, Paris, PUF.

VELTER, (1841), *Histoire de la procédure civile romaine*, trad. par E. Laboulaye, Durand Joubert.

VERGES J., (2002), *Dictionnaire amoureux de la justice*, Paris, Plon.

VILLEY M., (1962), *Leçons d'histoire de la philosophie du droit*, Paris, Dalloz.

VILLEY M., (1995), *Réflexions sur la philosophie et le droit*, Paris, PUF.

VINCENT et GUINCHARD, (2003), *Procédure civile*, 27e éd., Paris, Dalloz.

VOCANSON C., (2013), « Le texte », in DEUMIER P. (dir), *Le raisonnement juridique*, Paris, Dalloz, pp.11-32.

WAGNER A., (2000), « Les apports de l'analyse linguistique dans la conception du flou et de la sécurité juridique », in *JCP*, I, pp. 192-213.

WENGA ILOMBE W., (2015), *Compréhension du concept « moyen »* en instance de cassation, Kinshasa, éd. de l'Observatoire Congolais de la Vie Judiciaire.

WINTGENS L., (2007), *Droit, principes et théories : pour un positivisme critique*, Bruxelles, Bruylant.

WROBLEWSKI J. (1978), « Motivation de la décision judiciaire », in PERELMAN C. et FORIERS P. (dir), *La motivation des décisions de justice*, Bruxelles, Bruylant, pp. 111-135.

WROBLEWSKI J., (1981), « La preuve juridique : axiologie, logique et argumentation », in PERELMAN C. et FORIERS F. (dir), *La preuve en droit*, Bruxelles, Bruylant, pp.331-355.

Index

A

Accusation 60, 302, 304, 307, 314
Adjudicatio 60
Altération 284, 301
Amplifiante 334
Analogie 10, 35, 71, 231, 255, 262, 263, 264, 265
Antécédent 58, 305
Antinomie 11, 20
Argument
  a contrario 10, 19, 231, 264, 265, 304
  ad antiquitatem 308
  ad auditores 309
  ad baculum 310
  ad consequentiam 310
  ad crumenam 311, 312, 316
  ad hominem 72, 313, 314, 315
  ad ignoratiam 315
  ad lazarum 316
  ad misericordiam 317
  ad nauseam 317
  ad novitatem 318
  ad numeram 319
  ad numeram ou ad populum 319
  ad odium 317
  ad populum 319
  ad verecundiam 312, 316, 319
  a fortiori 93, 231, 264, 325, 326
  a pari 10, 71
  a simili 19, 231, 265
  d'autorité 10, 71, 312
  de la pente 291
  de la règle de justice 10
  d'opportunité 10
  pragmatique 10
Argumentation 7, 9, 10, 11, 13, 15, 17, 18, 19, 20, 21, 23, 24, 25, 26, 27, 28, 29, 30, 31, 32, 33, 34, 35, 36, 37, 38, 39, 40, 41, 42, 43, 44, 45, 46, 47, 48, 51, 52, 54, 55, 56, 57, 61, 62, 67, 71, 72, 75, 76, 78, 79, 80, 81, 83, 84, 85, 86, 88, 90, 92, 93, 94, 95, 97, 99, 100, 231, 235, 236, 237, 239, 241, 243, 245, 248, 253, 254, 264, 265, 268, 270, 275, 276, 277, 278, 280, 282, 286, 287, 288, 289, 303, 317, 318, 319, 321, 323, 324, 325, 326, 327, 329, 330, 332, 333, 334, 335
Argumentum 60, 72, 309
Auditoire 23, 24, 26, 28, 29, 30, 31, 32, 33, 34, 35, 36, 37, 38, 39, 45, 46, 52, 53, 55, 56, 57, 63, 85, 303, 309, 311, 314, 323
Autorité 31, 71, 72, 94, 233, 238, 239, 262, 270, 283, 284, 297, 299, 309, 312, 313, 315, 318
Avocat 26, 28, 29, 30, 32, 39, 44, 50, 78, 79, 249, 279, 287, 293, 295, 299, 300, 301, 309, 310, 311, 316, 322, 330, 333, 334

B

Banalisation du crime contre l'humanité 14

C

Cassation 58, 61, 62, 65, 69, 70, 257, 258, 278, 324, 325, 329, 332, 335
Catégorie 52, 91, 253, 254, 257, 265, 266, 267, 275, 276, 288
Civil 67, 69, 235, 236, 239, 244, 245, 247, 248, 250, 257, 261, 281, 321, 322, 324
Clause 93, 99, 250, 268
Code
  civil 27, 59, 65, 232

civil belge 244, 245, 248
civil congolais, Livre III 244, 255
pénal congolais 277, 321, 330
Communication
coopérative 48
stratégique 49
Complète 47, 80, 90, 250, 301
Conclusion 11, 17, 19, 37, 55, 57, 58, 59, 91, 284, 286, 287, 290, 294, 296, 303, 304, 305, 310, 319
Condamnatio 60
Conflit 15, 31, 65, 78, 81, 264, 277, 282, 317
Connecteurs 10, 20, 35, 97, 99, 100
Contradiction 17, 39, 41, 42, 72, 76, 78, 93, 267, 302, 307, 315
Contra legem 308
Convaincre 10, 18, 24, 25, 30, 32, 33, 34, 35, 38, 53, 56, 57, 64, 90
Criminel 263, 276, 329
Critique 14, 35, 40, 41, 42, 43, 47, 54, 56, 57, 63, 73, 75, 76, 83, 87, 238, 246, 270, 278, 280, 282, 313, 314, 319, 325, 326, 327, 328, 330, 331, 334, 335

D

Décision 16, 18, 19, 30, 31, 34, 38, 39, 40, 44, 51, 56, 61, 62, 63, 64, 66, 68, 69, 70, 78, 81, 86, 92, 95, 99, 233, 236, 237, 244, 246, 258, 263, 264, 265, 275, 277, 278, 279, 280, 281, 282, 283, 284, 287, 291, 306, 309, 334, 335
Déductif 59, 258
Déduction 62, 63, 245, 305
Défaisable 58, 247, 248
Défaisables 92, 93, 247, 248
Défense 13, 36, 60, 61, 94, 233, 278, 295, 298, 301, 302, 304, 307, 312, 313, 325, 329
Délibératif 25, 53
Délibérer 10, 25, 38, 90, 315
Demonstratio 60
Dialectique 9, 18, 24, 35, 40, 42, 45, 47, 52, 53, 57, 84, 284, 286, 313, 321, 329, 330, 333
Dialogue 25, 38, 40, 46, 52, 82, 88
Doctrine 10, 13, 32, 34, 38, 40, 41, 45, 51, 53, 54, 67, 80, 85, 231, 232, 234, 241, 247, 261, 262, 278, 281, 282, 285, 329
Droit commun 14, 248, 275
Droit pénal commun 14

E

Effet utile 10, 48
Enjeu 41, 57
Epidictique 52, 53, 324
Epistémologie 43, 329, 334
Epistémologique 11, 42, 43, 67, 79, 276, 282
Equivoque 9, 83, 290
Erreur 29, 48, 69, 70, 94, 244, 257, 286, 289, 290, 292, 293, 295, 303, 304, 305, 306, 309, 328

F

Fiction 20, 52, 87, 253, 254, 255, 256, 257, 258, 259, 262, 263, 265, 266, 267, 268, 269, 270, 323, 324, 332

H

Herméneutique 10, 42, 44, 46, 53, 75, 82, 83, 84, 265, 326, 328

I

Idéologique 292
Incomplète 284, 301
Indéfaisable 58, 247, 248
Indéfaisables 91, 93, 247, 248
Induction 63, 245, 291, 334
Intentio 60
Intentionnelle 47
Interpretatio
ab probatione 236
ad probationem 236
Interprétation 10, 16, 17, 19, 30, 40, 42, 53, 54, 62, 63, 75, 80, 83, 84, 85, 86, 87, 88, 89, 90, 91, 92, 97, 232, 236, 243, 250, 258, 264, 267, 276, 307, 322, 325, 326, 328, 331, 334

J

Judiciaire 7, 11, 17, 18, 20, 26, 28, 30, 39, 40, 44, 51, 52, 53, 60, 64, 65, 76, 84, 92, 93, 94, 95, 232, 233, 235, 236, 239, 246, 247, 255, 258, 273, 277, 280, 281, 283, 284, 285, 286, 287, 288, 293, 297, 301, 303, 308, 311, 322, 323, 325, 326, 327, 328, 333, 334, 335
Juge 14, 27, 30, 31, 35, 40, 44, 46, 52, 54, 60, 61, 62, 65, 66, 67, 68, 69, 70, 77, 78, 79, 83, 86, 87, 88, 91, 92, 94, 95, 231, 232, 233, 234, 235, 236, 237, 238, 239, 244, 246, 249, 254, 256, 257, 258, 259, 262, 263, 268, 270, 278, 279, 280, 281, 282, 284, 285, 287, 288, 291, 293, 301, 302, 307, 310, 312, 314, 319, 328, 334
Juridique 7, 9, 10, 11, 15, 16, 17, 18, 19, 20, 26, 27, 30, 32, 33, 34, 39, 40, 41, 42, 44, 47, 48, 49, 50, 51, 54, 58, 61, 62, 63, 64, 65, 67, 69, 70, 75, 76, 78, 79, 80, 81, 82, 83, 84, 85, 86, 87, 90, 91, 92, 93, 94, 95, 97, 232, 234, 236, 237, 241, 244, 245, 248, 253, 254, 257, 258, 261, 262, 263, 264, 265, 266, 267, 268, 269, 270, 271, 275, 276, 277, 284, 286, 288, 303, 304, 319, 321, 322, 323, 324, 325, 326, 327, 328, 329, 330, 331, 332, 334, 335
Justice 17, 29, 30, 31, 59, 60, 61, 63, 64, 68, 77, 94, 235, 237, 238, 248, 263, 270, 279, 283, 284, 285, 287, 288, 293, 296, 298, 306, 308, 315, 316, 317, 324, 325, 327, 328, 330, 331, 332, 333, 335

L

Lacune 11, 20, 64, 231, 232, 324
Langage 23, 26, 27, 28, 41, 44, 45, 47, 58, 91, 280, 297, 312, 325, 330, 331
Législateur 9, 19, 27, 50, 54, 63, 82, 83, 86, 87, 88, 231, 232, 233, 245, 246, 248, 255, 258, 259, 260, 261, 262, 264, 268, 269, 282
Législatif 231, 232, 264
Logique 7, 9, 10, 11, 18, 19, 20, 25, 43, 46, 55, 57, 59, 73, 76, 79, 86, 90, 91, 92, 93, 94, 236, 243, 245, 275, 276, 284, 286, 290, 294, 296, 297, 303, 305, 310, 312, 313, 314, 315, 318, 322, 326, 327, 331, 334, 335
juridique 78, 79
Lynchage 14

M

Ministère public 13, 70, 296
Modus
operandi 14
Motivation 11, 34, 61, 78, 258, 273, 275, 277, 278, 279, 281, 282, 306, 327, 328, 331, 332, 335
Motiver 78, 79, 95, 277, 279
Moyen 13, 20, 28, 36, 47, 55, 58, 59, 60, 61, 62, 63, 64, 67, 68, 69, 70, 85, 87, 244, 246, 247, 253, 255, 264, 293, 297, 303, 310, 334, 335

N

Non liquet 233, 334
Non sequitur 287, 303, 304, 305
Normatif 82, 83, 84, 243
Norme 11, 30, 42, 63, 67, 70, 77, 81, 84, 85, 88, 92, 256, 261, 284

O

Obiter
dicta 34
dictum 34
Obligation 31, 61, 65, 66, 68, 69, 79, 232, 244, 255, 268, 269, 278, 279
Opération 32, 55, 63, 83, 85, 236, 257, 261, 267, 268, 275, 276, 305
Opinio juris sive necessitatis 308
Opportunité 332

P

Paralogisme 289, 290, 303, 313, 331
Pénal 84, 239, 264, 277, 281, 302, 318, 321, 328, 330, 334
Persuader 10, 23, 24, 25, 31, 32, 36, 37, 38, 44, 53, 56, 64, 90, 290, 319

Petitio principii 294
Plaidoirie 44, 56, 75, 293, 295, 311, 316, 317, 329
Pragmatique 45, 79, 84, 243
Précédent 10, 56, 238, 308
Prédicat 305, 306
Prémisse 11, 55, 59, 91, 284, 287, 290, 305
Présomption 11, 20, 88, 93, 99, 237, 238, 239, 241, 242, 243, 244, 245, 246, 247, 248, 249, 250, 254, 255, 257, 288, 302
Présupposé 249
Preuve 11, 18, 20, 35, 48, 49, 53, 55, 56, 60, 62, 63, 64, 66, 99, 235, 236, 237, 238, 239, 241, 243, 244, 245, 246, 247, 248, 250, 254, 255, 280, 284, 295, 296, 297, 315, 322, 323, 325, 326, 327, 328, 331, 335
Primaire 73, 265
Principes 36, 43, 61, 79, 87, 92, 93, 231, 233, 237, 243, 258, 264, 267, 302, 309, 315, 335

Q

Qualification 11, 14, 32, 63, 67, 68, 82, 83, 236, 237, 244, 253, 269, 270, 271, 273, 275, 276, 277, 328, 332

R

Raisonnement 7, 9, 10, 14, 16, 17, 19, 20, 23, 32, 35, 40, 45, 52, 55, 57, 59, 60, 61, 62, 79, 82, 83, 84, 91, 95, 97, 236, 237, 239, 241, 243, 246, 253, 254, 258, 264, 265, 268, 270, 275, 276, 278, 281, 284, 286, 287, 289, 291, 294, 295, 297, 303, 304, 306, 307, 310, 313, 314, 316, 319, 322, 326, 327, 328, 329, 332, 334, 335
du juge 238
Référé 231
Référence 54, 71, 76, 88, 90, 235, 258, 278, 281, 295, 311, 312, 319
Règles 13, 27, 34, 42, 47, 57, 62, 67, 76, 77, 83, 84, 92, 232, 233, 234, 235, 236, 238, 247, 258, 262, 280, 281, 284, 286, 293, 296, 303, 307, 330
Relativité 283, 292

S

Sanctions 310, 329
Secondaire 91
Sémantique 21, 45, 61, 64, 85, 91, 235, 241
Sophisme 29, 86, 289, 292, 293, 294, 295, 296, 303, 331
Stratagème 295, 309, 310, 319
Stratégie 24, 35, 49, 72, 296, 299, 300, 308, 317, 318
Subsomption 265, 275
Syllogisme 9, 11, 17, 19, 59, 91, 92, 258, 275, 281, 284, 286, 287, 290
Syntaxique 45

T

Technique 7, 10, 23, 26, 33, 37, 45, 54, 88, 91, 92, 93, 246, 253, 254, 263, 265, 266, 267, 268, 292, 305, 310, 324, 325, 328, 329
Téléologique 25, 56
Topique 91, 92
Tribunal 29, 39, 250, 264, 298, 314

V

Validité 18, 19, 33, 44, 59, 72, 267, 283, 286, 287, 288, 309, 311, 313
Véritable 18, 43, 44, 46, 61, 62, 242, 258
Vérité 18, 20, 35, 38, 41, 43, 47, 55, 56, 72, 82, 86, 87, 235, 236, 237, 238, 242, 246, 255, 271, 273, 283, 284, 285, 286, 287, 288, 294, 295, 301, 302, 303, 305, 309, 312, 317, 318, 319, 323, 327
Vice juridique 16
Vicieuse 291

Table des matières

AVERTISSEMENT 7

PRÉFACE 9

INTRODUCTION 13

PREMIÈRE PARTIE

L'ARGUMENTATION ET LE DROIT

CHAPITRE I
CE QU'ARGUMENTER VEUT SIGNIFIER 23

Section 1. **Sens et portée de l'argumentation** 23

Section 2. **Caractéristiques et dimension téléologique de l'argumentation : convaincre, persuader, délibérer** 25

1. L'argumentation comme langage 26
2. L'argumentation est toujours le fait d'une personne 28
3. L'argumentation s'adresse toujours à un auditoire 29
   A. Variabilité de l'auditoire 30
   B. Auditoires homogènes et composites 31
   C. Auditoire universel 33
4. L'argumentation vise à convaincre 35
5. L'argumentation vise à persuader 36
6. L'argumentation aide à la délibération 38
7. L'argumentation postule des conclusions controversables 39
8. Le rôle essentiel de la critique dans l'argumentation 41
9. Argumentation et obstacles épistémologiques : contribution à la connaissance scientifique 43
10. Le discours argumentatif est relatif 44

Section 3. **Quelques approches empruntées par l'argumentation.......45**
1. L'approche conversationnelle.......45
2. L'approche communicationnelle.......46
A. La communication est un outil pour le droit.......46
B. La communication coopérative.......48
C. La communication stratégique.......49
3. L'approche générique.......51
4. L'approche stylistique.......53
5. L'approche textuelle.......53

CHAPITRE II
L'USAGE DE L'ARGUMENT.......55

Section 1. **Sens et portée *sine qua non* de l'argument.......55**

Section 2. **Argument et moyen : entre le même et le différent.......58**

Section 3. **Matière de l'argument.......64**
1. Argument de fait.......64
2. Argument de droit.......67
3. Appendice.......70

CHAPITRE III
LE DROIT ET L'ARGUMENTATION.......75

Section 1. **Existe-t-il une argumentation juridique ?.......75**

Section 2. **La spécificité de l'argumentation juridique.......78**

Section 3. **Le domaine de l'argumentation juridique.......80**

Section 4. **Théories de l'argumentation juridique.......81**
1. La théorie herméneutique.......82
A. L'auteur du texte et son interprète : la recherche du sens.......82
B. De l'interprétation à l'argumentation.......84
C. Interprétation statique et dynamique.......86
D. L'interprétation de la volonté du législateur en question.......87
E. Interprétations référentielles et attributives.......88
2. L'approche logique.......90
3. L'approche topique.......91
4. L'éclectisme des approches logique et topique.......93
5. Entre la topique juridique et la logique juridique, le désaccord a sa place...94

DEUXIÈME PARTIE

LES OUTILS DE L'ARGUMENTATION JURIDIQUE

CHAPITRE IV
LES CONNECTEURS DE L'ARGUMENTATION 99

Section 1. **Sortes de connecteurs 100**

Section 2. **Les nuances entre *sauf si* et *même si*.................................. *100***

Section 3. **Les marqueurs *Sauf* et *Même* entre l'interdit et le permis 102**

Section 4. ***Nonobstant* et *Sous réserve de* entre faiblesse et force.......103**

Section 5. **La disposition de dérogation canadienne dite « clause nonobstant » 104**

Section 6. ***Nonobstant cas de force majeure* *105***

Section 7. **Les nuances entre *mais, pourtant* et *toutefois*.................. *106***

Section 8. **La rationalité numérique derrière les marqueurs *voire* et *au moins* *109***

Section 9. **Les clauses comparatives de prudence : *mutatis mutandis* et *ceteris paribus* *110***

CHAPITRE V
DES ARGUMENTS UTILISES DANS L'INTERPRÉTATION DE LA RÈGLE JURIDIQUE 113

Section 1. **L'argument a pari (analogie) 115**

Section 2. **L'argument *a contrario* *118***

Section 3. **L'argument *a fortiori*.................................... *122***

1. Portée....................................122

2. Les nuances entre argument **a fortiori**, argument par la définition et argument **in pari materia**.................................... 125

Section 4. **L'argument de la règle de justice 127**

Section 5. **Le précédent et le *distinguishing*.................................... *129***

Section 6. **L'argument de la pente glissante....................................131**

Section 7. **Perspectives *ex post* et *ex ante*.................................... *134***

Section 8. **Principe de l'effet utile** 137

Section 9. **L'argument d'opportunité** 138

Section 10. **L'argument d'autorité** 139

Section 11. **L'argument pragmatique** 140

CHAPITRE VI
LE RAISONNEMENT JURIDIQUE **143**

Section 1. **Les contours du raisonnement juridique** 144

Section 2. **Logique judiciaire** 151

1. Modes de raisonnements et instruments utilisés par le travail judiciaire .. 152

A. L'attitude réaliste *152*

I. Les composantes du jugement 152

II. La théorie du syllogisme judiciaire et ses limites 153

1. Rappel sur le syllogisme classique 153

2. Structure du syllogisme judiciaire 155

a. La prémisse majeure *155*

b. La prémisse mineure *156*

c. La conclusion/décision *158*

3. Quelques caractéristiques du syllogisme judiciaire 162

4. Considérations critiques à propos du syllogisme judiciaire 163

a. Les limites du modèle déductif du syllogisme judiciaire *163*

b. La mécanique de la subsomption d'un cas particulier sous une règle générale *168*

c. Les aspects normatifs et factices de l'argumentation juridique *170*

B. L'attitude formaliste *171*

III. Les indications du formalisme 172

1. L'indication tenant au caractère normatif des règles juridiques 172

2. L'indication tenant au perfectionnement des outils du raisonnement 173

IV. Place de la logique dans la décision judiciaire 174

1. Disparités ou absence de la logique dans la décision judiciaire 174

2. La logique du juge 176

a. Le syllogisme et la pensée du juge *176*

b. Entre logique et équité, le juge appelé à dire le droit et faire justice *179*

c. La place du texte dans le raisonnement du juge *183*

3. La logique judiciaire et l'avocat 186

2. Le contexte de découverte et de justification :
la raison explicative et justificative 192

3. Quelques remarques conclusives sur la logique judiciaire.........................194

Section 3. **Raisonnements juridiques non-normatifs......................... 195**

1. Induction complète...195
2. Induction amplifiante...197
3. Raisonnement déductif...198
4. Raisonnement réductif...199
5. Raisonnement par analogie..201
6. Raisonnement approximatif..203
7. Raisonnement référentiel..205
8. Raisonnement connexionniste...206

TROISIÈME PARTIE

ANTINOMIE, LACUNE, PREUVE, PRÉSOMPTION, FICTION ET ARGUMENTATION

CHAPITRE VII
ANTINOMIE ET ARGUMENTATION..211

Section 1. **Sens et portée..211**

Section 2. **Quelques types d'antinomies...215**

1. Antinomie entre deux traités internationaux, ou entre deux lois internes ou encore entre deux dispositions d'une même loi 215
2. Antinomie entre deux lois étrangères ou entre une loi interne et une loi étrangère 218
3. Antinomie entre une loi interne et un traité...219

CHAPITRE VIII
LACUNE ET ARGUMENTATION 223

Section 1. **Sens et portée..223**

Section 2. **Quelques types de lacunes...225**

1. Lacune idéologique 226
2. Lacune téléologique...226
3. Lacune véritable et lacune non véritable 227
4. Lacune intentionnelle et non intentionnelle..227
5. Lacune primaire et secondaire 227

6. Lacune dans la loi 228
7. Lacunes de conflit 229
8. Lacune technique...229

Section 3. **Mécanismes pour combler les lacunes 231**
1. Le référé législatif...231
2. L'analogie...231
3. L'obligation pour le juge de statuer 232
4. Non liquet...233

CHAPITRE IX
PREUVE ET ARGUMENTATION JURIDIQUE 235

Section 1. **Sens et portée de la preuve 235**

Section 2. **Des enjeux de la preuve : entre vérité et justice................237**

Section 3. **Des spécificités de la preuve en droit.................................238**

CHAPITRE X
PRÉSOMPTION ET ARGUMENTATION JURIDIQUE 241

Section 1. **Sens et portée 241**

Section 2. **Les types de présomptions...243**
1. Pour le Code civil, il existe deux types de présomptions...........................244
2. Trois présomptions selon la science juridique 245
3. La typologie poussée de la doctrine : quatre présomptions 247

Section 3. **Les nuances entre présupposé et présomption 249**

CHAPITRE XI
FICTION ET ARGUMENTATION EN DROIT...............................253

Section 1. **Sens et portée 253**

Section 2. **Typologie de fictions...256**
1. Prolégomènes 256
A. Quelques exemples de la fiction par rapport au fait...............................*256*
B. Quelques exemples de fiction par rapport à la réalité juridique *257*
I. Attribution fictive 257
II. La référence fictive... 258
III. L'interprétation fictive... 258

2. Les fictions légales et jurisprudentielles 259
A. La fiction législative *259*
B. La fiction jurisprudentielle *262*

Section 3. **Quelques caractéristiques de la fiction 263**
1. La fiction comme assimilation 263
2. La fiction comme égalisation 263
3. La fiction comme emploi sciemment inexact de catégories en vigueur 265
4. La fiction est une opération intellectuelle dérivée 267
5. La fiction comme résultat d'une nécessité interne 268
6. La fiction comme conséquence du manque d'imagination du juriste utilisant des concepts inadéquats mais commodes, parce que connus, la qualification erronée utilisée par peur du neuf, par tradition, pour l'explication de la règle 269
7. Les fictions comme reflet de l'idéologie 270

QUATRIÈME PARTIE

PRATIQUE JUDICIAIRE ET ARGUMENTATION

CHAPITRE XII QUALIFICATION ET MOTIVATION DES DÉCISIONS JUDICIAIRES 275

Section 1. **Qualification et argumentation 275**

Section 2. **Motivation et argumentation 277**
1. La motivation est consubstantielle au travail de trancher les litiges 277
2. Des dimensions de la motivation 279
A. La dimension psychologique *280*
B. La dimension institutionnelle *280*
C. La dimension doctrinale *281*
D. La dimension épistémologique *282*
E. La dimension évaluative *282*

CHAPITRE XIII VÉRITÉ JUDICIAIRE ET ARGUMENTATION 283

Section 1. **La relativité de la vérité judiciaire 283**

Section 2. **Vérité scientifique et vérité judiciaire : quelques nuances 285**

Section 3. **Validité et vérité : l'argumentation reste de mise 286**

CHAPITRE XIV
LES STRATAGÈMES PARALOGIQUES ET SOPHISTIQUES 289

Section 1. **Les erreurs de raisonnement : paralogisme et sophisme .289**

1. Le paralogisme 289
   A. L'équivoque *290*
   B. Le cercle vicieux *290*
   C. La question complexe *291*
   D. L'homme de paille *291*
   E. La division *291*
   F. La composition *291*
   G. L'argument de la pente savonneuse *291*
   H. La généralisation abusive *291*
2. Le sophisme 292
   A. Le sophisme non causa pro causa *293*
   B. Le sophisme post hoc ergo propter hoc *293*
   C. Sophisme de la pétition de principe *294*
   D. Ignoratio elenchi *ou ignorance du sujet* *295*
   E. Rétorsion *295*
   F. Le sophisme de la double faute *295*
   G. Affirmation sans preuve *296*
3. Altération de la réalité 297
   A. L'adoucissement verbal *297*
   B. L'amplification *299*
   C. La relativisation ou la minutio *300*
   D. La communication incomplète ou tardive du dossier *301*
   E. Le mensonge *301*
4. D'autres vices liés à la modification de la logique 303
   A. Non sequitur *303*
   B. « L'inverse n'est pas vrai » *305*
   C. Un raisonnement circulaire *306*
   D. Un raisonnement trivial *306*
   E. Un raisonnement contradictoire *307*

Section 2. **Quelques stratagèmes argumentatifs** **307**
1. Argument *ad antiquitatem* 308
2. Argument *ad auditores* 309
3. Argument *ad baculum* 310
4. Argument *ad consequentiam* 310
5. Argument *ad crumenam* 311
6. Argument *ad verecundiam* 312
7. Argument *ad hominem* 313
8. Argument *ad ignoratiam* 315
9. Argument *ad lazarum* 316
10. Argument *ad nauseam* 317
11. Argument *ad odium* ou argument *ad misericordiam* 317
12. Argument *ad novitatem* 318
13. Argument *ad numeram* ou *ad populum* 319

BIBLIOGRAPHIE **321**

INDEX **337**

www.ingramcontent.com/pod-product-compliance
Lightning Source LLC
LaVergne TN
LVHW050626051026
849532LV00002B/287